JEAN HESS

LA VÉRITÉ SUR L'ALGÉRIE

LIBRAIRIE UNIVERSELLE
33 RUE DE PROVENCE
PARIS

LA VÉRITÉ SUR L'ALGÉRIE

JEAN HESS

La
Vérité
sur
L'ALGÉRIE

PARIS
LIBRAIRIE UNIVERSELLE
33, RUE DE PROVENCE, 33

A M. JONNART

Gouverneur général de l'Algérie

Le 6 février 1893, vous avez prononcé, Monsieur, à la Chambre des députés, un discours dont je veux, en guise de préface à mon livre, citer les extraits que voici :

« Les intérêts des indigènes qui ne votent pas, mais qui payent, qui supportent même de lourdes charges, sont malheureusement sacrifiés aux intérêts de quelques douzaines d'électeurs qui, s'ils ont le droit de vote, jouissent en revanche du privilège de ne pas payer grand'chose... Les communes de plein exercice comprennent souvent 4, 5, 6, 10 et 20.000 indigènes, et les conseils municipaux appelés à gérer les intérêts de la collectivité, à disposer librement de ses ressources, sont élus par vingt, trente, quarante, rarement cent électeurs.

« Comment s'étonner que pour les assemblées locales de la colonie — car je dois le dire, c'est mon devoir, — l'indigène soit, non pas l'ennemi — on ne le maltraite pas, — mais qu'il soit considéré comme un être inférieur et qu'on le néglige?

« On ne fait rien, ou presque rien pour lui. La vérité est que les préoccupations électorales, les nécessités de la politique locale assiègent, dominent les conseils généraux et les conseils municipaux, et, dans le tumulte des intérêts, des passions et des convoitises, le gouverneur général et ses délégués, organes de la pensée française, arbitres naturels, nécessaires, du conflit qui met fatalement aux prises la colonisation européenne avec les droits et les exigences de la race vaincue, le gouverneur général et ses délégués sont impuissants trop souvent à faire prévaloir les exigences de l'intérêt général, les vues de la politique nationale, l'idée de justice et d'humanité, idée maîtresse de notre colonisation.

« Et, messieurs, ceci est grave. Sans doute les colons sont guidés par des préoccupations légitimes, respectables; mais leur horizon est forcément borné, et remettre entre les mains de leurs élus le sort des 3.500.000 indigènes qui peuplent l'Algérie, c'est exposer ces derniers à des dénis de justice, à une sorte d'exploitation, je dois dire le mot, qui pour s'abriter derrière des textes de loi n'en est pas moins profondément immorale et de nature à retarder, sinon à compromettre l'expansion de notre influence... »

C'était dire on ne saurait mieux, Monsieur, et certes, il vous fallait pour cela du courage... Nous autres, quand nous parlons de ces choses, de la moralité en matière politique, les gens qui vivent de l'immoralité nous condamnent dédaigneusement; nous sommes des dilettantes. Vous avez échappé à ce reproche, car vous saviez compter et, disant le résultat de vos calculs, montrer en quel gaspillage algérien allaient et les impôts indigènes et nos subventions métropolitaines.

« Je voudrais, disiez-vous, pouvoir faire sortir de la poussière où ils sommeillent les rapports des inspecteurs des finances rédigés dans ces dernières années...

« On les refuse généralement à la commission du budget, mais on ne les refuse pas au chef du service de l'Algérie. J'ai eu l'honneur de diriger pendant quelques années ce service; j'ai lu ces rapports et je me suis toujours étonné qu'ils ne servissent à rien...

« Il y a des dépenses inutiles, messieurs, des dépenses irré-

gulières, et tout cet argent est gaspillé en traitements de toute
sorte alloués à une légion d'employés communaux qui sont les
véritables sauterelles de l'Algérie...

« Les comptabilités fantaisistes, les comptabilités criminelles
comme celle de la voirie dans le département d'Oran, tout cela
a une répercussion immédiate sur les bordereaux de nos impo-
sitions...

« Certes, les conseils généraux, les conseils municipaux peuvent faire assaut de générosité et de prodigalité ; il n'en coûte
guère aux électeurs qui les nomment ; quand la caisse est vide,
c'est peu, ce sont les millions de petits contribuables français
déjà écrasés d'impôts qui ont l'obligation de la remplir...

« Aussi je ne puis admettre les protestations indignées,
bruyantes de certains conseils municipaux et de certains conseils généraux d'Algérie, qui, dès qu'un membre du Parlement,
dès qu'un rapporteur du budget veut s'immiscer dans leurs
affaires, mettre ordre aux abus, aux gaspillages qu'il constate
dans la gestion des budgets locaux, parlent fièrement de leurs
droits violés, de leurs attributions méconnues, de leur liberté
entravée...

« Je n'ai pas la pensée de heurter, de froisser les colons, mais
*j'ai la préoccupation d'éviter de nouvelles charges aux contri-
buables français*, à ces millions de paysans et d'ouvriers qui
fléchissent sous le poids de l'impôt, mais qui sont patriotes, qui
versent sans murmurer leur obole pour toutes les entreprises
dont le but est d'ajouter à l'honneur du nom français, de faire
la patrie plus grande, mais qui, assurément, n'entendent pas
s'imposer des sacrifices et des privations pour que, au delà des
mers, leur argent soit dépensé sans contrôle et gaspillé en fantaisies électorales...

« Le système actuel qui fait de l'État une sorte de providence
toujours secourable, toujours bienveillante, le système des
subventions à jet continu dispense les électeurs et les élus de
tout effort, de toute initiative, de tout contrôle et de toute moralité... »

L'immoralité algérienne, Monsieur, vous indignait ; vous la connaissiez bien et vous la flétrissiez

du haut de la tribune... Votre gouvernement a fait condamner quelques maires concussionnaires et vous vous tuez à vouloir administrer en honnête homme ce pays dont les élus sont, je crois, à quelques remplacements près, les mêmes que ceux que vous reconnaissiez alors « *dispensés de toute moralité* ». Quant aux électeurs, ils ne sont plus tout à fait les mêmes ; ils sont augmentés de quelques milliers d'Espagnols et d'Italiens pour les « *fantaisies électorales* » de qui « *nos millions de paysans et d'ouvriers qui fléchissent sous le poids de l'impôt* » ont consenti « *des sacrifices et des privations* » dont vous ignoriez en 1893 le chiffre. Le ministère des finances ne l'a dit en effet qu'après 1900. Et vous le savez maintenant, ironie du destin, ce chiffre, c'est le même que celui de la rançon d'un autre désastre : *cinq milliards*, si l'on ne compte pas les intérêts annuels accumulés et progressifs; mais plus de vingt milliards si on les compte; et on doit les compter, car nous les avons payés...

Oui, Monsieur, pour dire ces vérités dans un Parlement où les élus de l'Algérie, toujours, ont eu belle force, il fallait du courage. Et il en fallait aussi pour montrer notre « domination odieuse ».

« Je regrette, disiez-vous, que M. le garde des sceaux ne soit pas à son banc, car j'appellerais encore une fois sa sévérité sur ces agents d'affaires véreux qui, impunément, grâce, il faut bien le dire, à je ne sais quelle influence électorale, dont ils se prévalent, dont ils se servent pour intimider parfois la justice elle-même et détourner ses coups, sèment partout où ils passent la ruine, la misère et rendent notre domination odieuse.

« ... Dans certaines régions, la civilisation pour les indigènes, savez-vous ce que c'est, c'est l'impôt, c'est l'amende, c'est la réquisition arbitraire, c'est l'expropriation et c'est la ruine.

« ... L'indigène qu'on exproprie, qu'on appauvrit, qu'on ruine par une politique imprévoyante est fatalement voué au brigandage...

« La sécurité, on l'aura, non pas comme on l'a proposé en multipliant les mesures d'exception, les brigades de gendarmerie, en fortifiant les pouvoirs discrétionnaires des administrateurs, en renforçant l'arsenal de nos lois pénales et les dispositions déjà si dures de la responsabilité collective;

« La sécurité, on l'aura en cessant d'exploiter l'indigène sous le prétexte de l'émanciper et de l'assimiler. »

Ainsi, Monsieur, vous aviez constaté l'abus et vous le signaliez au Parlement, et vos paroles étaient publiées, et dans toutes les communes d'Algérie on pouvait les lire.

Mais vous saviez que tout ce qu'on peut dire, écrire sur ce propos ne change rien à ce qui est, car vous aviez vu qu' « il n'y a pas d'opinion publique en Algérie ».

C'est pourquoi, sans doute, voulant que votre verbe se traduisît en action vous êtes devenu le gouverneur général de ce pays « dispensé de toute moralité », de ce pays où « notre domination est odieuse ».

Par une singulière habitude de l'esprit français, notre peuple voyant au gouvernement de l'Algérie un homme de votre distinction en arrive à confondre l'homme et la colonie. L'Algérie c'est Jonnart. Jonnart est un bon, l'Algérie est bonne. Et ça va bien !...

S'il ne s'agissait, Monsieur, que de vous et que de vos administrés, si le cas algérien n'était pas lié à

l'ensemble des cas de notre politique, il serait peut-
être cruel, et sans aucun autre profit que l'hommage
platonique à la vérité, de dissiper les illusions de
notre peuple sur les réalités algériennes. Il serait
impolitique de fouetter le troupeau que, bon berger,
vous essayez de ramener et de maintenir dans le
devoir français, maintenant qu'en ce devoir le pâturage est plus maigre. Il serait mauvais d'écrire... ce
qu'on lira dans cet ouvrage.

Mais il ne s'agit pas que de l'Algérie. Il s'agit de
la France et des fautes que la France est sur le point
de commettre au Maroc en s'autorisant des résultats
de la conquête et de la colonisation de l'Algérie qu'on
lui dit et qu'elle croit heureux.

Alors qu'ils sont :

20 milliards et plus, inscrits à la dette publique,
dont nous payons annuellement les intérêts ;

300.000 mâles enlevés à la repopulation de la
France... par la mort ;

Création d'une nationalité musulmane de quatre
millions de *sujets* hostiles au dominateur.

Cela pour la possession précaire d'une colonie
où l'élément français disparaît dans l'immigration
hispano-maltaise, où les budgets sont en constant
déficit et où la dette hypothécaire mène à la faillite
la production privée.

Dire cela, Monsieur, je le sais, peut rendre plus
pénible cet apaisement algérien à quoi vous avez si
généreusement voué votre activité ;

Peut aussi compliquer l'ingrat problème de l'équilibre de vos budgets qui ont besoin du crédit, puisque
l'Algérie répugne aux impôts nouveaux ;

Mais, encore une fois, il ne s'agit, Monsieur, ni de l'Algérie, ni de vous ni de moi.

Il s'agit de la France.

Nettement, sur pièces, clairement, sur preuves, sincèrement, complètement, voire brutalement, on lui doit dire ce que coûte l'Algérie et ce qu'elle y a fait.

Devant la folie de l'aventure marocaine où quelques financiers et le Dieu des juifs nous conduiraient, si l'on n'y prenait garde, à la répétition des mêmes erreurs politiques, militaires, économiques... j'ai voulu crier à notre peuple : « Casse-cou ! »

Les contribuables français, vous l'avez écrit, « sont patriotes, versent sans murmurer leur obole pour toutes les entreprises dont le but est d'ajouter à l'honneur du nom français, de faire la patrie plus grande ».

Aussi j'estime que c'est un devoir de les renseigner sur ces entreprises.

Je le fais. Sans, plus que vous jadis, « aucune pensée de heurter, de froisser les colons ».

Mais avec la volonté de dire le vrai, tout le vrai.

J. H.

LA VÉRITÉ SUR L'ALGÉRIE

LIVRE PREMIER

CE QU'ON CROIT SUR LE PROPOS DE L'ALGÉRIE

CHAPITRE PREMIER

L'opinion commune.

On a publié des milliers et des milliers de livres, de brochures, d'articles de journaux sur l'Algérie ; le détail en fut étudié, présenté, souvent avec vérité ; les observateurs, qui limitaient leur travail, quelquefois ont vu juste ; un brave homme qui s'applique à regarder une chose déterminée, pour nous la décrire ensuite, lorsqu'il ne s'inquiète de rien autre, il y a chance qu'il voie clair et ne mente pas. Mais, s'il est animé par d'autres passions que celle de la vérité, il ne voit pas, et il peut arriver qu'avec la meilleure foi du monde il mente ; car il n'étudie pas objectivement, sa méthode est subjective. Nous verrons que ce fut le cas en Algérie, même pour des questions très simples, très nettes et parfaitement limitées comme celles de thermométrie ; c'est un fait abracadabrant, mais c'est un fait, il a fallu que M. Jonnart vînt au gouvernement général de l'Algérie pour que les thermomètres officiels se décidassent à ne plus mentir! Si parfois des études morcellaires ont donné sur l'Algérie des notions exactes, jamais, quels que fussent la bonne foi, le génie, la gloire des gens qui les ont écrits, les volumes d'ensemble n'ont permis au public de s'en faire une idée juste. Même dans Reclus il y a autant de mensonges que de vérités, et tout le génie de l'illustre géographe ne l'a pas mis à l'abri des erreurs où tombent fatalement les travailleurs de cabinet, qui opèrent uniquement sur le bout de papier, la coupure, et s'en remettent à leur intelligence du soin de reconstituer la nature. C'est toujours le vieux préjugé idéaliste qui fausse les jugements se croyant les plus rationnels et vicie les méthodes, etc., etc.

Aussi, malgré l'effort considérable, immense, réalisé par toutes sortes d'hommes, les uns de bonne foi, les autres pas, dans l'étude de l'Algérie le public ne sait pas ce qu'est l'Algérie.

J'ai très souvent, au courant de la conversation, demandé aux gens leur notion de cette colonie, celle qu'ils peuvent dire sans trop réfléchir, sans trop rechercher dans leur mémoire, et surtout sans essayer de s'accommoder à l'intérêt, au goût du jour, la notion acquise, vraie, qui n'est pas le reflet de l'article parcouru le matin ou du livre feuilleté la veille, la notion qui fait partie du bagage d'opinions admises, devenues directrices d'appréciation et d'action, de vote et de souscription. Pour la moyenne des hommes, qu'ils soient Français ou étrangers, riches ou pauvres, ignorants ou cultivés, j'ai noté que « l'Algérie est une très belle colonie, où, malgré les erreurs fatales, presque nécessaires, et, pour un peu, dirait-on, bienfaisantes, le génie de la France a réalisé une très belle œuvre civilisatrice en arrachant à la barbarie turque un riche pays pour le faire entrer dans la voie du progrès européen ».

Demandez, interrogez, bien probablement vous obtiendrez cette réponse lorsque vous poserez la question qui la motive.

CHAPITRE II

L'opinion commune des Français, dite officiellement par M. Loubet, président de la République française.

En 1903 l'opinion commune des Français fut officiellement exprimée, sous toutes les formes possibles, et avec tout le détail nécessaire, par le président de la République, durant son voyage en Algérie.

M. Loubet représente la France. Lorsqu'il parle officiellement, ce n'est pas en son nom, c'est à celui de la France. Lorsqu'il exerce les fonctions de président de la République, M. Loubet n'a plus de personnalité. Il est l'organe de la France. Il peut avoir dans le particulier telles ou telles idées qui lui plaisent, qu'il croit justes ; celles qu'il manifeste dans l'officiel ne peuvent être que celles de la majorité, celles de la France. Pour mettre en lumière l'opinion commune sur l'Algérie, je n'aurai besoin que de citer quelques extraits des nombreux discours prononcés en Algérie par le président.

Voici :

« ... L'œuvre d'hier, patiemment conduite par un patriotisme tenace durant trois quarts de siècle, à travers quarante années d'expéditions qui furent une des écoles de la bravoure française (1), je suis loin de vouloir en méconnaître la valeur.

« Elle est digne de toute notre reconnaissance et de toute notre admiration.

« Sur ce sol, théâtre de batailles épiques, implanter notre race, qui se montre ici — la statistique le prouve — plus féconde que sur l'autre continent ; transformer ces régions jadis inhospitalières en une des plus saines et des plus belles stations du monde ; en un pays sans voies de communication créer plus de 4.000 kilomètres (2) de chemins de fer et de 30.000 kilomètres de route, creuser plus de dix ports, dont l'un est pour le tonnage parmi les premiers ports de France ; élever le commerce extérieur à plus de 700 millions ; pousser la culture de la vigne au point de pouvoir exporter plus de trois millions d'hectolitres de vin ; répandre les primeurs du Tell sur les marchés de la France et, par-delà, sur les marchés de l'Europe ; enfin préparer (3) la richesse morale avec autant de souci que la richesse économique ; assurer la justice et, par elle, la pacification ; travailler incessamment à former le faisceau des volontés et des cœurs vaillants, tout cela n'est-il pas de nature à nous inspirer quelque fierté ?

« ... Malgré des tâtonnements et des passagères erreurs, l'Algérie n'a cessé de prospérer et de grandir. Pourquoi ? Parce que le colon a ces qualités qui font les races fortes : l'esprit d'initiative, le courage, le patriotisme.

« ... L'avenir je crois l'entrevoir autant que la situation présente le permet :

« Les colons, de jour en jour plus nombreux et plus entreprenants, font sur la nature de nouvelles conquêtes et mettent en valeur des territoires inutilisés ou incultes, abandonnés par une incurie traditionnelle. Pénétrés par notre exemple et cédant aux rayonnements de l'âme française, les indi-

---

(1) Avec Sedan pour terme... aurait pu ajouter le président.

(2) Il y en a exactement 3.015. Mais le chiffre de 4.000 est celui des conversations algériennes. On est un peu plus au sud qu'à Marseille.

(3) C'est dans les nuances de ce genre qu'apparaît la douce ironie du Président ; par métier il devait chanter la richesse morale, la richesse économique ; mais il sait, il voit cet homme, alors il dit « vous préparez » ; ce n'est pas tout à fait la même chose que « vous avez »...

gènes se rapprochent de plus en plus de nous ; ils conservent leur foi religieuse et leurs antiques coutumes, que la France ne cessera de respecter et de protéger ; mais ils nous comprennent mieux, ils sentent que nous apportons la force et non la tyrannie, la civilisation et non la haine, et ils nous aiment en obéissant à nos lois.

« Les Délégations financières dont les débuts nous ont donné de si vives satisfactions restent fidèles à l'esprit qui les anime ; appliquées au bien du pays, à la prudente gestion de ses ressources, au contrôle de son administration, elles poursuivent et complètent leur œuvre sans se laisser entamer par les querelles politiques, ni par les considérations de clientèle, qui sont le danger des assemblées électives ; elles sont le cadre et le lien commun des organes de la vie coloniale : des conseils généraux si justement appréciés des colons, des municipalités, cellules premières et nécessaires de tout organisme public, des chambres de commerce et d'agriculture, instruments chaque jour perfectionnés de défense et de progrès : des représentations de la colonie au Parlement ; sénateurs et députés servent de trait d'union vivant entre la France d'Afrique et la France d'Europe ; enfin le gouvernement général, centre d'où part sans cesse l'impulsion de tous les services, est l'image respectée du gouvernement de la France au milieu de ses enfants d'Algérie.

« Au-dessus de ce monde organisé par le travail, plane, au lieu de l'ancien génie des combats, le génie de la paix abritant d'honnêtes gens réunis par la commune humanité sous les plis du drapeau tricolore. »

Notons, retenons que M. Loubet, *obligé* de célébrer la prospérité de l'Algérie... en parle surtout... dans l'avenir.

Reconnaissant le succès, le proclamant avec la magnificence ordonnée par sa fonction, M. Loubet, qui a de bons yeux et, si haut qu'il soit placé, voit certainement, n'a pu s'empêcher de laisser comprendre... que... tout de même...

Mais voici :

« Le Français qui aborde sur ce rivage ne peut se défendre d'un profond sentiment de joie. Notre nation a donné sur cette terre d'Afrique, prolongement de la terre française, des preuves éclatantes de son génie et de sa vitalité. Elle a lutté ; elle a triomphé ; elle sait que la victoire est longue à organiser.

« Comme la mer d'azur qui baigne ses côtes et qui doit servir à rapprocher, non à diviser, l'Algérie a eu ses orages. La présence du président de la République marquera-t-elle la fin d'une période d'expériences et d'épreuves et le commencement d'un régime fondé sur l'autorité et la liberté, sur la justice et la concorde ? C'est ce que pensent, en partageant ma joie patriotique, les membres du gouvernement qui m'accompagnent.

« Pour moi, j'apporte ici, avec la sollicitude cordiale de la mère-patrie pour ses enfants, le dessein d'étudier sur place la situation et les intérêts d'un admirable pays où nous poursuivons un *idéal à la fois économique et moral* et où l'exercice de la liberté doit être concilié avec *ses responsabilités et ses devoirs*.

« A l'Algérie ! messieurs. A sa prospérité par le travail pacifique ! A sa grandeur par *l'identification de ses destinées avec celles de la France !* »

Retenez ces phrases soulignées, vous n'en comprendrez tout le sens que lorsque vous aurez lu mon livre...

Et peut-être alors aurez-vous « le sourire », vous aussi, en vous rappelant qu'après avoir célébré la gloire de l'Algérie, dans le passé, dans le présent et dans l'avenir, M. Loubet disait aux délégués financiers :

« C'est à vous, messieurs, qui êtes l'expression la plus haute, la plus intelligente et la plus autorisée de la colonie, qu'il appartient d'assurer la *réalisation continue de ce rêve*. Je vous y convie au nom de la République, sûr de trouver dans vos cœurs un écho de mes sentiments. »

Un rêve... Ce ne sera qu'un rêve aussi longtemps qu'on fera de la politique sur des phrases de littérature électorale... et non sur les réalités de la terre et des hommes.

CHAPITRE III

L'opinion des Algériens sur l'Algérie énoncée par M. Etienne.

Les gens dont la puissance est de littérature électorale n'entendent pas que le succès algérien soit un rêve à réaliser. M. Etienne ne permet point qu'on en parle comme d'un rêve, même par lyrisme officiel. M. Etienne n'admet pas le rêve. C'est positivement (dans son langage ce serait carrément) qu'il a exposé l'idée algérienne de la prospérité *dito*.

Lisez :

« On a l'habitude de dire que le Français n'est pas colonisateur, qu'il avait perdu toute vertu colonisatrice. Mais quand on constate cette œuvre récente de l'Algérie et l'immense effort accompli, on est amené forcément à conclure que les enfants de la France du dix-neuvième et du vingtième siècle peuvent accepter sans crainte le parallèle avec ceux des siècles passés. On se borne à dire que nous sommes venus ici pour spolier les indigènes ; on ne dit pas qu'il y a quarante ans cette terre était inculte et qu'il a suffi d'une poignée de Français pour en faire un pays enchanteur. Nous pouvons étaler des résultats qui crèvent les yeux.

« Ce pays est pour la France une force politique et une force économique de la plus haute portée. Il nous fournit une admirable armée qui est allée sur tous les champs de bataille ; aussi bien sur ceux des grandes guerres européennes que sur ceux des victoires coloniales, l'armée d'Afrique était toujours à l'avant-garde. Ce qu'elle a fait il y a quarante ans, elle l'a fait encore récemment dans toutes les guerres coloniales, au Dahomey, au Tonkin, à Madagascar où elle a fourni le dernier et décisif effort.

« Si nous regardons du côté économique, nous sommes le quatrième client de la France avec les exportations et les importations qui se chiffrent par 600 millions d'affaires.

« Nous prenons à la métropole tout ce que nous consommons, nous lui envoyons tout ce que nous produisons. Nous

devons être fiers d'un pays comme le nôtre. Ce sont les
nôtres, c'est nous-mêmes, enfants d'Algérie, qui avons fait
cette œuvre, et nous le disons avec une grande fierté. »

L'idée est nette : L'Algérie augmente la puissance
militaire et la richesse économique de la France. Les
Algériens n'ont qu'à fièrement persévérer dans la
politique et dans les systèmes qui ont produit ce
magnifique résultat. L'idée de succès — absolu —
qui plaît aux électeurs, que les électeurs veulent à
leurs élus, passe et repasse des uns chez les autres
pour leur commune fierté.

CHAPITRE IV

**L'idée de succès dans le monde qui pense... avec la
« Revue des Deux Mondes » et M. P. Leroy-
Beaulieu.**

Manifestant un enthousiasme comparable à celui
des députés algériens dans leurs réclames électorales, M. P. Leroy-Beaulieu admire notre empire de
l'Afrique du Nord : 4.600 kilomètres dans un sens,
4.000 dans l'autre ! Un joli bout de terrain, n'est-ce
pas ?... et c'est du coup dans l'esprit propriétaire de
la bourgeoisie de nos classes dirigeantes l'idée de
succès.

L'éminent économiste ajoute, pour détailler et renforcer, confirmer cette idée :

« Sans doute les diverses régions de cette immensité de
territoire n'ont qu'une valeur agricole très inégale ; quant à
leur valeur économique, qui comprend comme facteur important la valeur minérale, personne n'est actuellement capable
d'en juger, les territoires les plus arides et les plus ingrats à
la surface, comme le désert d'Atacama au Chili, les hauts
plateaux désolés de l'Afrique du Sud, les anciens fonds de

mer de l'Australie et de l'Asie centrale ayant tout à coup révélé à l'homme des richesses de cette nature, soit tout à fait
de premier ordre, soit tout au moins très appréciables, et
notre Sud algérien et tunisien venant à l'improviste, avec ses
bancs indéfinis de phosphates, de nous procurer il y a quelques années une aubaine de même genre. Bien superficiel et
bien ignorant des facteurs économiques modernes serait celui qui, parce qu'une contrée se prête mal à la culture, dé-
clarerait que l'homme n'en pourra jamais rien tirer !

« ...Notre lot africain, pour n'être pas tout entier de choix,
n'a rien de tout à fait exceptionnel à ce point de vue Les
parties manifestement bonnes y tiennent assez de place pour
qu'on doive s'accommoder de celles qu'on serait tenté peut-
être, sans assez de connaissance de cause, de déclarer irrémédiablement mauvaises...

« ...L'Algérie et la Tunisie sont des contrées plantureuses,
produisant à foison toutes les denrées de l'Europe méridionale et de l'Europe centrale. Non seulement elles se nour-
rissent et s'approvisionnent elles-mêmes, ainsi que les
troupes qui les gardent, mais elles exportent des quantités
énormes de produits agricoles et de matières brutes diverses... Voilà donc des pays qui sont très avancés en cultures, qui fournissent dans des proportions exubérantes,
croissant chaque jour, toutes sortes d'approvisionnements...
...ressources abondantes inépuisables en hommes et en approvisionnements... On ne saurait trop mettre en relief cette
situation remarquable. L'Algérie suffit aujourd'hui par ses
propres ressources à la généralité de ses dépenses ordinaires
et civiles; la France n'intervient que pour quelques travaux
extraordinaires de routes, de ponts, de ports... Elle se charge
aussi de toute la dépense d'entretien de l'armée, tandis que
l'Angleterre met ce fardeau à la charge de l'Inde. L'Algérie
coûte donc annuellement à la France beaucoup moins qu'on
ne le croit... »

Ce que M. P. Leroy-Beaulieu disait ainsi éloquemment en 1882, y ajoutant cette condamnation sévère
des détracteurs de l'Algérie :

« Doit-on regarder comme un échec une entreprise de colonisation qui, après 50 années dont les deux tiers étaient des
années de guerre, est parvenue à fixer en Afrique une popu-

lation civilisée aussi considérable ? Bien ignorants et bien légers seraient ceux qui porteraient un pareil jugement. »

est la substance de son gros ouvrage devenu classique sur l'Algérie, et où nos classes dirigeantes, agissantes, bien pensantes, non passionnées, calmes, réfléchies, sérieuses, raisonnables, capitalistes, etc..., etc... prennent leurs opinions sur la colorie, opinions qu'elles croient impeccablement documentées, et par cela « de tout repos ».

CHAPITRE V

L'idée de succès dans le monde qui pense... avec les dictionnaires et les journaux parisiens.

Cette idée de succès est également celle des livres de vulgarisation tels que le *Dictionnaire de géographie* de Vivien de Saint-Martin, où je vois la colonisation algérienne définie :

« Œuvre éminente qui a pour but provisoire l'augmentation du nombre des paysans français et pour fin finale, encore que bien lointaine peut-être, la francisation intégrale de l'Afrique du Nord, voire du quart nord-ouest du continent noir. »

Cette idée de succès dont est pénétrée la masse au nom de qui parlait M. Loubet ; qui dicte les phrases des politiciens dont M. Etienne est un chef ; qui est donnée aux gens sérieux par M. P. Leroy-Beaulieu ; qui est au fond des livres d'enseignement et de vulgarisation, nous la retrouvons élégamment servie aux « gens du monde » par leurs journaux. Dans un numéro spécial, illustré, publié quelques jours avant le voyage présidentiel, en même temps qu'il annonçait aux clients les mérites de quelques banques, de quelques hôtels, de quelques magasins de tabac et ceux de l'administration de M. Paul Revoil, le *Figaro* montrait l'Algérie :

« ... un coin du sol africain devenu par une suite d'efforts opiniâtres la plus belle de nos colonies, celle que nous envient toutes les puissances amies ou rivales, celle qui nous est également chère et par les sacrifices qu'elle nous coûta et par les espérances que nous avons mises en elle.

« D'aucuns ont la fâcheuse tendance de dénigrer systématiquement l'œuvre coloniale de la France, de douter de notre force d'expansion, de critiquer avec une sévérité impitoyable toutes les fautes commises sans jamais mettre en regard les résultats obtenus. L'étranger sur ce point est beaucoup plus équitable que certains Français, et justice nous est rendue par les Anglais par exemple qui n'hésitent pas à reconnaître les mérites de notre colonisation soit en Afrique, soit en Extrême-Orient.

« Souhaitons que le voyage du Président ait cette première conséquence de faire mieux connaître à tous cette Algérie qui par la splendeur de ses sites, par l'agrément de son climat, par la richesse de son sous-sol, la fertilité de ses coteaux et de ses plaines constitue un si précieux joyau digne de faire pendant par-delà la Méditerranée aux merveilles incomparables de notre Côte d'Azur. »

Le bon lyrisme parisien du prospectus élégant.

CHAPITRE VI

L'idée de succès dans le monde qui pense... avec les journaux algériens.

Celui d'Algérie dans la note similaire est naturellement plus échauffé :

« C'est l'essor de cette colonie, symbolisé par sa capitale, et qui, depuis quelques années, devient prodigieux et étonne — je le sais — les étrangers même les plus colonisateurs.

« Crises politiques, altises dans la Mitidja, gel dans les Hauts Plateaux, méventes, sauterelles, paniques exploitées d'insécurité, mode des exodes d'été, instabilité des gouverneurs, dénigrement des métropolitains, battage sur la mentalité spéciale et le séparatisme, rien n'a empêché la germination puissante décelant une vitalité superbe.

« En vain les chercheurs de petite bête, les regardeurs par le gros bout de la lorgnette, les coupeurs de cheveux en quatre, les contemplateurs à microscopes tendant la main aux intéressés du Caire, de Malte et même de Nice, chercheront la misère sous les apparences de la prospérité.

« Oui, les dessous ne correspondent peut-être pas encore aux dessus. Ils sont de toile bise, tandis que le corsage est en satin. Mais ils sont propres. C'est le premier luxe. Le drapeau national qui flotte, rue Vivienne, au fronton de la Bourse de Paris en couvre-t-il de tels? Et ai-je jamais dit que c'est la pléthore de richesse où commence la décadence qui naît pour l'Algérie ?...

« Non.

« C'est l'essor...

« ... C'est l'essor de la campagne et de la ville, c'est l'essor de la rue.

« Rue Michelet, rue de l'Isly, rue de Lyon, à Bab-el-Oued, à Alger éclatant de pierres serrées, à Mustapha qui se relie à Alger par ses pierres, les maisons s'épanouissent tous les jours, sortent, montent, se gravitent (sic), se cachent mutuellement la vue de la baie, s'étagent, se fanfreluchent, se couvrent, s'habitent, se peuplent, s'animent en un clin d'œil, en un rien d'instant (sic) dans l'intervalle d'un voyage à l'autre et pour surprendre le voyageur avec verve, avec magnificence, avec promptitude, presque avec défi...

« Une fée a frappé la terre de sa baguette magique : les cinq étages ont surgi.

« Vous la connaissez tous la fée. Elle ne s'appelle pas Mélusine. Elle n'a pas non plus le nom barbare de celle d'Hansel et Gretel et ses palais ne sont pas en pain d'épice.

« Elle a un nom de foi et d'espérance.

« C'est l'essor.

« C'est l'essor qui ne veut pas n'être que matériel. Il sait que celui-ci n'irait pas sans celui-là. Celui-là c'est l'essor intellectuel qui se symbolisera à la venue présidentielle par l'inauguration de la Ligue de l'enseignement...

« L'essor !...

« Quel pessimisme le niera ?...

« L'oiseau bleu algérien s'est élancé du nid. Le grain l'atteindra peut-être. Le siroco le bousculera sûrement, le tourbillon le roulera dans sa spirale, le faucon guettera sa défaillance pour fondre sur lui, le chasseur étranger le tiendra d'en bas au bout de son fusil attendant qu'il soit à portée.

« Mais l'oiseau bleu évite le grain, fuit le siroco, vole hors du tourbillon, dépiste le faucon, n'est pas à portée du fusil étranger.

« C'est qu'il n'est pas un moineau franc du Luxembourg qui ne quitte son toit de sénateur que pour franchir le marronnier du 20 mars d'une aile débile et pour aller pépier autour du vieux monsieur qui jette du pain tous les jours.

« L'oiseau bleu ne se sait ni sécurité, ni mie de pain. Mais il a la nature pour lui, et il s'en est servi. Le soleil a cuit son aile solide, l'horizon clair a développé son regard sûr, l'air doux lui a fait des poumons que n'essoufflent pas les longues envolées, la terre neuve et dure, qu'il faut gratter pour avoir du grain, a cuirassé les pattes et les becs des siens qui lui ont transmis leur force, le ciel plus illimité a rendu sa conception plus grande et plus grande sa volonté d'explorer très loin.

« Aussi son essor dépasse-t-il la largeur d'un marronnier !

« Il ne descend pas vers la mie de pain du fonctionnarisme. Il monte dans les altitudes des chercheurs.

« Ce qu'il trouvera... nous le saurons demain.

« Mais, n'est-ce pas que l'essor est prodigieux ! »

Cela est en effet prodigieux. C'était publié par la *Dépêche algérienne* le 1er avril 1903.

Quelques villes de province acceptent que leurs journaux, suivant la vieille et joyeuse coutume, servent à la date fatidique le poisson, et s'en amusent, qu'il soit ou non volant, avec ou sans essor. Un instant j'avais cru qu'Alger... Mais j'y étais. Je me suis renseigné. Je puis assurer que la *Dépêche algérienne* ne plaisante jamais. Elle a trop le respect de soi-même et de ses lecteurs. L'essor est donc sérieux...

LIVRE DEUXIÈME

Ainsi, nous avons dégagé le fait « Opinion commune ». Nous savons ce qu'on croit.

C'est que :

— L'Algérie est une contrée naturellement riche et fertile,

— où les vicissitudes de la lutte des races avaient donné la possession d'un éden à des barbares,

— où, dans l'intérêt supérieur de la civilisation, nous avons agi victorieusement,

— implantant notre race en nouvelle patrie,

— faisant le bonheur des indigènes,

— en même temps qu'une excellente opération économique, une merveilleuse « affaire ».

Ces propositions marquent la division de mon ouvrage.

Nous allons successivement les étudier dans le détail, les discuter et découvrir ce qu'il y a de vrai, ce qu'il y a de faux dans chacune d'elles.

LIVRE TROISIÈME

CHERCHONS CE QU'IL Y A DE VRAI DANS CETTE OPINION COMMUNE QUE L'ALGÉRIE EST UN PAYS FERTILE ET NATURELLEMENT TRÈS RICHE.

Non excogitandum, neque fingendum quid natura faciat aut ferat.

BACON.

La nature ne dépend ni des règlements administratifs, ni des fonds secrets, ni des prospectus financiers.

MOI.

CHAPITRE PREMIER

Sur le rôle de quelques apparences dans la production des idées de prospérité.

Quand j'ai lu, entendu les pensées d'une élite sur l'Algérie, sur la nature et sur l'œuvre des hommes, d'une élite qui vous dit : « Môssieu, moi je ne juge et n'apprécie que *de visu*, » alors j'ai noté que la vue de quelques végétaux, la contemplation de quel-

ques cailloux plâtrés en maisons produit, réflexe,
l'idée de fertilité, de richesse.

On protestera que les champs de blé, que les kilomètres de bâtisses vus en France, ne « disent rien » à
personne et que nul, sinon quelques vieux paysans,
quelques vieux maçons n'y prend extase.

En effet.

Donc, pourquoi, chez tant de gens, à la vue d'une
botte de foin d'Algérie la pâmoison et l'évanouisse-
ment devant quatre pâtés maçonnés sur la rive africaine ?

Serait-ce que, sortis de notre aire coutumière, en
nos cerveaux reparussent pour l'admiration les idées
naïves des commencements ?

Presque tous nous avons, peu ou prou, le sang des
hommes qui adoraient le caillou. Pierres levées, tas-
sées, remuées, c'était figures divines, temples, puissance et richesse. Il nous en reste le culte fétichiste,
l'ancestral respect du moellon. Pour mesurer la civilisation les cubages de maçonnerie. Ça se voit en
Amérique...

Or, en Algérie, le gros électeur gagnant dans
toutes les parties du bâtiment, on a mis beaucoup de
pierre et de plâtre à l'air. La prime constatation qui
s'impose au nouveau débarqué c'est que le bâtiment
dans ce pays marche bien. Vous savez que, lorsque
le bâtiment va, tout va. Donc les gens simplistes,
ou qui le sont redevenus au mal de mer, *voient* que
l'Algérie est riche... Et ça y est !

Si à côté de la bâtisse montent quelques arbres,
s'étalent quelques buissons, pointent quelques herbes,
du vert près du blanc (rappelons que les adorateurs
de la pierre cueillaient le gui), la prospérité s'explique par la fertilité naturelle du sol qui... du sol que...
Pour peu qu'alors brique et salade apparaissent dans

un rayon de soleil... notre homme n'en démordra plus, il sait *de visu*... Les impressions des journalistes « de suite » qui accompagnaient M. Loubet, et en instruisirent le peuple, ce fut quelque chose de semblable...

CHAPITRE II

Tous les gouvernements ont eu le souci de rechercher scientifiquement la notion de la richesse naturelle algérienne.

Si cela fait l'opinion commune des amateurs qui voyagent, vous pourrez objecter que ce n'est pourtant point sur des impressions de touristes fatigués par la traversée, trouvant toujours la terre bonne et belle, délicieux plancher sous leurs pieds, que les gens sérieux, les hommes supérieurs, dirigeants et gouvernants, ont basé leur jugement pour affirmer l'excellence naturelle de l'Algérie. Car c'est en vertu de cette affirmation devenue dogme que la France a jeté èt continue de jeter or et sang (mettons pour ce deuxième terme : santés, bras) dans l'œuvre de la colonisation algérienne par la culture européenne, c'est-à-dire par la culture intensive.

Une telle affirmation qui a produit de tels résultats, si nous sommes une nation de gens raisonnables, ne peut donc être qu'une affirmation scientifique, en suite de vraies études.

Cette objection est juste.

Dès le début de la conquête on savait que ce qui rend la colonisation d'un pays rémunératrice, possible, c'est la qualité du sol, la nature du climat, et que cette qualité, cette nature, on ne doit pas en demander la constatation aux annonciers de Cook, Duchemin ou Lubin, mais aux savants, aux géographes, aux géologues, aux météorologues, aux agronomes, aux botanistes et, en fin de compte, aux économistes, qui, pour en tirer les conclusions pratiques, centralisent les travaux des spécialistes.

Il faut rendre cette justice aux divers gouvernements de l'Algérie que tous ont eu la préoccupation, le souci de donner à la colonisation officielle ou privée une base scientifique.

Ainsi, dès 1846, on publiait d'énormes labeurs, notamment celui d'Aimé, sur l'exploration scientifique de l'Algérie. Et depuis cette époque les travaux officiels ont continué dans une progression constante... missions, rapports, imprimés, brochures, volumes... j'avais un instant songé à établir ici la bibliographie scientifique de l'Algérie..., ça serait tout mon livre !

Si d'aventure quelque désœuvré riche et curieux de statistique me lisait, je lui signale un sujet intéressant. Rechercher combien a coûté en travail, en argent, en papier... etc... l'enquête scientifique d'où est sortie notre ignorance officielle du climat de l'Algérie. Puis, si ce programme ne remplit pas sa vie, pour continuer, rechercher combien ont coûté les diverses cultures officiellement recommandées, et que le climat ne permet point. Le travail sera très difficile et presque aussi... impossible... que celui d'un essai d'établissement de compte des frais de la pénétration dans le Sud.

CHAPITRE III

La température envisagée du point de vue de la colonisation. De la classification exacte, réelle, des régions d'un pays en régions chaudes, tempérées, froides dépend le succès des cultures de colonisation.

La température est, dans les climats, le facteur le plus important que l'on doive considérer pour l'ordonnance des colonisations agricoles. Le facteur *eau* est moins important, car en beaucoup de régions les travaux de l'homme peuvent le modifier, tandis que toute notre science est impuissante contre le froid, contre le chaud. Entendons-nous bien, contre le froid, contre le chaud agissant sur les grandes cultures à l'air libre... sur le blé, sur le fourrage, sur la vigne. Autrement notre art est capable, en n'importe quel pays, de n'importe quelle culture. Mais c'est alors de la culture artificielle, comme ce qui se fait au jardin colonial de Vincennes, au Muséum, dans les serres de Belgique, dans les forceries de partout. L'élément dominateur en ce cas n'est plus le chaud, le froid, l'eau ou le vent, c'est l'argent.

Nous parlons ici des cultures de colonisation, de celles qui doivent faire vivre non plus quelques familles d'industriels, mais une race, un peuplement sur un sol nouveau, conquis, acheté. Pour ces cultures, le prix mondial de vente des récoltes en règle absolument chez les civilisés le prix local de production. Et ce prix fatal, inéluctable, contre quoi nul artifice passager de protection ne saurait prévaloir, impose auxdites cultures les conditions les plus

simples de production, les conditions naturelles :
l'air libre, l'engrais du troupeau, l'eau qui ne coûte
rien, et pas les serres, les engrais chimiques, les
eaux qui coûtent cher.

La condition essentielle de l'air libre fait que la
colonisation agricole dépend en absolu de la température des régions à coloniser. La température impose le choix des végétaux à cultiver.

Il y a les végétaux qui évoluent dans les températures chaudes, dans les « tempérées » et dans les
froides. Il faut donc, et avant toute autre notion, que
l'on sache bien si les régions où l'on s'établit sont
chaudes, tempérées ou froides. Il faut que cette classification — je ne dis pas une naïveté — soit nette,
précise, réelle. Il faut spécifier qu'un pays froid est
celui où la température n'atteint point les maxima
d'un pays chaud et réciproquement. Et il faut que
l'on soit pénétré de cette vérité qu'un climat tempéré est celui où les maxima et les minima sont
tempérés, non les moyennes. Cela vous paraît idiot
de simplisme... on a mis soixante-quatorze ans pour
s'en douter en Algérie !

Enfin du choix des cultures de colonisation, ce
qu'il y aurait d'exclusivisme trop rigoureux dans
les conséquences de cette classification peut être
corrigé par les relations de temps entre l'apparition
des extrêmes et la durée d'évolution des végétaux
cultivés. Mais cela est moins une correction qu'une
atténuation à ce qu'on va lire plus loin. Car les
causes des maxima et des minima sont d'une telle
complexité qu'on n'a su en dégager encore une loi
de périodicité fixant une durée de temps pendant
lequel on pourrait avec certitude *laisser* ou *faire*
évoluer un végétal ne supportant ni maxima ni minima. Le cas des cotons du Turkestan n'infirme en

rien cette thèse en tant de l'application à l'Algérie.

Donc, suivant que les régions à coloniser sont froides, tempérées ou chaudes, la nature y permet la culture des végétaux que ne tue pas le froid, qui ont assez de chaleur dans les climats tempérés ou qui n'en ont pas trop dans les pays chauds. Ces végétaux, les lois d'adaptation des êtres vivants aux climats actuels depuis assez longtemps les ont sériés pour qu'on les connaisse. La science peut en régler logiquement la culture dans les régions à climat nettement défini. Un gouvernement renseigné a le droit de la pratiquer lui-même, de l'ordonner à ses sujets, de la recommander à ses obligés en même temps qu'il a le devoir de la favoriser chez tous les citoyens. (En Cochinchine on sait que le développement des cultures de riz, c'est la fortune ; le gouvernement subventionne des essais de vigne ! nous verrons plus loin ce qu'on fit en Algérie.)

Mais, que les régions à coloniser aient un climat excessif, avec de tels écarts de température qu'on puisse, d'après la saison, le jour et l'heure, dire ces régions et froides et tempérées et chaudes, alors, appartenant successivement, dans un ordre par ailleurs très variable, aux trois climats types, elles ne sont réellement d'aucun. Aussi nulle des cultures spéciales aux climats spéciaux, certaines dans les climats certains, n'est pratique, n'est raisonnable dans les climats excessifs où le risque des températures extrêmes les condamne. La colonisation agricole y devient une spéculation, une loterie que ni la raison ni la science ne donnent aux gouvernements le droit de pratiquer, d'ordonner, de recommander, de favoriser. Cela est d'une logique absolue. Vous vous en souviendrez quand nous parlerons de la colonisation des Hauts Plateaux.

CHAPITRE IV

Dès l'origine de la colonisation algérienne apparut la notion de l'Algérie pays chaud, notion qui dure encore. — Citations de Galibert. — Capitaine Rozet. — Bugeaud. — « Revue des Deux Mondes ». — Vivien de Saint-Martin. — « Dictionnaire d'économie politique ». — Reclus. — Paul Leroy-Beaulieu. — Wahl. — « Figaro ».

Donc, les gouvernements, dès le premier jour, ont eu le souci de faire constater par leurs savants de tout ordre la température de l'Algérie, pour que cette constatation d'une terre ou froide, ou tempérée, ou chaude fût la base solide, scientifique de l'œuvre colonisatrice.

Du commencement jusqu'à maintenant la constatation officielle fut celle d'une Algérie pays chaud avec nombreuses, vastes régions tempérées, l'altitude y corrigeant la chaleur.

« Un grand nombre de plantes de l'Europe tempérée vivent dans cette atmosphère qui, presque toujours chaude, et jamais brûlante, favorise extraordinairement la croissance des productions naturelles du sol. » (Capitaine Rozet, cité par Galibert en 1844.)

Le maréchal Bugeaud, cité par le même auteur, affirmait qu'il y avait partout, aussi bien sur les montagnes que sur les plaines, une « couche profonde d'excellente terre » en quoi venaient tous les produits des pays chauds et des pays tempérés.

Galibert appuyait :

« En Algérie, la nature ne s'arrête pas un instant dans le grand œuvre de la production... Sous l'influence du soleil d'Afrique, les végétaux y acquièrent d'énormes proportions...

Il y a des choux-fleurs de trois pieds de diamètre... Les plantes fourragères atteignent sans culture une hauteur telle que les cavaliers disparaissent dans leurs fourrés... Pendant l'hiver, au lieu d'une nappe de neige à la teinte uniforme, on voit s'étendre sur les coteaux de riches tapis de tulipes, de renoncules, d'anémones, etc. »

Cela, dans le livre qui faisait l'opinion moyenne en 1844, dans le livre documenté par le gouvernement. Les gens butés à la conquête et à la colonisation extensives de l'Algérie « pays chaud » rendaient lyriques non seulement les vulgarisateurs de la maison Furne, mais aussi les économistes de la *Revue des Deux Mondes* qui écrivaient :

« ... Nature dont le charme puissant rappelle toujours vers l'Algérie le cœur de ceux qui y ont une fois vécu.

« Les nuits y brillent d'une incomparable magnificence, et l'on peut jouir de leurs calmes harmonies sans aucune impression de froid. Les journées d'hiver sont si tièdes, les soirées d'été ventilées par de si fraîches brises que l'Europe et la France même paraissent longtemps inhabitables à qui s'est habitué à ce doux climat. »

Là-dessus le bourgeois qui lisait cette prose en 1849 prenait une action des cultures de pays chaud en Algérie, une de ces jolies feuilles à vignettes qu'on retrouve en nettoyant les greniers de province, aux vieux papiers.

Si l'héritier, pour se documenter sur la naïveté de l'aïeul, ouvre l'atlas Vivien de Saint-Martin de la maison Hachette, il lit : L'Algérie,

« Par sa position en latitude appartient aux climats chauds ; mais sa configuration physique sur un espace de quatre degrés, du nord au sud, lui donne toutes les températures et toutes les productions, depuis le climat des tropiques jusqu'aux hivers des pays rigoureux du Nord. »

Et il ne comprend pas que les cultures tropicales n'aient point réussi, car on ne les avait point faites dans les régions à hiver, mais dans celles auxquelles le savant géographe assigne le « climat des tropiques ».

Il est vrai que, s'il est un homme politique et cherche dans le *Dictionnaire général de la politique*, par Maurice Block, membre de l'Institut, recueil où les parlementaires puisent leur science depuis que M. Floquet a compromis le Larousse, il verra que :

« Le climat a permis de naturaliser en Algérie le bananier et le cotonnier... que certaines cultures tropicales sont possibles à condition d'irriguer... que l'on compte utiliser les eaux pour la culture de la canne à sucre. »

Cette notion d'un « pays chaud » domine les livres les plus sérieux qui font la loi, parce qu'on les considère non pas seulement comme livres de prophètes, mais comme sacrés évangiles.

Voici un tableau de Reclus que cite M. P. Leroy-Beaulieu :

TEMPÉRATURE MOYENNE

	Décembre	Août	Annuelle
Région des montagnes :			
Tlemcen.	9°,2	26°	10°,8
Fort-National.	10°,1	27°	14°,2
Constantine	8°,5	26°,9	15°,2
Région des plateaux :			
Geryville.	7°,2	25°,3	14°,1
Djelfa	7°,2	27°,6	15°,2
Tebessa	8°,1	27°,7	15°,9

« Pour Alger la chaleur moyenne annuelle n'y dépasse pas 18°,27 ; la moyenne du mois de décembre, le plus froid étant de 12°,20, et la moyenne d'août, le plus chaud, montant à 25°,54. »

Ainsi vous voyez que la notion chaleur est bien établie, que l'Algérie est vraiment dans l'opinion des gens instruits un pays chaud.

Voici mieux. Dans le livre de M. Wahl, — un professeur qui a compilé tous les documents officiels, tous les ouvrages sérieux que l'on doit croire si l'on est écrivain sérieux, — un livre d'enseignement supérieur qui fait les idées des classes dirigeantes, dans ce livre classique, et par ailleurs intéressant, je lis :

« Le littoral jouit d'un climat tout maritime ; les écarts de température ne sont pas considérables entre les jours et les nuits, ni même entre les saisons. L'hiver est d'une douceur délicieuse ; *par les temps les plus froids le thermomètre marque de 10 à 15 degrés centigrades*, l'abaissement de la température coïncide toujours avec de fortes pluies ; à la première embellie on remonte à 15 et au delà : le ciel reparaît lumineux, l'air s'agite doucement sous l'haleine fraîche des brises, la végétation étale le luxe de ses couleurs vivifiées. Pour l'étranger, pour celui qui a encore dans les yeux les ciels bas, les soleils sans lumière et la nature du Nord endormie par le froid, c'est un véritable éblouissement. »

Le livre de M. Wahl est de 1897. Mais cette notion de l'Algérie, ou pour être plus exact, du littoral algérien jouissant d'un climat chaud, d'un climat où « par les temps les plus froids le thermomètre marque de 10 à 15 degrés centigrades », n'a fait que se généraliser.

Les journaux la vulgarisent à toute occasion. Quand le *Figaro*, par exemple, publie un numéro spécial illustré à propos du voyage présidentiel (numéro du 18 décembre 1902), on y lit :

« La température est délicieuse en hiver. Le petit tableau que voici nous en fournit suffisamment la preuve.

« C'est le relevé des moyennes observées à l'observatoire d'Alger pendant dix heures consécutives :

	7 heures matin	3 heures soir.	7 heures soir.
Novembre	13°,7	17°,2	14°,6
Décembre	12°,3	13°,1	11°,3
Janvier	11°,8	15°	12°
Février	11°,7	14°,3	12°,1
Mars	12°,7	15°,8	13°,6
Avril	15°	17°,5	15°,2

« De tels chiffres sont trop éloquents pour qu'il soit besoin d'insister. »

Ce numéro était un numéro de publicité. Les intéressés d'Algérie veulent que leur pays soit chaud, très chaud toujours. Il y a phénomène comparable pour les températures de Monaco et pour « la mer belle aux Sanguinaires ». Il peut neiger à Monte-Carlo que les journaux, religieusement, n'en publient pas moins « beau fixe » en la station délicieuse de la roulette. Il n'y a pas de roulette à Alger... mais il y a pis...

CHAPITRE V

La notion de l'Algérie pays chaud est due à la science officielle. Le danger des moyennes.

Cet « optimisme thermométrique », si différent de la réalité (la suite de ce livre va le prouver), on aurait mauvaise grâce à le reprocher aux compilateurs ou aux journalistes, lesquels ne font que mettre en œuvre les documents officiels.

Que disent ces documents ?

Ouvrez la statistique générale de l'Algérie, le volume de 1903, qui donne les chiffres de 1901.

Vous y trouvez les éléments officiels du climat officiel de l'Algérie, sous forme de tableaux de *moyennes* mensuelles des pressions barométriques, des températures maxima, des températures minima, des totaux mensuels des quantités de pluies recueillies en millimètres, et de l'évaporation.

Les moyennes des températures!...

Que des gens sans responsabilité devant la nation, devant le contribuable, devant le colon, comme Reclus, comme Leroy-Beaulieu, lesquels peuvent écrire en fantaisie sans risque autre que celui d'être convaincus de légèreté, contentent leur esprit de cette imagination des moyennes, cela nous pouvons, à la rigueur, le comprendre. Mais des gouvernements qui, eux, vraiment sont responsables des erreurs pratiques dues à leurs théories fausses, que ces gouvernements jusqu'en 1903, pour nous renseigner sur les températures de l'Algérie, aient pu admettre cette abaillardesque notion des moyennes, une de ces fameuses notions générales sur quoi repose en si grande partie notre instruction universitaire, cela se comprend moins. Nous sommes avides, gourmands de notions claires, simples, nettes, précises; dans la complication des faits successifs, nous voulons une brève notion, et nous inventons les moyennes, la moyenne. En même temps, observons que nous ne voulons pas admettre les principes, les lois.

Qu'on utilise l'admirable invention des moyennes afin de mettre les demoiselles du monde en gavage d'instruction pour le brevet supérieur, passe encore... mais dans les publications pratiques, dans celles des économistes... non... non... c'est une plaisanterie qui a trop duré. La science — pratique ou théorique — doit être faite de précision, de réalités et non d'imaginations. La commodité du discours en suite de l'emploi des moyennes vraiment ne saurait en compenser les dangers.

On me permettra d'insister comme je le fais. Je veux que de mon livre sorte quelque bien pour mon pays. Or je n'en sais pas de plus grand que de corriger les idées. Car c'est des idées mauvaises qui dirigent la masse, que vient tout le mal dont nous souffrons dans notre nation. C'est des idées justes, adéquates aux réalités, que viendra le mieux. Il peut être nécessaire de combattre, de tuer des hommes. J'estime que ce serait un très grand bien pour notre pays si quelqu'un pouvait nettoyer la politique de chefs comme les Etienne et quelques autres. Mais c'est un bien mille fois plus précieux de nettoyer le cerveau national d'idées comme celle des moyennes et quelques autres. Tant que notre intellectualité, que notre moralité n'auront pas été modifiées on pourra renverser les hommes mauvais, d'autres succéderont qui seront peut-être pis. Ce n'est pas la force des charlatans qui fait leur succès, mais notre faiblesse, notre crédulité, lesquelles proviennent de nos idées fausses.

L'idée des moyennes est une de celles qui ont fait le plus de mal à la colonisation.

C'est des moyennes que publient les statistiques officielles du gouvernement général, pour nous apprendre que, sur le *littoral*, à Alger, suivant l'ordre des mois en commençant par janvier, les températures sont de : 9,9 ; 8,2 ; 10,7 ; 13,9 ; 15 ; 20,3 ; 22,2 ; 21,5 ; 20,7 ; 16 ; 13,6 ; 9,6.

Dans le Tell, au point le plus froid, à Tiaret : 1,3 ; 1 ; 2,7 ; 7 ; 8,7 ; 14 ; 15,9 ; 15,7 ; 7,7 ; 6,5 ; 4,8 ; 2,1. Au point le moins froid, Tarrout : 7,9 ; 6,8 ; 9,3 ; 11,5 ; 12,7 ; 18 ; 20 ; 19 ; 18,9 ; 14,4 ; 12,1 ; 8,6.

Sur les Hauts Plateaux, au point le plus froid, à Aïn-Sefra : 0,1 ; 0 ; pas de moyenne pour mars, serait-ce un moins ? 8,4 ; 9,3 ; 13,1 ; 16,6 ; 15,9 ; 12,4 ; 5,8 ; 4,1 ; 0,6.

Au point le moins froid (mais en hiver seulement, car il y a d'autres points où il fait plus froid en hiver et plus chaud au printemps...) à Aflou : 5,8 ; 3,5 ; 0,3 ; 1,4 ; 2,8 ; 8,6 ; 9,9 ; 9,6 ; 7 ; 3,1 ; 2,2 ; 1,4.

Dans le Sahara, à Laghouat : 1,1 ; 1,5 ; 4,1 ; 9,4 ; 11,3 ; 17,9 ; 20 ; 18,9 ; 15,4 ; 8,8 ; 5,6 ; 1,3.

Ces chiffres donnent les moyennes des minima. Il est inutile de citer ceux des maxima. Du point de vue pratique, en agriculture de colonisation algérienne ils importent moins que ceux des minima, bien qu'il ne faille pas qu'un pays chaud soit un pays trop chaud pour qu'on y puisse cultiver quelque chose. Mais le danger consiste moins à cultiver dans un pays trop chaud que dans un pays trop froid. Ce qui caractérise le pays chaud ce n'est pas seulement qu'il y fasse chaud à certains mois, à certains jours, à certaines heures, c'est qu'il n'y fasse jamais froid, c'est que le thermomètre n'y descende pas au-dessous de zéro, ou du moins qu'il n'y descende que peu et jamais pendant longtemps.

Or, nous venons de le constater, la croyance admise, la croyance officiellement répandue par les moyennes de l'administration algérienne, c'est que l'Algérie serait un pays chaud sans au-dessous de zéro.

CHAPITRE VI

C'est seulement depuis M. Jonnart que la statistique officielle algérienne mentionne les extrêmes de température, mais elle n'a pu se résigner à les publier vraies.

Les documents officiels algériens ne voulaient pas

de moins. Ils ne les admettaient point. La politique algérienne, faut-il croire, ne les permettait pas. Publier des températures au-dessous de zéro, c'est, paraît-il, faire œuvre d'ennemi de l'Algérie, dénigrer la colonie. Officiellement il n'y avait pas de moins. Il n'y en a même pas encore.

Je vous assure que je dis vrai. Je serais même très ennuyé que vous ne contrôlassiez pas mon dire. Consultez je vous prie la statistique générale de l'Algérie. Demandez-en dans une bibliothèque publique les volumes annuels. Celui de 1903 pour 1901. Comparez le tableau que je reproduis avec celui de la page 206 de ce volume et vous verrez que ma copie est fidèle. Vous admirerez les belles moyennes.

Pour donner un peu d'honnêteté aux statistiques, pour demander aux observateurs de publier en même temps que les moyennes qui ne signifient rien les extrêmes qui seuls disent quelque chose, il a fallu que M. Jonnart devînt gouverneur de l'Algérie.

C'est grâce à lui que les publications de statistique officielle commencent à permettre au public de se rendre compte un peu plus exactement des réalités diverses de l'Algérie. Je crois que les chefs de service n'ont plus pour consigne de dire la vérité qui plaît, mais tout simplement la vérité.

C'est ainsi que dans le volume 1904 donnant les statistiques 1902 figurent, au chapitre température, les extrêmes. Il est vrai que c'est des extrêmes qui ne sont pas encore l'expression de la vérité, car il n'y est indiqué pour Alger aucun au-dessous de zéro. Et il y en eut.

J'ai passé la fin de l'hiver 1902-1903, et tout l'hiver 1903-1904 en Algérie. J'y ai gelé. Rentrant un soir à l'hôtel, à Alger, en mars 1903, j'ai vu des flaques d'eau congelées.

Le lendemain je faisais visite à M. Rivière, le directeur du Jardin d'essai du Hamma. Naturellement je pestais contre le froid... et contre les gens qui veulent à toute force et contre toute évidence que l'Algérie soit un pays chaud, très chaud. Même il me semble avoir souvenir que j'adressais un reproche... oh ! discret... à mon éminent ami, croyant qu'il n'avait pas suffisamment insisté sur cet élément « froid » dans son gros volume d'agriculture algérienne publié voici quelques années.

— Mais, répondit-il en souriant, l'Algérie est en train de m'excommunier parce que je viens de publier mes « observations de froid ».

Et il me tendit une récente brochure intitulée *Climatologie algérienne. Refroidissements nocturnes de l'air et du sol* (Société nationale d'acclimatation de France, Paris).

CHAPITRE VII

Pourquoi la science officielle ne donnait pas les vraies températures, dont la connaissance est nécessaire à la culture. Explications de M. Rivière.

J'ai lu. Et tous ceux qui voudront savoir ce qu'est le climat de l'Algérie devront lire. Aux tirades poétiques et vagues des économistes en vue, aux fantaisies des géographes célèbres, aux réclames des journaux lus, à la cuisine des moyennes et au tripatouillage intéressé des calculs du gouvernement général, c'est le démenti net, précis, indiscutable du savant, c'est le document, c'est le thermomètre.

Feuilletons ensemble la brochure de M. Rivière. Cet observateur a constaté, et il dit aux premières lignes :

« Que l'Algérie, en dépit d'une légende bien établie, et si contraire à l'état réel de sa climatologie est un pays à hiver marqué. »

Cela devrait être facile à constater, croyez-vous. La lecture des indications d'un thermomètre n'exige pas du génie. Et vous vous demandez comment, pourquoi la constatation pourtant si aisée d'un hiver marqué n'existe point dans la climatologie officielle de l'Algérie.

C'est, nous dit M. Rivière, que :

« La météorologie du réseau officiel ne considère que les valeurs prises dans des conditions particulières avec des instruments placés à 2 m. 60 de hauteur et recouverts par une double toiture, dans un lieu d'observation abrité et dont le sol est souvent damé ou pavé...

« ... C'est justement dans la couche inférieure de l'air, bien au-dessous de 2 m. 60 que se passent dans les pays à grande diathermancité de l'atmosphère... des phénomènes physico-chimiques particuliers qui ont une influence considérable sur la vie animale, sur la végétation, sur l'agriculture extensive ou intensive et les conditions économiques et sociales.

« On a donc ignoré ainsi, au moins en ce qui concerne les phénomènes thermiques, la fréquence, la durée des froids et des rayonnements intenses, si nuisibles à tout ce qui vit sur le sol ou auprès de lui.

« ... On en a conclu que les minima véritables au-dessous de zéro ne se produisaient pas ou étaient fort rares en certaines régions...

« ... On a posé comme principe, et c'est là une grave erreur, que la rareté et la fugacité des réfrigérations nocturnes les rendaient sans importance pour l'agriculture et l'hygiène et ne devaient nullement influer sur le choix d'une installation rurale ni être prises en considération pour un système raisonné d'exploitation culturale. »

Quel beau sujet pour un ironiste, et quel chapitre délicieux on pourrait ajouter à la série des cartons verts, celui de la climatologie de bureau !

CHAPITRE VIII

Comment M. Rivière, que les grands savants de cabinet disent avec mépris « un jardinier », fut conduit à noter les vraies températures de l'Algérie.

Comment M. Rivière fut-il amené à constater que la thermométrie officielle induisait « le peuple » en si « grave erreur » ?

Très simplement. Et parce qu'il est un jardinier, ainsi que disent, avec dédain et mépris, quelques beaux savants que je connais... M. Rivière voyait au Jardin d'essai de la glace et des plantes congelées, tandis que les observations de thermométrie officielle n'accusaient pas le point de congélation ! Alors, au lieu de placer le thermomètre à 2 m. 60 de hauteur, il le met à l'air libre, au niveau du sol, près des plantes... et il constate les au-dessous de zéro qu'on niait, dont on ne voulait, dont on ne veut même pas encore aujourd'hui entendre parler ! Car il dure toujours l'état d'esprit des anciens algériens que M. Rivière décrit en ces termes :

« Imbus de la légende d'une *Algérie coloniale*, pays chaud et torride, ils croyaient nuire à leur pays en révélant les refroidissements au-dessous de zéro, la glace, la neige, manifestations météoriques pourtant fort communes et très accusées dans la plus grande partie du territoire algérien. »

Les savants les plus désintéressés ne pouvaient, eux-mêmes, accepter les « au-dessous de zéro » dans les « jardins du littoral, véritables serres tempérées, » où cependant M. Rivière les constatait.

Ses observations de 1878, où, sur des thermomètres *nus* placés à 0 m. 10 au-dessus du sol, thermomètres enregistreurs, furent marqués :

Le 14 janvier : —2°,5. Le 15 janvier : —1°,5. Le 16 janvier : —2°,5. Le 17 janvier : —3°,5. Le 18 janvier : —1°. Le 19 janvier : — 2°. Le 15 mars : — 4°,8. Le 16 mars : — 2°,6. Le 19 mars : — 3°.

M. de Tchiatchef, un savant russe en mission à Alger, avait dû les contrôler lui-même pour admettre les au-dessous de zéro qu'auparavant il niait sur la foi des observateurs officiels.

Notons que dès 1878 M. Rivière signalait ainsi l'erreur des gens qui, voulant à l'Algérie un climat chaud et au littoral de l'Algérie un climat tropical y recommandaient et y recommandent encore l'agriculture de colonisation de ces climats.

Les observations de M. Rivière sont d'autant plus typiques et, pourrais-je dire, « définitives » qu'elles ne portent pas sur les points mauvais de l'Algérie, mais sur le meilleur. Ses chiffres sont relevés au Jardin d'essai, à Alger « dans une station littorale, sur le rivage même, exceptionnellement favorisée par le climat... »

« La caractéristique des refroidissements sous zéro, dit M. Rivière, est qu'ils ne se produisent que dans la couche inférieure de l'air, près du sol, dans une épaisseur d'un mètre environ ; qu'ils sont de longue durée et d'autant plus accusés qu'on se rapproche plus du sol.

« Les thermomètres abrités, établis à 2 m. 60 de hauteur, établis suivant la méthode de l'observation dynamique, n'accusent pas ces abaissements ; bien au contraire, ils enregistrent de la chaleur quand la couche d'air près du sol indique — 5°, quelquefois davantage, et que des végétaux sont désorganisés par le froid. »

Voici de ce phénomène une observation typique : 26 décembre 1898,

Hauteurs.		Degrés.
à 0 m. 10 au-dessus du sol :		— 4° ;
0 m. 25	»	: — 2° ;
0 m. 50	»	: — 1°,5 ;
1 m.	»	: — 1°,4 ;
1 m. 50	»	: zéro ;
10 m.	»	: + 7°.

Les graphiques de plusieurs observations montrent, nombreux, la durée du froid au-dessous de zéro pendant six et même huit et dix heures.

Il y a des séries de froid de cinq nuits consécutives, ayant des — 3° et des — 4° suivis de relèvements diurnes de + 23° très rapides, des dégels pour ainsi dire instantanés et courts, interrompant de longs gels.

CHAPITRE IX

L'Algérie est un pays à froids.

Vous voyez la « culture tropicale » dans ces conditions ! C'est en effet sur le littoral, dans la région marine. Le phénomène est plus accentué naturellement dans la région montagneuse du Tell, et encore plus sur les Hauts Plateaux.

MM. Moureaux et Teisserenc de Bort ont constaté des froids de — 17° sur les hauts plateaux constantinois. Dans la région de Sétif, le thermomètre descend chaque hiver à — 10°, — 12° et — 15°.

Le printemps y est coupé de gelées tardives. Quant aux régions sahariennes, la caractéristique de ces pays où pendant l'été on risque l'insolation, c'est, en hiver, « des refroidissements fréquents, accusés et de longue durée ».

A Biskra, les — 4° ne sont pas rares. A Touggourt, les — 5° et les — 7° tuent les aurantiacées. M. Foureau a observé dans le Sahara, sous le tropique, le 3 janvier 1899, — 10°,4.

Le froid qui ne permet pas les cultures tropicales sur le littoral ne les permet pas davantage dans les régions sahariennes, dans ces régions où l'on croit qu'un forage artésien peut donner la richesse agricole. Des dattes... oui ! mais ni café, ni ananas, ni coton, ni cacao. « La culture des légumes et fruits primeurs n'y a même aucun avenir. »

« La neige en Algérie est un phénomène beaucoup plus commun et constant que dans le bassin de la Seine notamment, où il n'est pas signalé tous les hivers.

« Du 10 au 20 janvier 1900, l'Algérie fut sous la neige, avec :

« 13 janvier : — 7° à Aumale; — 5° à Laghouat; — 2° à Constantine.

« 14 janvier : — 12° à Aumale; — 5° à Bou-Saada; — 6° à Djelfa; — 5° à Constantine.

« 15 janvier : — 11° à Aumale; — 10° à Constantine.

« 16 janvier : — 6° à Aumale; — 5° à Bou-Saada; — 10° à Constantine; — 13° et 1 mètre de neige à Sétif. »

Plus haut on a vu les moyennes officielles des minima pour 1901. La température moyenne minima est indiquée pour Alger + 9°,9 en janvier.

Or M. Rivière nous donne un minutieux détail d'observations montrant du 18 au 22 janvier 1901 sur Alger un terrible coup de froid et de neige.

« Dès le 17 les minima s'accentuaient sous zéro.

« Le 19 au matin l'enregistreur du Jardin d'essai indiquait que les minima s'étaient maintenus au-dessous de zéro depuis 7 heures du soir la veille De minuit à 4 heures du matin le minimum atteint était: — 6°; pendant toute la journée du 19 et jusqu'au lendemain 20, à midi, la couche inférieure de neige marquait : — 3°.

« Toute la masse d'air était refroidie; il y avait : — 5° à

quelques centimètres au-dessus de la neige; — 5° à 1 mètre de hauteur et — 10°,5 à 10 mètres de haut.

«... Dans Alger la circulation était interrompue et l'on devait décharger la neige des terrasses pour éviter l'effondrement...

«... Quarante mille mètres de clayonnage s'effondraient au Jardin d'essai...

«... Des journées ensoleillées succédèrent brusquement à cette série de neige et de froid : + 15 et 18° à l'ombre, 26 et 28° au soleil; aussi les végétaux ont beaucoup souffert de cette insolation instantanée.

« Le 16 février (mois pendant lequel les moyennes minima officielles disent + 8°,2) le thermomètre abri du Jardin d'essai marqua — 0°,8 à une heure de l'après-midi. »

Les extrêmes de 1902, nous l'avons déjà noté, chez les observateurs officiels, ne descendent pas au-dessous de zéro. Voici quelques-uns des minima réels de janvier 1902.

« Le 11 : — 2°; le 12 : — 3°,5; le 13 : — 4°,5; le 14 : — 3°,2; le 15 : — 0°,9; le 17 : — 5°; le 18 : — 2°,9; le 19 : — 0°,3; le 20 : — 2°,9; le 21 : — 4°0; le 23 : — 4°5; le 29 : — 3°,0. »

Voici une observation du 10 mars 1903 qui ne figure pas dans la brochure de M. Rivière, mais que le savant « jardinier » m'a communiquée lors de la visite où je pestais chez lui contre le froid :

A 4 heures du soir,		+ 5°;
8 —	—	zéro;
4 —	du matin,	— 5°,6;
6 h. 30	—	zéro;
8 heures	—	+ 16°;
A midi,		+ 36°.

Vous voyez les plantes délicates gelées la nuit, rôties le jour. Cela en mars, à Alger. Imaginez les Hauts Plateaux par les mêmes coups de froid. D'ailleurs des conséquences terribles viennent parfois marquer ces abaissements de température. A la fin de l'hiver 1903-1904, lorsque j'étais en Algérie, les quatre-vingts centièmes du troupeau indigène moururent.

Et cela n'entame en rien la conviction des savants officiels, qui veulent, malgré les plus dures leçons de l'expérience, claveliser en ces mois « risqués » les moutons qui vivent exposés au froid, sans abri. Cela n'altère en rien la belle confiance du populaire et des politiciens qui veulent de plus en plus refouler le troupeau indigène sur les sols les plus exposés...

Les froids tardifs, printaniers, en avril, *en mai*, sont fréquents, partout, avec des gelées, sur les Hauts Plateaux. C'est les céréales, chaque année risquant la gelée (qui fit tant de dégâts en 1904). « La colonisation nouvelle qui s'avance sur les Hauts Plateaux, nous dit M. Rivière, verra la variation de ses cultures bien réduite par ces froids. »

Enfin, voici un très curieux tableau totalisant les degrés des minima, et d'après lequel il aurait fait moins froid à Paris que dans la majeure partie de l'Algérie :

El Aricha,	75	minima sous zéro	280° de froid.
Aïn-Sefra,	25	— —	269° —
Geryville,	00	— —	333° —
Aflou,	139	— —	587° —
Aumale,	67	— —	178° —
Djelfa,	82	— —	278° —
Laghouat,	46	— —	124° —
Constantine,	57	— —	118° —
Paris,	48	— —	105° —
Yarmouth,	31	— —	73° —

Ce tableau dressé par M. Rivière porte sur les minima de l'hiver 1900-1901.

CHAPITRE X

Pourquoi ce froid, et comment la notion qui en était méconnue, que l'on doit connaître, importe essentiellement à l'agriculture de colonisation.

La réponse à cette question, nous devons encore la demander à M. Rivière qui nous la dira. Les froids algériens sont dus à l'influence steppienne des Hauts Plateaux en relation directe avec l'influence désertique du Sahara... C'est les évaporations formidables, c'est les immenses rayonnements nocturnes...

Quelles en sont les conséquences ?

Le lecteur me permettra de ne point démarquer M. Rivière, comme le ferait un économiste de Sorbonne, mais de citer textuellement. Le passage est essentiel :

« L'influence du climat saharien s'étend sur la plus grande partie du territoire algérien, mais elle est surtout dominante dans les Hauts Plateaux qui revêtent presque entièrement la forme de steppes. En effet, la ligne de démarcation du climat steppien se trouve à une faible distance du littoral, de 60 à 100 kilomètres tout au plus ; c'est une ligne presque parallèle au rivage, passant par Soukharas, Sétif, Boghari, Tiaret, Saïda et Tlemcen. En résumé le véritable Tell est emprisonné entre cette ligne au sud et la mer au nord. Toute la colonisation se meut dans cette faible bande, limite extrême sud de l'olivier et de la vigne, sauf pour les altitudes d'où ces végétaux sont exclus...

«... La fréquence et l'intensité des refroidissements en Algérie à partir de la ligne des faîtes, si proche de la mer, ont une influence considérable sur la vie économique et agricole des Hauts Plateaux. Sur les points très limités où elle est possible, l'agriculture ne peut y avoir qu'une forme extensive et rudimentaire, et tout le reste ne constitue qu'une région pastorale soumise à des irrégularités atmosphériques où la sécheresse et le froid sont les dominantes.

«...Le froid a une influence prépondérante sur le revêtement du sol...

«...En effet les minima au-dessous de zéro se produisent pendant la saison de végétation et de culture qui est sous la dépendance d'une pluviométrie plus ou moins accusée, mais toujours insuffisante dans la zone steppienne ; aussi ces refroidissements fréquents, par séries continues, de longue durée pendant la nuit, joints à de brusques radiations, ou à d'intenses siccités pendant le jour, ont une action nuisible sur la végétation et l'exploitation du sol, si réduites qu'elles soient dans la plus grande partie de ces régions.

« Sous leurs effets les pâturages se développent mal, la culture même rudimentaire y est difficile, et quand ces intempéries sont accusées, que la neige recouvre le sol, les troupeaux transhumants meurent de faim et de froid, et l'on explique ainsi la réduction vraiment inquiétante de leur effectif depuis quelques années par leur refoulement dans ces dures régions...

«...Sur les Hauts Plateaux, notamment dans l'Oranie, on peut estimer que la température descend au-dessous de zéro plus de cent fois par an dans la couche inférieure de l'air...

«... La végétation ordinaire des céréales et même du pâturage n'est possible que quand la *véritable* moyenne thermique dépasse + 10º et qu'elle est entretenue par des pluies printanières ; aussi doit-on attribuer à ces minima réitérés de la couche inférieure de l'air, en dehors du climat marin, le faible rendement des céréales, dont les épis portés sur de courts chaumes sont soumis au printemps à ces oscillations de la température qui font passer instantanément un végétal d'un froid nocturne intense à la plus aride insolation. »

Ainsi est détruite la légende de l'Algérie, de toute l'Algérie « pays chaud ». Ainsi est dégagée la vérité de fait que notre grande colonie africaine est un pays à hiver marqué, un pays à froids printaniers immédiatement suivis d'excessives chaleurs.

CHAPITRE XI

Le froid, le chaud, aggravés ou atténués par le degré hygrométrique. — Sur l'élément eau la vérité est connue. — Les compilateurs classiques la donnent. — Wahl. — Leroy-Beaulieu.

Et maintenant se présente une objection logique. L'hiver marqué de l'Algérie serait un obstacle aux richesses naturelles des céréales, de la vigne... Mais la France n'a-t-elle pas également un hiver marqué, très marqué, et n'a-t-elle cependant pas de grandes richesses naturelles par le blé, par la vigne? Oui. Les céréales et les vignes supportent chez nous les hivers marqués. Les exportations algériennes prouvent qu'elles les supportent de même en Algérie. Mais (sans oublier la correction des froids printaniers) il convient de définir ce que signifie « en Algérie ».

En Algérie ne veut pas dire ici dans toute l'Algérie. C'est dans une partie restreinte. Dans celle qui, depuis l'époque historique, fut cultivée par l'indigène, par le Romain, par les divers conquérants, par nous, dans notre colonisation première. Dans cette région « ramassée », de faible étendue, si on la compare à l'immensité du territoire algérien, les deux cultures fondamentales supportent le froid, les coups de froid, les hivers marqués, tout comme en France, moins bien peut-être, mais les supportent, c'est le fait.

Or, ce qui est aussi un fait, c'est que dans l'étendue algérienne que les orateurs officiels disent l'inépuisable source de richesses agricoles, dans la *presque totalité* de l'Algérie, dans la vaste région des Hauts Plateaux où mord aujourd'hui la colonisation officielle, avec le système intensif de culture, qui est celui des colons européens condamnés à chercher gros bénéfices, là, entrent en jeu des facteurs qui ne permettent pas à nos cultures intensives de résister, je ne dirai pas seulement au froid, mais, pour être exact, au froid et au chaud.

Et c'est le degré hygrométrique. L'humidité et la siccité rendent également mortels aux végétaux *domestiques* les minima et les maxima.

Et c'est le régime des pluies et des eaux fluviales, le régime des vapeurs d'eau dans l'atmosphère.

Je n'insisterai point sur ce propos comme je l'ai fait sur celui du froid. Il est d'une observation trop simple pour que la vérité ne s'en soit pas imposée à tous. On a pu, grâce à des sophismes de calcul, à des observations incomplètes, affirmer le chaud quand c'était le froid. Les brutalités de la sécheresse après l'inondation, l'averse, ont rendu impossible le truc des moyennes.

Les auteurs qui ont été abusés par les légendes de la thermométrie officielle ont vu clair en hygrométrie, en pluviométrie.

M. Wahl a dit aux étudiants :

« Dans les régions tempérées, la pluie annuelle distribuée à un grand nombre de jours descend goutte à goutte, de manière à s'infiltrer lentement dans les profondeurs du sol. En Algérie elle s'abat par averses violentes, qui ravinent et dégradent les terrains ; il n'est pas rare de recueillir 30 à 40 millimètres en vingt-quatre heures. Sans transition l'inondation succède à la sécheresse, le champ qu'on a vu la veille assoiffé, fendu de crevasses, est noyé le lendemain. Les pluies sont plus fréquentes en Europe, mais plus intenses en Algérie. Ces chutes d'eau torrentielles rappelleraient plutôt les tropiques ; mais aux Antilles, aux Indes, dans le Soudan, les pluies sont régulières et abondantes. En Algérie elles ont leurs caprices, varient non pas seulement dans leur répartition, mais aussi dans leur quantité. Cette quantité même est assez maigre pour la chaude contrée qu'il s'agit d'arroser. »

Par contre, elle est vraiment trop abondante... en hiver...

L'irrégularité, l'insuffisance générale du régime des pluies est-elle corrigée par une régularité du système fluvial donnant, s'il m'était permis de m'exprimer ainsi, une « suffisance » d'irrigations et de rosées ? Non, ce qui tombe en averse est perdu en torrent. Les professeurs disent élégamment :

« ... Nulle part, en Algérie, vous ne verrez cette régularité de nos beaux fleuves d'Europe, cette plénitude tranquille, cette majestueuse égalité d'allure... » (Wahl.)

On voit, pour emprunter à M. P. Leroy-Beaulieu son pittoresque et hardi langage :

« ... Des rivières alternativement turbulentes, impétueuses, dévastatrices, ou formant des marais, puis somnolentes, *presque honteuses,* et se cachant... » (*Sic.*)

La Seybouse paraît seule convenable à notre économiste national :

« C'est, écrit-il, de tous les cours d'eau algériens celui dont *on rougirait le moins* en Europe... » (*Re sic.*)

(M. Leroy-Beaulieu est un de nos écrivains les plus imagés ; mais il a l'image idéaliste. De lui cette autre comparaison : « Peu de contrées offrent une figure géographique aussi massive, aussi *correcte* que l'Algérie. »)

L'industrie humaine peut retenir l'eau, la distribuer. C'est dans le programme de la colonisation algérienne. Je me rappelle cette forte et belle et simple parole de M. Lépine me disant dans un entretien de presse, alors qu'il était gouverneur général de l'Algérie : « Mon programme est un programme d'eau. Je veux donner aux Algériens de l'eau, beaucoup d'eau ! — Pour les calmer ? — Non, monsieur, pour les enrichir ! »

Quels travaux que l'on fasse, il me semble, à moi profane, que l'on enrichira seulement la région déjà riche, celle qui fut de tout temps exploitée, celle qui de tout temps résista au froid et au chaud parce qu'elle n'est pas exposée aux grands courants atmosphériques sahariens, steppiens, aux longs coups de froid intense, aux longs soufflés de chaude sécheresse. Avec beaucoup de millions dépensés à fonds perdus on peut trouver, amener de l'eau qui permette de lutter contre la sécheresse et les sirocos ; passent les vents froids sur champs irrigués, c'est le givre et le gel mieux assurés. Arrosez les hauts plateaux, la région steppienne qui comprend presque toute l'Algérie ; avec les tiédeurs, avec les chaleurs des journées d'hiver et de printemps, la plante montera pleine de sève, et comme il y a autant de nuits froides que de jours chauds dans ces saisons, votre eau précieuse, payée très cher, n'aura que rendu plus certaine la mort de la pauvre plante forcée. A moins que sur chaque tige de blé, sur chaque touffe de trèfle, vous ne mettiez cloche ou paillasson. Le plus simple des paysans de mon village comprend cela. Ma concierge, qui fut quelquefois aux champs, comprend cela. Mais les grands hommes politiques comme M. Étienne, les grands économistes comme M. Chailley-Bert, les grands botanistes comme le Dr Trabut, d'Alger, les grands administrateurs comme M. de Peyerimhoff, ne comprennent pas cela. Et j'en atteste Cérès, les idiots dans cette histoire ne sont ni mes paysans, ni ma concierge, ni moi...

CHAPITRE XII

Les zones de richesse en Algérie sont délimitées, marquées par la montagne. — Quatre régions.

Voilà donc établis par notre recherche pour savoir si l'Algérie est naturellement riche deux facteurs essentiels de la vie végétale dans la colonie : température, hygrométrie. Nous dirons plus loin quelques mots sur la qualité de la terre. Disons maintenant ce qui règle l'action du froid et du chaud, ce qui distribue la sécheresse et l'humidité, ce qui fait la répartition de la richesse naturelle de l'Algérie.

C'est le relief du sol.

Je ne répéterai point les descriptions connues du système montagneux algérien. Ça m'ennuierait, et ça vous fatiguerait. Voyez une carte, c'est plus simple. Et du moment que vous avez le courage de lire mon livre, c'est que vous savez lire une carte. L'orographie qui vous frappe permet de diviser l'Algérie, sur le propos agricole, en quatre régions bien distinctes :

Régions marine, montagneuse, des Hauts Plateaux, saharienne.

C'est la division de M. Rivière.

Le gouvernement général n'en accepte point la logique. Après avoir longtemps conservé la division de Carette qui écrivait en 1850 : « L'Algérie se divise en Tell et Sahara, le Tell est la région des céréales, le Sahara celle des palmiers », les bureaux ont imposé depuis trois ans la division en « Littoral, Tell, Hauts Plateaux, Sahara ».

Littoral et Tell sont deux divisions fausses. Tell ne rime à rien. Quant à Littoral, c'est une expression géométrique, mais pas géographique, pas climatérique.

En effet, il y a des points du littoral où, grâce à l'altitude, c'est le climat de la montagne ; et il y a des points de l'intérieur où la vallée a étendu le climat du rivage, le climat marin.

La division de M. Rivière est la seule admissible parce que les mots y traduisent les réalités.

Etudier ces quatre régions sur les notions précises que nous avons dégagées, du froid algérien, de la sécheresse algérienne, ce sera donner réponse à la question qui fait le sujet de cette partie de mon ouvrage : « l'Algérie est-elle naturellement riche ? »

L'éminent directeur du Jardin d'essai, dans l'œuvre magistrale qu'il a publiée, de collaboration avec M. Lecq, a dit et bien dit ce qu'il est nécessaire de savoir pour connaître suffisamment, et en pratique vérité, ces quatre régions différentes de l'Algérie. Après lui, si l'on ne veut pas démarquer et que l'on désire écrire juste, il faut citer.

Je n'aime pas démarquer. Je préfère citer, largement...

CHAPITRE XIII

La région marine.

« Cette région, au niveau de la mer, ou peu élevée au-dessus, est malheureusement peu profonde : elle s'arrête aux faibles altitudes des parties montagneuses et ses surfaces les plus favorables à l'agriculture sont principalement quelques grandes plaines, l'Habra, le Cheliff, la Mitidja et la Seybouse...

« ... On peut la désigner sous le nom de zone de l'oranger, et elle ne s'arrête réellement qu'à la limite où cesse l'influence de l'atmosphère marine sur les faibles altitudes.

« ... Ce climat essentiellement marin n'a souvent pas plus de deux kilomètres, de profondeur. Il est étroitement lié au rivage et aux baies, mais n'existe point partout, car souvent le rivage est taillé en falaise ou a un relèvement côtier plus ou moins accusé derrière lequel le climat est moins tempéré. Cette mince bande est interrompue par les puissants massifs kabyliens et khroumiriens, dont les montagnes tombent presque verticalement dans la mer.

« L'action directe de l'atmosphère marine égalise la température...

« Cependant la côte absolument ouverte aux vents du Nord est soumise pendant l'hiver à leurs rafales : ces courants ne sont pas dominants, mais ils contrarient pourtant certaines cultures de nature tropicale, sans grande importance d'ailleurs.

« Cette zone marine est le pays le plus riche. Au début de la conquête on avait pris cette zone privilégiée comme le type du climat algérien, pensant qu'encore plus au Sud, sur les versants de l'Atlas, se rencontreraient des climatures meilleures forcément. Ces erreurs climatologiques avaient motivé tous les projets de cultures tropicales qui ont encore des partisans. »

Cela, c'est la bonne Algérie, celle qui ressemble à l'Andalousie, à la Provence maritime.

CHAPITRE XIV

La région montagneuse.

« Cette région accidentée, coupée par des vallées basses, des ravins profonds, dominée par des pics assez longtemps neigeux, succède parfois assez brusquement aux plaines du littoral ; elle est quelquefois peu étendue en largeur et est attachée aux Hauts Plateaux. Toute la Kabylie appartient à ce climat...

« Cette région est tempérée tant qu'elle subit encore quelque peu l'influence marine ; mais elle devient froide vers les sommets et plus on s'éloigne du rivage. »

A cette région appartiennent les beaux vergers de

Médéah, de Constantine, de Milianah, de Tlemcen...
les grandes cultures de céréales à Sidi-bel-Abbès,
à Médéah, à Sétif, à Constantine... C'est le climat
de la France centrale, avec plus de froid au printemps, plus de chaud en été et moins d'eau en toute
saison... sauf au moment des averses qui alors (on
l'a vu en septembre 1903, en janvier et mars 1904)
submergent, noient, ravagent...

« Les eaux d'irrigation peu abondantes sont principalement dans les vallées. Elles sont ordinairement captées par
des barrages pour l'irrigation de la première zone. Le système
d'arrosement des plaines hautes de Constantine, de Bel-Abbès,
de Saïda est très restreint et ne peut servir qu'aux cultures
hivernales pour parfaire l'insuffisance des pluies. »

CHAPITRE XV

La région des Hauts Plateaux.

« Cette région de vastes plaines, malheureusement trop
étendue, a une altitude moyenne de 800 mètres, avec des
chaînes montagneuses qui les dominent encore en tous sens
et les séparent du désert par un bourrelet, subit cependant
en grande partie l'influence du Sahara qui lui imprime son
climat sec et aride, aggravé par des influences météoriques
extrêmes.

« Ouvertes à tous les courants, ces plaines élevées sont
balayées l'hiver par des bourrasques de neige, de grêle et de
sable et par les vents froids. Les courants d'été sont desséchants et dominent, les sirocos sont fréquents, surtout dans
l'ouest.

« ... Climat steppien de ces terres hautes : pauvreté en
pluies ; faible humidité atmosphérique ; l'air y jouit d'une
très grande transparence, et par suite la radiation calorique
y est très intense...

« Malgré leur dure climature, ces immenses étendues
offrent temporairement pendant certaines saisons, dans les
années pluvieuses et pas trop rigoureuses, un excellent pâtu-

rage aux troupeaux de chèvres et de moutons qui y transhument du nord à la frontière saharienne et *vice versa*.

« Les Hauts Plateaux sont des pays d'élevage pour le mouton et la chèvre ; dans certains endroits on fait aussi l'élevage du cheval. L'indigène y est pasteur, forcément nomade, car le manque d'eau et souvent la stérilité du sol lui interdisent un habitat fixe...

« Les cultures du Kreider et quelques autres de même nature sont des exemples d'efforts administratifs intéressants... »

CHAPITRE XVI

La région saharienne désertique.

Celle-là, il n'y a pas besoin d'être grand clerc pour la connaître...

Du sable, du caillou...

L'immensité aride avec des îlots clairsemés, très clairsemés de verdures, qui sont les oasis. L'industrie des puits artésiens augmente l'étendue et le nombre des oasis. Et l'on y fait des dattes. Les touristes et M. Leroy-Beaulieu s'extasient. Pas le contribuable.

« ... Sous les ombrages des palmiers quelques cultures sont possibles, mais à rendement restreint.

« Il ne faut pas juger le Sahara sur sa bordure tellienne qui se couvre encore de pâturages dans les années pluvieuses, ni prendre comme type unique de culture les quelques oasis voisines du Tell avec leur végétation particulière. En général, les oasis avec leurs irrigations constantes et le peu d'écoulement des eaux constituent des milieux malsains où le blanc et même certaines races indigènes ne peuvent donner facilement et sans danger la somme de travail nécessaire à la culture.

« En résumé, malgré l'ombre discrète des palmiers, aucune culture exotique productive et relativement riche n'est possible dans l'oasis, parce que la moyenne thermique de l'été y est trop élevée, avec une trop grande siccité de l'air, que ne peuvent combattre les irrigations d'eau saumâtre à volume forcément restreint.

« D'autre part, l'hiver y est trop accusé par ses abaissements au-dessous de zéro, qui tuent les orangers à Touggourt, et par des périodes de vents glacés qui arrêtent toute végétation. »

Peut-être le Sahara nous réserve-t-il des richesses minières. Cela est même probable. Près d'Aïn-Sefra un peu de cuivre est exploité.

Mais, tant qu'on n'aura point trouvé plus et mieux, on dira la vérité en affirmant ce pays celui de la grande misère et de l'extrême pauvreté.

CHAPITRE XVII

La qualité de la terre algérienne. Les calamités « irrégulières » fatalement « régulières ».

Ajoutons à ces notions que la terre d'Algérie, dans la région marine et dans la région montagneuse, là où le roc ne luit pas nu au soleil (dans les deux autres régions il est inutile de parler terre, il y en a si peu) est généralement pauvre. Des siècles de récoltes sans restitutions suffisantes l'ont épuisée. Dans les districts où elle a dormi, s'est reposée, elle est maigre et s'appauvrit rapidement si on lui demande beaucoup.

M. Rivière nous dit : « En Algérie la proportion des terres pauvres en acide phosphorique l'emporte sur celle des terres suffisamment riches. » Et M. Rivière appuie cette opinion sur les travaux, sur les analyses de M. Dugast, directeur de la station agronomique d'Alger, et de M. Ladureau, l'agronome bien connu.

Il est vrai que, depuis les retentissantes aventures de feu M. Bertagna, tout le monde sait que, si les terres d'Algérie n'ont pas assez d'acide phosphorique pour donner un rendement agricole convenable, le remède, grâce aux gisements de phosphates, est près du mal. Oui... Mais... car il y a un mais... que je trouve encore dans le livre de M. Rivière, les phosphates algériens pour servir d'engrais doivent être transformés en superphosphates, et l'acide sulfurique nécessaire est diablement cher. Quant au phosphate naturel, on ne le donne pas. Il est payé 45 francs la tonne sur quai d'Alger. Notez que la teneur en phosphate de chaux n'y est que de 60 0/0, alors que dans les phosphates américains elle est de de 75 à 83 0/0.

Maintenant, pour ce que nous dirons les « à-coups » des saisons, les grandes perturbations climatériques, les catastrophes, les calamités, ce n'est, hélas ! que trop fréquent. On pourrait même définir une sorte de « roulement » entre les bonnes et les mauvaises années. C'est tantôt le chaud, la sécheresse, tantôt le froid, la neige, tantôt les pluies torrentielles, les inondations, quand ce n'est pas les sauterelles...

1902-1903 fut bien. Comme en France il y avait peu de vin, celui d'Algérie se vendit parfaitement. Bonne année. L'allégresse ne dure pas. 1903-1904 amène les inondations, le froid, toutes sortes de désastres. Les Délégations financières, sur un budget qui ne permet pas de grands imprévus, demandaient cette année un million deux cent mille francs de secours *nécessaires* pour les victimes.

M. Maréchal disait en mars (1904) :

« ... Dans certaines régions il y a eu cinq inondations successives et les dégâts ont été considérables. Depuis le mois de janvier certains propriétaires n'ont pas vu les terres de leurs jardins. Depuis deux mois aucun jardinier n'a pu mettre le pied dans sa propriété... Je demande que le crédit de secours soit porté à 1.200.000 francs. »

Le commissaire du gouvernement aux plaintes sur les dommages particuliers répondait en signalant les « dommages causés à l'outillage économique de la colonie ».

Ces calamités ne sont malheureusement pas l'exception en Algérie.

M. Jonnart l'a dit lui-même avec franchise au Parlement, en 1904, lors de la discussion relative aux chemins de fer :

« ... Les vaches maigres semblent sur le point de succéder aux vaches grasses. Vous savez qu'en Algérie les vaches maigres succèdent normalement et régulièrement aux vaches grasses. »

M. Baudin avait constaté ce phénomène en étudiant les oscillations des garanties d'intérêt, qui, on le sait, dépendent des recettes des chemins de fer et par conséquent des bonnes ou des mauvaises récoltes :

« Ces oscillations, dit-il, sont régulières, se produisent de façon fatale, et personne n'y peut rien. »

En effet, personne ne peut rien contre les « irrégularités » « régulières » d'un climat où les extrêmes de toute nature déjouent toutes les prévisions agricoles et font que pour désigner l'exploitation de la terre les Arabes ont un mot synonyme de notre mot loterie.

C'est ce climat qui, toujours d'après M. Jonnart, « détruit en moins de six ans les meilleures traverses de chêne, qui agit constamment sur les vernis, sur les peintures, les boiseries du matériel roulant, de telle sorte que les réparations sont incessantes ».

Les méfaits de ce climat ainsi avoués, s'ajoutant à ce que nous avons déjà établi, vous en conviendrez, sont difficilement conciliables avec la légende de la colonie naturellement riche.

CHAPITRE XVIII

La mystification romaine. En sont responsables nos bons auteurs qui travestissent la vérité historique en légende.

Nous verrons au livre des résultats de la colonisation agricole, inventaire sur chiffres, coût, recettes, balance, comment l'expérience pratique démontre, en accord avec la science, que l'exagération et l'optimisme d'observation dans les appréciations de la richesse naturelle de l'Algérie sont chose dangereuse.

... Et qu'elle coûte fort cher à tous ceux qui crurent littéralement vraies les fantaisies des Leroy-Beaulieu et autres...

Une remarquable série d'articles publiés en 1894 par le *Temps* et signés « Un vieil Algérien » concluait :

« ... C'est que, ou le climat de l'Afrique a changé, ou la réputation de fertilité que lui a faite l'antiquité est une mystification; et c'est que c'est un pays irrémédiablement pauvre, bon pour les Arabes seulement, et dont on a eu tort de vouloir faire un pays de peuplement. »

Mais oui, la voilà bien la vérité ! C'est une mystification que la réputation de richesse de l'Algérie, même ancienne, car dans nos périodes historiques les climats ont peu changé. Et ce que l'Algérie est aujourd'hui, « un pays pauvre bon pour des Arabes seulement », elle l'était déjà du temps des Romains.

Là... ne protestez point. Je sais que nous bouleversons toutes les idées vénérables qui sont les vôtres. Suivant une association forcée d'images, quand on vous parle de l'Algérie vous voyez le grenier de Rome. Et vous êtes flatté par des évocations de vagues richesses, de fertilités imprécises ; mais c'est l'abondance... Je dis que vous êtes flatté, charmé, parce que, l'Algérie nous appartenant, c'est à notre pays que revient le bénéfice de cette richesse, de cette fertilité, de cette abondance. Et cela vous plaît, car vous êtes patriote. Moi aussi. Mais notre patriotisme diffère en ceci que je prends la peine de réfléchir, de contrôler les assertions, de discuter les idées « légendaires » sur quoi repose le vôtre. Cette idée que l'Algérie romaine était excessivement fertile et riche... le grenier, le fameux grenier... est une de celles qui a produit la méconnaissance du vrai climat de la colonie. Cette méconnaissance, autrement, chez beaucoup, serait inexplicable, car il n'y aurait en réalité aucun amour-propre en jeu, aucune passion quelconque d'intérêt politique ou religieux à vouloir lire sur des thermomètres un chiffre plutôt qu'un autre. Si encore les agents de la colonisation officielle avaient un intérêt d'argent à vendre de la terre on comprendrait qu'ils en fissent la merveille des merveilles.

Nous savons, sans effort, pourquoi il fait toujours beau à Monte-Carlo, à Dieppe, à Cabourg dans les journaux qui font de la publicité. Nous comprenons aussi avec la plus grande facilité pourquoi les propriétaires de terrain sur les plages normandes veulent que les étés et les automnes soient secs et frais au rivage de la Manche. C'est phénomène du vendeur essayant avec la plus entière bonne foi de tromper l'acheteur. Phénomène éternel, universel. Mais dans celui de la colonisation algérienne les braves fonctionnaires du gouvernement général ne vendent rien à leur personnel bénéfice. Ils font un cadeau. Fichu cadeau, c'est vrai, mais cadeau. Que les hommes politiques veuillent augmenter le nombre de leurs fidèles électeurs, c'est naturel. Que les Algériens vivant de commerce veuillent que le nombre des clients s'accroisse, parfait. Mais le fonctionnaire, à moins qu'on ne l'assimile au fossoyeur classique, lequel priait le Seigneur de faire mourir quelques personnes... on ne peut expliquer son entêtement, sa rage à vouloir l'Algérie pays chaud et fertile que par la légende romaine dont nous sommes tous imprégnés. Tous, même ceux qui n'ont point fait d'humanités et n'ont qu'une très vague notion de ce qu'a pu être Rome.

Nous avons là belle occasion de noter une, de ces idées directrices, qui s'acquièrent, puis deviennent normales dans une race. La rapidité avec laquelle celle-là s'est incrustée dans notre cerveau national est même remarquable. Il n'y a pas des milliers d'années, mais quelques siècles seulement que l'histoire romaine est étudiée par beaucoup de nous. Après plusieurs siècles l'idée richesse de la colonisation romaine dans l'Afrique du Nord a transformé telle case, tel pli, telle cellule de notre cerveau de telle façon qu'au choc de l'idée Algérie cette case, ce pli, cette cellule, instinctivement, automatiquement, sans réflexion, sans intervention volontaire d'opérations de critique possibles par les facultés de réaction des autres éléments de notre cerveau, répondent : richesse naturelle du pays. Le philosophe peut sur le propos de ce fait, avec des données certaines d'observation étudier ce que j'ai dit ailleurs, ce que j'expliquerai dans mon prochain ouvrage, matérialité, rôle matériel des idées... et voir comment s'acquièrent, durent, prospèrent les idées héréditaires dans les races...

C'est une idée acquise dans une période historique relativement courte, qui, sur ce point spécial de la colonisation algérienne, fausse notre jugement, et, par l'erreur de la connaissance, nous vaut l'erreur de l'action.

Le « lettré » du gouvernement général, par cela même qu'il occupe dans notre mandarinat une belle situation, est pénétré de son importance sociale et la trouve naturelle en quelque champ d'action qu'on le localise. Son éducation générale supérieure, son instruction générale universelle, ses idées générales qui sont tout parce qu'elles sont générales (et rien par la même raison), tout cela fait de lui, pour si bon homme que vous le preniez par ailleurs, un personnage éminemment assuré.

... Ne me chicanez point sur ce que vous venez de lire. Il ne faut, en effet, pas confondre idées générales avec principes, lois. Les principes, les lois proviennent d'une dialectique très serrée, très réaliste, d'observations nombreuses, d'expériences répétées. Les idées générales qui font l'omniscience de nos rhéteurs, c'est peut-être des principes de conversation, mais pas d'action. Les idées générales procèdent de la mentalité « divine », les principes de la méthode scientifique...

... Donc le fonctionnaire est un personnage assuré. Il a foi dans ses idées comme en des dogmes. Il a celle et celui de l'Algérie pays chaud. Quand on lui parle des thermomètres qui marquent des moins, il sourit, indulgent, puis est agacé et finalement se fâche, tout rouge, aussi buté que les ânes du pays de ma femme, lesquels ne voulant point marcher n'avancent pas, même avec le feu sous le derrière et, dans un mauvais sentier qui leur plaît, se laissent tuer plutôt que d'en sortir.

Les colons disent, eux : « Ou bien le climat de l'Afrique a changé, ou bien la réputation de fertilité que lui a faite l'antiquité est une mystification. »

Le fonctionnaire, lui, croit : « Le climat de l'Afrique n'a subi que des modifications humaines justiciables d'autres modifications humaines... déboisements, reboisements... et la fertilité, la richesse naturelle est une réalité. »

Alors que la vérité c'est : « Le climat n'a que très peu changé, si même il a changé. Quant à la fertilité ce n'est pas les anciens qui l'ont exagérée, c'est nous, c'est les commentateurs des textes anciens. »

CHAPITRE XIX

En suite et sur le même propos.

Les proportions des choses semblent augmenter avec le recul dans le temps. Comme d'ailleurs nous les augmentons avec l'éloignement dans l'espace, dans la distance. Quel est celui d'entre nous qui n'a rêvé les choses des pays lointains magnifiques et superbes, immenses, plus belles et plus grandes que celles d'à côté de nous ? C'est le même phénomène dont il serait curieux d'étudier les lois de causalité en nos esprits qui nous fait voir tant de choses si grandes et si belles dans le passé, alors qu'en réalité il n'y avait que plus petit, plus laid... C'est toute l'histoire des imaginations de l'ignorant, du littérateur (*id est* notre journaliste, notre homme de lettres) sur la poésie du moyen âge et de la chevalerie, sur la délicatesse et la grâce des gentilles femmes du grand siècle où l'on se gorgeait de viandes, où l'on avait chaise percée dans la chambre à dormir, où l'on cultivait la teigne sous les perruques, la crasse et la gale sous les jupes, et où le fin du fin de l'esprit et de la gaieté, même pour un génie comme celui de Molière, c'était variations sur les clystères.

C'est de ce mécanisme cérébral que vient l'idée de la fertilité chananéenne de l'Afrique romaine. Cette idée ce n'est pas les Romains qui nous l'ont transmise, elle fut créée par nous, suivant la tendance sauvage de notre esprit à vouloir plus beau, plus grand, ce qui est plus éloigné. C'est la tendance au mystère... la même qui des jongleries et des escroqueries d'un charpentier juif sans ouvrage a fait les miracles du fils de Dieu... C'est les commentateurs qui ont fait la divinité du Christ, ce n'est pas le Christ.

Il en est de même pour la fertilité de l'Afrique romaine. Les Romains ne l'exagéraient pas. Lorsque leurs écrivains ont noté les secours envoyés à Rome par Massinissa, ils ont écrit que l'Afrique avait fourni 50.000 boisseaux de blé et 300.000 boisseaux d'orge. Et c'est tout. Le dey d'Alger en envoyait beaucoup plus à la Convention. Pourquoi donc nos auteurs, par exemple M. Robe, dans un « Essai sur le régime administratif » publié en 1896, lorsqu'il reproduit ces chiffres qui feraient sourire de pitié les portefaix de la Cannebière, s'enthousiasme-t-il de ces cinquante mille et de ces trois cent mille boisseaux, et en conclut-il gravement que l'Afrique ancienne avait une splendide fertilité, laquelle doit nous donner confiance en l'avenir... etc. ?...

Le grenier de Rome, il n'était pas nécessaire qu'il fût bien vaste... Rome n'était, somme toute, qu'une petite ville... Et les exportations du grenier africain, si le transport en exigeait des flottes de barques romaines, il y suffirait aujourd'hui d'un voyage de quelques bons cargos.

Il est également inexplicable que des auteurs comme M. Boissier, qui devrait cependant avoir un peu de critique, en son *Afrique du Nord*, se laissent enlizer dans la légende d'une Afrique romaine et plus riche, et plus fertile, et à climat meilleur. Les anciens n'ont jamais constaté cette merveille. La description de Salluste aujourd'hui encore est exacte.

Ce Romain écrivait ceci :

« La mer y est dangereuse, les rivages ont peu de bons ports, la terre est fertile en céréales, favorable aux troupeaux, contraire aux arbres, la pluie et les sources étant rares, l'eau y manque...

« Les collines sont couvertes d'oliviers sauvages, de myrtes et des autres espèces d'arbres qui poussent sur un sol aride et sablonneux...

« ... Dans le Sud, la plaine est unie et sans végétation... »

Tout cela est encore vrai aujourd'hui. La région marine et les cantons à humus de la région montagneuse, les seuls où les Romains cultivaient, laissant les terrains arides aux myrtes... est toujours fertile en céréales, favorable aux troupeaux et *contraire aux arbres*...

Quant aux plaines du Sud où nous refoulons l'indigène, elles sont toujours sans végétation.

N'insistons que sur la phrase « fertile en céréales ». Nous devons observer que le même mot a chez un homme de l'antiquité romaine et chez un homme de notre époque où les agglomérations urbaines atteignent trois et quatre millions d'habitants (la population d'un empire ancien) que le même mot, chez l'un et chez l'autre, a un sens très différent.

Cela peut être vrai entre contemporains. Quand un équarrisseur du Cantal dit de son voisin « c'est un homme riche », ce mot riche, bien qu'étant le même mot, avec le même sens absolu, n'a cependant pas du tout la même signification réelle quand à M. Boni de Castellane quelque jeune ami demande une présentation chez un homme riche d'Amérique.

Sous la plume de Salluste le mot fertile n'a pas le même sens, la même contre-partie de réalité que sous celle de M. Boissier ou de M. P. Leroy-Beaulieu.

C'est évident... En effet... Mais encore fallait-il mettre cette évidence en lumière, car on ne la voyait pas.

Revenons donc à Salluste et aux écrivains romains. Salluste nous dit la fertilité ; mais il nous dit en même temps l'observation du fait qui ramène la fertilité à des proportions réelles, du fait dominateur grâce auquel si l'on avait à l'époque romaine voulu l'Algérie fertile comme nous avons besoin qu'elle le soit aujourd'hui, on ne l'aurait pas eue non plus.

Salluste dit : « Contraire aux arbres, la pluie et les sources étant rares, l'eau y manque. » Le froid n'avait point frappé Salluste. Il ne pouvait d'ailleurs y attacher grande importance, car les froids italiens font partie de l'évolution normale des saisons agricoles d'Italie ; ces froids n'agissent pas contre la fertilité. Ce qu'il voyait essentiel, parce qu'en Italie c'est la sécheresse qui tue les récoltes et pas le froid (qui en protège les repos de germination), ce qui frappait Salluste c'est le manque d'eau dans l'Afrique, de climat « contraire aux arbres ».

Retenez bien ces mots « contraire aux arbres ». Car c'est la revision du procès fait à l'Arabe, vous savez, à l'Arabe qui tua tous les arbres... Il n'y en avait pas !

Le joyeux, le comique et l'admirable c'est que tous les gens sérieux, savants, pontifes glorieux, qui ont cité Salluste pour établir l'idée de fertilité de l'Afrique romaine sont les mêmes qui accusent l'Arabe d'avoir déboisé l'Algérie et d'en avoir ainsi fait un pays sans eau... un pays ayant perdu son ancienne fertilité.

Mais, si leur fertilité dépendait de l'eau et de l'arbre, qu'ils relisent leurs citations, elles disent très nettement : « Pays contraire aux arbres, pays sans eau. »

Et nous avons ce phénomène excessivement folâtre de l'islam destructeur, de la chèvre rongeuse, de l'Arabe déboisant un pays que les Romains nous disent n'avoir pas été boisé par la nature.

C'est à rire vraiment, à pouffer de rire... car, si l'on ne pouvait rire, nous devrions trop pleurer de voir à quel point la raison est chassée des grands courants directeurs de l'action française...

CHAPITRE XX

La réhabilitation de la chèvre des Arabes.

Et puisque le propos nous conduit au déboisement, à la chèvre des Arabes, quoique l'ordonnance de mon ouvrage la veuille dans un autre livre, ne serait-ce que pour montrer mieux combien il faut se défier des vérités légendaires et serrer de près les faits sur lesquels on pourrait admettre l'unanimité des appréciations, il me plaît de vous dire maintenant la réhabilitation de la susnommée chèvre des Arabes.

Lisez, je vous prie. Et ne croyez point que ce soit paradoxe du pamphlétaire qui, plus une croyance est universellement admise, d'honneur se croit obligé à la combattre. Ce n'est pas moi qui ai trouvé celle-là, que la chèvre maudite est nécessaire dans l'Afrique du Nord, pour manger le petit bois sauvage indiqué par Salluste « sur les terres arides et sablonneuses » des collines, pour utiliser cette production spontanée et préparer la voie à des productions cultivées, meilleures... Ce n'est pas moi ; c'est un colon pratique.

Lorsque j'étudiais la Tunisie, pour bien saisir le mécanisme, le jeu des exploitations agricoles, j'ai séjourné chez le directeur d'un grand domaine à quelque distance de Bizerte, chez M. Riban. Dans la conversation, comme tout bon Français, riche d'idées-légende, d'idées-cliché, je servis celle de la chèvre dévastatrice, de la bique musulmane responsable des modifications climatériques par déboisement... Souriant, M. Riban me fit lire une page du livre où il a consigné ses observations et ses réflexions de colon-cultivant.

Lisez :

« ... La chèvre, comme l'âne de la fable, était pour nous l'animal auquel on devait tous les maux... C'est par elle que le pays était déboisé, que les sources étaient taries, que la sécheresse était fréquente.

« Je l'ai cru, moi aussi, et je me rappelle avec quelle ardeur je me mis à chasser les chèvres du domaine qui m'était confié.

« Il me semblait que du coup les forêts allaient renaître. En effet, au bout de sept ou huit ans, les touffées de lentisques de thuyas, de chênes nains broutées par cette race maudite avaient grandi ; ces buissons qui n'avaient que huit à dix centimètres de hauteur ont maintenant une élévation de deux à quatre mètres... ils en resteront là, car ces arbustes ne sont pas susceptibles d'une croissance supérieure. Les troupeaux de bœufs et de moutons qui vivaient à travers ces touffes régulièrement tondues par la dent de la chèvre ne peuvent plus pâturer dans ces broussailles de quelques mètres de haut; elles ont envahi tout le sol, elles forment aujourd'hui un fourré absolument impénétrable...

« ... Il faut bien l'avouer, nos collines et nos ravins ne contiennent aucune essence d'arbres de haute futaie...

.. Aussi dussé-je être vilipendé par la colonie, je dirai : « Réhabilitons la chèvre. »

Là où il y avait de grandes forêts, elles sont demeurées. Salluste nous dit expressément qu'il n'y en avait pas beaucoup. Celles qui existaient de son temps nous les avons retrouvées. Même elles excitaient le lyrisme de ce bon M. Bugeaud. (*Des moyens de conserver et utiliser l'Algérie*, 1842.)

CHAPITRE XXI

Conclusion et réponse à la question : L'Algérie est-elle un pays fertile et naturellement très riche ?

Mais, ces histoires de chèvres,... et bien d'autres, qui font que mon discours, si je parle à des coloniaux de l'Algérie, malgré que je ne dise que des vérités, a toujours l'air d'être paradoxal, nous les commenterons ailleurs. Maintenant c'était la question : l'Algérie est-elle un pays naturellement fertile et riche ?

La science a répondu...

... Si j'étais le pamphlétaire que me veulent tant de bons amis, je pourrais paraphraser la riposte classique du convive inattendu à qui l'amphitryon dit gracieusement : « Prenez donc place... quand il y en a pour trois il y en a pour quatre... — Vous parlez sans doute des bougies » ; je pourrais dire qu'en Algérie le soleil éclaire tout et plus,... que si de la lumière suffit, des milliers et des milliers de nouveaux colons en auront à leur suffisance... mais que pour de la terre, de la bonne terre sur quoi faire fortune, ou même tout simplement vivre, bien vivre... Macache !

Mais ceci est un ouvrage sérieux, tout à fait sérieux, que je porterai chez M. Loubet, que j'enverrai dans les académies, au Collège de France, en quelques banques très bien, et si l'on y trouvait boutades pareilles, d'aussi mauvais goût, les gens graves seraient capables de ne pas vouloir lire plus avant.

Aussi ma réponse au propos sera une carte synthétique montrant, par divisions climatériques, la proportionnelle étendue des régions qui sont naturellement riches, de celles qui sont « passables », de celles qui sont pauvres et de celles qui ne valent rien du tout.

La question minière étant, je le répète, bien entendu, réservée.

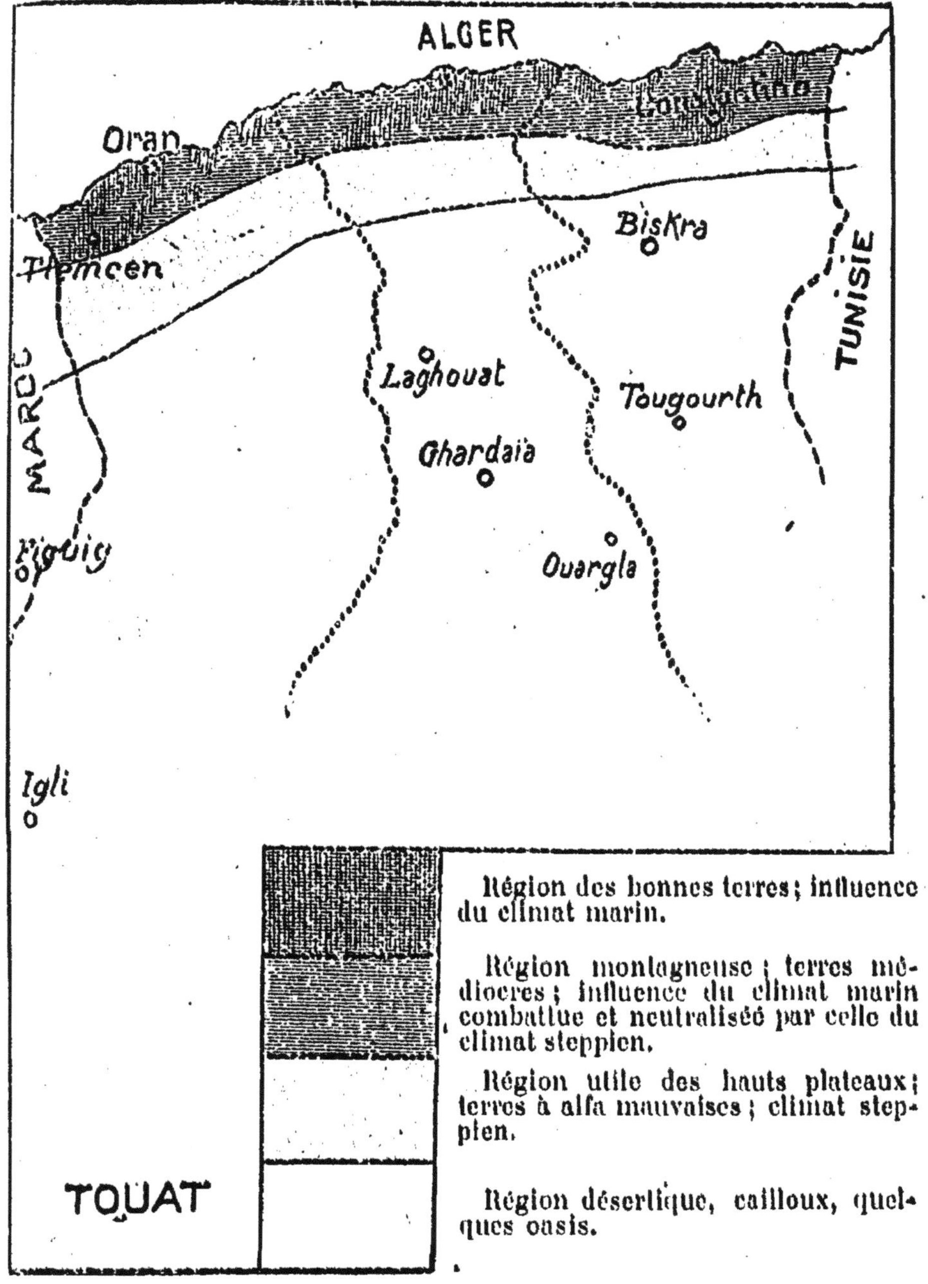

Carte synthétique montrant les divisions climatériques de l'Algérie et la proportion des terres utilisables.

LIVRE QUATRIÈME

QU'Y A-T-IL DE VRAI DANS CETTE OPINION COMMUNE QUE LES VICISSITUDES DE LA LUTTE ENTRE LES RACES AVAIENT DONNÉ LA POSSESSION DE L'ÉDEN ALGÉRIEN A DES BARBARES ?

A des barbares indignes de l'occuper. A des barbares ethniquement et religieusement incapables de jamais l'occuper en civilisés.

Et c'est toute la question des influences ethniques, religieuses, de l'évolution des races, de leurs transformations, de leurs adaptations possibles ou impossibles aux conditions nouvelles que le progrès des sciences et des mœurs impose à la vie internationale.

C'est d'abord, en comparant avec ce qu'étaient les autres peuples, de spécifier ce qu'il convient d'entendre par le mot barbarie pour en caractériser l'état des habitants de l'Algérie avant la conquête française.

Puis c'est d'étudier si leur origine sémitique et leur religion coranique les rendent essentiellement, absolument inaptes aux transformations qu'exigent les civilisations nouvelles.

Question fort importante et qui, suivant qu'on la résout, force le dominateur à traiter l'indigène en sujet ou en citoyen.

On l'a résolue dans le sens de la barbarie, de l'infériorité essentielle du sémite musulman. On a cru qu'il était jadis un barbare et qu'il en est encore un, qu'il en sera toujours un. Mon étude m'a montré le contraire.

Je le dirai dans un prochain volume consacré à la question indigène.

Je tiens à traiter cette question avec tous les développements et toutes les preuves nécessaires. Et cela ne me serait point possible ici, où j'ai voulu montrer surtout ce qui intéresse plus directement le Français, l'Européen en Algérie.

LIVRE CINQUIÈME

CHERCHONS CE QU'IL Y A DE VRAI DANS LA COMMUNE CROYANCE QUE NOUS AVONS CONQUIS L'ALGÉRIE AUX FINS DES INTÉRÊTS SUPÉRIEURS DE LA CIVILISATION.

CHAPITRE PREMIER

Quelques opinions. De Bourmont. Clauzel. Jules Ferry. Etienne. P. Leroy-Beaulieu. Mercier. Reclus.

Dans le livre où j'ai établi ce que le commun croit sur le propos de l'Algérie j'ai montré quelques opinions de gens affirmant que le souci de combattre pour les intérêts supérieurs de la civilisation nous a conduits « en Alger », autant que le devoir d'y punir une insulte.

Il convient d'en ajouter quelques-unes. Vous savez les plaintes de l'Europe contre la piraterie d'Alger, et le coup d'éventail, l'insulte.

Lorsque les troupes du corps expéditionnaire s'embarquèrent, M. de Bourmont leur adressa une proclamation où je lis :

« L'insulte faite au pavillon français vous appelle au delà des mers... Les nations civilisées des deux mondes ont les yeux fixés sur vous; leurs vœux vous accompagnent; la cause de la France est celle de l'humanité, montrez-vous dignes de cette noble mission. »

Quelques siècles auparavant la cause de la France était celle de Dieu. *Gesta Dei per Francos*.

M. Clauzel ajoutait, lui, quelque chose à l'humanité. Dans l'une de ses proclamations de la campagne de la Mouzaïa, je lis :

« Nous allons franchir la première chaîne de l'Atlas, planter le drapeau tricolore dans l'intérieur de l'Afrique et frayer un passage à la civilisation, au commerce et à l'industrie. Vous êtes dignes, soldats, d'une si noble entreprise. »

Et depuis, toujours ce fut la même note, la même chanson, le même refrain.

Jules Ferry, dans son discours du 5 novembre 1881 sur les affaires de Tunisie, à la Chambre s'écriait :

« L'expédition de Tunisie, c'est la France qui la faisait, c'est la France qui la voulait et qui l'a acclamée. Elle l'a acclamée, non pas comme une promesse de victoires, de ces victoires faciles du fort contre le faible, mais par un sentiment plus élevé, embrassant à la fois un grand intérêt national à sauvegarder, et cette idée qu'en allant en Tunisie *la France faisait un pas de plus vers l'accomplissement de la tâche glorieuse que ses destinées lui confient dans l'Afrique du Nord, le triomphe de la civilisation sur la barbarie*, la seule forme de l'esprit de conquête que la morale moderne puisse admettre. »

Verbal...
Dans le premier numéro de la *Revue franco-musulmane* (1902), M. Etienne écrit:

« Charles Martel, saint Louis, Bonaparte, les héros qui en 1830 plantèrent pour jamais notre drapeau dans les Etats barbaresques, en même temps qu'ils imposent la force de nos armes, établissent le prestige de notre grandeur civilisatrice et morale aux yeux des fervents adeptes du Coran... »

Vous vous dites que des généraux, des avocats, des courtiers versés dans le parlementarisme, c'est excusable de parler ainsi... Voici l'économiste.

Les « destinées » qu'invoque Jules Ferry, l'économiste les voit dans la nature :

« L'audace des deys survivant à leur force amena la France à se saisir d'une terre *qui était dévolue par la nature* aux nations civilisées de la Méditerranée. »

Ailleurs le même économiste à la nature ajoute les « événements fortuits ». Il dit :

« Ce fut une conquête sans préméditation amenée par des événements fortuits... Une insulte de la part d'un souverain barbare, le refus des réparations exigées, le besoin de détourner l'attention publique des affaires intérieures furent les circonstances minimes et contingentes qui nous amenèrent en Afrique. C'est la seule fois qu'une grande entreprise de colonisation ait eu son origine dans une question de point d'honneur national. »

L'économiste, vous l'avez reconnu, c'est notre Leroy-Beaulieu, l'augure, le dieu...

La série n'est pas complète. Nous venons de voir : la punition de l'insulte, la cause de l'humanité, la destinée glorieuse, le dévolu de la nature, l'événement fortuit. J'ai trouvé dans les livres de M. Mercier la « conquête providentielle » et dans Reclus, qui ne croit pas à la Providence, la « force des choses ».

On peut négliger M. Mercier. Mais Reclus !... Est-il admissible qu'un grand savant nous dise que la conquête de l'Algérie jusqu'au Sud « se fit par la force même des choses, malgré les incertitudes de plan, les changements de politique, les reculs temporaires ?... »

La force des choses ? Qu'est-ce que cette fatalité nouvelle, que cette providence des matérialistes ? L'engrenage dont parlent les fonctionnaires irresponsables... je sais... mais l'engrenage se met-il seul en action, marche-t-il sans moteur ? Non. Dans toute cette histoire de la conquête algérienne, de la prise d'Alger à celle d'Insalah, qui est d'hier, à celle des forts marocains qui sera de demain, il y eut, mettant nos machines politiques, parlementaires, gouvernementales, militaires en action, des volontés absolument conscientes, sinon du but d'intérêt général, au moins des résultats d'intérêts particuliers. Cherchons-les.

CHAPITRE II

Jusqu'en 1830 on trouve dans les différends entre la France et les États barbaresques des affaires d'intérêts qui ne touchent en rien la cause de l'humanité ni celle de la civilisation.

Lorsqu'on étudie l'histoire il paraît qu'il est assez difficile de trouver la vérité, la vraie. C'est l'opinion de Renan. Il disait qu'il avait essayé :

« ... comme expérience de critique historique de se faire une idée complète d'événements qui se sont passés presque sous ses yeux... »

Et il ajoutait :

« Je n'ai jamais réussi à me satisfaire. »

Malebranche était du même avis. Il ne faisait pas plus de cas de l'histoire que des nouvelles de son quartier. Et d'autres... des grands...

Cependant, c'est des faits certains, ceux qui nous

montrent que, pendant le moyen âge, les temps modernes et jusqu'à la prise d'Alger, la Méditerranée
était « écumée » par des pirates de toutes nations, de
toutes religions, et que les gens qui avaient des
esclaves, qui en vendaient dans leurs colonies ne pouvaient invoquer la cause de l'humanité, la civilisation. C'est des faits certains. L'histoire ne peut me
tromper là-dessus. Je sais cela. Tous les éléments
possibles de certitude sont réunis pour me donner
celle-là. Et, raisonnant sur cette certitude, la plus in-
flexible logique me permet d'affirmer en absolue
vérité qu'ils mentaient les gens de 1830, lorsqu'ils se
disaient conduits en Algérie par l'humanité. Car
l'humanité, s'ils avaient désiré la servir, leur ordonnait de commencer par la respecter chez eux en sup-
primant l'esclavage dans leurs colonies.

En 1830 il s'agissait « d'affaires », « d'une affaire »,
tout comme en 1390 lors de la première expédition
française d'Alger que les Génois payèrent à Charles VI,
à perte, car le duc de Bourbon qui la commandait se
fit honteusement rosser. Mais les Génois avaient
payé. C'était l'essentiel. Les Génois et leurs associés
juifs d'Algérie.

Ne remontons point au déluge. Passons de suite à
Charles X.

Je lis dans l'ouvrage de Galibert, qui écrivait en
1840-1844 et avait la « documentation officielle », ce
passage à méditer :

« Disons-le toutefois, dès les premiers temps l'expédition
qui a valu à la France la possession de l'Algérie ne fut pas
conçue d'après ces vues larges et sociales, encore moins dans
un but d'établissement durable. On ne voulait qu'obtenir la
réparation de griefs particuliers et *subsidiairement* détruire la
piraterie, abolir l'esclavage des chrétiens et faire cesser le
honteux tribut que les puissances de l'Europe payaient à la
Régence. »

Pesez bien ce qui suit :

« Ces idées étaient même si vagues que Charles X et le prince de Polignac son premier ministre s'arrêtèrent un instant au projet de confier à Mehemet Ali le soin de venger notre injure ; on avait offert pour cela, au pacha d'Égypte, dix millions de francs, tous les moyens de transport nécessaires et quatre vaisseaux de ligne, montés et dirigés par des marins français. Avec ce secours Mehemet Ali se chargeait de détruire Alger et d'en extirper la piraterie. »

Retenez bien cela, vous dis-je. Et réfléchissez. Des lumières vous viendront sur les actuelles affaires du Maroc.

Il semble que tout ce qu'exigeaient les intérêts de l'humanité, destruction du nid de corsaires, abolition de la piraterie, etc., etc., l'entreprise confiée à Mehemet Ali nous l'assurant, il eût fallu se contenter de cette entreprise qui paraissait suffisante au roi, au chef du gouvernement et même à l'opinion publique, car l'idée d'une expédition africaine n'était rien moins que populaire. Jamais entreprise coloniale ne rencontra pareille opposition.

Comment donc, cette guerre que ne voulaient ni le roi, ni le gouvernement, ni le peuple, ni personne de ceux qui dans le pays semblaient être le vrai pouvoir, comment donc et pourquoi la France fut-elle obligée de la faire ? Quelle fut alors la Providence, la destinée du pays, la force des choses, quel fut l'événement fortuit ? Cherchons, c'est curieux. Et, je le répète, non d'un vain intérêt de curiosité historique, mais d'un intérêt actuel... On nous pousse aujourd'hui dans la guerre contre le Maroc exactement suivant le procédé de jadis et pour la même cause occulte qui agissait sur nous, très puissamment, en 1830.

Il y avait à faire payer quelques tripoteurs. Mais

l'intervention de Mehemet Ali n'eût-elle pas suffi ?
Oui, pour que le dey ne réclamât plus son argent
versé à Bacri et à quelques associés français, faire
tuer le dey par Mehemet Ali, cela suffisait. Mais cela
ne suffisait point pour que les communautés juives
d'Algérie fussent libérées de la domination musulmane. Aujourd'hui, pour faire payer les créances des
gens qui au Maroc ont exploité le sultan, il suffit de
faire un emprunt... Mais cela ne suffit point pour que
les communautés juives marocaines soient toutes
émancipées.

Revenons en Alger, à Bacri.

CHAPITRE III

L'affaire Bacri-Deval... et compagnie.

Je n'ai jamais compris que les Européens d'Algérie
soient les ennemis des juifs de ce pays. On chasse
les israélites de ce magnifique palais consulaire qui,
près de la mosquée du port, près du passé, marque,
lourde masse, l'état nouveau.

Lorsque les Algériens y inscriront comme en un
Panthéon les grands noms de la conquête, à la première ligne, en tête, ils devront mettre celui de Bacri.
L'Algérie est folle de ne pas aimer le juif. C'est au
juif Bacri qu'elle doit d'être colonie française. Sans
le juif Bacri, c'est Mehemet Ali qui serait venu châ-
tier le dey et l'Afrique du Nord serait un grand
État musulman allié de la France.

Il est ridicule de dire « si », d'écrire « si ». Quand
chez moi j'entends ma femme dire « si on avait fait
ceci, si on avait fait cela », j'ai toujours envie de
répondre par une phrase des charretiers de mon

pays, bien jolie, mais, hélas! trop grossière pour mon répertoire de citoyen poli... « Si » ne devrait jamais être employé par un homme sérieux. Tout de même... pour vous distraire... un instant remontez dans le passé. Imaginez Mehemet Ali prenant Alger. Le pacha d'Egypte avec nous, contre le sultan de Turquie établissant d'Alexandrie à Tanger un empire musulman... à cet empire musulman nos savants, nos capitalistes donnant la vie, la force; et notre diplomatie marchant avec ça... Rêve éblouissant. France riche, puissante; et quelle paix! quels progrès au monde !...

Oui... mais il y avait l'émancipation des juifs et l'affaire Bacri.

Elle est aujourd'hui bien oubliée; on se rappelle seulement que M. de Laborde, lors des discussions relatives à l'expédition, s'écria : « Cette guerre est-elle juste ? Non. On vole le dey. Il réclame. Il se plaint. Et on le tue. » Cela est demeuré non pas à l'honneur, mais à la confusion de ce parlementaire d'opposition. C'est pour railler les adversaires du projet d'expédition qu'on rappelle ce fait. Celui des vols auquel il faisait allusion est oublié. L'affaire Bacri n'existe plus. Ne reste que la victoire civilisatrice de la France, et la mauvaise âme de ceux qui s'y opposaient, des mauvais Français ou des sots, que l'on flétrit ou dont on se moque. Voilà l'état d'esprit.

Depuis quatre années que je travaille plus spécialement à cet ouvrage, en des centaines de conversations j'ai amené le propos. Ce fut toujours ce que je viens d'écrire.

Les livres classiques ne peuvent cependant ignorer l'affaire Bacri. Mais ils glissent, ils n'appuient pas, ils escamotent.

Voici dans Wahl :

« ... L'affaire Bacri, plus que tout le reste, tenait au cœur du dey. Bacri et Busnach, deux juifs algériens, avaient fait au Directoire d'importantes fournitures de blé qui n'avaient pas été payées intégralement ; l'Empire donna quelques acomptes ; en 1819, la créance fut réglée à sept millions, mais la convention, alors conclue, réserva expressément les droits des Français dont Busnach et Bacri étaient les débiteurs ; des oppositions se produisirent et une partie de la somme fut retenue en attendant la décision des tribunaux. Hussein, qui avait de gros intérêts dans l'affaire et qui n'entendait rien aux formes compliquées de la justice française, s'indignait de ces lenteurs. Il se croyait victime d'une intrigue ourdie contre lui par le consul Deval. Il s'adressa directement au gouvernement du roi, réclama les deux millions et demi qui lui étaient dus, ajoutant que les ayants-droit n'auraient qu'à se présenter ensuite devant son tribunal pour obtenir justice. Il ne reçut pas de réponse et ce silence lui parut un outrage.

« Dans son audience solennelle du 27 avril 1827, le consul s'étant présenté devant lui, il l'interpella avec vivacité. L'autre, qui s'exprimait bien en langue turque, répondit sur le même ton. Le dey, furieux, le frappa de son éventail et le chassa de sa présence. Un consul plus prudent et plus digne n'aurait pas provoqué une pareille scène ; mais Deval représentait la France. Il fallait une réparation. »

La scène du coup d'éventail n'a pas toujours été racontée de la sorte.

Galibert écrit :

« D'après le Maure Sidi Hamdan, la réponse de M. Deval fut on ne peut plus insultante. « Mon gouvernement, aurait-il « dit, ne daigne pas répondre à un homme comme vous. » Ces paroles, prononcées en présence de toute sa cour, froissèrent tellement l'amour-propre d'Hussein qu'il ne put maîtriser un mouvement de colère et lui donna un coup d'éventail. »

Ainsi vous voyez que dans les événements fortuits apparaît une volonté, celle de Deval, le consul qui, pendant que d'autres intriguent à Paris, comme de Bourmont, brouille en Alger les cartes et est responsable du coup d'éventail autant que le dey.

Henri Martin n'est pas tendre pour ce Deval :

« La France, depuis la Restauration, était assez mal représentée à Alger. Notre consul ne tenait pas une conduite et ne gardait pas une attitude de nature à se faire respecter. »

Galibert en dit :

« M. Deval, né dans le Levant, connaissant la langue turque et les usages des Orientaux, fut nommé consul général à cette résidence en 1815. Il avait exercé, pendant plusieurs années, les fonctions de drogman à Péra et y avait contracté l'habitude de ces formes souples et obséquieuses que les autorités musulmanes exigent toujours des agents inférieurs. Ainsi il avait consenti, sans faire d'objections, à ce que la redevance de la Compagnie d'Afrique fût portée de 60.000 à 200.000 francs. »

Doux Galibert ! Il appelle cela de la faiblesse. J'ai très patiemment lu les pièces du consulat général de France en Alger. Beaucoup de liasses de papiers inédits ainsi que les pièces publiées. Et il en apparaît très nettement que, suivant la loi de l'époque, Deval se servait de son consulat comme d'une maison de commerce, marchant tantôt avec, tantôt contre le dey. Le bougre ne se refusait même pas les enlèvements de mineurs et de mineures. Il y a une histoire d'enfant espagnol qui ferait le plus curieux scénario de roman... Le dey, qui connaissait bien Deval, ne se trompait point lorsqu'il l'accusait de complot pour voler « son bienfaiteur ».

CHAPITRE IV

Précisons l'affaire Bacri.

Je regrette de ne pouvoir citer ici toutes les pièces consulaires typiques, de quoi se dégage, avec la

physionomie de l'affaire Bacri, le caractère de cette
époque.

Ce caractère a frappé — le même toujours — tous
les auteurs qui ont écrit sur l'histoire d'Alger en consultant ces pièces.

Pellissier de Reynaud, dans ses *Annales algériennes*, tout réservé qu'il soit, tout pénétré qu'il
s'affirme de la mission civilisatrice et des destinées
providentielles de la France en Afrique, ne peut céler
qu'il y eut « fourbi » :

« ... Le dey, qui s'était habitué à considérer la créance de
Bacri sur la France comme le meilleur gage de celle de son
gouvernement sur ce négociant, fut contrarié de voir ce gage
diminué chaque jour par les paiements opérés au profit des
créanciers français. Il crut ou affecta de croire que tous n'a-
vaient pas eu lieu de bonne foi. Cette opinion a été partagée
par d'autres personnes en France et en Afrique. Il était donc
possible que les nombreuses réclamations que le dey éleva
contre le mode de liquidation de la créance Bacri ne fussent
pas sans fondement. »

Les auteurs qui écrivaient peu après la conquête
nous montraient aussi le Bacri sous des couleurs
plus vives que celles des écrivains de maintenant.
Citant M. Labbey de Pompières, Galibert dit :

« Sous la République, le juif Jacob Bacri nous avait fait
diverses fournitures de blé. S'il faut en croire M. Labbey de
Pompières, la maison Busnach et Bacri vendait à la France
des blés qu'elle embarquait en Barbarie sur des bâtiments
neutres ; des corsaires prévenus à temps enlevaient les na-
vires à leur sortie du port et les ramenaient à Alger ou à Gi-
braltar. Là les blés étaient rachetés à bas prix par les Bacri
qui les revendaient à la France. Alors ils arrivaient à Toulon
tellement avariés qu'on était obligé de les jeter à la mer pendant la nuit. Le 15 février 1798, les Bacri reçurent en paiement du ministre de la marine, M. Pléville de Pelley, une
somme de 1.580.518 francs, et, en outre, des munitions na-
vales de toute espèce en grande quantité ; mais ce n'était là

qu'un faible acompte, car ils portaient le chiffre total de leur créance à 14 millions. Les Bacri imaginèrent donc de faire appuyer leurs réclamations par un de leurs commis qu'ils firent passer pour un ami du dey et pour le frère d'une de ses femmes. Ce commis, Simon Aboucaya, avait pris rang parmi les ambassadeurs ; il allait chez les ministres, dans leurs bureaux, et menaçait tout le monde de la colère de son prétendu beau-frère, lorsque, reconnu dans le jardin de Tortoni, il fut enfermé au Temple avec Jacob Cohen Bacri, son maître ; on les mit quelque temps après en liberté.

« L'affaire était assoupie et les demandes parurent abandonnées. »

N'est-ce pas délicieux, l'aventure du commis Simon Aboucaya faisant bruit dans les bureaux pour le dey ?...

M. Labbey de Pompières tendrait à faire croire qu'on ne devait rien au dey, que le dey ne réclamait point, qu'il y avait simplement créance Bacri... Erreur. Feraud, dans son *Histoire des villes de la province de Constantine*, a cité beaucoup de pièces prouvant le contraire. C'est dans son ouvrage que j'ai noté que le dey Baba Hussein prêta *sans intérêt* cinq millions au Directoire, — que Bacri remit à Marseille, aux représentants du peuple, une lettre du dey qui recommandait son commissionnaire à leur bienveillance, — que dans la lettre de Bonaparte au dey portée par Hulin, avec la menace d'un bombardement, il y avait :

« ... Je vous fais également connaître mon indignation sur la demande que vos ministres ont osé faire, que je paie 200.000 piastres fortes. Je n'ai jamais rien payé à personne... »

Payer n'était pas le propre de Bonaparte. Le dey se le tint pour dit. Il écrivit :

« Vous ne m'avez pas voulu donner deux cent mille piastres fortes que je vous avais demandées pour me dédommager des pertes que j'ai subies pour vous ; que vous me les donniez ou ne me les donniez pas, nous serons toujours bons amis... »

En effet... un des Bacri, mis pour cette affaire en prison par le dey, la famille paya cinq cent mille piastres fortes. (Vaudeville. Drame.)

L'histoire la plus complète qu'on ait publiée, je crois, sur l'affaire Bacri, est de M. Pierre Vias : *Incidents qui ont précédé la conquête d'Alger (Alger, 1895).* Dans cette brochure nous voyons l'affaire se préciser.

La voici résumée en quelques notes :

« ... La paix d'Amiens ayant mis fin aux hostilités avec l'Angleterre et la Porte, et un cadeau d'un million ayant été fait à Moustapha qui était aussi cupide que son oncle Hussein était désintéressé et chevaleresque, un traité fut signé et ratifié le 17 décembre 1801.

« Ce traité nous rendait nos anciens avantages de la convention de 1628. En échange le gouvernement s'engagea à payer 60.000 francs par an et à solder les créances Busnach et Bacri.

« L'article 13 du traité disait : « Son Excellence le Dey s'en« gage à faire rembourser toutes les sommes qui pourraient « être dues à des Français par ses sujets, comme le citoyen « Dubois-Thainville prend l'engagement, au nom de son gou« vernement, de faire acquitter toutes celles qui seraient lé« galement réclamées par des sujets algériens. »

« Dans une lettre du 13 août 1802 au consul, Moustapha insistait sur le paiement de ces créances : « Faites-moi le « plaisir de donner des ordres pour faire payer à Bacri et à « Busnach ce qui est dû par votre gouvernement ; une partie « de cet argent m'appartient et j'attends d'être satisfait « comme me l'a promis votre oukil Dubois-Thainville. »

« ... En 1817 on se décide à régler :

« MM. Monnier et Hély d'Oissel, conseillers d'État, discutent avec M. Nicolas Pléville, ancien directeur de la Caisse d'escompte, fondé de pouvoirs des héritiers Busnach et Bacri... Ceux-ci réclamaient 13.893.844 francs. Talleyrand s'en était mêlé... Il y avait eu accord le 28 octobre 1814 sur sept millions... Il y a dans les préliminaires de la convention un passage suggestif : « Considérant que, s'il est dans l'intérêt du « gouvernement français de terminer par un arrangement à « l'amiable toute contestation avec la régence d'Alger, il n'est « pas moins dans l'intérêt de MM. Bacri et Busnach d'éviter « par une réduction de leurs prétentions les retards qu'en- « traînerait une liquidation régulière et la nécessité de pro- « duire des pièces justificatives que l'éloignement des temps « et des lieux rendrait difficiles à réunir... »

« On ne s'occupa point du dey. Tous les intérêts furent sauvegardés, sauf les siens...

« On les invoqua seulement devant les Chambres pour obtenir le vote des sept millions, mais on ne l'avisa de rien...

« On avait spécifié par l'article 14 : « Il est bien entendu « que sur la somme à délivrer le Trésor royal retiendra le « montant des oppositions et transports de créances signifiés « audit Trésor. »

« On accepta des créances présentées par des « tiers » à qui elles avaient été cédées, vendues, transportées.

« On retint, pour être provisoirement versés à la Caisse des dépôts et consignations, deux millions et demi, et quatre millions et demi furent remis à Bacri et à Busnach.

« Ceux-ci ne donnent rien au dey, ne reparaissent plus à Alger. Le dey réclame les deux millions et demi de la Caisse des dépôts, plus deux millions qu'il affirmait avoir été donnés à Deval, plus l'extradition de Bacri et Busnach.

« On ne lui donne pas satisfaction... C'est la loi française... Il n'a pas légalement signifié son opposition... Toutes les lettres du gouvernement d'Alger, depuis des années, ne comptent pas, il fallait huissier, avoué, etc., etc.

« Quant à Busnach, il n'est plus Algérien, mais naturalisé français. Quant à Bacri, il vit à Livourne... Et c'est le coup d'éventail. »

On a vu apparaître en l'affaire deux grands personnages : Bonaparte, Talleyrand. Cela avait piqué ma curiosité.

J'aurais voulu « dépouiller » les archives du consulat de France pour les années indiquées.

Mais voici ce que j'ai lu dans la préface d'un manuscrit d'extraits de ces archives par Devoulz, à la bibliothèque municipale d'Alger. Devoulz avait publié un volume d'extraits de ces archives. A sa mort ses copies non publiées furent remises à la mairie.

Donc en sa préface manuscrite j'ai lu :

« Les deux registres qui ont reçu les actes de chancellerie pendant la période comprise entre le 14 mai 1789 et le 5 mars 1811 ne font plus partie des archives du consulat. On ignore leur sort. C'est là une lacune fort regrettable. Cette disparition est d'autant plus surprenante qu'elle ne saurait être fort ancienne. Les deux registres dont il s'agit existaient encore en 1861 lorsque j'ai pris connaissance, sans déplacement des archives du consulat, alors déposées chez M⁰ Martin, notaire. »

Cela est regrettable, car les Bacri et les Busnach en discussion dès les premiers jours sur les bénéfices de la célèbre affaire pour établir leurs droits respectifs donnaient à l'enregistrement et « avération » du consulat leurs pièces importantes...

Il est même, comme le dit Devoulz, curieux que ces registres intéressants aient disparu...

Les disparitions de ce genre ne sont d'ailleurs le fait ni d'une époque ni d'une colonie. Alger en eut sous le gouvernement de M. Revoil. A Paris M. Jonnart m'avait parlé de dossiers caractéristiques sur l'histoire de l'antisémitisme et qu'il avait consultés lors de son premier passage au gouvernement général. A Alger je lui ai demandé l'an dernier s'il me serait possible de consulter ces dossiers.

— Impossible...

— Cependant... je suis discret... ce qui est confidentiel je ne le publierai point. Mais ils devaient me donner le caractère essentiel du mouvement...

— Ils n'existent plus.

M. Jonnart est franc. Ces dossiers qui desservaient

les chefs de l'antisémitisme ont donc disparu entre ses deux passages au gouvernement général...

En 1861, le gouvernement de l'Algérie préparait la naturalisation des israélites. Or les registres qui ont disparu contenaient des pièces désagréables pour les juifs et sur un sujet peu connu ; désagréables aussi pour les associés de Bacri... etc... Je ne tire pas de conclusions. Je rapproche des faits.

Les archives de 1819 contiennent la transcription d'une pièce que Deval envoya en France ; c'était une déclaration du dey affirmant que Jacob Bacri et le consul Deval ayant comparu devant lui, Bacri avait accepté la transaction avec le gouvernement français. Il y avait dans la transmission de cette « singulière » pièce en France un joli « tour » permettant d'affirmer à Paris que le dey approuvait, qu'on pouvait payer Bacri... ce qui d'ailleurs fut fait... et remplit de colère le dey ainsi roulé par Deval.

Il faut citer intégralement cette page de chancellerie :

« 24 décembre 1819. Acquiescement de Jacob Cohen Bacri à l'arrangement conclu relativement à ses créances sur le gouvernement français et enregistrement d'une déclaration de Hussein pacha dey à ce sujet.

« Bacri présente une déclaration originale en langue arabe donnée par Son Altesse Hussein, pacha dey de la milice et régence d'Alger, portant que, conformément à la transaction conclue entre MM. les commissaires du roi et le fondé de pouvoirs du comparant et du sieur Michel Busnach, son associé, ledit comparant est content et satisfait... et par ampliation nous aurait requis l'enregistrement de ladite déclaration en langue arabe, de Son Altesse Hussein dey et de sa traduction en langue française qu'il nous aurait demandée...

« Traduction : Louange à Dieu...

« Quiconque aura lu le diplôme saura que notre serviteur et sujet Jacob Bacri est venu à nous, et avec lui le consul de France qui réside dans notre pays, et qu'eux deux étant en notre présence, notre dit serviteur Jacob Bacri aurait dit et déclaré qu'il approuve tout ce qu'a fait son procureur qui est en France avec eux (les commissaires du gouvernement) en vertu d'un traité authentique et pour les valeurs et quantités convenues et spécifiées, qu'il est satisfait de la transaction qui a été faite pour tous les objets qui sont mentionnés et que, si on lui paye et remet tout ce qui a été convenu, alors ils seront acquittés de tout ce qui est mentionné dans ladite transaction et il ne restera plus entre eux aucun motif de prétention ni de réclamation... Le présent diplôme a été écrit avec l'assentiment du magnifique Hussein.

« Le chancelier ajoute que Bacri remet cette déclaration au consul Deval pour qu'elle soit transmise au gouvernement français. »

Cela explique la colère d'Hussein qui, écrivant ensuite *directement* au gouvernement français pour être renseigné, ne recevait pas de réponse et s'entendait dire par Deval l'insulte rapportée par Sidi Hamdan et plus haut citée.

Le lecteur est assez intelligent, j'espère, pour voir maintenant la belle opération Bacri-Deval.

Bacri avait le consul.

Il avait eu mieux. Il avait eu Bonaparte et Talleyrand.

Cela est dit dans des pièces enregistrées le 8 août 1821 à la chancellerie du consulat d'Alger pour l'avération d'un billet de 15.000 piastres fortes dues à son défunt frère Abraham Cohen Bacri par Jacob Cohen Bacri, « chef de la nation hébraïque ».

Au billet fixant la créance et fait à Marseille en 1797 étaient jointes deux lettres de 1803, 12 décembre, Livourne, et de 1804, 5 juillet, Marseille.

L'intérêt de ces lettres, qui nous montre bien vivants les protagonistes des événements auxquels nous devons Alger, me les fait citer *in extenso*. Rien ne vaut tels documents pour que l'on *voie* une époque. Tous les commentaires — seraient-ils d'un écrivain ayant le génie d'un Michelet — pâlissent devant la lumière qui sort de telles pièces.

« Livourne, le 12 décembre 1803.

« A mon honorable frère Abraham Cohen Bacri.

« Le motif de ces lignes est pour vous faire savoir que j'ai vu par les lettres que vous m'avez écrites par l'entremise de Simon Cohen, que vous augmentiez mes peines en vous livrant à la crainte au sujet de votre argent, quoique vous ne deviez avoir aucun soupçon sous ce rapport, attendu que l'énorme somme que la nation française nous doit est suffisante pour vous satisfaire, vous et bien d'autres, et pour vous laisser un bon solde. Quant à mon compte avec ma maison et Busnach, leur capital est rentré dans leurs caisses, et s'il leur reste encore à recevoir, c'est bien peu de chose relativement à tout ce qui nous reste chez la nation (française). Pour ce qui est des intérêts je me rends à Paris, et je leur enverrai de là-bas leur compte arrêté net... Vous pouvez être certain que je ne vous ferai pas perdre votre bien, et vous l'aurez avec intérêt.

« Répondez promptement à cette lettre, afin que je sache comment je dois me régler.

« Si vous me demandez combien il reste dû par la nation, je vous apprendrai qu'elle nous reste devoir sept millions. *Le Boiteux* (par Boiteux Jacob Bacri désigne Talleyrand) *qui est intéressé à la chose* s'est donné beaucoup de mouvement pour avoir une lettre de notre maître (le dey) pour terminer l'affaire, tandis que la famille l'a abandonnée en nous écrivant de quitter, de laisser toute chose, en disant qu'elle ne demande rien !...

« J'ai reconnu maintenant son intention qui est de nous faire quitter pour se présenter et recevoir toute seule... Comment ! moi qui ai éprouvé tout le désagrément pour les recouvrer je les lui abandonnerais pour les lui laisser à elle seule ? C'est ce qu'elle ne verra pas, car je les recevrai moi-même, ou bien je m'arrangerai avec elle pour en prendre ce que je pourrai. Voici une lettre que vous remettrez à Nathan et une autre pour mon fils Joseph.

« Quant à votre affaire, vous pouvez être fort tranquille ; écrivez-moi avec soin et longuement, et faites-moi part de tout ce qui arrive ; ayez soin que Ben Salomon m'envoie le solde qu'il doit à Seguin, car Seguin s'en est prévalu sur moi ;

il lui reste dû environ quatre mille cinq cents piastres, si je ne
me trompe ; faites-en sorte qu'il les lui envoie en toute célé-
rité ; non seulement je lui ai rendu service, mais il faudra encore que je paie pour lui ; si j'étais à mon aise, je lui ferais
cette avance.

« Quant à Michel, soyez sûr qu'il ne sortira pas de Paris
que je ne m'y sois rendu pour régler nos comptes d'Alger et
terminer mon compte avec lui pour alors aller où bon lui
semblera si le gouvernement le lui permet.

« Moi je suis venu ici sans passeport. Car, si j'étais allé
pour prendre un passeport, on ne m'aurait pas laissé partir.

« O Abraham, si vous pouvez porter Nephtali à lui faire
écrire une lettre par notre maître (le dey) au *petit* (Bonaparte)
où il lui dira que l'argent réclamé par Bacri et Busnach est à
lui, et qu'il le prie de le faire payer à cause de lui. et de plus
qu'il n'approuve pas le premier à-compte qu'il nous a donné
sur l'argent du navire et qu'il ait à nous satisfaire entièrement
pour l'amour de lui. Si l'on peut avoir une lettre en ces termes
on sera sûr de recevoir, et alors nous pourrons contenter les
gens d'Alger sur le reste de leurs intérêts et de leurs bénéfices.

« Vous prendrez, vous et les autres, et malgré cela il restera
encore beaucoup.

« Quoi qu'il ne doive vous en rien coûter, dites-leur que,
s'ils attendent de recevoir par eux-mêmes, *par l'entremise de
notre maître (le dey) ou par celle d'autrui, j'en jure par notre
prophète Moïse qu'ils ne retireront pas un sol; car, si le Boiteux
n'était pas dans ma main, je ne compterais ni sur la lettre de mon
maître*, ni sur aucune autre chose, *parce que le Petit n'aime
pas qu'il lui soit rien demandé avec force, mais il veut que les
demandes soient présentées avec douceur.*

« Je vous promets que je ne demeurerai pas deux mois à
Paris et que je me rendrai à Marseille, que j'aie reçu l'argent
ou non.

« Vous pouvez engager Nephtali en mon nom pour qu'il
me fasse cette faveur; que, s'ils prennent d'autres moyens,
l'affaire de la nation française ira tout de travers... »

« Marseille, le 5 juillet 1804,
par la voie d'Alicante et de Mayorque.

« A mon honorable frère Abraham Cohen Bacri.

« J'ai reçu vos deux chères lettres, desquelles j'ai appris

que vous étiez en bonne santé. J'ai reçu également la lettre
de Michel et je l'ai remise à son adresse. Par les lettres que
j'ai écrites à notre aîné vous serez informé de tout ce que je
lui ai mandé. Je suis réconcilié avec Michel, mais nous n'avons
pas arrêté nos comptes; cependant je suis occupé à les terminer et j'attends le règlement pour attaquer Gozlan en justice
de façon à ne pas lui laisser la chemise qu'il a sur le corps;
mais je m'arrangerai avec Michel comme Dieu en décidera
pour ne pas en venir à de plus longues discussions. Il paraît
que Michel a retiré sa confiance de Gozlan qui l'a trompé en
le volant indignement. Il s'est aperçu de tout.

« O Abraham ! Le paiement que l'on m'a fait de la somme
de douze cent mille francs, moins les frais de recette qui ne
sont pas déduits, a été accordé moitié par rapport au navire et
l'autre moitié à-compte de ce qui m'est dû. De laquelle somme
totale Michel a pris le tiers, et les deux tiers me sont restés
soit à compte de ce qui m'est dû comme à cause de la valeur
du navire. Si vous voyez que ma maison ne veuille pas faciliter ma réclamation auprès de la nation (française) alors tant
elle que la maison Busnach seront obligés de nous rembourser à raison de 75 pour 100 l'intérêt que vous avez sur le navire et qui est de quinze mille piastres fortes. Mais si elle
veut faciliter les réclamations de la nation, je vous engage à
ne faire aucune démarche à ce sujet, car vous serez satisfait
entièrement à la première somme que je recevrai. C'est une
faveur que je vous prie de me faire et je vous recommande
de ne point vous relâcher sur cela. Je désire que vous me pro-
curiez aussi une lettre de Nephtali et de ma maison, adressée
à Michel, où il lui sera recommandé de me laisser terminer
avec Gozlan les comptes que nous avons ensemble et de ne
point se mêler de nos affaires. Je vous recommande ma famille et celle de Busnach et engagez celle-ci à envoyer de
quoi payer toutes les dettes de Michel pour extirper la rapine
de Gozlan qui n'était pas content de recevoir six mille francs
par mois pour procurer de l'argent à Michel. Ayez soin de la
famille et faites qu'elle termine les affaires de la nation pour
qu'elle ne les laisse pas attachées. C'est votre intérêt et le
leur. Car autrement, j'en jure par notre prophète Moïse, on
n'en retirera pas un sol. Dieu nous consolera de la perte de
cet argent. Écrivez-moi toujours en me faisant savoir ce
qu'il y aura de nouveau. Je vous salue. »

Destinées glorieuses de la France civilisatrice!

Hussein, ancien marchand de grains, devient dey d'Alger. Il continue son commerce avec les Bacri, les Busnach pour courtiers, et les correspondants européens de ces juifs d'Alger. Il est en affaires avec la nation française. Ladite nation lui doit de l'argent. Le souple génie de Jacob Bacri durant des années embrouille l'affaire ; créances des deys précédents, créances du dey actuel, créances des maisons Busnach et Bacri, tout cela fait l'affaire internationale, bien dans les mœurs de l'époque ; les maisons, les familles d'Alger en sont ; le consul en est ; les gens de Marseille, de Livourne en sont ; Toulon y trempe ; il y a des créances Aguillon ; Jacob va d'Alger en Italie, à Paris ; il a Talleyrand dans la main ; il présente à Bonaparte ses demandes *en douceur*... la confiture de roses de l'Oriental ; il achète, il donne, il promet, on lui ouvre la Caisse d'escompte ; il a un courtier d'usuriers qu'il paie six mille francs par mois ; et quand il faut en cette bouffonne, en cette sinistre aventure montrer le dey, l'homme du dey, on promène Simon Aboucaya dans les bureaux de ministère, à Tivoli... quand il faut des lettres du dey, le consul Deval enregistre les « diplômes » dont j'ai donné l'échantillon...

Et quand, après des années, la comédie est jouée, que la France a versé quelques millions, que les millions sont partagés, que les prêteurs qui ont permis d'acheter Talleyrand, de donner quelques douceurs à Bonaparte, sont remboursés, que le dey réclame, proteste, veut son argent, pour le faire taire, M. Deval l'insulte et M. de Bourmont prend Alger...

Le nom de Jacob Cohen Bacri, j'en atteste les glorieux destins de ma nation de héros, doit être

plaqué en lettres d'or au fronton des palais consulaires d'Algérie; sa statue, la gloire civilisatrice de
mon pays d'apôtres l'exige au milieu de la place du
Gouvernement à Alger.

Jacob Cohen Bacri, chef de la nation hébraïque, je
salue ta mémoire... Aux Enfers où tu fais des comptes
avec Talleyrand, lorsque Jules Ferry vous y vint
retrouver, ce dut être jolis rires entre vous, surtout
si le Deval y amena le Bonaparte et que vous ayez
parlé de la mission providentielle et civilisatrice de
M. de Bourmont en Alger...

CHAPITRE V

**Le fait « business », « fourbi », « affaire » à bénéfices
particuliers fut, est, sera toujours le fait détermi-
nant de toute entreprise nationale quelconque dans
les sociétés individualistes à régime capitaliste. A
l'époque de la conquête d'Alger cela choquait moins
qu'aujourd'hui. D'abord impopulaire, la conquête
devint populaire aussitôt qu'on y vit la bonne affaire
pour tous.**

Toute l'histoire est à refaire. Le dessein de Dieu,
longtemps, en fut... mettons le « pivot », pour parler le langage d'Etienne, élève de Tirard l'horloger.
Ce fut ensuite la volonté du souverain.

D'autres virent, après, les grands intérêts collectifs créant les « aspirations » des nations. Il y a de
cela. Oui, sans doute. La volonté de Dieu montrée
par le chef. Puis la volonté du chef devenu divin
montrée par ses ministres. Puis le divin cédant au
terrestre, la volonté du peuple montrée par ses représentants redevenant quelque chose de divin... etc...

Mais la cause déterminante, la cause effective de

tout... celle qui fait les votes, les décrets, celle qui met en marche les armées, c'est toujours la petite affaire, la petite combinaison de quelques intrigants ; et dans cette petite affaire, dans cette petite combinaison, chez tous les peuples, chez tous les gouvernements, depuis un siècle il y a du juif.

Pour la conquête d'Alger vous connaissez maintenant la combinaison Bacri. C'est ce que M. P. Leroy-Beaulieu appelle « les événements fortuits », M. Reclus la « force des choses », M. Rambaud « l'instinct sûr » de notre nation ; le clergé algérien « la vue providentielle », etc..., etc...

On savait en France, en 1830, que la conquête d'Algérie était une affaire. On n'en voulut point aussi longtemps que l'on crut que l'affaire n'intéressait qu'un petit groupe. L'armée n'en voulait pas. Le Parlement protestait. Les classes libérales n'étaient pas contentes. Le peuple demandait qu'on lui « fichât » la paix. J'ai lu les journaux et les brochures du temps, les débats du Parlement, des corps savants... etc... tout ce en quoi nous pouvons chercher le caractère de l'opinion d'une époque. Ce fut exactement ce que vous savez pour le Tonkin, pour la Tunisie, pour Madagascar. On voit l'affaire de quelques-uns, d'un groupe, et tout le monde proteste... sauf le groupe, naturellement... puis, suivant que l'affaire s'étend, s'élargit, fait tache d'huile, que le nombre des intéressés — d'une façon quelconque — augmente, le nombre des protestations diminue. La popularité suit l'impopularité sans nul souci de l'intérêt du pays. Les intérêts peuvent être satisfaits aux dépens ou au bénéfice du pays, cela n'est point la question. Il y a là un phénomène social dont les phases mathématiquement s'enchaînent.

C'est l'action militaire qui frappa tout d'abord le

pays, et la première idée qui s'imposa fut celle non des coups à donner, mais des coups à recevoir. Elle était désagréable. Ceux qu'on avait reçus dans la débâcle impériale cuisaient encore. On avait beaucoup plus vif le souvenir des piles subies que celui des batailles gagnées. Waterloo n'était pas encore devenu la gloire nationale que nous en avons faite depuis. Nous étions encore trop près des réalités. La guerre nous faisait peur, car nous savions ce qu'elle nous coûtait. L'idée de guerre était impopulaire partout. C'est pourquoi Charles X avait songé, en souverain prudent, à confier le soin de l'expédition contre Alger à Mehemet Ali. Pour rendre populaire cette guerre, un travail psychique très curieux se fit, qui procédait, chez les masses, des mêmes appétits de bénéfices que chez M. de Bourmont et les associés des Bacri-Deval et C¹ᵉ.

Après l'idée des coups qu'on reçoit à la guerre, amenée par la connaissance de l'affaire Bacri, vint l'idée des bénéfices qu'on fait à la guerre et du butin qu'on en rapporte.

C'était, souvenez-vous-en, l'époque où se consolidaient les fortunes de la noblesse militaire impériale qui avaient échappé à la débâcle du régime napoléonien. Ces fortunes, dotations, pensions, revenus, domaines, collections, titres, tableaux, tout cela venait du butin de guerre. La nouvelle noblesse militaire impériale qui reprenait pied dans la société et faisait figure dans le monde n'était riche que parce que les fondateurs de ces maisons avaient pillé à la guerre, avaient, en suite de leurs victoires, reçu de l'argent du souverain ou pris eux-mêmes de l'argent aux vaincus. L'ancienne noblesse, principalement celle qui avait beaucoup perdu et n'avait pas encore regagné, après la première révolte contre le

scandale Bacri, contre l'immoralité de l'expédition
d'Alger, y voyant son intérêt, ne tarda point à y trouver celui de la France et la gloire, et l'humanité, et
tout le reste...

Et tous ceux qui eurent l'espoir de faire partie de
l'expédition et de l'occupation et des expéditions qui
devaient suivre, une foule de gens, par eux, par
leurs familles, par leurs relations, leurs amis, dési-
rèrent, voulurent la guerre... et du butin... A l'idée
de guerre, il faut bien s'en pénétrer, si l'on veut
comprendre l'époque, était liée l'idée de butin. Ne
protestez point. Rappelez-vous l'expédition de Chine
et M. Frey.

Affaire pour les gens qui l'imposaient au pays,
l'expédition d'Alger devenait une affaire pour les
soldats qui la réalisaient. Je ne veux même point, si
cela vous gêne, parler des pillages individuels, du
butin personnel. Nous ne rappellerons que ce que
personne ne peut nier. On a démenti le pillage de la
Kasbah, on a prétendu que nos soldats vainqueurs
avaient scrupuleusement respecté la personne et les
biens des vaincus. On a fait des guerriers qui
avaient pris Alger, après le combat, des saints. Pas
de femmes violées. Pas d'adolescents trop brutalement caressés. Pas de coffres brisés... Rien...
Rien... Tous les excès commis le furent par les Algériens eux-mêmes. C'est entendu. Je veux bien.

Le sac d'Alger est une légende comme celui du
palais d'Eté, comme celui de Hué, comme celui
de Péking... et tant d'autres. C'est entendu ; de
même que toutes les chinoiseries qui font l'orgueil
des bonnes maisons de l'Empire et de la République,
toutes les « araberies » qui ont brillé dans les familles de la monarchie restaurée furent payées à
deniers comptants par les héros qui les rapportèrent

« en souvenir » chez eux. Ne chagrinons personne.
Ils sont trop, ceux que cela ennuierait de penser que
la « relique » n'est en réalité qu'une « pièce à conviction ». Il reste si peu de maisons où je puisse
aller que cela me les fermerait toutes. Admettons,
admettons. Pas un seul des héros des expéditions
d'Algérie ne vola quoi que ce fût nulle part...

Cela n'empêche pas que cette guerre ne fut officiellement considérée comme une affaire... et je le répète... c'était les mœurs de l'époque. Il n'y faut voir
ni insulte ni reproche pour les héros. Ils étaient de
leur temps. La sottise consisterait à les vouloir du
nôtre. Le général en chef proposa au gouvernement de donner sur les bénéfices nationaux de la
prise d'Alger les sommes suivantes à l'armée :
24.000 francs aux lieutenants généraux ; 16.000 francs
aux maréchaux de camp ; 8.000 francs aux colonels ;
6.000 francs aux lieutenants-colonels ; 4.000 francs
aux chefs de bataillon ; trois mois de solde à tous
les autres.

Mais, à Paris, on était, paraît-il, trop occupé... on
ne répondit pas. Les lettres qui vinrent demandaient
seulement que M. de Bourmont envoyât des chameaux pour expérimenter l'acclimatement « du vais-
seau du désert » sur les sables des Landes. Pendant
que M. de Polignac pensait à la Charte, que M. de
Bourmont pensait à ses soldats, il y avait dans les
bureaux de l'administration centrale un homme des
Landes qui pensait, lui,... aux Landes. C'est funam-
bulesque. Mais c'est comme cela. Dans le désarroi
de Paris et d'Alger un seul homme ne perdait pas
la tête. La révolution menaçait Paris. Les vainqueurs d'Alger demandaient quoi faire de la conquête et priaient qu'au moins on les payât de leur
part. La France était en émoi... « Envoyez-nous des

chameaux pour que les gens des Landes montent dessus et ne se fatiguent plus à courir les sables sur des échasses... » Voilà l'instruction que le ministère adressait au conquérant.

L'armée n'était pas contente. Un des écrivains qui prétendent qu'elle n'obéissait « ... qu'à ces sentiments de gloire et d'honneur qui sont si puissants sur l'esprit français et qui ont toujours été le principal mobile de nos conquêtes... », Galibert, ne peut s'empêcher de le constater :

« Les projets de distribution avaient circulé dans l'armée, et comme ils ne se réalisaient pas, de sourdes rumeurs s'élevèrent contre le général en chef et les habitants de la Kasbah. La mauvaise humeur des militaires dont les espérances avaient été déçues les disposait au soupçon ; beaucoup de ceux qui campaient hors des murs d'Alger s'imaginaient qu'une pluie d'or tombait sur les hôtes du quartier général et, dans les lettres qu'ils écrivaient en France, ils faisaient part à leurs parents, à leurs amis, de leurs craintes, de leurs suppositions. »

C'est bien cela qui rendit populaire la guerre d'Afrique. « Il y a de la goutte à boire là-haut ! » dit la sonnerie de la charge. Il y avait de la goutte à boire en Afrique. Pour tout le monde. Pour le militaire. Pour le civil. Pour le soldat. Pour le colon. Fortune. Mirage. Hélas ! voulez-vous savoir quel est le premier Français qui fit faillite ? C'est un restaurateur qui, après avoir fait quelques mois de crédit aux frères d'armes victorieux, sur ses fourneaux, dans ses casseroles, déposa son tablier et son bilan. Son histoire est aux archives du consulat général, lequel fonctionna pendant les premiers temps de l'occupation.

Et, si vous croyez que j'exagère l'idée « affaire » dans la conquête, méditez ceci, que Rovigo demandant une *indemnité* à la Restauration fut nommé gouverneur.

C'était la « compensation », c'était le moyen donné de faire ou de rétablir une fortune. C'est la vieille idée romaine, barbare, espagnole de l'utilisation privée des conquêtes. Nous l'avons eue longtemps... Je ne dis pas que nous ne l'avons plus.

CHAPITRE VI

L'humanité et notre action militaire dans l'Afrique du Nord.

Je sais qu'il n'y a rien de commun entre ces deux réalités : civilisation, conquête. Je sais également que ces deux autres réalités : humanité, guerre, sont l'une à l'autre essentiellement opposées.

Néanmoins... les travaux de notre armée d'Afrique, notre action militaire, ce qui arrache des cris d'admiration à tous nos orateurs, ce qui inspire une si éloquente, une si touchante rhétorique à nos écrivains... tout cela dont nous tirons gloire brillante, et que nous voulons par-dessus le marché pure... quand on y regarde d'un peu près... quand on ne se contente pas des discours de M. Etienne ou des classiques livres d'histoire... quand on prend la peine de lire les mémoires, les journaux, d'étudier les faits tout nus, réels... après ce travail une effroyable douleur vous étreint à la vision qui se précise de toutes les tueries, de tout le sang versé, de tous les crimes, de toutes les atrocités...

L'horreur, l'horreur, vous dis-je, au défilé de tous vos hommes de guerre, de tous vos héros à qui vous élevez des statues au nom de la patrie reconnaissante...

La guerre est sauvage partout. Mais on dirait qu'un infernal génie la rend plus sauvage en cette Afrique du Nord où les hommes de toutes nations, dès qu'entre eux le glaive est tiré, semblent s'ingénier à vouloir faire pâlir le souvenir des cruautés de Carthage.

Ils n'étaient pas des agneaux les vétérans de l'Empire. Ils avaient passé comme des loups sur l'Europe. L'Algérie en fit des êtres plus féroces. Tout ce que les imaginations les plus apocalyptiques rêveront de plus épouvantable et d'horrible, vous le trouverez dans le récit de nos guerres d'Algérie. C'est Pélissier enfumant des femmes et des enfants dans les grottes du Dahra près de Nekmaria...

Les pénibles nécessités de la guerre... Soit... Mais c'est aussi les notables de Blidah, attirés à Alger par la foi du sauf-conduit que leur envoie le gouverneur et décapités quand on les tient...

Et tant d'autres... La cruauté, la trahison... oui, chez nous comme chez l'ennemi...

Et c'est ce qui m'enrage, c'est ce que je trouve odieux et bête, que nous voulions pour nous, toujours, la vertu, que nous estimions patriotisme de mentir, de travestir l'histoire, d'accabler le vaincu de nos vices... de faire de la résistance musulmane le banditisme et de notre conquête à nous l'héroïsme, toujours, en « bloc ».

Cette déviation du sens patriotique d'après laquelle nous croyons qu'il est nécessaire de donner aux nôtres le beau rôle, toujours, on la saisit, sur le propos de l'Algérie, dans les ouvrages les plus sérieux.

Je ne peux ici m'attarder à faire la critique détaillée de tout ce que l'on a publié sur soixante-dix ans de guerre...

Prenons seulement un exemple typique. Abd-el-Kader est le symbole de la résistance musulmane. Laissons de côté les cruautés, puisque la guerre déclarée c'est à qui terrorisera le plus efficacement, tuera davantage, et que cela est l'essence même de la guerre. L'Arabe fut terrible. Nous le fûmes. En guerre on n'échange pas des douceurs, mais des douleurs. Les mutuelles horreurs, l'indignation des peuples en tient responsables non les deux parties qui les commettent, mais celle qui a rendu nécessaire la guerre. Et le rôle de nos historiens — je veux bien les croire inconscients de cette lâcheté... de cette erreur — ç'a été de montrer les événements de manière à rendre toujours les Arabes responsables de la guerre. Ceux même qui, par sentiment de leur patriotisme français, sont obligés d'en reconnaître à nos adversaires admettent bien dans l'exemple que nous avons choisi, celui d'Abd-el-Kader, que l'émir nous ait loyalement combattus, qu'il se défendait, mais ils n'admettent cela que pour ses premières opérations. La rupture du traité — deux fois — du traité qui peut-être eût terminé la période sauvage et permis aux deux peuples réconciliés de travailler en paix chacun dans les limites de part et d'autre acceptées, cette rupture ils se croient obligés d'en rendre responsable l'ennemi. La mauvaise foi, la déloyauté, l'oubli de la parole donnée, la duplicité, il n'est pas possible, d'après leur patriotisme, que cela soit imputable à nos généraux. Cela ne saurait être le fait que de l'ennemi. Leur sentiment le voit chez l'ennemi. Et leur science est ainsi conduite à le voir chez l'ennemi. Quelque respectueux qu'ils soient de la vérité, ils en viennent à nous faire lire ce que j'ai lu dans les récits, par ailleurs si remarquables, publiés sous la direction de l'éminent M. Lavisse, « qu'Abd-el-Kader rompit le traité sur un vain prétexte, le passage des portes de Fer, et que c'est par caprice ou duplicité qu'il déclara la guerre au maréchal Valée. »

Comme la critique de l'historien est avisée, comme elle vient de nous révéler la trop grande habileté du général Desmichels, lequel avait dans la paix avec Abd-el-Kader fait un double traité, un de texte français flattant la France, un de texte arabe flattant l'émir, on croit qu'elle est également sûre pour tous les autres événements.

Elle ne l'est cependant point. Pour la deuxième rupture notre responsabilité est évidente. Nous nous étions engagés à ne point passer les « portes de Fer » ; nous les passons ; c'était déclarer la guerre ; si Abd-el-Kader entre en campagne, c'est que nous l'avions ouverte.

Quant à la première rupture, voici :

Un homme qui avait fait la guerre contre Abd-el-Kader, le comte Walewski, dans une brochure où il a consigné ses souvenirs, brochure tombée en oubli très vite parce qu'elle froissait le sentiment public, nous dit :

« On alléguera qu'Abd-el-Kader a rompu la paix ; c'est encore une de ces erreurs généralement accréditées qu'il est important de détruire.

« Le général Trézel, étant arrivé à Oran avec des dispositions différentes de celles de son prédécesseur, engagea les Douers et les Zmélas à se soustraire à la domination d'Abd-el-Kader, leur promettant sa protection s'ils secouaient le joug.

« Celui-ci, ayant appris les rapports qui avaient eu lieu entre Ben Ismaïl, un des chefs des Douers, et le général français, envoya quelques cavaliers pour s'emparer de lui et marcha lui-même pour se porter contre ces tribus. Le général Trézel se mit en campagne afin d'empêcher Abd-el-Kader de faire justice de ses sujets révoltés.

« Les deux armées se trouvèrent ainsi en présence et dès lors le traité fut rompu. Cependant le jeune bey tenta tous les efforts imaginables pour remettre les choses sur l'ancien pied et, même après le combat du Sig, il fit des propositions pour arriver à un accord.

« Mais on partait de principes tout à fait opposés. *Les Arabes voulaient alliance*, et pour ce, ils auraient consenti à toutes les conditions qu'on leur aurait imposées ; *nous voulions soumission*... Dès lors il n'y avait aucun moyen de s'entendre...

« Je laisse à juger, d'après ces faits, qui a rompu la paix, d'Abd-el-Kader ou du général Trézel. »

Nos historiens, naturellement, répondent que c'est Abd-el-Kader. Le comte Walewski avait été capitaine au 2° régiment de chasseurs d'Afrique. La façon dont il voyait ses chefs opérer, soit comme militaires, soit comme politiques, l'avait dégoûté du service...

Il a merveilleusement caractérisé la situation : « Les Arabes voulaient alliance ; nous voulions soumission. »

La soumission permettait toutes les *affaires*... pas l'alliance...

Voilà pourquoi ç'a toujours été la guerre.

La guerre avec toutes ses horreurs. Car elles ne diminuent pas, au contraire. Elles sont aujourd'hui aussi odieuses qu'il y a soixante-dix ans.

Lisons, dans le *Bulletin du Comité de l'Afrique française*, le récit d'opérations pour lesquelles on ne saurait invoquer la même prescription que pour celles de feu M. Pélissier.

Ce *Bulletin* publie une lettre d'Insalah sur l'affaire d'In-R'har :

« Le 19 du courant, vers sept heures du matin, nous sommes arrivés en vue d'In-R'har ; les habitants de l'oasis reculaient au fur et à mesure que les troupes avançaient. La section d'artillerie ayant mis en batterie à 1.300 mètres sur une dune de sable, le feu commença aussitôt. Au deuxième coup une brèche énorme fut pratiquée dans le mur de la grande kasbah sur laquelle on tirait, et les habitants se précipitaient pour la boucher à l'aide de madriers ; c'est alors que des salves d'infanterie furent tirées sur les assiégés pour les empêcher d'exécuter leurs travaux de barricades.

« Le tir des obus à la mélinite continuant, la kasbah fut en partie démolie. Lorsque les brèches furent complètement déblayées sous notre feu, l'infanterie s'élança à l'assaut. C'est alors que l'on put se rendre compte de la puissance destructive de nos canons. Ce n'étaient que cadavres, gens sans tête, sans bras, sans jambes ou éventrés. Hommes, femmes, enfants, chevaux, chameaux gisaient pêle-mêle, morts ou n'en valant guère mieux. Il n'y a eu sur 1.200 habitants que 162 prisonniers. Le reste était mort et a été enfoui dans les fossés. »

Relisez cette fin de lettre...

Vous avez relu...

Cette affaire d'In-R'har a sacré quelques héros. — Parmi les 162 prisonniers qui n'ont pas fui sous l'averse meurtrière ? — Non... de l'autre côté.

Le commentaire du *Bulletin*...

Voici : « Cette lettre relate fort bien cette chaude affaire. »

La « chaude affaire » dans la presse quotidienne eut peine à passer aussi facilement que dans les journaux d'expansion pacifique, civilisatrice, comme le *Bulletin du Comité de l'Afrique française*. On protesta. Mais les gens du *Bulletin* veillaient.

Ils écrivirent :

« Un mot sur le combat d'In-R'har. Le chiffre des morts dans cette affaire et surtout le fait qu'un grand nombre de femmes et d'enfants y aient péri amenèrent les journaux qui se sont fait une spécialité de déclamer contre les procédés sanglants de la civilisation à dénoncer la férocité de notre politique.

« Il est vrai que leurs indignations perdent une grande partie de leur valeur de ce fait qu'elles sont exprimées surtout dans un certain but haineux de politique intérieure.

« Mais il est bon, malgré tout, de montrer combien elles sont injustifiées. Lorsque de bons publicistes s'indignent que la mission pacifique de M. Flamand ait pu devenir une mission guerrière, ils oublient un peu trop ce que sont les gens du Touat, qui ont simplement tendu à nos compatriotes une de ces embuscades dans lesquelles tant des nôtres avaient déjà succombé. Ces deux individus avaient déjà sur la conscience le massacre de Flatters, des Pères blancs, de Douls, de Palat, sans parler de Laing et d'autres. Il n'y a donc pas à s'étonner que la mission Flamand se soit trouvée obligée de se défendre. Quant à ces pacifiques sédentaires dont un publiciste parle comme attendant, espérant même notre protection, nous serions bien curieux de voir une troupe de légistes et d'écrivains, même fougueux, se charger de la leur apporter. La vérité c'est que la population du Touat se compose d'une aristocratie sanguinaire de marchands d'esclaves et de pillards et d'un peuple de serfs affreusement exploité et qui aura tout à gagner à notre arrivée, même au prix de quelques affaires sanglantes.

« Si tant d'hommes n'étaient des snobs, des humanitaires par haine ou opposition, ou même de simples et profonds ignorants, ils sauraient que les Africains n'ont de pires maîtres que ceux que l'Afrique leur fournit spontanément, et qu'on leur rend toujours service en les en débarrassant à quelque prix que ce soit. »

Je vous affirme que cela fut publié tel quel pour expliquer cette affaire d'In-R'har, où sur une population de 1.200 habitants 1.038 furent débarrassés et de leurs maîtres et de la vie par notre action libératrice...

Les gens du *Comité de l'Afrique française* auraient d'ailleurs presque le droit de croire que l'opinion publique en France leur donne raison. Quelques indignations éclatent lorsque les commencements d'une opération de civilisation se traduisent par des exécutions comme celle d'In-R'har. Puis on s'y habitue. Quand on apprend de nouveaux massacres et qu'on les dénonce, le public semble dire : « Encore... mais c'est une vieille histoire... nous la connaissons. » Et l'histoire nouvelle passe avec la vieille. Et ce délicieux *Bulletin* des civilisateurs de l'Afrique, en notant les tueries de M. Servières, peut écrire :

« Il convient d'observer que l'opinion a été assez calme en apprenant ces nouvelles et que la presse s'est généralement abstenue de commentaires échauffés, bien qu'elle ait expliqué parfois ces événements de l'Extrême-Sud avec une ingéniosité un peu bouffonne. On commence à comprendre chez nous qu'avec la meilleure volonté du monde il est impossible de faire une omelette sans casser quelques œufs. »

Hélas ! oui. C'est même ce qui m'a dégoûté de la presse française...

La publicité des maisons dont les chefs figurent dans les états-majors de la colonisation par la guerre est toute-puissante, et la presse entière s'incline, servile, devant la théorie « de l'omelette » ,.. on lui en donne quelques bavures. Que lui importent les œufs cassés !...

Ajoutons cependant que ce *Bulletin du Comité de l'Afrique française* à qui nous devons les chefs-d'œuvre plus haut cités, a des jours de pruderie. Ainsi, appréciant l'œuvre du « Congo indépendant » et citant quelques atrocités reprochées aux soldats de Léopold, il a dit : « ... Il semble en tout cas que ce dernier dépasse la mesure et la moyenne. »

Et cela qui d'abord m'avait inspiré quelque sympathie à l'égard de ce Bulletin courageux, assez indépendant pour censurer l'œuvre belge dont les éloges furent publiés même par notre presse socialiste, m'a rendu par la suite... rêveur. Quelle est donc la mesure, quelle est donc la moyenne des tueries permises contre les Africains ? Est-ce que c'est comme dans l'exécution d'In-R'har : 1.038 victimes sur 1.200 habitants ?

Qui pourra nous expliquer cela parmi les gens de ce comité où je relève les noms de « prince d'Arenberg, Aynard, duc de Bassano, prince Roland Bonaparte, Joseph Chailley-Bert, Crouan, vice-amiral Duperré, Etienne, comte de Fels, Gauthiot, comte Greffuhle, Templier, de Vogüé ?...

Quel rédacteur de ce Bulletin connaît cette mesure, cette moyenne : Est-ce M. Terrier, M. Kœchlin, M. Robert de Caix de Saint-Aymour, Edouard Payen, Alcide Ebray ?...

Qui ?...

C'est une des mesures, c'est une des moyennes dont la notion à la postérité serait précieuse pour juger notre époque. Les omelettes de l'Extrême-Sud, les œufs cassés par nos héros...

... O Principe éternel de la vie qui es mon Dieu, ô Force immortelle de la vie qui es ma foi, je t'en conjure, éclaire ces hommes et fais qu'ils me disent la mesure des meurtres, la moyenne d'assassinats au-dessous desquels le colonial conquérant à l'aurore du vingtième siècle est un bon civilisateur, au-dessus desquels il cesse de l'être !

Lorsque nous exposons nos systèmes qui répudient la violence meurtrière, la dépossession, le vol, l'exploitation, ces hommes nous taxent d'une « ingéniosité un peu bouffonne ». Mais la leur ! Et quel éclat de rire puissant, d'énorme joie à la sottise de ces cuistres à l'omelette, si derrière les idicts plaisantins n'apparaissaient les bandits sinistres, les hauts détrousseurs et les bas tueurs, et du sang, tout le sang, toutes les horreurs qui sur les lèvres du

voyant au lieu du rire vengeur font monter un san-
glot !...

Douleur de toutes les douleurs. Epouvante et honte.
Et je suis de la nation de ces gens-là! Et je suis de
la race de ces gens-là!...

Non, non. Cela n'est point possible. Avec les
bourreaux jamais. Avec les victimes toujours. Avec
les nègres ; avec les jaunes. Avec les Arabes...
et contre les autres. Jeune homme qui liras ceci,
je t'en conjure, je t'en supplie, oublie pour un instant que tu veux être quelqu'un, quelque chose,
que tu as le souci d'une carrière ou d'une position,
que par conséquent ton intérêt exige que tu entres
dans le sillage des requins, oublie ces nécessités,
pour un instant, je ne t'en demande pas plus... et
songe avec ta seule raison à ces réalités qu'ils calculent de la quantité de sang qu'ils disent juste de
verser, étant par ailleurs donnée la quantité d'or à
gagner... Vois... te dis-je... Et si tu n'es pas irrémédiablement pourri,... je suis bien tranquille, je
sais de quel bord tu te rangeras. Et c'est pourquoi,
taisant mes colères, j'espère. La civilisation fait disparaître de nos prairies, de nos forêts les bêtes mal-
faisantes. Le jour vient également où on ne les trouvera plus dans notre politique. On admire dans les
muséums des squelettes, des griffes, des cornes, des
dents de monstres épouvantables qui jadis, aux
périodes enflammées de notre globe, luttaient. Je
vois qu'aux bibliothèques on lira dans le même éton-
nement, quelque jour, les théories de l'omelette humaine du progrès...

CHAPITRE VII

Sur le mobile « affaires particulières » dans notre extension au Sud.

Dans cet ordre de faits il faudrait des volumes pour le détail. Mes notes font un amas. Données toutes, ce ne serait que répétitions fastidieuses. Je ne peux, je ne veux prendre ici que les faits principaux, les événements typiques, les idées maîtresses. Mon but n'est point de vous donner la chronique, les annales de l'Algérie, mais de vous apporter la lumière qui, sur le propos de l'Algérie, vous permettra de voir les réalités de notre action coloniale et de les comprendre.

Vous avez vu l'affaire de début. Vous savez qu'il n'y avait là rien de civilisateur. Vous savez aussi que dans la suite de nos moyens d'action les considérations d'humanité furent toujours négligées ; qu'il n'y eut aucun progrès moral dans l'emploi de nos moyens « pacificateurs » ; que le seul progrès fut dans l'efficacité de nos instruments de destruction. In-R'har qui est d'hier pointe le record. 1.200 personnes, de tout âge, hommes, femmes, enfants montrant peu d'empressement à recevoir notre civilisation, notre libération, notre protection, pour être bien sûrs qu'ils n'y échapperont pas, on en tue 1.038. C'est de l'ouvrage propre et rapide. A navrer les mânes de Rovigo, de Pélissier... et d'Attila.

Par ces procédés le drapeau qui, en 1830, fut planté blanc sur les murs d'Alger, soixante-dix ans après fut hissé tricolore au-dessus des palmiers du Touat.

Vous penserez qu'avec tout le sang, celui du conquérant et celui du conquis, ce drapeau ne devait être que rouge. Mettons que le blanc qui reste c'est la candeur du peuple qui a supporté cela, que le bleu c'est le reflet non d'un céleste azur mais du papier, des billets de toutes les affaires. Oui, c'est bien cela. Cruauté sanguinaire des exécuteurs ; bénéfices des lanceurs ; candeur du peuple qui sans jamais se lasser paie les uns et les autres. Car le beau, le superbe en toute la suite des affaires d'Algérie c'est qu'en fin de compte elles sont payées non par l'Algérie, par le pays conquis, mais par la France, par le pays conquérant.

Le mécanisme de cette suite ? Excessivement simple.

C'est la prise d'Alger. Immédiatement les spéculations immobilières, l'agio sur les propriétés volées met en goût. Il faut s'étendre. Par sécurité ? Pour garder ce qu'on a ? Du tout. On n'avait pas fait la guerre aux Arabes, on ne l'avait faite qu'aux janissaires. Les Turcs vaincus, chassés, pour en garder le domaine conquis le moyen le plus simple c'était de vivre en paix avec les Arabes qui ne demandaient que cela.

Mais tous les conquérants n'étaient point nantis. Il en venait d'autres. La fortune des premiers arrivés faisait saliver les suivants. Marche, France... marche ! Tu devais donner de la terre aux fils qui t'en demandaient... Si encore il n'y avait eu que des Français !... Pour la donner, la prendre. Pour la prendre, faire la guerre. Pour en assurer la possession à qui la recevait, occuper. Prendre et occuper aux frais du budget métropolitain.

Notre occupation du Sud qui est aujourd'hui sur la route de Tombouctou s'est faite ainsi, magnifiquement « vissée » à la métropole. Quand le Parlement est consulté, c'est pour payer. Il clame, il réclame, il grogne, ronchonne, mais paie,... nous fait payer.

Ne protestez point quand je dis que c'est l'unique souci de protéger les affaires particulières qui nous poussa dans le Sud, nous mit dans l'engrenage où, grâce au régime des responsabilités dispersées, atténuées, annihilées qui est celui de notre République nous sommes condamnés à demeurer jusqu'au bout du rouleau... Trivial mon langage, je le sais... mais l'ordure poisse aux mains qui la traitent. Parler de ces sales choses empoisonne le langage. Ne protestez pas, ai-je dit, quand j'attribue le mobile affaires à notre pénétration dans le Sud, car ce n'est point ma parole méprisable de pamphlétaire haineux, bouffon (Voir la suite dans les publications coloniales) que vous mettriez en suspicion, en doute, c'est les affirmations respectables d'un honorable général, de M. Saussier.

J'ai publié cela dans mon livre sur la *Question du Maroc*, avec tous détails. Les voici résumés dans un article de l'*Aurore* que j'intitulais le *Pourquoi de Figuig*.

Ce pourquoi est celui de l'action militaire dans le Sud algérien, dans le Sahara, dans le désert où, en 1845, lorsque nous avons négocié le traité de paix avec le Maroc, nul homme sérieux ne pouvait prévoir que la France aurait moins de sagesse que Carthage, que Rome, que les Vandales, que les Turcs et irait, à grands sacrifices, conquérir du caillou.

Ce traité de 1845, dont on parle beaucoup, toujours dans la presse quotidienne, sans le citer, et qu'en dehors des « spécialistes » peu de gens lisent, dit, en ce qui concerne le Sud :

« ART. 4. — Dans le Sahara, il n'y a pas de limite territoriale à établir entre les deux pays, puisque la terre ne se laboure pas et qu'elle sert seulement de passage aux Arabes des deux Empires qui viennent y camper pour y trouver les pâturages et les eaux qui leur sont nécessaires. Les deux souverains exerceront de la manière qu'ils l'entendront toute la plénitude de leurs droits sur leurs sujets respectifs...

« ART. 5. — ... Les ksour qui appartiennent au Maroc sont ceux de Yiche et de Figuig...

« ART. 6. — Quant au pays qui est au sud des ksour des deux gouvernements, comme il n'y a pas d'eau, qu'il est inhabitable et que c'est le désert proprement dit, la délimitation en serait superflue. »

On ne parlait pas du Touat en ce traité, pas plus d'ailleurs que de Tombouctou, où s'exerçait l'autorité du Maroc, parce que ces régions étaient séparées de l'Algérie par le désert comme par une mer et que jamais les Turcs, dont la France prenait la succession dans le traité de 1845, n'avaient songé à ces pays d'au delà le désert.

L'idée de tout le monde alors (et, si quelqu'un avait osé faire prévoir ce qui se passe aujourd'hui, la nouvelle conquête aurait été abandonnée sous une poussée de l'opinion publique, en ce temps plus puissante qu'aujourd'hui), l'idée admise c'était que l'occupation de l'Algérie serait bornée par l'étendue des terres fertiles ; qu'on imiterait l'exemple du Turc ; qu'on resterait comme lui dans la zone marine ; qu'à peine on aborderait la zone montagneuse ; que jamais on ne se risquerait sur les Hauts Plateaux ; encore moins dans le Sahara.

C'était l'idée raisonnable.

Pourquoi l'a-t-on abandonnée ? Pourquoi s'est-on avancé dans le Sud ?

Ce ne pouvait être pour y chercher de nouvelles terres de colonisation. La montagne ne peut nourrir plus d'indigènes que ceux qui alors y habitaient. Le climat et le sol des Hauts Plateaux ne permettent pas qu'on y fasse autre chose que ce qu'y faisaient alors les indigènes, c'est-à-dire faire paître quelques trou-

peaux transhumant du Nord au Sud et réciproquement, suivant la saison. Cela on le savait. Et, si on
ne le savait pas, il était facile de s'en rendre compte.

Est-ce par raison politique et pour empêcher les
gens des Hauts Plateaux, les Sahariens, de menacer
nos bonnes terres de colonisation ?

Le général Chanzy écrivait en 1870 :

« Placées aux deux extrémités de deux Etats impuissants à
les maintenir, les tribus de la zone frontière... étaient satis-
faites d'une vie de troubles... préférable pour elles à un ordre
de choses régulier qui eût pu porter atteinte à leur indépendance. Toutefois, ces querelles... étaient, pour ainsi dire,
locales, et l'un ou l'autre des gouvernements intéressés ne
pouvait y voir aucune menace pour la tranquillité générale. »

Ainsi, un général, qu'on ne saurait cependant accuser d'avoir été un ennemi systématique des expéditions militaires, affirme que rien ne nous forçait à
aller nous occuper des querelles endémiques chez les
tribus que nous venons de saluer à la mélinite.

En 1874, un diplomate, M. Bourée, ministre de
France à Tanger, disait sur le même propos :

« Dans le Sud, le fusil est le dernier et quelquefois le premier argument. Là errent les tribus qui peuplent le Sahara
algérien et le Sahara marocain... Ces tribus s'arrangent entre
elles; si, au lieu de s'arranger, elles se battent, l'empereur du
Maroc n'y peut rien et nous pas davantage ; là, surtout, il y a
des traditions et des besoins plus forts que tous les traités... »

Ces gens qui ne nous menaçaient point, qui étaient
habitués à se battre entre eux, est-ce donc par charité
chrétienne, puisque nous ne pouvons attendre aucun
bénéfice territorial ou militaire de notre action, que
nous avons été en soumettre une partie ?

Un rapport du général Saussier, rapport daté
de 1882, répond à cette question :

« L'obligation de protéger les Hauts Plateaux, où le gouvernement avait donné d'immenses concessions à la Compagnie franco-algérienne, nous a entraînés dans les ksour avec la résolution d'y être les maîtres. Or cela ne pouvait être qu'à la condition expresse de posséder les montagnes qui les dominent ainsi que les tribus qui les habitent... »

Ce rapport était, je dois le dire, confidentiel et figure dans les archives du gouvernement général d'Algérie.

CHAPITRE VIII

La division des affaires en trois catégories.

Voilà comment fut amorcé le Sud, le Sahara, la magnifique affaire où nous poursuivons brillamment la tradition.

Plus loin au livre des résultats nous montrerons ce que ça coûte, ce que ça rapporte.

Pour le moment contentons-nous de préciser, en les divisant, les affaires qui nous imposent l'occupation du Sud algérien jusqu'au centre du Sahara.

Il y a trois catégories d'affaires :

1° Celles qui sont basées sur l'exploitation du sol et des habitants de ce sol : agriculture, mines, commerce, industrie ;

2° Celles qui sont basées sur l'établissement et l'exploitation des grands travaux publics tels que les chemins de fer ;

3° Celles qui sont basées sur l'exploitation du conquérant, du soldat qui prend, qui occupe, du fonctionnaire qui administre : ravitaillement des postes, des colonnes, convois, etc..., etc...

CHAPITRE IX

Les affaires immédiatement réalisables, de bénéfice assuré, sont celles que permettent la conquête et l'occupation... et qui exigent cela.

La direction de la politique de notre pays appartient à des hommes pauvres et qui, lorsqu'ils veulent de l'argent, en ont besoin tout de suite.

Ces hommes pauvres sont élus par une majorité d'hommes également pauvres et qui ont, eux aussi, toujours besoin d'argent, tout de suite.

Dans les affaires coloniales, celles qui permettent le bénéfice immédiat sont basées sur les opérations de conquête et d'occupation.

Cela explique l'apparent illogisme de notre politique coloniale. Des écrivains à l'âme pure gémissent parfois en constatant que nous prenons, que nous occupons, avant de savoir si ce que nous prenons et occupons en vaut la peine. C'est ainsi que plusieurs ont demandé par quelle folie nous intervertissons l'ordre logique de la colonisation pratique dans notre action vers le Sud.

Voyez quelle protection financière, quelle clientèle électorale vit de la moindre opération militaire de reconnaissance, de conquête et d'occupation.

Et comme vous êtes intelligent, je n'insiste pas, vous avez compris.

Naturellement pour faire passer reconnaissances, colonnes, expéditions, occupations, on ne dit pas au peuple : « Il est nécessaire qu'un tel ait telle fourniture pour vivre ; il faut qu'un autre qui ne sait vraiment plus quoi faire trouve un endroit neuf pour y monter un café; celui-ci, qui a fait avec les indi-

gènes des contrats de louage de chameaux, a besoin
de les repasser à l'Etat ; celui-là ne sait à qui vendre
du fourrage, de la farine, etc..., etc... » Depuis le
gros marchand de conserves de Paris jusqu'au débitant dont le capital se compose d'une bonbonne
d'absinthe, il y a comme cela des gens qui, directement ou indirectement, électeurs ou élus, disposent
de la direction politique du peuple et, pour vivre, ont
besoin que cette direction impose une action militaire
de guerre ou d'occupation.

Mais cette raison-là, personne ne la dit au peuple,
car le peuple la trouverait mauvaise et peut-être se
fâcherait.

On lui dit donc autre chose, à ce bon peuple.

CHAPITRE X

Quelques opinions notoires sur la nécessité de l'action française dans le Sud.

Bugeaud, lui, disait :

« La paix définitive de l'Algérie est dans le Sahara. »

L'argument de sécurité. Je l'ai discuté dans mon
livre *Question du Maroc*. Les Russes qui se font
battre en Mandchourie pour protéger le Baïkal
montrent ce que vaut cet argument.

Venant du maréchal Bugeaud le sophisme a passé
pour parole d'Evangile. Et depuis, tous les...
simples... religieusement l'ont servi.

Notre précieux Leroy-Beaulieu n'y a pas manqué.
Il l'a même développé.

Il a déploré :

« La persistante pusillanimité de notre gouvernement à

assurer notre arrière-pays nord-africain par l'occupation si facile et si *naturelle* du Touat. »

Il ne comprenait pas.

« Une inexplicable timidité nous a, dit-il, empêché de pousser rapidement vers le Sud... On a administré et vécu en Algérie dans le plus bas prosaïsme ; or, la prose unie et grossière ne convient pas aux colonies ; il faut à celles-ci un peu d'idéal, un plan d'expansion. »

Il est poète, M. Leroy-Beaulieu. Poète et patriote. Si l'on avait poussé vers le Sud on n'aurait pas eu l'humiliation de Fachoda. On aurait pu discuter avec l'Angleterre, cette Angleterre

« ...qui s'est faufilée vers le Sokoto et le Bornou ; il ne peut plus être question de nous attribuer ces belles contrées ; mais ce qu'on nous a laissé autour du Tchad et les domaines que nous nous sommes taillés dans toute la région environnante valent encore un grand effort. »

Comme M. Leroy-Beaulieu n'a pas d'intérêts dans les affaires de chameaux, il préconise le grand effort par le militaire allant sur chemin de fer,... le transsaharien. Pour ennuyer les Anglais en leur prouvant qu'on peut les attaquer par terre dans le Sokoto et le Bornou, tout comme les Russes peuvent les attaquer par terre dans l'Inde ! C'est avec de pareilles niaiseries qu'on traite chez nous les grandes affaires.

Un petit détail en passant : une compagnie d'occupation des territoires du Tchad ne peut vivre groupée tellement le pays est pauvre. Mais ennuyer l'Anglais cela ne vaut-il pas tous les sacrifices ?

Ne rions pas trop de ce pauvre M. Leroy-Beaulieu, poète, patriote et diplomate, ni de ses divagations anglophobes pieusement recueillies par le *Bulletin du Comité de l'Afrique française.* Lisez

la *Quinzaine coloniale* du 25 avril 1899 et vous y
verrez un projet de l'amiral Servan qui s'est occupé
aussi du Sahara, mais, lui, marin, avec la hantise
de la mer intérieure. Pas besoin de chemin de fer.
De l'eau. De l'eau pour naviguer. En prendre à la
Méditerranée n'a point réussi. Il veut en prendre au
Niger. Il a vu les cotes de la carte. Elles diminuent
en remontant vers le Nord. Il y a 245 à Kabara et
ça va en descendant à 180 jusqu'à 700 kilomètres
dans le Nord. Alors c'est tout simple. Faire une
tranchée à Kabara, chiper le Niger et l'envoyer au
Nord. Et l'organe de M. Joseph Chailley-Bert, âme
de l'union coloniale française, en signalant ce hardi
projet à l'admiration de ses lecteurs, montre

« ...l'intérêt qu'il y aurait à surveiller la mine des Anglais
le jour où ils ne verraient plus arriver le Niger dans son delta
accoutumé. »

Chez M. Joseph Chailley-Bert on n'a pas souvent
de l'esprit, mais quand on en a, c'est du bon.

Il y a des gens que l'anglophobie en matière saharienne rend idiots. Il y en a qu'elle rend éloquents.

C'était le cas de feu ce pauvre M. Laferrière. Il
n'avait pas beaucoup d'envolée. Son lyrisme était
plutôt négatif. Son humour si bien rentrée qu'on
l'ignorait. Mais songer à l'Anglais, dans le désert,
lui inspirait ceci à Djenan-bou-Resg le 1er février 1900 :

« ...Vous vous rappelez avec quelle nuance d'ironie le représentant d'une des grandes puissances qui nous ont reconnu
ces droits paraissait mettre en doute leur valeur effective.
« — Nous avons, disait-il, donné au coq gaulois le sable
sans compter. Il y pourra gratter tout à son aise.
« Eh bien, messieurs, nous le gratterons ce sable ; nous y
poserons des rails, nous y planterons le télégraphe, nous y

ferons jaillir les nappes artésiennes et nous écouterons le coq gaulois nous chanter, du haut des kasbahs des oasis, sa plus sonore et plus joyeuse fanfare. »

Comment après de tels cocoricos trouver plus salée que l'eau des nappes artésiennes la note des chameaux convoyeurs... et le reste?... cocorico !... Paie, bon peuple, paie toujours... tu n'es pas content? ce n'est point possible ! on t'a chanté cocorico.

Un coup de clairon. Puis un discours d'Etienne (car il y a toujours un discours d'Etienne) et la parade est finie. Passe à la caisse.

Le voici l'inévitable. En 1900. Dans le *Bulletin du Comité de l'Afrique française* :

« ...L'Algérie est pour la France le pivot d'une politique africaine. Elle doit être pour la patrie française, non seulement un surcroît de richesses, mais aussi la base solide sur laquelle doivent s'appuyer les conceptions générales d'une politique active et pénétrant dans tout le continent africain.

« ...Cette politique se dessine...

« Désormais l'Algérie est, on peut le dire, reliée au Soudan et au lac Tchad ; désormais l'Algérie prend sa place dans la politique du monde. »

Et c'est l'idée de l'empire africain. Le *Figaro* publie des articles sous ce titre. Le Comité de l'Afrique française indique ce qu'il faut : « Percer le Sahara par une ligne de postes d'une berge à l'autre. »

Et ça y est. « En dépit des esprits toujours hésitants », comme dit Etienne, on a réalisé la série d'opérations énoncées dans le chapitre qui précède,

CHAPITRE XI

Sur les affaires de chemins de fer.
Les transsahariens.

Le prétexte de sécurité militaire, de nécessité politique permet de conquérir et d'occuper sans nul souci de la valeur intrinsèque du pays conquis, occupé. Il satisfait la classe des gens qui vivent directement du conquérant, de l'occupant. Que le pays soit riche ou pauvre il y amène ensuite forcément le chemin de fer. Et c'est la satisfaction d'une autre classe de gens également puissants. Lorsque le contribuable se plaint des frais d'occupation, il lui est démontré que ces frais seraient réduits par la construction d'un chemin de fer. Et on fait le chemin de fer. C'est ainsi que le Transsaharien est aujourd'hui amorcé par le Sud-Oranais.

L'idée d'un transsaharien est depuis longtemps admise. Il faut un transsaharien. Depuis longtemps c'est un des articles de notre Credo colonial.

S'il n'y avait eu qu'une province en Algérie, qu'un point de départ, il est probable que depuis longtemps *le* transsaharien serait fait.

Mais il y a trois provinces, trois points de départ, trois groupes d'intérêts, c'est pour cela qu'*un* transsaharien n'est pas encore fait. La discussion sur les propos des ressources des pays traversés et des points d'aboutissement, ressources qui logiquement devraient décider en matière de tracé des chemins de fer, menaçait de durer longtemps.

L'occupation de l'Extrême-Sud oranais et du Touat a résolu le problème. Il ne s'agit plus d'un chemin de fer pour l'exploitation de ressources naturelles, mais d'une voie pour nourrir à meilleur marché les occupants.

J'ai connu de très près le détail des intrigues « transsahariennes ». J'ai eu longtemps la rubrique « les colonies » au *Figaro*. Un roman serait curieux. Celui de ce pauvre Fock. Il s'employait contre Cambon qui menaçait Thomson, l'ami d'Étienne. Cambon est « tombé », mais Fock et le transsaharien de Rolland par Biskra-Ouargla sont également « tombés ». Car Etienne et le parti opportuniste d'Algérie débarrassés de Cambon, c'est le transsaharien amorcé dans le Sud oranais qui l'emporte.

Un Balzac pour cette histoire !

CHAPITRE XII

Les affaires basées sur l'exploitation du sol et des habitants.

Et ce sont les produits du Sahara. Et c'est le commerce du Sahara.

Vous connaissez le phénomène désertique du mirage. Nous avons eu le mirage saharien. Pour beaucoup il dure encore. M. Joseph Chailley-Bert le cultive.

Jadis les Algériens s'amusaient beaucoup de ce mirage.

Ainsi le colonel Pein dans ses *Lettres familières sur l'Algérie* faisait dire à un sultan de Touggourt, pour donner la mesure de la naïveté du gouvernement français dans la politique algérienne : « Il croit même au commerce du Sud ! » Notons que l'officier qui prit Insalah s'appelait aussi Pein... Le fils peut-être de l'homme qui autrefois plaisantait si joyeusement sur le commerce du Sud.

J'ai lu les travaux de M. de Colomb dont le nom fut donné à l'un de nos postes avancés. Cet officier a dit : « Il faut un coefficient aux appréciations du voyageur sur la fertilité du Sud. »

Le voyageur devient en effet très vite un homme d'imagination saharienne. Quand un poète de là-bas vous décrit la mare saumâtre, les six palmiers et les douze ronces d'un jardin, ça devient très facilement le paradis de Mahomet. Nous avons beaucoup de coloniaux retour du désert ou même tout simplement retour des bibliothèques, dont l'imagination ne le cède en rien à celle des poètes sahariens.

M. Clément Duvernois écrivait en 1858 :

« Le rideau épais qui dérobait l'Afrique centrale aux regards de l'Europe se déchire peu à peu, grâce à l'énergie des explorateurs et aussi grâce à notre présence en Algérie et au Sénégal. Ces vastes régions qu'on se figurait dépeuplées nous apparaissent aujourd'hui couvertes d'une population de cent millions d'habitants. Ces peuples consomment et produisent... Si l'on sait tirer parti des bonnes dispositions des populations du Sud il y a là une source de profits très importants pour le commerce algérien. »

Vous allez dire que Clément Duvernois n'était point le pape et que son opinion...

Voici donc celle d'un homme qui pour n'avoir pas été pape n'en fut pas moins très longtemps considéré comme l'oracle des destins de l'Algérie, M. Jules Duval, qui faisait la pluie et le beau temps à la *Revue des Deux Mondes*, au *Journal des Débats*, à la Société de géographie, que M. Levasseur désespère d'égaler, qui fonda l'*Economiste français* et fut sacré génial par M. Laboulaye.

M. Jules Duval, pour qui j'eus moi-même beaucoup de respect — avant de l'avoir étudié — fut littéralement affolé par les beautés du Sahara, des oasis sahariennes.

Je tiens à vous faire lire, car vous ne les liriez pas autrement, les échantillons-types de la littérature de nos grands économistes :

« Dans toutes les oasis sahariennes un arbre décore le paysage, nourrit et enrichit la population : c'est le palmier dattier, à la haute et svelte tige, aux élégants et verdoyants panaches. Les plantations de palmiers y forment de véritables forêts, en entier créées de mains d'homme. Sous leurs voûtes ondoyantes croissent les arbres les plus variés : figuiers, grenadiers, jujubiers, abricotiers, pêchers, entre lesquels serpentent en torsades gigantesques des vignes aux lourdes grappes noires... Ces forêts splendides, belles dans tous les temps, le sont surtout à l'époque des grandes chaleurs, alors qu'au loin tout est brûlé et que la vue franchissant la plaine étincelante de lumière ne rencontre à l'horizon que le flanc rougeâtre des montagnes stériles. Un air frais y circule, rapide et plein d'aromatiques émanations ; à travers les colonnades sans fin des troncs de palmiers, l'ombre, une ombre légère et douce projetée par les feuilles effilées des palmes flexibles, y invite au repos ; mille oiseaux voltigeant au milieu des rameaux touffus égaient de leurs chants le calme délicieux qui vous entoure En créant ces jardins l'homme n'a cherché que le produit, bois ou fruit ; la nature lui venant en aide, il a rencontré la plus ravissante poésie. Si d'une oasis à l'autre le paysage est souvent sévère jusqu'à la tristesse, tous les enchantements de l'âme vous attendent à la halte, et le contraste en doublera les charmes.

« Mais ces landes elles-mêmes qui sont le cadre habituel du voyage *sont loin d'être sans prestige. Longtemps discréditées sous le nom de désert,* elles se peignaient à la pensée comme des plaines de sables mouvants, brûlées par des chaleurs caniculaires et peuplées de tigres et de lions ou de reptiles venimeux, images en petit du Grand Désert, tel qu'on se le figure encore... Ce pays prétendu inhabitable se trouve pour le moins aussi peuplé que les campagnes du Tell ; où nous supposons des sables stériles, le Saharien admire des steppes verdoyantes pendant une moitié de l'année ; terre de richesse par le bétail qu'elle nourrit ; terre de fêtes et de plaisirs par les joies de la chasse au faucon ou au lévrier, par les tournois de l'amour et même les jeux sanglants de la razzia avant que les Français y missent ordre...

« ... L'esprit civilisé se fait vite à une estime sincère du Sahara, et, pour peu que l'âme soit disposée au recueillement, elle écoutera bientôt avec amour dans les chants des bardes sahariens que personnifie avec éclat Abd-el-Kader toutes les grandes harmonies de la nature : horizons infinis dont la merveilleuse transparence de l'air permet de suivre toutes les dentelures ; éblouissantes splendeurs de la lumière solaire ; incomparable sérénité des nuits étoilées, fraîches rosées. du matin, tièdes brises du midi ; le calme de l'immensité.

« Au jour naissant le paysage s'anime du bêlement des troupeaux, des pas légers de la gazelle ou des courses précipitées de l'autruche et de l'antilope, pendant qu'au haut des cieux l'aigle plane...

« Si la poésie commence la réhabilitation du Sahara, il appartient à l'économie rurale de la compléter. »

Voulez-vous faire une expérience pas trop coûteuse et qui vous sera délicieuse ; prenez le train pour Marseille, le bateau pour Oran, le train pour Beni-Ounif de Figuig ; là, joignez-vous au convoi de ravitaillement de Béchar et autres lieux, puis à la troisième étape, « au jour naissant » lisez cette page au sergent convoyeur... Si vous n'avez jamais entendu profaner avec sérénité, conviction le saint nom de Dieu, je vous garantis qu'alors vous l'entendrez et que pour une fois M. Jules Duval aura été jugé selon la formule qui convient. Il n'est en effet pas permis de se moquer pareillement du pauvre monde.

Vous me direz que cela est précisément le rôle des économistes dans le mécanisme social moderne : se moquer du monde ; réhabiliter par la poésie scientifique les pays où les malins veulent faire des affaires.

Sans doute. Et qu'au fond Jules Duval faisait consciencieusement son métier comme le font aujourd'hui les Théry, les Leroy-Beaulieu, les Chailley-Bert et la compagnie. J'en conviens. J'ajouterai même qu'en ces histoires du Sud le réjouissant est que les malins se laissèrent prendre à ladite poésie. Spécifions. Ils ne crurent pas à la richesse par les dattes. C'était bon pour « l'économie rurale » de Jules Duval. Une autre poésie les séduisit à fond. Celle des trésors. Pierre précieuse et engrais. Emeraudes, perles et nitrates. Pline a parlé des monts Cyrus où naissent les perles. Un romancier, Louis Noir, dans d'extraordinaires récits d'aventures à la Monte-Cristo, a donné pour fortune à ses héros les émeraudes du Sahara. M. Flamand rapporta des nitrates. M. de Peyerimhoff les fit analyser. Et ce fut dans les bureaux du gouvernement général d'Alger le chuchotement de la grosse affaire à lever dans le Sahara… Je ne plaisante pas. Ce n'est pas un scénario de vaudeville. C'est une page de notre histoire algérienne.

CHAPITRE XIII

Les mines sahariennes et la Maurétanie occidentale.

Le pourchas des richesses minérales du Sahara tua d'abord un de nos confrères, Blanchet, du *Matin*. Une expédition lancée par un grand journal est la réclame classique préliminaire. Blanchet mourut. Puis nous eûmes la toute joyeuse aventure de la colonie de la Maurétanie occidentale, une colonie qui n'exista que sur un papier n'ayant pas toutes les signatures voulues ; qui n'eut jamais d'autre personnel que son gouverneur en expectative, M. Coppolani. Ce spécialiste en théologie musulmane, après nous avoir consolés de bien des tristesses lorsqu'il nous montrait que « l'humanité a toujours des âmes qui prennent leur vol au-dessus des intérêts terrestres », a voulu prendre le sien dans ceux du Sahara. Il avait dans un escalier près d'un corridor eu « vent » du « tuyau ». Comme en partant du côté Algérie ministère de l'intérieur il ne croyait pas arriver, il partit du côté Sénégal ministère des colonies. Il se fit charger des études pour l'organisation d'une nouvelle colonie, la Maurétanie occidentale. Pendant qu'on préparait l'Etat pour les frais généraux, on tâta le public... avec la *Revue franco-musulmane et saharienne*. Ce fut de la démographie, de l'anthropologie, de la théologie, de la haute et basse politique ; et ce fut l'appel aux gens qui s'intéressent *dans* les mines.

En décrivant le Tiris, la région des sebkha, M. Coppolani écrivait :

« Il résulte des renseignements recueillis et des études faites dans la région des sebkha que celle-ci contiendrait des dépôts de nitrates. En 1891 notre consul aux îles Canaries signalait le départ de Las Palmas d'une mission anglaise composée d'ingénieurs spécialistes qui devait se rendre dans la région de Seguiet-el-Hamra pour étudier le tracé d'un chemin de fer du cap Juby à Tombouctou et reconnaître notamment l'existence d'une mine de nitrate découverte la même année. L'emplacement de ces dépôts n'a pas été nettement défini ; ils seraient en partie compris entre le versant septentrional de l'Adrar occidental et de l'oued Draà à peu près à la latitude où se trouvent dans l'hémisphère Sud les grands gisements de nitrate de soude du désert d'Atacama, sur les confins du Chili et du Pérou. Sans vouloir identifier... (Oh ! non... tais-toi, mon cœur !)... les sebhka qui nous occupent aux *salarès* et aux nitrières du Chili, on doit néanmoins faire remarquer que l'aspect est identique dans les deux régions, qu'elles sont placées dans des conditions climatériques analogues et enfin que la composition dés éléments qui les constituent n'offre aucune différence notable. »

Vous n'aimez pas les mines ? L'exemple des salarès du Chili ne vous emballe pas ? Vous préférez l'économie rurale ; voici le couplet qui vous est destiné :

« C'est le pays des aubépines, des jujubiers nains et des euphorbes, les plaines sont des champs de céréales, ou bien des pâturages dans lesquels paissent de nombreux troupeaux de moutons, de chevaux et de chameaux. »

Ça ne vous décide encore pas. Vous désirez peut-être faire du commerce. Eh bien ! rassurez-vous : M. Coppolani vous promet cinq cent mille habitants, cinq cent mille clients.

Ce prospectus alléchant et qui nous paraît suffisant, un autre membre du comité de la *Revue franco-musulmane et saharienne*, M. Pelatan, ingénieur, le complétait ainsi :

« Dans le Sud, aux confins des oasis sahariennes, la présence de nitrates de soude et de potasse est certaine et, s'il se confirmait que cette matière si précieuse s'y trouve en grande quantité, cela donnerait à ce pays un élément de prospérité indiscutable. Une société anglaise autrefois établie au cap Juby avait projeté d'entreprendre l'exploration de ces nitrates quand des dissentiments avec les tribus voisines de ces établissements la forcèrent à abandonner son projet et même à liquider ses affaires.

« Il est à remarquer que l'existence de nitrate de potasse (salpêtre) en abondance dans la région de Figuig et des oasis du Touat a été établie récemment d'une façon indiscutable par l'explorateur Flamand.

On a de sérieuses raisons aussi de croire que des gisements de houille étendus se trouvent, etc... »

Pour quel client riche, mais ignorant que le nitrate de potasse est le salpêtre, cela était-il écrit ?

CHAPITRE XIV

Les mines sahariennes et l'empereur du Sahara.

Je n'ai pas l'insigne honneur de connaître Sa Majesté Jacques Ier, l'empereur du Sahara, je n'ai donc pu prendre la liberté de lui demander si par hasard...

Ce serait en effet plaisant au suprême.

Prenez donc des actions... pays neuf... riche... bon Français...

Des actions? Pourquoi? Si le pays est neuf, comme je suis riche, c'est le pays que je prends.

Bon citoyen français, je serai meilleur empereur saharien.

Du moment qu'un haut fonctionnaire, spécialement chargé d'étudier l'organisation de la Maurétanie occidentale, reconnaît dans ce pays des richesses suffisantes pour que la République assure les frais de conquête, d'occupation et d'administration de la nouvelle colonie, M. Jacques Lebaudy n'est-il pas dans son rôle d'homme riche, fils du grand tombeur, en voulant prendre cette colonie pour lui ?

C'est l'Eldorado de salpêtre vanté, prôné par M. Coppolani, par M. Pelatan, par... (Voyez donc les noms du comité sur la couverture de la *Revue franco-musulmane et saharienne*) qu'il veut exploiter. Sa Majesté faisait une affaire qu'on reconnaissait bonne pour la République, puisqu'on la lui offrait... puisque sans une intervention tout à fait indiscrète, et que je sais bien, le décret nommant M. Coppolani gouverneur de la Maurétanie occidentale paraissait au *Journal officiel* après avoir été annoncé par les feuilles coloniales.

Cela enlèvera peut-être du pittoresque à la Majesté de l'empereur du Sahara, mais il était écrit que la fantaisie pas plus que l'humanité ou la civilisation ne devait inspirer les conquérants de l'Afrique. Jacques Ier, comme les autres, est un african d'affaires.

CHAPITRE XV

Le mirage minier et la conquête du Touat.

Il y a des épisodes de notre histoire actuelle sur lesquels la vérité ne sera, je ne dis pas connue, mais établie avec preuves, que lorsque la « prescription » des années aura fait tomber dans le domaine public à la disposition des écrivains, hors de l'action des lois, la série des papiers qui constituent certaines archives privées et celles des banques, etc., etc., les registres de police également et les dossiers secrets des gouvernements. Ou du moins ce qui en restera, ce qui aura échappé à la destruction des interessés.

Pour exposer exactement l'histoire des événements du Touat il faudrait avoir :

1° Les notes personnelles de M. Flamand ;

2° Celles du commandant Levé ;

3° La correspondance de la maison Rothschild ;

4° Les comptes de l'agence du Crédit lyonnais à Alger ;

5° Les notes de M. de Peyerimhoff ;

6° Celles du colonel Marchand ;

7° Les dossiers de police du gouvernement général d'Alger ;

8° Les notes de la direction du *Matin* ;

9° Celles de la direction du *Petit Journal*.

Alors on pourrait dire pour quels motifs la France a dépensé une centaine de millions d'expédition et engagé une quinzaine de millions de frais annuels d'occupation.

Alors on pourrait établir la liaison entre les faits suivants :

1° Premier voyage de M. Flamand à Tabelkosa ; son retour avec impressions à la Sindbad le Marin sur les émeraudes sahariennes ;

2° Amitié de M. Flamand et du commandant Levé ;

3° Mission Flamand. Mission scientifique aboutissant aux opérations militaires de M. Pein.

On saurait si, avant cette expédition, fut faite ou ne fut pas faite une société d'études ; et si cette société fut faite, par qui elle le fut ; quels en étaient les statuts, et pour quelle affaire.

On saurait si, après cette expédition, la maison Rothschild fut sollicitée, par qui et pour quoi elle le fut.

On saurait ce qu'on voulait exactement du colonel Marchand.

On saurait exactement la signification des notes de presse et, en particulier, de l'article publié le 5 mars 1903 par le *Petit Journal*. Cet article « lâchait » les émeraudes, mais il appuyait sur les nitrates.

Les mauvaises langues d'Alger..., il y en a partout... racontent une jolie rosserie à propos de ces nitrates dont les échantillons auraient été reconnus riches de 95 pour 100 !

Ces nitrates dans les régions touatiennes sont des efflorescences mélangées à des magnésies. Les taches ont quelques mètres de diamètre.

Les Arabes qui autrefois se servaient de ces nitrates

pour fabriquer de la poudre savaient les « épurer ». C'est des produits épurés qui auraient été envoyés comme échantillons.

Et l'on aurait oublié de dire que les coups de sonde avaient révélé qu'il n'y avait pas de couches profondes.

Il serait très curieux de savoir si une mission « scientifique » nouvelle avait été organisée, puis si elle fut arrêtée par le général André, et comment. Enfin il ne serait pas moins intéressant de savoir comment survinrent les discussions violentes entre M. Flamand et M. Pein, et leur duel.

Et, pour terminer, ce que pensait de tout cela M. le commandant Levé qui serait, en réalité, le grand metteur en scène, le grand organisateur de la conquête saharienne.

M. le commandant Levé pourrait, j'en suis sûr, nous expliquer la pénétration française au Sahara beaucoup mieux que M. Laferrière quand celui-ci disait :

« ... Lorsque des questions aussi importantes sont mûres il faut savoir les cueillir soi-même et ne pas attendre qu'elles se détachent, qu'elles tombent toutes seules, à l'improviste, de l'arbre mystérieux où les choses humaines sont en suspens! Oui, il a suffi d'un peu de vent et de poussière soulevée par le passage de la mission Flamand et de son escorte pour faire tomber le fruit déjà trop mûr. »

Notons que dans les discours officiels on ne parle jamais que d'intérêts politiques, civilisateurs, etc., etc., et que dans tous les articles on parlait surtout nitrates.

Lorsqu'on s'aperçut qu'il n'y a pas plus de nitrates que d'émeraudes, — ou du moins qu'il n'y en a point où l'on croyait qu'il y en avait — il était trop tard pour que les expéditions demeurassent dans le rôle de simples missions de reconnaissance.

Si les intérêts miniers n'exigeaient point l'occupation, les autres la voulaient. Et nous l'avons.

Le ministère des colonies a pu éviter la charge de la Maurétanie occidentale. Sa Majesté Jacques Ier n'a pas l'air très disposé pour le moment à aller prendre possession de son empire. Le gouvernement général de l'Algérie, lui, n'a pu esquiver l'obligation de garder les territoires de l'Extrême-Sud.

Mais comme ces territoires coûtent, ne rapportent rien ou presque, l'Algérie qui a son budget spécial n'en veut pas. On en a fait une colonie distincte (Loi de décembre 1902), qui a « la personnalité civile, un budget autonome... avec subvention de la métropole ».

C'est un nouveau déficit annuel et progressif.

Et je crois qu'après ce qu'on vient de lire il est évident que la cause en est beaucoup moins le souci de la mission civilisatrice de la France que celui d'intérêts très particuliers.

CHAPITRE XVI

Les affaires d'Algérie et celles du Maroc.

Il en est de même pour la cause de nos affaires actuelles du Maroc.

Plus haut j'ai dit qu'en un livre portant la date de 1903 et publié en décembre 1902 j'avais exposé les éléments de cette question, et j'en ai cité quelques-uns.

La guerre à cette époque était voulue, préparée. La division d'Oran attendait le signal de prendre campagne... On avait pu entendre, à la tribune du Sénat (6 décembre 1902), le sénateur Treille (Alcide) s'écrier :

« Ces tribus qui n'obéissent à personne, encore moins peut-être à l'empereur du Maroc qu'à tout autre, ne sont composées que de pillards et de bandits et je suis surpris qu'on n'ait pas trouvé jusqu'à ce jour un moyen *efficace pour les dompter*, puisqu'elles nous récompensent si mal de tout ce que nous faisons pour elles en Algérie. »

Et le sénateur Saint-Germain clamer :

« Nous espérons que *cela* viendra bientôt... »

Février 1905, à la date où je relis mon ouvrage *cela* n'est pas encore arrivé.

Mais en décembre 1902 les intéressés avaient le droit d'afficher leur espoir que *cela* viendrait bientôt.

Car on avait tout préparé pour *cela*.

Un accord secret entre la France et l'Espagne était signé pour une action militaire commune et un partage ultérieur. Récemment le *Correspondant* a publié le texte de cet accord que je dénonçais fin 1902. Lisez le journal le *Maroc français*, numéros 3 et 4, et les diverses notes qu'il publia.

Les intérêts privés qui se sont adjugé l'exploitation du Maroc, suivant la méthode classique, ancienne, traditionnelle, voyaient la guerre condition nécessaire du succès de leurs « affaires ».

Le coup, dénoncé à temps, ne put être fait.

Ni le public ni le Parlement n'admettaient qu'on nous engageât cette fois dans une guerre par surprise.

Alors changement de méthode.

Les mêmes gens, qui se montraient belliqueux, du jour au lendemain, devinrent les bons apôtres de la pénétration pacifique. Et une thèse d'une immoralité aussi révoltante que celle de la guerre fut soutenue :

celle du prêt usuraire, qui permet ensuite de saisir le gage.

Ces profonds psychologues, en voyant la répugnance du public à la guerre, ne purent imaginer que ce fût par un autre sentiment que celui de la peur des coups. Imbus de cette idée que le Maroc est une « riche proie », ils supposaient que le public, ayant également cette idée, devait, comme eux, avoir l'idée corrélative qu'une riche proie, c'est quelque chose qu'il faut prendre ; que si on ne la voulait prendre par le moyen naturel qui est la guerre, c'est qu'on avait peur de complications dangereuses... Et alors, croyant toujours que l'on avait le désir de prendre, mais sans danger, ils nous en présentèrent ingénument le moyen.

Toute la presse, tous les économistes, tous les politiciens à l'envi prêchèrent la thèse de : « Prêtons au sultan sur le gage de ses revenus. Il ne pourra rembourser, le gage nous restera. Et l'Europe, jalouse, n'aura rien à dire. » Le grand écrivain qui signe comte de Saint-Maurice dans *Gil Blas* fit là-dessus l'article type.

La théorie du parfait usurier devint celle qu'on fit accepter à la République pour les relations de la France avec le Maroc.

Et comme un emprunt marocain souscrit par des Français, dont les Français paieraient également l'intérêt, permettait de saisir sur le produit de cet emprunt le paiement des créances dues par le sultan aux étrangers, ces étrangers ne firent aucune difficulté à nous le permettre, à nous donner même le protectorat qui résulte du récent accord franco-anglais (12 avril 1904), approuvé par l'Espagne le 7 octobre 1904.

Que des Français paieraient également les intérêts de l'emprunt, cela avait été indiqué par le sénateur Treille (6 décembre 1902).

« L'Algérie, disait ce vénérable au Sénat, achète au Maroc pour 16.107.000 francs. La plus grande partie de cette somme est représentée par des moutons qui sont entrés, en 1901, au nombre de 200.000 sans acquitter de droits. Il me semble qu'on pourrait, peut-être au moyen de taxes douanières, tenir ces tribus qui nous récompensent si mal de notre bienveillance et de notre générosité. »

Ces taxes que M. Treille demandait pour punir les Marocains, on nous les annonce maintenant pour payer les coupons de l'emprunt.

Le vénérable sénateur Treille ne se doutait point de ce résultat. L'étranger l'escomptait. Comme au fond il fait les affaires du *syndicat* de l'emprunt, les gens clairvoyants qui le prévoyaient l'ont en vain dénoncé.

Que notre protectorat serve les intérêts étrangers, voici :

L'emprunt garantit le remboursement des créances actuelles. Le protectorat garantit celui des créances à venir, de toute nature. Que l'ordre soit troublé, les étrangers molestés, ce n'est plus au sultan que les gouvernements de ces étrangers s'adressent, mais à nous. Les puissances ne nous ont-elles pas reconnu sur le pays un protectorat bâtard ? Mais comme les Marocains ne nous ont, eux, accordé nulle influence politique ni administrative, qu'ils se considèrent toujours comme absolument indépendants, notre ministre est obligé de prendre la route des suppliants pour aller présenter au sultan les réclamations étrangères. C'est le cas pour son voyage vraiment humiliant de janvier 1905.

Mais les groupes d'affaires qui se sont partagé le Maroc sont contents.

Vous connaissez ces groupes.

C'est le groupe « des établissements Gautsch » qui comprend : le comte Armand, le comte d'Agoult, le marquis de Chasseloup-Laubat, M. Jules Jaluzot, M. Schneider, le comte Robert de Vogüé, etc.

C'est le groupe Mante, Borelly, de Marseille et la Banque de Paris et des Pays-Bas.

Ces deux groupes sont les plus puissants, c'est entre eux que s'est jouée la grosse partie de l'emprunt, une des plus curieuses de ce temps. Quand les deux groupes virent qu'ils ne pouvaient rien l'un sans l'autre, après s'être fait la guerre, ils se mirent d'accord... sur le sultan et le public français.

Les deux autres groupes sont celui de M. le député Hubbard et celui d'un colonial dont le journal le *Maroc français* dit : « Le premier en date qui a à sa tête une personnalité du monde colonial des plus honorablement connues travaille modestement, mais non moins efficacement depuis la première heure. »

C'est le même journal qui, parlant des groupes précités, nous dit : « L'un fournira l'armement, les canons ; l'autre aura les mines — toutes les mines — et le troisième s'adjuge les chemins de fer. »

Comme cela, n'est-ce pas ? vous explique la propagande patriotique, humanitaire, le battage du comité du Maroc, pour qui tous les journaux marchent, et qui... les temps sont changés... ne rencontre plus d'opposition nulle part...

Quant à l'emprunt, voici :

Je prends ces détails dans la partie financière du *Figaro* :

« *Emprunt marocain* — A partir d'hier 20 juillet, les obligations de l'emprunt du gouvernement impérial du Maroc 5 0/0 1904, de 62.500.000 francs, gagé par le produit des douanes des ports de l'Empire, sont admises aux négociations de la Bourse, au comptant et à terme. Ces titres seront inscrits à la première partie du *Bulletin de la Cote.*

« 125,000 obligations de 500 francs, émises à 462 fr. 50, entièrement libérées ; remboursables au pair, par tirages au sort semestriels, en 35 ans, de 1907 à 1941, sous réserve de remboursement anticipé à partir de 1922 ; intérêt annuel : 25 francs payables par moitié les 1er janvier et 1er juillet ; jouissance courante : 1er juillet 1904. »

Cela est le communiqué officiel.
Voici le commentaire-réclame :

« Le groupe des fonds d'Etat s'est augmenté d'un nouveau titre : l'*Emprunt marocain 5 0/0 1904* qui a été coté à 488 est à 489 francs, etc.

« Les conditions exceptionnelles de garanties qui entourent cet emprunt justifient l'empressement avec lequel le marché de Paris s'en est disputé les titres avant même que l'opération fût définitivement conclue. Ce succès fait le plus grand honneur à la Banque de Paris et des Pays-Bas. »

Ajoutez que la souscription ne fut pas offerte au public à « guichet ouvert ». Les banques ont gardé le paquet pour ne le vendre qu'en Bourse, à prime.

Le titre pour lequel on donne au sultan 462 fr. 50 moins les frais de placement, moins la commission de banque, etc., on ne le vend pas au public, ainsi que dans les emprunts habituels au taux d'émission à 462 fr. 50, mais à 489 francs, d'abord, car ensuite on le poussera à près de 500 francs.

Voilà le premier résultat tangible, réel, de la mission que ses destinées assignent à la France au Maroc...

Inutile d'insister, n'est-ce pas ?...

Ajoutons seulement que sur les 62.500.000 francs diminués de la commission, dont on ne nous a point dit le pour cent — notons que les juifs et les Anglais, et les Espagnols, et les Maltais de là-bas, ont

habitué le sultan à des commissions respectables, —
ajoutons que sur ce qui resters, tous frais prélevés,
le gouvernement marocain ne ⋅ ⋅ cevra probablement
rien. Il y a les dettes du sulta⋅⋅ ⋅⋅ayer, il y a les
opérations du genre de l'affaire Perdicaris-Erraïs-
souli, une des plus joyeuses, etc., etc., enfin il convient de conserver une réserve pour le service des
coupons, en attendant l'organisation complète des
douanes, etc., etc.

Quelque chose d'admirable, en somme.

L'emprunt fut « un succès qui fait le plus grand
honneur à la Banque de Paris et des Pays-Bas ».

On paiera les armes de M. Schneider. Les vieilles
créances de MM. Gautsch et Jaluzot vont rentrer.
Un groupe va lancer des mines... Est-ce que tout
cela ne doit pas nous satisfaire ?

Qu'importe la réaction fatale des Marocains lorsqu'ils auront compris cette opération ! Qu'importent
les haines des gens du Maghzen qui, n'ayant point
reçu la « commission » donnée à ceux qui acceptè-
rent l'emprunt, se vengeront en révolutionnant leur
pays contre nous. Qu'importe!

La France n'a-t-elle pas bien rempli son rôle, tel
que l'*Ignotus* de M. Delcassé le définissait dans le
Figaro du 20 septembre 1903 :

« Le rôle de la France est de s'assurer, par des avantages
économiques que rend naturels et nécessaires une commu-
nauté de besoins, par une association de plus en plus étroite
d'intérêts, par une influence morale grandissante, ce que
notre place dans l'histoire, notre devoir aux yeux de la civilisation et enfin notre avenir ne nous permettent, sous aucun
prétexte, de laisser prendre par personne. »

Quand on a lu ce qui précède, on est en mesure de
goûter la saveur de cette élégante phraséologie.

CHAPITRE XVII

La libération des juifs et l'action française au Maroc.

Il y a cependant une mission libératrice de haute humanité dans l'action où les forces d'affaires engagent notre pays au Maroc, avec une si remarquable logique dans le dessein, avec une si admirable ténacité dans l'effort et la merveilleuse souplesse de moyens que découvre l'événement. Cependant personne n'en parle (1). On dit vaguement humanité. On ne précise pas. J'ai indiqué dans mon livre sur le Maroc que c'est le juif marocain dont l'Alliance israélite a entrepris la délivrance et qu'elle entend y employer toutes les forces de la France.

Je ne reviendrai donc pas sur cette question, mais je note que l'Alliance israélite a su réaliser l'union des antagonismes les plus irréductibles pour l'action contre le Maroc. Les gens d'affaires, qui sont plutôt philosémites, marchent pour le bénéfice d'affaires. Les antisémites, qui sont nationalistes, chauvins, belliqueux, ont marché pour l'honneur, pour le drapeau; c'est eux qui servaient le mieux le dessein de l'alliance, car l'action militaire immédiate ne leur déplaisait point. Et cette action militaire est nécessaire pour le résultat que poursuit l'alliance. L'action « pacifique », acceptée par les humanitaires, est conduite de telle façon qu'elle prépare l'action militaire. Le juif a le secret de faire marcher les gens suivant leur

____

(1) Ceci était écrit lorsqu'a paru dans le journal le *Maroc français* une très suggestive étude sur la question des juifs au Maroc, étude dont l'importance ne fut point appréciée comme il convenait par la presse quotidienne.

tempérament et de faire servir sa cause par ceux-là mêmes qui s'en croient les ennemis. C'est une joie de considérer cela dans l'affaire marocaine.

La *Revue franco-musulmane et saharienne* a publié sur le propos une note fort suggestive et qui complète ce qu'on lira dans mon livre. C'est une étude de M. Carcassonne (septembre 1902). Il y est dit :

> « Par la force des choses, détenant en grande partie l'argent et le négoce, ayant établi des magasins de vente dans les centres un peu populeux, faisant colporter leurs marchandises dans les villages les plus isolés, approvisionnant les caravanes et emportant les produits de l'industrie locale, ces relations, par suite, avec les indigènes de tout l'empire chérifien, les juifs marocains ont acquis une importance dont les nations européennes sont appelées à bénéficier pour peu qu'elles sachent le vouloir.
>
> « La France, en particulier, qui s'est assuré par l'honnêteté et la bonne foi de ses négociants d'un côté, et, de l'autre, par sa politique exempte d'agression et de morgue une situation enviable au Maroc, qui est intéressée autant qu'un autre gouvernement étranger à l'extension de son action civilisatrice, doit être persuadée *qu'elle doit compter avec eux et sur eux.* »

Cela nous est dit par un israélite d'un comité présidé par M. Etienne ; dans sa mission civilisatrice au Maroc, la France doit compter *avec* les juifs et *sur* les juifs.

Je ne saurais être suspect de sentiments antisémites ; comme *tous les honnêtes gens de mon pays en qui la passion religieuse ou politique n'a pas obscurci le sens critique,* j'ai combattu pour la justice lors de la grande crise, et combattu de manière à ne recevoir que des coups, pas autre chose... Je n'ai pas changé d'opinion ; je n'en changerai jamais ; les vérités du droit humain sont comme les vérités mathématiques, on ne peut les admettre un jour, les rejeter ensuite. Autant que quiconque je souhaite que les juifs marocains soient libres ; de même, je souhaite que tous les hommes de tous les pays soient émancipés. Mais je trouve excessif que l'Alliance israélite se moque de nous, comme elle le fait dans cette question du Maroc, et veuille, ainsi qu'en témoignent les faits, malgré nous, que nous fassions la guerre au sultan, et rende cette guerre fatale.

D'autant plus que, puissante comme elle l'est, un moyen beaucoup plus simple s'offre à elle de réaliser l'émancipation désirée. Obtenir que nous en donnions l'exemple. Les musulmans d'Algérie sont des sujets, qu'elle agisse de toute sa force pour que nous en fassions des concitoyens. Alors, mais alors seulement nous aurons le droit de demander au sultan qu'il n'y ait plus chez lui de différence entre les juifs et les musulmans.

Récemment une note a couru les journaux disant que les banquiers juifs français consentiraient à lancer pour la Russie un emprunt de deux milliards à la condition que les israélites de Russie seraient émancipés. Cette note destinée à préparer l'opinion ne fut pas démentie. Aujourd'hui on dit que c'est fait, que les Rothschild s'allient au tsar.

La banque juive a donc quelque force.

Nous paierons de notre or, peut-être de notre sang, l'émancipation du juif marocain, du juif russe. Je ne dis pas que ce soit trop cher en pensant que la liberté des juifs marocains et russes puisse être pesée en regard d'argent prêté, de sang versé. Non. Mais je persiste à dire qu'il serait beaucoup plus simple, au moins en ce qui concerne le Maroc, de donner l'exemple... en libérant nos sujets musulmans algériens des servitudes que leur impose la fidélité à leur religion. Tant que nous n'aurons pas fait de nos

sujets musulmans algériens des citoyens français —
ce qui ne nous coûterait rien — je ne comprends pas
que l'on puisse invoquer une considération de droit
quelconque pour me demander en faveur de l'égalité
de traitement pour les juifs et les musulmans du
Maroc un effort qui me coûtera.

Cet effort, que M. Etienne annonçait le 18 juin 1903
au banquet de l'*Union coloniale*, comme une
« œuvre de persuasion », c'est la guerre... et vous
ferez la guerre... à moins que pour une fois les gens
de raison comme moi... n'aient raison. Ce qui m'étonnerait. Car il y faut du temps. Et ceux qui criaient
casse-cou, c'est généralement quand on se l'est cassé
qu'on les croit.

CHAPITRE XVIII

Le nouvel esprit militaire et l'action belliqueuse en Algérie-Maroc.

J'ai l'horreur de la guerre et je n'aime pas le guerrier. J'estime que l'esprit militaire est la survivance
en nous de quelques-unes de nos bestialités préhisto-
riques. Quand on me parle d'héroïsme pour des coups
donnés ou reçus, je ne comprends pas. Qu'ils soient des
êtres surhumains les gens qui en tuent beaucoup
d'autres, ou qui reçoivent beaucoup de blessures
sans en mourir, je crois que surhumain, dans ce cas,
si le mot existait, devrait être remplacé par *sous-hu-
main*. J'ai analysé mes idées quand il m'est arrivé de
combattre. J'ai, de ma carabine et de mon revolver,
tué dans une rencontre dix ennemis et fait tomber
une vingtaine ; puis, blessé grièvement, je suis revenu de cette aventure. Il ne m'est jamais entré dans

l'esprit qu'il y eût là le moindre héroïsme, ni que cela valût qu'on en parlât. Et certes si je ne devais demeurer dans la mémoire des hommes que pour avoir eu les bras et la peau solides, comme dit l'autre, je ne serais pas fier pour un sou. Le héros de guerre n'est en ultime analyse qu'une parfaite brute. Et que nous ayons fait de la couleur du sang la couleur emblématique de l'honneur, cela prouve que nous sommes une majorité de brutes.

Et que des gens qui par ailleurs font preuve d'intelligence puissent à leur boutonnière porter cette couleur cela prouve la vitalité du sentiment brutal même chez les plus intelligents.

Bref, j'ai dit là-dessus, nettement et souvent toute ma pensée. Même c'est une des causes pour lesquelles j'ai tant d'amis dans le monde colonial où les gens qui ne sont pas des voleurs sont des chauvins... alors...

Donc je suis ce qu'on est convenu d'appeler un des plus lâches et des plus haineux et des plus méprisables antimilitaristes de l'antipatriotisme... je crois me souvenir qu'un monsieur de Montfort, en des articles que je lus dans les journaux du Tonkin, me désigna de la sorte en ajoutant que le devoir des honnêtes gens c'était de me cracher au visage quand ils me rencontreraient...

Je veux bien être tout cela. Mais il me déplairait d'être l'antimilitariste idiot du genre de ceux à qui il suffit de montrer une culotte rouge pour qu'ils foncent dessus comme le taureau sur la muleta.

Et il me semble que de ceux-là quelques malins ont supérieurement joué dans la série des affaires Algérie-Maroc. Parmi les gens qui ont protesté contre les expéditions faites dans le Sud, à faire au Maroc, j'en vois peu qui aient échappé au ridicule des vieilles

formules. Tous, Jaurès lui-même, sont partis en tau-
reaux, sur le rouge, ne voyant pas (ou ne voulant pas
voir... moi je ne sais pas...) le reste.

La foule est comme ça les jours d'exécution. Elle
ne conspue que le pauvre diable de bourreau qui n'en
peut mais, oubliant les autres... dont elle est.

Quand on a protesté contre les exécutions du Sud,
contre celles qui se préparaient au Maroc, on n'a
conspué que le soldat. Personne n'a songé à celui qui
fait marcher le soldat.

C'est que celui-là c'était le chef d'orchestre ; il
donnait le *la* dans le concert des gens de paix mau-
dissant les gens de guerre. Elle est bien curieuse,
en vérité, notre époque !...

Dans la guerre, pour la maudire nous ne voyons
toujours que la satisfaction des instincts meurtriers
du soldat, que la récolte de quelques galons, de quelques croix, mais, par toutes les divinités de l'Hadès,
que signifie cela en regard des avantages pour ceux
qui ne se battent pas, des avantages que je vous ai détaillés dans les chapitres qui précèdent !

C'est ainsi que j'ai été conduit à étudier de très
près le rôle de nos soldats d'Afrique en le comparant
à celui de nos affairistes africains.

Des éloges de moi sont compromettants.

Si je dis du bien de quelqu'un je crois que je lui
rends mauvais service. Près des puissants du moment, dans l'opinion du jour, s'entend... car pour ce
qui est de l'avenir... ils dureront glorieux, ceux que
j'honore. Aussi malgré que cela risque de les ennuyer
quelques jours, comme cela doit les servir toujours, je
n'hésite pas à dire le bien qu'il faut dire de beaucoup
de nos soldats d'Afrique.

Il y a là comme un esprit militaire nouveau, comme
une armée nouvelle.

Une armée que vous ne connaissez point. Et qui n'a rien de commun avec l'autre, avec celle des grognards à jurons, des traîneurs de sabre, des buveurs d'absinthe, avec celle du répertoire et de la légende. Sans doute, on voit encore, lamentables épaves d'un passé qui se cramponne, des lieutenants vieux, à nez rouge, des capitaines chauves, pansus, pour qui le fin du fin, dans le métier, c'est toujours de boire, jurer, punir et cogner.

Mais ce n'est point de ceux-là que j'ai gardé le souvenir. C'est des autres.

De ceux que notre politique engage dans une rude bataille contre le désert, dans la colonisation du Sahara. Des jeunes hommes de fière élégance ; des sobres ; des sains, à l'esprit juste, au regard pur, franc ; des laborieux ; des courageux. Recevant l'Arabe, ils lui parlent sa langue, poliment. Je les ai vus quand, après une campagne contre les voleurs de chameaux, ils revenaient de longues fatigues et d'incroyables dangers, moins éprouvés que leurs plus robustes spahis. Pour faire vivre leurs hommes dans ces pays de la soif, de la faim, de l'épouvante, je les ai vus qui creusaient des puits, qui plantaient des jardins, qui élevaient des forteresses. Je sais bien qu'il y a quelquefois des puits sans eau, des jardins sans salade et qu'aux trop violents sirocos des murs ont croulé. Mais, tout de même, il y a là de l'action. Beaucoup. De la belle et de la bonne.

Retenez ceci : de l'action non plus destructrice ; de l'action créatrice.

Un souffle, un esprit nouveau.

D'où vient-il ? D'un peu partout ; du progrès des mœurs ; de l'évolution qui renouvelle et rajeunit tout. Oui. Mais aussi d'un homme qui est aujourd'hui l'âme active de cette tentative de colonisation du Sud oranais, de cette organisation de la colonie saharienne, pour laquelle le gouverneur général de l'Algérie lui a donné toute sa confiance.

J'ai nommé M. le général Lyautey.

Une des plus caractéristiques et une des plus sympathiques figures de ce temps. Après avoir été le Tonkinois, le Malgache, il est aujourd'hui l'Africain. Mais un Africain tout différent des hommes de guerre illustres qui l'ont précédé. Il est même curieux, à ce propos, de constater combien, en même temps que les idées, les types physiques se sont modifiés dans cette armée d'Afrique. Ainsi, voyez la série des maréchaux et des généraux dont les portraits et les statues figurent au palais d'Alger. La force guerrière en paraît lourde, et sur les masques des plus nobles, des plus aristocrates, les qualités qu'ils déployèrent en gouvernant semblent traduites par de la roublardise un peu bourgeoise.

M. Lyautey est un type en même temps plus vigoureux et plus fin.

Ses idées de soldat : lisez son beau livre sur le rôle social de l'officier.

De colonial. Rappelez-vous qu'il servit avec Galliéni, qu'il est de son école. Autrefois, lors d'une campagne pour un changement de notre politique à Madagascar, j'ai dit ce qui caractérise cette école. Je le résume dans une brève formule. « Ni exploitation, ni assimilation, association. » « Ni excès de force, ni faiblesses de sentiments, raison. »

M. Lyautey voudrait réaliser aujourd'hui la même politique dans le Sud oranais. Il voudrait que les tribus s'administrassent et se défendissent sous notre conseil plus que sous notre action.

Ainsi Figuig, il ne demande pas que nous y allions. Il lui suffit que nous soyons à Beni-Ounif.

Il ne désire nulle conquête. Mais l'action deviendrait-elle nécessaire, il m'en a dit cette loi :

« Une conquête doit être faite par l'homme qui sera ensuite chargé d'administrer... car celui-là ne détruira point ce dont il aura besoin le lendemain. »

C'est donc un grand politique, ce général qui veut en toute action, en tout effort, en tout dessein, la logique. Il ne croit point au hasard ; il le prouve. L'événement, il le prévoit ; il le prévient. On l'a vu ces derniers temps.

Et ce soldat qui brilla dans l'action militaire, qui s'est illustré par son génie administratif, qui s'est élevé par ses écrits au pair des grands philosophes, est par-dessus tout un galant homme.

A sa table, au coin de son feu (oui, l'hiver il fait terriblement froid, là-bas, le soir), dans son salon d'Aïn-Sefra, l'hôte, cordialement accueilli, a l'illusion qu'un charme l'a transporté du pays des sables, magiquement, subitement, ici, en quelque demeure amie, parisienne, où, légère et subtile comme la fumée des cigares, la causerie, doucement, à l'heure du coucher le conduit...

Aussi, dans les souvenirs de ma vie errante j'aurai, comme un des plus aimables, celui de la soirée que, cet hiver, allant au Figuig, j'ai passée à la redoute d'Aïn-Sefra, chez M. Lyautey, en compagnie de ses officiers, jeunes hommes qui ont comme lui les yeux clairs et francs, et large ouverts sur l'avenir.

CHAPITRE XIX

Le soldat sous la direction politique des gens d'affaires joue un rôle de dupe. Quand le verra-t-il ?

Des soldats de cette intelligence devraient certainement voir que partout en général, et en Algérie-Maroc particulièrement, le guerrier joue, à notre époque, un rôle de dupe.

A lui les coups et la malédiction publique.

A d'autres l'honneur et les bénéfices.

Quand l'officier aura bien compris cela nous serons débarrassés du militarisme et de l'esprit belliqueux.

Il est vrai qu'un autre phénomène se produit qui est de nature à retarder celui-là.

Nous voyons les familles d'affaires, banque, industrie, haute bourgeoisie, prendre l'armée, comme jadis les nobles, pour défendre leurs privilèges. Parmi les militaires, ceux qui veulent la guerre contre le Maroc la veulent non par esprit militaire, mais par esprit de la classe de gens d'affaires d'où ils sortent.

Les autres, qui sont de simples militaires, et qui ont en même temps, inconsciemment, l'inquiétude sociale des périodes de transition comme est la nôtre, ne tiennent pas à guerroyer pour le seul plaisir de cogner. Et comme ils ne voient pas l'intérêt de la France dans les expéditions et les occupations du désert, ni dans la guerre contre le Maroc, ils estiment ridicule et dangereux tout le battage parisien qui, s'il a pour résultat en Bourse une prime de 26 fr. 50 à 30 francs et 40 francs sur les 125.000 titres de l'emprunt, crée là-bas une agitation mauvaise, prépare la guerre...

Mais si les soldats qui voient cela, qui pensent cela, se risquaient à le dire, on les briserait.

Ils ont même tort de point courir ce risque. L'aventure en effet ne serait point banale du rappel aux idées de justice, de droit, d'intérêt vrai, dans nos affaires coloniales, du cri : « Pas de guerre ! » donné par le guerrier.

Le militaire pacifique aux prises, violemment, avec l'affairiste belliqueux...

Hélas ! le militaire a trop de préjugés... le spectacle serait vraiment beau...

Trop beau. Quand ?

Depuis le temps des gladiateurs et des mercenaires, il a cependant fait des progrès. Mais pas encore assez.

CHAPITRE XX

Les économistes coloniaux actuels avouent que le droit n'a rien à voir dans les conquêtes coloniales. Quelques notions du droit de conquête.

Ainsi, maintenant, nous savons qu'elle est fausse, la croyance commune que nous avons conquis l'Algérie dans l'intérêt de la civilisation. Ce fut au début et c'est maintenant : affaires. Même aujourd'hui les parfaits économistes coloniaux prennent le soin de spécifier qu'il ne doit plus y avoir dans notre action de vaines considérations de droit...

J'ai noté ceci, de M. Chailley-Bert, en date du 25 novembre 1899. C'était le moment où les Américains prenaient les Philippines, où les Anglais prenaient le Transvaal. Cet excellent homme n'y tient plus. On vole et nous ne volons pas... C'est intolérable. Il le dit :

« A ce que nous avons déjà nous souhaitons le complément nécessaire.

« Le Maroc doit être à nous...

« Le Siam doit être à nous...

« Qu'attendons-nous pour agir ? Aurions-nous des scrupules ?...

« Le temps est passé d'être les gendarmes du droit sur la terre. Cette politique glorieuse ne peut plus être la nôtre, nous le savons. Pratiquons donc une politique fructueuse. Travaillons pour l'avenir de notre nation. Agissons. »

Je sais bien que ces abominables théories sont couvertes par l'autorité du grand Jules Ferry, dont les voleurs s'honorent tous d'être les disciples...

A la Chambre des députés, le Maître avait dit, le 5 novembre 1881, parlant de la Tunisie : *cette côte illustre, riche et si tentante.* En une seule phrase est ainsi ramassée la mentalité vaniteuse de nos conquérants bourgeois. Cette côte est illustre, nous nous ennoblirions ; cette côte est riche, nous ferions la bonne affaire en la prenant ; elle est tentante, cédons à la tentation. Prenons, prenons... C'est le *credo* du parti : prendre !

Et quand le Chailley-Bert nous montre en bavant de convoitise le Maroc, le Siam... il ne veut pas que nous ayons des scrupules à prendre, « car le temps est passé d'être les gendarmes du droit sur la terre ».

Quand donc enverra-t-on les gendarmes pour mettre de tels écrivains hors d'état d'exercer leur métier d'excitation à l'assassinat des citoyens des autres pays ? C'est des malfaiteurs nationaux. Leur crime est plus infâme que tous ceux que l'on peut imaginer. Mettre dans l'esprit des gens simples que d'aller prendre un pays parce qu'il est riche constitue belle et patriotique entreprise : je dis que c'est un crime de lèse-patrie. Vouloir que la France n'ait pas de scrupules et commette des actions comparables à celles que l'on flétrit ailleurs, c'est insulter la France. Prêcher la guerre pour le souci d'affaires est le plus odieux forfait que puisse commettre un homme. Je ne vois pas de nom pour qualifier comme ils méritent de l'être les gens de l'école de Chailley-Bert qui, froidement, sachant qu'ils ont influence, qu'on les entendra, disent : « N'ayez donc pas de scrupules, prenez ce qui vous plaît », quand prendre c'est faire la guerre !

Quand ce conseil écrit dans un bureau tranquille, après conversation avec gens d'affaires, si on l'écoute, ce sera toutes les réalités qui tiennent en ce mot : guerre !

Les mères détestent la guerre. Leur haine, leurs malédictions s'en vont à quelque chose de mystérieux, elles ne savent à quels ON. Ces ON, dans nos guerres coloniales, je veux leur dire ce que c'est, qu'elles en sachent le nom... pour leurs prières. C'est le mort, le Jules Ferry, à qui l'on élève des statues. C'est les vivants, Etienne, Chailley-Bert, pour ne donner que les deux étiquettes en vue, les deux drapeaux.

Et encore, Etienne vaut mieux que l'autre. On le dit cynique. Ce n'est pas vrai. Toujours il rend hommage au droit en essayant de nous trouver quelque droit sur les pays qu'il veut que nous prenions. Les autres ne s'embarrassent plus de ces vains scrupules. Il en a encore le préjugé. Et c'est ce qui fait que, tout en stigmatisant l'odieux de sa politique, on est disposé pour lui à quelque sympathie. Mais combien étrange sa théorie des droits :

« Nous ne saurions perdre de vue, a-t-il dit dans la *Revue saharienne*, nous ne saurions perdre de vue les droits que l'homogénéité de notre empire africain nous crée sur les territoires limitrophes de nos possessions, et sur lesquels aucune puissance européenne n'est encore établie, tels que ceux du Maroc, de l'Éthiopie et de la République de Liberia. »

Ce qu'il y a de terrible, c'est que ce sophisme des droits d'un État sur un autre État semble être quelque chose de contagieux qui empoisonne les esprits les plus nobles et dont la lucidité paraissait à l'abri de tels troubles, de telles erreurs. Ainsi Jaurès. Il écrit le 20 novembre 1903 :

« Je conviens que la France a au Maroc des intérêts de premier ordre qui lui créent une sorte de droit. »

En septembre 1903, il avait dit :

« Qu'il n'y ait pas d'équivoque. Je sais que par la force des choses l'Europe se répand sur l'Afrique et que la France a le droit de participer à ce mouvement. »

La force des choses !... pourquoi pas celle d'Allah ?

Une sorte de droit. M. Marcel Prévost nous avait fait connaître la demi-vierge. M. Jaurès nous enseigne la sorte de droit.

Et c'est bien un des résultats les plus inattendus de ces affaires algéro-marocaines. Patientons. Elles nous réservent d'autres surprises.

Ce serait à nous faire croire qu'il en est de la morale dans la politique absolument comme de la « délicatesse » dans les choses physiques.

On introduit dans votre cercle un homme au visage rongé de dartres ; à votre table s'assied un malheureux sans nez, pourri de chassie, etc., etc... vous avez des haut-le-cœur, vous pestez, vous jurez. Mais vous ne le chassez pas. Mais vous ne vous en allez pas. Vous vous habituez à sa présence. Et vous finissez par croire que l'iodoforme dont il soigne ses chancres est un parfum. Serait-ce la même accoutumance dans les questions de politique coloniale, d'exploitation et de spoliation? Je le crois, Il me répugnerait en effet de supposer que beaucoup de tolérances de la pourriture d'autrui pussent être dues non pas à l'habitude, à la délicatesse émoussée, mais à la contamination.

J'ai noté aussi, en étudiant les causes du développement de l'esprit de conquête, chez beaucoup de politiques, un trait de la mentalité féminine. Un homme, une chose ne sont désirés par aucune ; on n'imposera point, en vue de les prendre, le moindre effort à une femme. Mais qu'une autre les veuille ou soit dite les vouloir, la femme est allumée. En nous disant que l'Angleterre veut ceci, que l'Allemagne veut cela, tout de suite on fait marcher les Chailley-Bert et les moutons de l'*Union coloniale*, les d'Arenberg et les patriotes du *Comité de l'Afrique française*.

LIVRE SIXIÈME

CHAPITRE PREMIER

La statistique nous dit qu'il y a 170.964 Français d'origine nés en Algérie.

Les médecins qui ont étudié cette question de l' « implantation » de la race française dans l'Afrique du Nord, feu le docteur Bertillon notamment, dans sa préface à la *Démographie algérienne* du docteur Ricoux, ne croient pas que cette implantation se fasse ni soit possible. Mais les médecins ne font pas autorité quand ce qu'ils disent, en accord avec les lois de la nature, va contre les désirs des politiques et les lois que font ces politiques ; alors ce qui fait autorité c'est l'opinion de l'économiste, celle du professeur qui, pour étudier les documents de démographie, n'ont plus en guide la notion des lois naturelles, mais seulement celle des lois politiques.

Et la croyance commune est produite par l'opinion des économistes comme M. Leroy-Beaulieu, qui affirme l'« implantation » de la race française en Algérie avec les plus magnifiques promesses pour l'avenir, et qui veut bien nous apprendre par-dessus le marché que *la nature humaine est beaucoup plus élastique qu'on ne se le figure.*

Alphonse Allais, qui trouva dans les œuvres de M. Leroy-Beaulieu matière à fortes méditations, pourrait seul, avec toute la gravité nécessaire en aussi important propos, commenter ainsi qu'il siérait cette « nature élastique... »

Sans vouloir expliquer par de semblables considérations de haute science le fait que lui montrent les statistiques officielles et les calculs de ces statistiques, M. Wahl nous dit simplement :

« Les Français, après avoir traversé des périodes critiques, sont aujourd'hui acclimatés aussi complètement que les populations originaires de l'Europe méditerranéenne. Ils ont régulièrement de forts excédents de naissances; leur fécondité est plus grande, leur accroissement beaucoup plus rapide que dans la métropole. »

Ainsi le « cri de l'opinion publique », au début de la conquête, ce « cri », lequel, d'après Galibert, « demandait que la France jetât en Algérie des racines fortes et puissantes », la Providence (ou la « nature élastique » de M. Leroy-Beaulieu) n'y aurait pas été insensible.

Et si nous en croyons M. Paul Doumer (discours du 22 février 1904 à la Chambre des députés), nous aurions en Algérie 400.000 citoyens français jouissant de la souveraineté.

Je ne sais pas exactement ce qu'il faut entendre par ces mots « racines fortes et puissantes » en matière de démographie.

Peut-être s'agit-il des premiers morts de la race qu'on veut fixer en pays nouveau. Alors, voici. J'ai trouvé, en étudiant les travaux d'un homme qui n'est pas un ennemi de la colonisation, dans le livre de Jules Ferry sur le Tonkin, un chiffre à retenir et qui nous servira lorsque nous établirons le bilan de l'œuvre française en Algérie. Retenez-le donc :

« A prendre l'Algérie, *il faut compter que 150.000 soldats et autant de colons y ont péri, soit 300.000 morts.* » (Jules Ferry, *Le Tonkin et la mère-patrie*, page 400.)

300.000 Français vigoureux, solides, des hommes jeunes, des hommes mûrs qui étaient forts pour la guerre, qui étaient forts pour le défrichement, qui avaient du sang, du nerf, des générateurs... 300.000... et nous avons de bonnes âmes qui s'étonnent des diminutions de la natalité française...

Mais il y a compensation... la France d'Algérie, cette France féconde qui a déjà les 400.000 citoyens de M. Doumer... et qui va se multiplier comme la postérité d'Abraham.

Je vous prie de négliger tous les savants tableaux, tous les ingénieux calculs, toutes les conclusions doctorales des manieurs de chiffres et de lire dans le volume *Statistique générale de l'Algérie*, année 1900, publié en 1902, à la page 34-35, le tableau récapitulatif de la population de l'Algérie, dénombrement de 1901.

Vous voyez : population totale : 4.723.000. Décomptez :

Les étrangers, c'est : 245.853 ;

Les juifs, c'est : 57.132 ;

Nos sujets : 4.072.089 ;

Les étrangers naturalisés : 71.793.

Et pour les Français d'origine, c'est :

121.500 nés en France ;

170.964 nés en Algérie.

Ainsi, d'après le plus récent dénombrement, d'après les chiffres officiels, il y a comme Français d'origine en Algérie 292.464 personnes.

Le chiffre qui représente l'implantation de la race française en Algérie après trois quarts de siècle de conquête est évidemment celui des Français d'origine nés en Algérie, c'est : 170.964.

C'est celui-là qui doit rester en votre esprit, c'est celui-là qui devra être rappelé par votre mémoire quand on vous parlera de la race française implantée en Algérie.

Quant aux 121.500 Français d'Algérie nés en France qui figurent dans le tableau de la population de l'Algérie, notez qu'en ce chiffre est comptée l'armée, c'est-à-dire plus de 50.000 hommes.

La « population à part » en 1901, sans l'armée, ne compte que 16.331 personnes. En 1896, armée comprise, elle comptait 69.843 personnes.

Si aux soldats vous ajoutez les fonctionnaires venus de la métropole et destinés à y retourner avec leur famille, vous verrez considérablement diminuer l'appoint apporté par le Français né en France au Français né en Algérie, pour le peuplement français de l'Algérie.

Mais je ne veux pas me laisser entraîner aux discussions...

Aux questions précises conviennent les réponses précises.

— A quoi mesure-t-on la prise de possession d'un sol par une race ?

— Au nombre de personnes de cette race nées sur ce sol.

— Combien de Français d'origine, dans la popu-

lation actuelle de l'Algérie, sont-ils nés en Algérie ?
— 170.964.

Négligeons pour l'instant la question de savoir si le
fait d'avoir, 75 ans après la conquête, 170.964 Français nés en Algérie constitue « l'implantation de la
race » et cherchons si ces 170.964 Français sont
encore des Français comme ceux de France; voyons
ce qu'ils sont.

CHAPITRE II

Sur les origines des Algériens français d'origine.

Ceux qui croient que pour être grande une nation
doit dominer dans le monde en essaimant partout
des colonies voudraient maintenant, logiques, pour
ces colonies les élites des métropoles. Ce désir est
évident aujourd'hui dans toutes les publications
coloniales des nations colonisatrices. L'ambition est
relativement récente. Dans la pratique de la fondation et du premier peuplement des colonies de toutes
les nations on cherche en vain le souci de l' « élite ».
Il ne parut point à l'origine de l'Algérie. Jules Duval
nous en dit :

« La guerre d'une part, les folles spéculations sur les maisons de l'autre avaient attiré en Afrique une multitude
d'aventuriers, de cabaretiers, de marchands parasites. »

Tout le contraire d'une élite. J'ai vu les « pion-
niers » de ce genre aux premiers jours du Tonkin,
de Madagascar, du Dahomey, de Manille américaine, etc... C'est bien ce que les auteurs nous montrent à l'origine française des Algériens. Je n'insiste
pas.

A cet élément « aventurier », « suiveur d'armée »,

« suiveur des spéculations folles » qui se trouve partout aux premiers jours de toutes les colonies, s'est joint en Algérie un autre élément plus particulier, éminemment respectable sans doute, mais néanmoins un peu... spécial, celui des déportés 1848, 51, 58. La « vigueur » de cet élément est précieuse quand elle est au service de causes justes, quand elle est employée à des efforts de libération; elle est dangereuse quand elle dévie.

Nous verrons plus tard comment elle a dévié. Quelques-uns de ces « colons de la première heure » existent encore.

J'ai lu dans la *Turco-Revue* (février 1904), publication d'Alger, la lettre suivante :

« La colonisation de l'Algérie, tout le monde le sait, remonte à 1848. Pourtant ce n'était pas pour faire de la colonisation que les premiers colons sont partis de France. Les bourgeois qui étaient au pouvoir, trouvant que la fusillade des grands boulevards n'était pas assez complète, imaginèrent ce moyen de se débarrasser d'une excès de population. Il faut que les lecteurs de cette revue sachent que l'on retirait du Mont-de-Piété les hardes des partants, croyant, par cet exode, tuer l'idée socialiste qui, malgré tout, a fait son chemin.

« En sortant de Paris, les premiers colons sont venus habiter sous des tentes, dans un pays nu et stérile. Tous les deux jours, la ration militaire était distribuée aux malheureux extradés pour les besoins desquels rien n'avait été préparé. Si les chefs militaires d'alors n'eussent pas été des patriotes, des hommes de cœur pour lesquels la France et l'humanité passaient avant la dynastie, l'Algérie, qui était déjà le bagne, eût été le tombeau pour tous ces malheureux exilés.

« Veuillez agréer, etc.

«P.-E. CORNU,

*« Cultivateur colon, parti de Paris par
le canal Saint-Martin le 14 no-
vembre 1848, arrivé le 16 décembre
au matin à Bône. »*

Il ne s'agit point là d'un « déporté » au véritable sens du mot, comme ceux de l'Empereur.

En 1848 c'est le système d'Enfantin qui obsédait les esprits. On voulait en faire le système de la colonisation algérienne. Le Dr Trélat fut chargé de l'appliquer. C'est à lui qu'on doit les radeaux d'émigrants. 2.500 colons partirent ainsi. Des cultivateurs qui l'étaient « du jour au lendemain ». Tel qui était peintre en bâtiment se découvrait la vocation de laboureur et partait. Le rapport de Louis Reybaud (1849) dit qu'on créa de la sorte « beaucoup de foyers d'oisiveté et d'agitation politiques. »

Ainsi, 1° des aventuriers dans la mauvaise acception du mot ; 2° des dévoyés : nommons ainsi les colons de 1848 et les déportés de 1851.

Quand à ces deux éléments nous aurons ajouté : 3° les retraités, soldats et fonctionnaires se fixant et faisant souche ; 4° les Alsaciens-Lorrains ; 5° les colons officiels ; 6° quelques émigrants libres, nous aurons les origines des 170.964 Français d'Algérie nés en Algérie de sang français. Des origines forcées. Car l'émigration libre, causée par une connaissance réfléchie du pays nouveau, raisonnée, avec chances de succès espérées d'un labeur rationnel, du travail normal de l'émigrant, il y en eut peu, très peu.

Les archives de l'Algérie n'existent pas. C'est d'hier seulement qu'on a l'air de se douter en Algérie que la statistique est une science exacte, que l'essence même des travaux de statistique c'est la précision, que l'à-peu-près si cher aux discoureurs n'y est point de mise et que les idées générales on y doit les ignorer. Jusqu'à présent les statistiques furent toujours établies à l'appui de telle ou telle thèse, jamais dans ce désintéressement absolu qui est le gage de leur sincérité. Aussi est-il impossible de faire le dénombrement des origines que j'indique.

Impossible avec l'exactitude que je voudrais. Car, si l'on se contente des « grandes lignes », c'est très facile. Et la lecture des publications, des lettres de chaque époque, des mémoires surtout, puis des journaux, tout cela, rempli d'incessantes plaintes sur la « qualité » de l'émigration, permet d'apprécier en leur caractère les « origines » de la population créole française d'Algérie. Barrès a fait la fortune du mot déraciné. C'est une œuvre délicate en humanité que la transplantation d'un être déraciné. Elle exige mille conditions réunies dont les principales, dont les essentielles dépendent de l'être lui-même. Pour conserver le génie de sa race et l'implanter dans la patrie nouvelle, il faut évidemment que cet être en ait la conscience, et qu'il soit fort, et qu'il aille libre... Or celui-là fut en minorité infime dans les origines du peuplement français de l'Algérie. Les forts des premiers combats contre le sol neuf moururent comme les forts des premiers combats contre les défenseurs de ce sol... à trois cent mille... nous en avons dit avec M. Jules Ferry le chiffre !

CHAPITRE III

Les précédents historiques. Rome.

La race romaine implantée par la force des légions dans l'Afrique du Nord y aurait prospéré. C'est le précédent qui allume de joie nos conquérants de l'Algérie et leur dicte los et dithyrambes... Nous sommes les héritiers de Rome. Le Romain a peuplé l'Afrique du Nord, y a fait souche ! Le Français doit peupler et faire souche !

Le Romain n'a pas peuplé. Le Romain n'a pas fait souche. Il en fut de son peuplement comme de sa domination. Précaire toujours. Le général Duvivier l'écrivait : « A toutes les époques la domination romaine fut précaire. » C'est les pions de Sorbonne qui nous ont collé cette légende de l'occupation romaine « bien assise ». Ils ont vu des quantités de cailloux. Beaucoup de ruines de forteresses. Et ils en ont déduit que l'occupation était forte... C'est lorsque toutes ses places sont fortifiées que le maître d'un pays y est vraiment faible. Voilà la réalité. C'était celle de Rome. Quant à son peuplement, la lecture intelligente nous montre ce qu'il était.

Puis voulez-vous bien réfléchir. Ils nous parlent de l'émigration romaine, d'une race romaine ayant pris racine, et tenu, et multiplié dans l'Afrique du Nord... Mais, grands dieux ! où Rome aurait-elle pris ces émigrants, Rome qui n'avait plus assez de Romains, assez d'Italiens pour ses armées et qui devait enrôler des barbares et qui mourut d'avoir mis le glaive romain au poing de l'étranger ?...

L'aventurier de partout affluait à Rome ; s'il en partait ensuite pour l'Afrique du Nord, y devenait colon, ce n'était point la race romaine qui s'implantait. Et c'est à l'honneur de Rome, car les colons de l'Afrique du Nord s'ils gardaient le nom romain n'en avaient certes plus les vertus. Ils étaient brillants, bruyants ... mais pour le reste... lisons ce qu'en écrit un compilateur des auteurs anciens, le vieux Gibbon :

« Quoique Carthage ne possédât ni les prérogatives de Constantinople ni peut-être le commerce d'Alexandrie ou la splendeur d'Antioche, elle passait cependant pour la seconde ville d'Occident et les contemporains la nommaient la *Rome d'Afrique*.

« ... Cette riche capitale quoique asservie présentait encore l'image d'une république florissante...

« Une subordination régulière d'honneurs civils s'élevait depuis les commissaires des rues et des quartiers jusqu'au tribunal du premier magistrat, qui, avec le titre de proconsul jouissait du rang et de la dignité d'un consul de l'ancienne Rome. Des écoles gymnastiques étaient ouvertes à la jeunesse et on enseignait publiquement les arts libéraux, la grammaire, la rhétorique et la philosophie en langues grecque et latine...

« Un port vaste et sûr facilitait le commerce des habitants et attirait celui des étrangers. La réputation des Carthaginois n'était pas aussi brillante que celle de leur ville ; le reproche fait à la foi punique convenait encore à la finesse et à la duplicité de leur caractère. L'esprit du commerce et l'habitude du luxe avaient corrompu les mœurs ; mais les vices les plus odieux, contre lesquels Salvinien, prédicateur de ce siècle, s'élève avec véhémence sont le mépris coupable des moines et la pratique criminelle du péché contre nature. »

Et, comme si cela ne suffisait point, Gibbon ajoute :

« L'auteur anonyme de l'*Expositio totius mundi* compare dans son latin barbare le pays avec les habitants et, après avoir reproché à ceux-ci leur manque de bonne foi, il dit froidement *difficile autem, inter eos invenitur bonus, tamen in multis pauci boni esse possunt.* »

Puis :

« Salvinien assure que les vices particuliers de tous les pays se trouvent rassemblés à Carthage. Les Africains s'enorgueillissaient de la pratique de leur vice favori. *Et illi se magis virilis fortitudinis esse credebant qui maxime viros fœminei usus probrositate fregissent...*

Oui. Sans vous contenter de l'idée mise en vous

des splendeurs latines de l'Afrique romaine par des diplomates comme M. Millet, par des historiens comme M. Boissier, remontez aux sources, voyez quel ignoble personnage était devenu le « soi-disant » Romain d'Afrique. Et, si après sa morale et sa vertu vous étudiez sa politique, vous verrez avec quelle impatience il supportait le joug de la métropole, Rome ou Constantinople; combien de libérateurs surgirent ; combien d'empereurs l'Afrique donna, voulut donner; M. Max Régis n'est pas un phénomène nouveau. Et si vous relisez, si vous lisez, vous verrez également comment les Méditerranéens devenus Africains, lorsqu'ils ne luttaient point contre la métropole se déchiraient entre eux. Combien l'homme féroce en Europe le devenait plus en Afrique, et l'exaspération des haines sur tout prétexte, politique ou religieux. Les persécutions, la sauvagerie et l'orgueil. J'ai senti revivre cela, quand sur les murs intérieurs de l'altière cathédrale de Saint-Louis de Carthage, peinturlurée en sérail américain, j'ai lu, pleine de superbe, l'inscription du pontife exaltant la primatie de son église rivale de toutes, supérieure à toutes...

M. Jonnart nous a dit que ce pays pourrit très vite les vernis et que c'est très désagréable pour les entreprises de chemins de fer, que les métaux même... Et les âmes ! Qu'y devint l'âme romaine?

Non, non. Je vous en prie, si vous me voulez donner espoir en l'avenir de ma race sur ce sol maudit, jamais plus ne me parlez de Rome... Quand l'Afrique apparut bien romaine on disait de ses colons : « *Difficile inter eos invenitur bonus, tamen in multis pauci boni esse possunt.* »

Jamais, vous dis-je, ne citez plus Rome. Car l'exemple de Rome vous condamne. C'est de la crapule que la force de Rome avait péniblement accrochée à la terre africaine, et qui disparut sans avoir pris racine, emportée, comme elle avait été apportée, par l'orage.

CHAPITRE IV

Les transformations physiques du type ethnique dans la transplantation.

J'emploie à dessein le mot transplantation et non celui d'acclimatement. Des hommes politiques peuvent dire en leurs discours, des journalistes en leurs articles : les Français acclimatés en Algérie. Des hommes sérieux ne peuvent pas dire cela.

L'acclimatement d'une race est un fait qu'on ne raisonne point ; c'est un fait que l'on constate. Pour les régions intertropicales on a constaté que les races blanches ne s'acclimatent point. S'il s'agit donc du peuplement français de l'Indo-Chine, de la Guyane, même des Antilles, nous pouvons dire : il est impossible, parce que cette impossibilité a été constatée.

Pour des régions comme l'Afrique du Nord, nous ne pouvons dire ni s'il est possible, ni s'il est impossible. Car l'expérience n'est point faite. Nulle expérience similaire n'est faite. Celle de Rome est imprécise. Nous savons seulement ce que j'ai dit plus haut, que des Méditerranéens, dont nous ignorons les races, furent portés sous le nom romain en Afrique et qu'ils en disparurent. Par la guerre? Par les révolutions? Par le climat? Nous avons la certitude des résultats des guerres et des révolutions qui furent notés par les historiens. Mais nous ne savons rien de certain pour ceux du climat. Car, bien que les écrits d'Hippocrate soient fort anciens, la notion de l'acclimatement a mis longtemps à se répandre et les observations qui en sont la conséquence on commence aujourd'hui seulement à les noter avec méthode.

Les feuilles de démographie permettant de « suivre » complètement la race n'ont paru que cette année dans les statistiques algériennes et ne portent que sur le deuxième semestre 1902. Quand on pourra les étudier sur une portée de plusieurs siècles on dira, en sachant ce que l'on affirmera, vers l'an 2150 ou 2200, si le peuplement français a pris ou n'a point pris en Algérie, s'il y a ou s'il n'y a point acclimatement. Aujourd'hui, l'écrivain sérieux ne peut parler que de transplantation, ne peut noter que des phénomènes, que des faits de transition. Le définitif sera pour plus tard.

Je ne sais pas si le Français, fils de Français, existera dans deux siècles, ni, s'il existe, ce qu'il sera, comment il aura été modifié par son adaptation au nouveau milieu.

Mais je sais que dans sa transplantation d'aujourd'hui, qui est la crise d'où sortira ou ne sortira pas l'acclimatement, par cela même qu'il est dans une crise tenant d'un milieu différent de son milieu « d'origine », il n'est plus le même homme qu'en France, et dans ce que l'on est convenu de nommer son moral et dans ce que l'on dit son physique.

La différence physique, ce que les médecins réunissent dans l'expression « habitude extérieure », frappe déjà l'observateur. Comparez dans les régiments algériens les sous-officiers, les hommes du contingent métropolitain et ceux du recrutement local. Très rapidement on les distingue.

Dans quelques familles de colons — je néglige ici l'élément étranger — il y a des types magnifiques de force et de beauté. Mais ce devient l'exception, à moins qu'il n'y ait apport d'autre sang. L'aspect de la masse française montre diminution de vigueur. Et la beauté moyenne qui tient au calme, à l'assurance de gens se sentant bien chez eux, a fait place à de l'inquiétude physique. Il y a quelque chose de tourmenté et d'angoissé dans l'allure de ces êtres blonds à figures françaises, dont le hâle ne dissimule qu'imparfaitement la faiblesse du sang. Et sous l'audace qu'ils donnent à leurs yeux, sous l'air malin qui est l'air algérien, j'ai vu la mélancolie de la race incertaine du lendemain. Les arbres de France qui sont dans les jardinets des chefs de gare donnent la même impression : l'inquiétude. Alors que le Méditerranéen d'Espagne ou d'Italie a l'assurance... de l'homme qui *revient*. L'Espagne et l'Italie ne l'oublions pas, furent, l'Espagne surtout, peuplées de Maures qu'on ne chassa point tous. Malte n'est pas d'Europe. Ceux-là paraissent chez eux. Pas le Français, qui lutte et faiblit... physiquement. (Notons qu'il y a 1 réformé sur 10 conscrits.)

Dans ce phénomène de la transplantation d'une race les deux fonctions qui sont suractivées, c'est la nutrition pour la conservation de l'individu, la génération pour la conservation de la race. Les premières modifications physiques des types de la race transplantée affectent les organes de ces deux fonctions. C'est là qu'on doit chercher. Ce serait la matière d'une enquête sur la physiologie des Français d'Algérie. Elle n'est pas faite. Je ne crois pas qu'on la fasse. J'ai pu observer ceci :

Le Français transplanté veut beaucoup manger. Ses dents sont mauvaises. Son estomac le devient.

Voyez ensuite les dents de loup, l'estomac d'autruche... des autres.

Pour la génération, la différence est manifeste éga·
lement. Je crois que c'est Drumont qui, dans un article
célèbre, a dit que les Espagnoles d'Algérie sont
des pondeuses. On lui a reproché le mot. On avait tort.
Dans les races qui prennent un sol, la femme se ramasse en quelque sorte autour de son ventre. Et elle
prend l'allure de la poule. Cette démarche des Euro·
péennes d'Algérie que des observateurs superficiels
disent « voluptueuse » ou « canaille » ou encore...
autre chose... suivant leur éducation ou leur manque
d'éducation... est naturelle. De même qu'est naturelle au mâle cette allure de coq dont notre délicatesse est choquée. La race veut des mâles et des
femelles. Les intelligences passent aux plans lointains. Le sexe apparaît aux premiers. Des sexes
générateurs. Des sexes féconds... Pauvres Français,
pauvres Françaises d'origine, que devenez-vous,
dans cette apothéose du sexe?... Oui, je sais que mon
bon ami X*** va partout clamant ses douze enfants
légitimes et mon excellent ami Y*** ses vingt bâ-
tards et que Z*** ne compte plus ses prouesses
viriles, fécondantes... et je sais aussi qu'il y a de
belles croupes et puissantes ne devant rien au ciel
d'Espagne...

Mais je sais aussi trop de misères saignantes. Et
si je consulte les feuilles démographiques (celles du
2ᵉ semestre 1902, les nouvelles, les seules qui permettent de spécifier,) je vois que, sur 9.960 mères
européennes, il n'y en a que 3.847 françaises de père
et mère.

Pour comprendre ce chiffre, il faut le rapprocher
de celui de la population européenne et française
d'origine.

La population française d'origine comprend :

121.500 personnes, nées en France
170.964   —   —   Algérie ;

Soit 292.464   —   qui donnent 3.847 mères
et 4.276 pères.

La population européenne est de :
71.793 naturalisés ;
155.265 Espagnols ;
38.791 Italiens ;
25.531 divers ;

Soit 291.380 personnes, qui donnent 6.113 mères.

Dans le tableau 2 du titre Ier, qui me donne ces chiffres (*Statistique* 1902, publiée en 1904, tableaux annexes), si le lecteur veut bien contrôler mes citations, il verra au total des mères de population européenne 10.842, au lieu de 9 960, que je donne ; c'est que j'ai retranché l'élément juif et musulman naturalisé.

Ces statistiques, je le répète, ne portent que sur une période de six mois. Mais j'ai cru nécessaire de citer ce chiffre qui montre pour cette période et dans une population de nombre sensiblement égal le double de mères chez les étrangers européens. (Étrangers s'appliquant à l'origine et non à la nationalité seulement) :

292.464 Français ont 3.847 mères ;
291.380 étrangers ont 6.113 mères.

Car si je dis mon impression, que j'ai remarqué, dans l'exaspération des fonctions génératrices chez les races en concurrence de transplantation sur le sol africain, l'infériorité évidente de la femme d'origine française, on me dira, on me peut répondre, qu'une impression de moi vaut celle d'un flâneur des Galeries Bab-Azoun, et que le fait de provenir de moi ne donne pas à une remarque autorité suffisante pour qu'on l'accepte. C'est pour cela que j'ai cité un chiffre irrécusable soulignant, illustrant mon observation que dans la transplantation algérienne notre race est frappée au ventre.

Le type physique se modifie. Et n'ergotez point en ne songeant qu'à la seule natalité et en disant que tout au contraire alors, que la natalité française diminue dans la métropole elle augmente en Algérie... car non seulement vous diriez une absurdité... mais une absurdité confirmant mon observation que l'Algérie modifie le type physique.

Ces modifications prouvées par les conséquences dont on peut faire l'observation en étudiant les faits de vie purement animale échappent à la généralité des écrivains qui s'occupent de l'Algérie. Les faits de la vie dite morale les frappent davantage. Le dernier chauffeur de paquebot entre deux verres à la pêcherie d'Alger et à la Cannebière est capable de longuement disserter sur la mentalité nouvelle de l'Algérien.

Ce phénomène — pas celui du chauffeur ou de l'amateur collectionneur de mentalités — celui de la mentalité différente — grands dieux! que ce mot devient agaçant — mais il n'y en a pas d'autre, — ce phénomène, donc, provient d'une modification physique du cerveau.

L'adaptation de la race à un climat règle la circulation de l'influx nerveux dans un équilibre normal avec la tension des fluides de l'atmosphère, ondes électriques, rayonnements connus et inconnus. Le cerveau de l'homme de l'Ile-de-France, est réglé pour fonctionner normalement dans la tension élec-

trique normale de l'Ile-de-France (1). Il ne fonction-
nerait normalement devenu Algérien que si la tension normale des électricités et des rayonnements de
l'atmosphère de l'Algérie était absolument semblable
à celle des fluides qui animent l'atmosphère de l'Ile-
de-France et que si ces fluides étaient les mêmes.
Nous ne connaissons encore — et combien peu ! —
que l'électrique. Et nous pouvons déjà dire que la
tension normale en diffère. C'est à cette tension différente que le cerveau du transplanté doit s'adapter,
c'est là le phénomène le plus important dans l'acclimatement, et dont personne jusqu'à présent n'a eu
l'air de se douter.

Et il faut que l'on étudie cela. Il faut que l'on réfléchisse à cela si l'on veut comprendre quelque
chose aux modifications morales du Français d'Algérie. La notion de ce phénomène rend claire l'histoire politique de l'Afrique du Nord... où tant de
cerveaux d'hommes blancs ont battu, battent et
battront la berloque en essayant de s'adapter...

— Maboul, dit l'Arabe.

— Cafard, répond le légionnaire.

Lesquels sont l'un et l'autre bons observateurs,
mais ignorent les tensions et les circulations des
fluides...

(1) J'avais écrit le cerveau de l'homme de Paris. Mais ce n'est
plus juste. Depuis quelques années, avec tout le fer mis à l'air,
avec toutes les circulations électriques, Paris est baigné dans une
atmosphère de « fluides », de « courants » qui ne sont point naturels. A quoi le cerveau des Parisiens n'est pas encore adapté. C'est
une crise nerveuse d'adaptation dans laquelle se débat la population
parisienne. On n'explique le détraquement des Parisiens que par
l'alcool et l'athéisme et les mauvaises mœurs. Il faut joindre à cela
l'influence du fer dans les constructions, qui affecte le magnétisme
terrestre, et l'influence de tous les courants électriques, qui crée
une nouvelle atmosphère fluidique.

CHAPITRE V

Quelques opinions sur le Français d'Algérie, Français modifié, devenant une nouvelle race. La Sicotière, Lamoricière, Drumont, Emile Violard. Wahl, Cambon, Jules Ferry, de Peyerimhoff, Caillaux, Jonnart, Grosclaude, la fillette Malleval, de Blidah.

C'est, avons-nous dit, les modifications des caractères mentaux qui frappent le commun des observateurs et lui font voir une race nouvelle.

Quelques-uns l'apprécièrent assez durement :

Dans le rapport de La Sicotière sur les actes du gouvernement de la Défense nationale figure ce tableau peu flatté de la population française de l'Algérie :

« L'Algérie renferme comme toutes les colonies, comme toutes les capitales, trop de gens aventureux, éprouvés par des revers de plus d'un genre, transfuges volontaires ou forcés du sol natal et de la vie régulière, disposés à saisir toutes les occasions bonnes ou mauvaises de rétablir leur crédit.

« Qu'on y joigne beaucoup de bannis de juin 1848 et surtout de décembre 1851 dont l'exil avait irrité les passions politiques loin de les calmer. Plusieurs avaient trouvé le moyen de se créer des ressources, une existence, des établissements sur le sol algérien ; d'autres n'y avaient pas réussi et chez ceux-là les déceptions privées ajoutaient leur amertume à celle de ressentiments bien naturels. Ils ne voyaient d'ailleurs ce qui se passait en France dans l'ordre des faits et même des idées qu'à travers les préjugés trompeurs de l'exil et d'un esprit de secte d'autant plus violent qu'il était resserré dans un milieu plus étroit, d'autant plus redoutable qu'il se nourrissait de douleurs et de colères en partie légitimes.

« De là une population ardente comme le climat qu'elle habitait, diverse d'origine, de goûts, d'aptitudes, mobile à l'excès, remarquablement intelligente et instruite, d'une activité fébrile même dans son loisir, impatiente du régime militaire qui comprimait ses tendances et qui contrariait ses vues économiques, jalouse de son autonomie et fière de ses avantages jusqu'à se croire parfois en état de « voler de ses ailes » et de s'affranchir de la *tutelle trop correcte* et trop lourde de la mère-patrie, plus ouverte que celle du continent à tous les rêves, à toutes les passions politiques, et dont la puissance révolutionnaire eût été terrible si la diversité même de ces passions et de ces rêves, si des rivalités personnelles et des jalousies locales ne l'avaient affaiblie en la divisant à l'excès. »

Puis ceci, du général Lamoricière, cité par La Sicotière :

« Dans les premières années de la conquête, c'était sur le rivage de l'Algérie que toutes les classes de la société venaient déposer leur écume. »

De Drumont :

« On sait de quelle écume se compose la population des grandes villes de l'Algérie. » (*France juive*, 2ᵉ vol. page 18.)

Au moment des troubles de 1884, le *Cri du Peuple* a publié sur la population européenne un article reproduit par l'*Akhbar* du 2 juillet 1884 et où j'ai lu :

« On ne se fait pas en France une idée de ce que peut être la population européenne des villes d'Algérie. Je ne vais pas comme beaucoup jusqu'à dire qu'elle se compose uniquement d'un tas de buveurs d'absinthe — l'alcoolique absinthé étant généralement emporté, violent pendant la crise, mais redevenant bon diable, patient quand la crise est terminée

« L'Européen là-bas au contraire se maintient dans une crise de nerfs perpétuelle, dans une folie furieuse...

« ... Les ratés de tous les pays, les faillis, ceux qui sont obligés de se faire oublier, les employés compromettants ou compromis viennent en Algérie.

« ... Au bout d'un an malgré soi, quelque candide qu'on puisse être, on est devenu arabophobe forcené, exploiteur patenté, juif... Un de mes amis qui habite l'Algérie depuis six ans me disait : « Si je n'allais chaque année passer trois ou « quatre mois en France, je deviendrais canaille. » Et c'est « malheureusement vrai. »

« ... Et la police, tacitement protégée par la haute administration, excite, encourage et prête la main à ce ramassis de brigands, à cette lie de la population européenne, qui ne vient échouer dans les villes algériennes que « quand elle a tout perdu et qu'elle n'a plus d'espoir... que dans le mari de Mme Tirman. »

« ... Désirez-vous connaître le pays où fleurit l'oranger. »

C'était signé Émile Violard. On m'a dit que cet écrivain est devenu Algérien.

Mais voici des éloges. De M. Wahl :

« Cette population algérienne a ses défauts que le temps et la réflexion pourront corriger; elle les compense largement par les qualités brillantes et solides qu'elle a reçues en héritage. Elle ressemble à ces enfants remuants, mal élevés, tapageurs, pleins de sève et de santé, la joie et la terreur de leurs mères. La France s'étonne parfois de ces allures impétueuses, de cette intensité de la vie algérienne; mais elle peut se réjouir, car elle a mis au monde sur la terre d'Afrique un rejeton vigoureux, fortement constitué, taillé pour la lutte et qui ne succombera pas de sitôt dans les combats de la concurrence vitale. »

De M. Cambon :

« On prit l'habitude peut-être de médire, un peu excessive, du colon d'Algérie. Il est évident que les colons d'Algérie, mon Dieu ! ont les défauts des gens d'initiative et des jeunes gens.

« Ils forment une jeune nation ; ils confondent quelquefois la violence avec l'énergie, ils se plaisent à dire beaucoup de mal d'eux-mêmes de peur que d'autres en disent avant eux et ils aiment à attaquer avec ardeur toujours, avec injustice quelquefois, ceux qui sont chargés de les administrer. Ils suivent trop aisément et trop facilement les donneurs de conseils, soit dans la presse, soit ailleurs, et ils ont pour les politiciens une estime que l'expérience ne leur a pas encore fait perdre.

« Ce n'est pas une raison parce qu'ils ont ces légers défauts de jeunesse, pour que nous ne rendions pas hommage à tout ce qu'ils ont apporté de génie, de dévouement, de courage, de laborieuse ardeur dans l'œuvre dont ils ont été chargés.

« Et quant à moi je puis le dire, je ne connais pas d'homme qui mérite davantage le nom de bon ouvrier, de bon agriculteur et de bon Français qu'un colon d'Algérie. »

C'est l'idée qu'a reprise M. Caillaux : « Un peuple jeune, débordant de vie. » C'est ce qu'avait proclamé Jules Ferry : « Des vertus le colon en a beaucoup, il a toutes celles du travailleur et du patriote. » C'est pour cela que M. de Peyerimhoff en fait le « gardien du génie français ». L'éminent directeur de l'agriculture algérienne disait en effet le 11 mars 1904 aux Délégations financières :

« ... Ces concessions qu'on appelle des concessions gratuites ne sont pas des libéralités unilatérales et, en réalité, elles ne sont pas gratuites. Ce sont des contrats par lesquels vous donnez quelque chose à condition que l'on fasse quelque chose. C'est le *do ut facias; ut facias quid* des Romains : « Que tu t'installes, toi, ta femme et tes enfants, sur ta concession, que tu la cultives, que tu sois ainsi le ressort du développement économique du pays et que dans la mesure de tes moyens tu gardes, là où on t'a placé, le génie français. »

Comme il est un ressort, en lisant ces belles phrases, le colon se détend, se redresse. L'avenir seul avec certitude à nos fils montrera si ce ressort a gardé plus fidèlement notre génie que M. de Peyerimhoff n'a compris celui de notre langue. J'adore ce diplomate-laboureur. Il est précieux pour apporter un peu de gaieté. Nous le retrouverons...

Voici de M. Jonnart, en un discours prononcé le 20 octobre 1900 à la réunion d'études algériennes :

« Il est évident que l'Algérie n'est que le prolongement de la France, si l'on considère simplement les sentiments patriotiques qui animent les Algériens et les attachent à la mère-patrie. Mais l'Algérie a une physionomie originale, distincte, une personnalité propre, trop longtemps méconnue, étouffée sous le niveau d'institutions importées de toutes pièces de notre vieille France, adéquates à d'autres besoins, à d'autres mœurs.

« Il faut reconnaître que nous avons devant nous un peuple jeune, ardent, passionné, entreprenant et hardi. Contraint, engourdi, énervé, ce peuple risque de s'épuiser en maintes disputes, en agitations mortelles. Mais si vous lui accordez confiance, si vous donnez un élément à son activité, l'essor à son esprit d'initiative; si vous ouvrez devant lui les vastes horizons du travail libérateur, si vous élargissez et si vous élevez son idéal, vous lui constituez en quelque sorte une mentalité nouvelle et vous pouvez tout espérer de l'évolution de ses idées, de l'élan et de la puissance de ses facultés créatrices. Alors vous ne parlez pas en vain à son cœur et à sa raison. »

C'est toujours l'idée du peuple jeune à mentalité nouvelle... une jeunesse qui s'ouvre à la vie et dont nous devons, affirme son gouverneur, élargir l'idéal.

L'Algérie veut bien qu'on lui élargisse l'idéal, mais ça l'agace qu'on lui parle toujours de mentalité nouvelle.

M. Grosclaude l'a dit nettement au président de la République l'an passé :

« Certes, nous acceptons et nous respectons le droit d'aînesse; mais, nous autres, Français de race, nous ne consentons pas à être rejetés de la famille et nous souffrons d'entendre dire que notre mentalité est autre que celle qui règne au commun foyer paternel.

« Quand vous aurez constaté, au cours de votre rapide voyage, quels bons Français, quels bons républicains nous sommes, vous direz avec autorité à nos frères de la métropole qu'ils se trompent et qu'on les trompe. »

M. Grosclaude, qui demandait à M. Loubet de nous détromper, s'exprimait ainsi en qualité de président du conseil général d'Oran.

Pas de mentalité « autre », il n'a pas « changé

d'âme ». En lisant des vers de son papa Mlle Malleval, de Blidah, le murmurait au bon M. Loubet :

Premier Citoyen de l'Etat,
Le Chef de notre République,
L'Elu, plus grand qu'un potentat,
De la France démocratique,

Merci d'avoir daigné venir,
Pour voir sur la terre africaine
Croître une race d'avenir,
Plus française encor qu'algérienne.

L'Afrique, hélas ! longtemps du sang
De nos soldats fut arrosée ;
Mais aussi ce levain puissant
L'a pour jamais fertilisée.

Partout d'industrieux colons
Des fiers guerriers ont pris la place,
Et le blé verdit les sillons
Où la *brousse* couvrait l'espace.

Certes, dans ce pays nouveau,
La surprise en vous a pu naître ;
Mais si, scrutant cœur et cerveau,
Votre œil au fond de nous pénètre,

Pour saisir, en son jour réel,
Le monde algérien qu'on diffame,
Vous verrez qu'en changeant de ciel
Pas un de nous n'a changé d'âme.

Puis, à nos frères toujours chers
Vous irez porter l'assurance
Que, vers le Sud, delà les mers,
Il est une seconde France

Où vit le culte des aïeux,
Où de vrais enfants de la Gaule
Sans cesse ont l'esprit et les yeux
Dirigés vers la Métropole...

Pour cette bonne parole M. Loubet embrassa Mlle Malleval. Les Français d'Algérie n'ont pas changé d'âme. L'Algérie n'est pas une autre France. C'est une France seconde...

Et je ne veux point qu'on raille. Ils sont ridicules ces vers de M. Malleval, de Blidah. Mais combien touchants... Nous verrons plus loin des gens odieux qui fièrement nous diront : « Oui, nous sommes autres. Oui, nous avons une mentalité nouvelle, une âme nouvelle et nous valons mieux que vous... nous sommes les néo-Français... » Mais celui-là, ce bon professeur de Blidah, ce brave homme, il est Français, et ce n'est pas seulement pour le souci d'une pauvre rime qu'il parle de la Gaule ; il en vient ; il y tient ; elle a son esprit ; elle a ses yeux... il veut en garder l'âme.

Les professeurs d'énergie nous disent que vouloir c'est pouvoir. Est-ce le cas du Français d'Algérie qui veut... ne pas avoir la « mentalité nouvelle » ?

CHAPITRE VI

Faut-il, pour exposer les résultats d'une étude de psychologie sociale, employer la forme du roman à la mode, ou bien se contenter philosophiquement de la vieille, classique et simple analyse documentaire ?

Sous le prétexte que Balzac eut génie, Zola puissance et quelques autres succès, nous serions, paraît-il, condamnés au roman, toujours et encore, sous peine de ne pouvoir intéresser le public à l'étude des mœurs, de l'esprit, de la vie d'une société. J'avoue que je ne comprends point cela. Même que sur ce propos je suis mis en défiance par les fictions romanesques.

Les anciens m'ont dit que la vérité n'est bien vraie que nue. Je ne vois point la nécessité d'habiller de littérature une vérité sociale. Est-ce pilule à sucrer ? Non. Viande crue à cuisiner ? La sauce fait trop oublier le morceau. Chat de gouttière devient trop facilement lièvre...

Et ce n'est pas le roman qui doit nous montrer la crise du Français transplanté en Algérie...

Il est inutile de chercher à le faire vivre, agir, parler, dans une action romanesque, pour le présenter vrai. Nous le verrons beaucoup plus vrai si nous l'étudions dans sa vie vécue, si, au lieu de le faire agir, nous le regardons agir, si, au lieu de le faire parler, nous l'écoutons parler. Il suffit de l'interroger en enquêteur, par analyse, avec méthode.

Le livre aura moins de lecteurs, moins de succès. Même pas du tout. Mais qu'importe !

CHAPITRE VII

La vaillance « ordinaire » de l'Algérien.

Ce « peuple jeune, ardent, impétueux », est né de la guerre, de la victoire, de la conquête. Il est naturel que la caractéristique la plus apparente en sa mentalité nouvelle soit celle qui procède le plus directement des faits de la guerre, de la victoire et de la conquête.

Nous disons la vaillance.

Avec tout ce qui s'ensuit, le courage, l'esprit militaire, etc. Nous verrons. C'est maintenant la vaillance. En Algérie tout le monde est vaillant. En

France également. Mais on le dit moins... depuis que Félix Faure a succombé. Le président aux guêtres blanches — du panache aux souliers... chacun fait ce qu'il peut — avait toujours de la vaillance plein la bouche. C'est le type du Français vaillant; à qui ressemble en vaillance augmentée le vaillant Algérien.

La nature vaillante de l'Algérien pète en son allure; mais, comme s'il redoutait qu'on pût se tromper et croire que son vaillant chapeau, que sa vaillante perruque, que sa vaillante moustache, que sa vaillante cravate, que sa vaillante canne et ses vaillants tortillements du derrière en marchant, que tout cela ne signifie pas clairement sa vaillance, il prend bien soin de nous la dire lui-même à tout propos, sur tout propos et hors de tout propos.

Dans tout ce que nous mangeons, nous voulons du sel. Dans tout ce qu'il pense et tout ce qu'il dit et tout ce qu'il fait, il veut qu'il y ait de la vaillance. L'idée « colon » est inséparable de celle de « vaillance ». On ne dit pas colon. On dit vaillant colon. Et, en Alger, tout le monde est colon. L'épicier de Marseille est un simple épicier. Passe-t-il la mer, une quinzaine d'heures en transatlantique, et, au lieu de vendre sa cannelle rue de Paradis, la vend-il rue Bab-el-Oued, aussitôt qu'il a, pour se mettre à l'unisson, pris le ton local, ce n'est plus le même homme, ce n'est plus un épicier, mais un colon, un vaillant.

Nos gérants de café sont des personnages importants, qui ont le verbe autoritaire. Ils sont en Algérie des vaillants.

Tous, vous dis-je... partout... épargnez-moi revue plus longue.

On veut une mascarade; les organisateurs font

appel au concours des jeunes gens. Le « comité » publie qu'il « peut compter sur le dévouement de notre vaillante jeunesse » (*Dépêche algérienne,* 20 avril 1903). La jeunesse qui dépense vingt sous pour un masque est vaillante ; sort-elle avec ce masque, c'est du dévouement.

Le monsieur qui dit un monologue est vaillant, la pucelle qui danse est vaillante, le rimailleur qui massacre un sonnet est vaillant, le barbouilleur qui gâche une toile est vaillant, et celui qui les admire aussi. Même celui-là, vraiment... l'est, vaillant. Et... j'y pense... Comme ils s'entr'admirent, que l'Algérie est une colonie d'admiration mutuelle... c'est tous des vaillants véritables...

Dans les « lettres du Parlement » que publient les journaux, il est bien rare que les députés de l'Algérie n'aient pas « fait vaillamment leur devoir » (*Nouvelles,* 18 avril 1903). Et cela est tellement passé dans les mœurs, dans les habitudes de langage, que lorsque le gouverneur fait un discours, l'étiquette exige qu'il donne du vaillant à ses administrés.

« L'année 1903 a récompensé nos vaillants colons de leurs peines et de leurs labeurs. » (*Délégations financières,* 7 mars 1904.)

Et tout cela incruste dans l'esprit algérien l'idée que les actes les plus naturels de l'homme prennent un caractère spécial de vaillance du fait qu'ils sont accomplis en Algérie. Nos académiciens — tel M. Frédéric Masson — quand ils vont pisser et qu'on veut les photographier protestent. L'Algérien serait content, car cela donnerait un vaillant cliché.

Et, si vous croyez que j'exagère, parcourez une collection de journaux algériens... C'est tout juste si dans les comptes rendus des tribunaux ils ne donnent point la coutumière, classique, banale et forcée vaillance à leurs voleurs.

CHAPITRE VIII

Sur la vaillance des Algériens en 1870-1871.

Un peuple qui se montre ainsi vaillant quand il achète des masques doit, dans les circonstances critiques où les autres hommes montrent seulement de la vaillance, devenir un peuple de héros.

Et 1870-1871, la guerre, l'insurrection, bien certainement, causèrent là-bas des explosions d'héroïsme.

En effet.

L'Algérie décréta la lutte à outrance et par les moyens les plus violents.

Un comité de Constantine, considérant :

« ... Que les Prussiens sont une horde de pillards et d'assassins et que tout sentiment d'humanité et de pitié, à leur égard, ne serait que faiblesse, »

écrivait aux citoyens de la Défense nationale à Bordeaux pour leur demander :

« D'employer sans retard à l'anéantissement des Prussiens les moyens de destruction les plus violents et les plus rapides » (10 janvier 1871).

C'est les exaltés des comités qui écrivaient cela... Voici ce que publiait un médecin, le Dr Maurin (*L'Humoriste*) :

« ... Alerte ! la patrie râle. Paris va s'allumer comme Saragosse ; le peuple va périr pour s'ensevelir sous les lambeaux déchirés de l'honneur national... Partez ! Alerte ! Le tocsin sonne pour la patrie en danger. »

Les patriotes algériens savaient merveilleusement
dire : « Partez ! »

M. Rouanet a joué au patriote Marchal le mauvais tour de lire à la tribune un article écrit par ledit Marchal sur ce thème : « Partez! » Ou plutôt :
« Vous êtes partis ». C'est, en effet :

« La phalange algérienne, nos amis, sont partis.

« Qu'ils reçoivent encore une fois les adieux de ceux que
des liens trop étroits retiennent sur ce rivage...

« ... Nous les envions parce qu'ils vont, sans nous, défendre, venger et sauver la patrie.

« Deux dangers se disputaient notre courage ; l'un nous
appelait là-bas, l'autre nous appelait en Algérie. Le cœur
navré nous les avons laissés courir au plus grand. Nous avons
à combattre ici d'autres ennemis, traîtres à la République,
qui se dissimulent dans l'ombre, qui se cachent derrière leur
lâcheté pour frapper dans le dos.

« ... Que la réaction et les réactionnaires tremblent et rentrent sous terre devant notre front de bataille et devant notre
attitude énergique et résolue.

« Comme nos amis, jurons de vaincre ou mourir, et nous
vaincrons. »

M. Marchal voulait bien risquer la mort en votant,
mais pas en combattant les Prussiens. Il y avait,
comme cela, des quantités d'Algériens, car la proportion de ceux qui s'engagèrent fut lamentable.
On peut en juger au nombre connu de ceux qui restaient... pour voter... car ils ne sauraient alléguer
le prétexte de l'insurrection indigène. Personne ne
croyait à un soulèvement arabe.

Quand le gouvernement voulut envoyer en Algérie
les soldats laissés en liberté par les Prussiens sous
promesse de ne plus servir dans la guerre, les Algériens protestèrent violemment, affirmant qu'il n'y
avait pas besoin de troupes en Algérie.

Les patriotes, style Marchal, demeurèrent en

Algérie parce qu'ils avaient peur des coups. Tout simplement.

On ne peut savoir leur nombre en consultant les listes d'enrôlement, car ces listes n'existent plus. Gênant témoignage, elles ont disparu des archives. Mais on sait le nombre des votants. Et cela suffit à nous donner la certitude que le patriotisme à la Marchal n'était point un sentiment d'exception chez les Algériens de cette époque... Au fait, c'est hier. Et je crois que M. Marchal vit encore... Algérien notoire et notable.

Cependant ces patriotes détestaient bien les Prus·siens. On eut toutes les peines à les empêcher de massacrer l'équipage d'un navire de commerce allemand entré dans le port de Bône sous la foi d'un sauf-conduit (rapport La Sicotière). Il est vrai qu'à Alger, nous le verrons plus loin, c'est contre la personne du gouverneur que leur patriotisme et leur vaillance manifestaient.

Mais dans l'insurrection indigène, quand leurs personnes, quand leurs biens furent menacés, que le danger prit forme tangible... N'y a-t-il point toute une grandiose et superbe et magnifique suite de hauts faits où éclate la vaillance algérienne ?

Oui.

Cependant les gens qui parlent, qui écrivent de cela, généralement oublient ceci :

« *Ordre de la division.*

« Au quartier général à Constantine le 29 mai 1871.

« Les mobilisés de Philippeville reçoivent l'ordre de rentrer dans leurs foyers.

« Avant de les rendre à la vie civile, le général commandant la division tient à leur faire savoir qu'il les avait chargés d'assurer la sécurité de la route de Sétif en occupant les postes de Saint-Arnaud et de Saint-Donot.

« Il avait compté sur le dévouement d'hommes qui, ayant tous leurs intérêts dans le pays, devaient être les premiers à les protéger.

« Au mépris de tous leurs devoirs de soldats et de citoyens, une partie des miliciens de Philippeville, de l'aveu même de leur chef, loin d'assurer la sécurité du pays ont au contraire jeté le trouble et presque amené une révolte dans la tribu des Eulma. Ils ont poussé l'oubli de l'honneur militaire jusqu'à abandonner leurs officiers et à déserter le poste qui leur avait été confié.

« Le général doit flétrir par la voie de l'ordre une semblable conduite.

» AUGERAUD »

La défaillance de quelques-uns ne saurait entacher l'honneur de tous.

D'accord.

Aussi voyons une autre crise de l'histoire algérienne où le nouveau peuple eut l'occasion, en se comptant, de nous affirmer et sa vaillance et comment il comprend, approuve la vaillance : la crise de l'antisémitisme.

CHAPITRE IX

Sur la vaillance algérienne dans les manifestations de l'antisémitisme.

Je devrais dire l'antijudaïsme. Car l'antisémitisme c'est la haine de la nouvelle race contre les sémites et musulmans et juifs. J'étudierai cette crise dans un prochain ouvrage sur la question : « Avons-nous fait le bonheur des indigènes ? » Pour le moment l'objet de notre recherche est la vaillance.

Nous l'avons jusqu'à présent trouvée trop dans

les paroles de l'Algérien, pas assez dans ses actes.

Cette vaillance en 1871 fut de la couardise. Pendant la crise antisémite elle devint de la lâcheté.

C'est de l'histoire. Celle d'hier.

Un épisode. Les journées de septembre à Alger.
L'Antijuif du 22 septembre est un long appel à la révolte.

25 braves se joignent à M. Max Régis pour lutter dans sa villa contre les traîtres, jusqu'à la mort.

On lit dans leur journal :

« Le devoir des citoyens français est tout tracé. Qu'ils se débarrassent par n'importe quel moyen de tous les youtres.

« ... Ce n'est pas pour justifier les actions des 25 braves qui ont juré de mourir avec moi que je discute la révolte. ... Nous ne chantons pas, nous, notre amour de la République, mais en prenant les armes et en nous apprêtant à mourir pour la liberté.

« ... Il appartient à vous de nous aider dans la victoire, même de nous précéder dans la lutte : Demain nous prendrons les armes !

« Nous laverons dans le sang le drapeau que les juifs ont sali de leur bave.

« Nous ne ferons pas à des soldats l'injure de douter de leur concours et de faire appel à leur patriotisme.

« Des gens qui savent mourir pour repousser l'ennemi du dehors ne peuvent que nous aider dans l'épuration de la France, dans la guerre aux ennemis de l'intérieur, à ceux qui rongent depuis quatre ans le cœur d'un pays qui les repousse ! Soldats, au drapeau, c'est la France qui descend dans la rue.

« ... Nous montrerons à l'ivrogne Laferrière que, si quelques Parisiens ont été assez lâches pour abandonner Guérin, nos amis d'Algérie ne sont pas de cette trempe.

« Le temps n'est plus aux discours.

« Il est aux actes. »

En effet, les héros ne parlèrent plus, ils agirent. Ils filèrent en Espagne après des aventures dignes du vaudeville ; même pas, de la foire.

Et je prie qu'on réfléchisse.

Ces 25 braves sont des gens qui, à la tête de leurs bandes, frappaient, assommaient des malheureux sans défense, des faibles, qui, à cent contre un, terrorisaient les juifs, maltraitaient des vieillards, des femmes...

Un moment vient où il y a des coups à recevoir. Ils continuent leurs rodomontades. Ils écrivent toujours : « Combattons, mourons. » Mais ils se sont cachés, enfermés. Et quand ils voient que décidément la partie devient sérieuse, que leurs bandes d'assommeurs ordinaires ont peur, eux aussi prennent peur et se sauvent.

Dans une population de gens d'honneur de tels couards eussent été définitivement perdus de réputation, la marmaille n'eût plus toléré leur présence, les eût chassés en criant à la chienlit... M. Max Régis, lui, revint maire d'Alger élu par toutes les classes électorales de cette ville, à plus de cinq mille voix ; et les femmes dételaient les chevaux pour traîner le fiacre du héros.

C'est l'histoire cela ; l'histoire dont il ne suffit pas de rougir pour qu'elle disparaisse ; l'histoire qui reste, et qu'il faut méditer quand on veut savoir ce qu'est la vaillance de la race nouvelle.

CHAPITRE X

La vaillance algérienne dans le devoir militaire.

Il est impossible de trouver une excuse raisonnable à cette complicité de l'Algérie déifiant la fuite de M. Max Régis et la faisant sienne. Les fidèles électeurs de M. Max Régis avaient eu le temps de la réflexion ; à plusieurs reprises, longuement. Ils étaient conscients. La vaillance de l'élu était donc bien la vaillance de l'électeur.

Une vaillance à part.

Voici qui en accentue le caractère spécial :

Sous le prétexte que la colonisation a besoin de bras, les fils des boutiquiers des villes et de la campagne, les fils des innombrables fonctionnaires, tandis que leurs « congénères » métropolitains allaient à la caserne pour trois ans, ne faisaient eux qu'un an de service militaire.

On parle d'unifier par la loi de deux ans ; l'Algérie proteste. Vouloir que ses fils aient l'honneur de servir la patrie au même titre que les Français de la métropole, c'est l'attaquer ! Les Délégations financières à la session de 1904 votent des remerciements aux députés qui sur le propos ont pris *la défense* de l'Algérie ! Ce n'est pas des conversations de café, cela. C'est des délibérations officielles du Parlement algérien.

On leur dit, à ces vaillants patriotes : « Prenez garde, en insistant vous allez retarder le vote... etc. » Ils ne s'en inquiètent pas... Il ne veulent pas faire deux ans. Ils veulent n'en faire qu'un. Tant pis si ceux de la métropole en font trois.

Je lis dans les documents des Délégations financières (1904) 2ᵉ vol. 1. p. 51 :

« ... Le ministre de la guerre a fait connaître le 22 juin qu'il ne lui semblait pas possible de porter atteinte au principe de deux ans égal pour tous en établissant une distinction entre les Français d'Algérie et les Français du continent. »

Mais ce qui paraît impossible au ministre de la guerre paraît nécessaire à l'Algérie.

Aussi M. Max Régis qui connaissait bien ses compatriotes s'était-il empressé de souligner. Le 2 janvier 1904 il publiait dans son journal :

« Les tout-puissants de la défense et de l'action dites républicaines viennent une fois de plus de promettre à l'Algérie un joli cadeau pour l'année 1904.

« ... Le bloc n'a pu nous épargner cette nouvelle charge... C'est intéressant de retenir qu'une loi faite pour alléger considérablement les charges de la mère-patrie va produire ce résultat d'aggraver non moins considérablement celles de sa colonie la plus chère. »

Sur ce propos M. Max Régis était d'accord avec les délégués financiers qui pendant la session de 1904 ont considéré cette question du service réduit comme essentielle ; ils l'ont avoué dans leurs vœux officiels ; dans leurs conversations particulières ils ont fait comprendre que de la satisfaction qu'on leur donnerait sur ce point dépendrait leur docilité à seconder le gouvernement dans son œuvre de réorganisation de la colonie.

Les arguments que les représentants-défenseurs de l'Algérie invoquent au Parlement français pour essayer de sauver les privilèges de leurs électeurs devant la loi militaire ne sont naturellement point de même ordre, quoique aussi curieux. C'est ainsi que M. Etienne disait le 14 février 1905 au Sénat :

« Certes, il est utile que les jeunes Algériens viennent en France pour y accomplir leur service militaire, qu'ils apprennent ainsi à connaître et à aimer la mère-patrie ; ainsi, les tendances particularistes, s'il s'en manifeste, ne prendront jamais un caractère dangereux.

« Mais si ces jeunes gens restent deux ans en France, ils s'y fondront si bien avec leurs compatriotes de la métropole qu'ils ne retourneront plus dans la colonie, où des étrangers les remplaceront. »

Ainsi, d'après M. Etienne, il suffirait qu'un jeune Algérien goûtât pendant deux années les charmes de la vie de caserne en France pour être à jamais dégoûté de la vie en Algérie. Alors !... voyons... voyons... ça ne serait donc pas le plus beau pays du monde... votre Algérie !

Le patriotisme de l'Algérien ne peut supporter plus d'un an de caserne.

Mais il veut quand même les avantages réservés à ceux qui en supportent plus. Ainsi les emplois civils réservés aux sous-officiers. Le jeune Algérien désire faire, par exemple, carrière dans les ponts et chaussées. Malheureusement il faudrait pour cela qu'il devînt sous-officier.

Et cela, il ne le peut pas, car il ne veut pas faire plus d'un an de service.

Alors son Parlement émet le vœu (session 1904) :

« Qu'une plus large part soit réservée à l'élément civil dans l'attribution des emplois de commis des ponts et chaussées d'Algérie. »

Et, lorsqu'on discute ce vœu, il est dit, séance du vendredi 11 mars 1904 :

« Je demanderai à celui de mes collègues qui formulera ce vœu d'insister sur ce point que l'application de la loi relative aux sous-officiers a pour conséquence d'abaisser considérablement la valeur des administrations. Toutes se plaignent de l'insuffisance absolue de ce recrutement. Ces gens-là ne savent rien. Il ne faudrait pas que, pour assurer le recrutement de l'armée, on diminuât toutes les administrations. »

Et ceci dans la séance du 14 mars :

« On trouve assez de sous-officiers et pas assez d'officiers,

Les officiers impartiaux disent qu'ils sont dégoûtés des sous-officiers tels qu'ils sont maintenant. »

Écoutaient cela en qualité de commissaires du gouvernement MM. de Peyerimhoff et Magniot. Pas plus que M. Bertrand, le président des Délégations, ils ne protestèrent.

Il faut lire des mêmes délégués la discussion relative aux avoines. L'autorité militaire, qui ne veut pas faire crever ses chevaux par des avoines contenant trop d'ergot, « épluche » celles d'Algérie. Ladite autorité, voulant nourrir ses chevaux, exige des avoines d'Algérie un poids spécifique déterminé. Les délégués financiers protestent au nom de leurs mandants. Un M. Bastide veut qu'on tolère 12 grammes d'ergot par 100 kilos. Un M. Bonnefoy veut qu'on achète l'avoine d'Algérie, « quel que soit son poids spécifique ». (Séance du 9 mars 1904.)

Dans l'intérêt de l'inscription maritime, la loi limite le nombre d'étrangers que l'armement des bateaux de pêche peut enrôler... L'Algérie proteste. La marine, qui sait son métier, répond :

« L'augmentation de l'élément étranger à bord des bateaux de pêche aurait pour conséquence d'abaisser le prix de la main-d'œuvre et de diminuer les droits à payer à la caisse des invalides. Le nombre d'inscrits français inactifs dans nos ports est déjà trop considérable et l'avilissement des salaires, actuellement insuffisants, les détournerait entièrement de la mer qui deviendrait ainsi en Algérie le monopole des étrangers. »

C'est la marine qui répond cela. Un M. Jacquiet objecte que « la réponse est faite par quelqu'un qui ne connaît guère cette question... », que « la question ne lui paraît pas avoir été suffisamment étudiée » ; et les délégués financiers, les membres du

Parlement algérien renouvellent leur vœu. Il leur est indifférent que la « mer devienne le monopole des étrangers ».

Tout cela, c'est les faits. Indiscutables, certains. Et ils nous montrent, plus puissants que tous les discours, ce qu'est exactement la vaillance et le patriotisme dans le nouveau peuple d'Algérie.

CHAPITRE XI

L'orgueil et les dérivés de l'orgueil algérien.

Poursuivons notre analyse méthodique. Les faits moraux en suite de la guerre c'était la vaillance, le patriotisme. Nous avons vu. En suite de la victoire, c'est l'orgueil. Voyons.

Très vite on voit quand on séjourne en Algérie. L'orgueil s'étale, magnifique, et d'une inconsciente naïveté... qui désarme la critique.

L'orgueil est... depuis le Gaulois... essentiel du caractère français ; un orgueil déconcertant, que nous poussons au point de vouloir glorieuses nos plus honteuses défaites. Autant nous sommes durs au vaincu lorsque nous sommes les vainqueurs (*væ victis !*), autant nous sommes insultants au vainqueur lorsque nous sommes les vaincus (*gloria victis !*).

Nous croyons de bonne foi que la France est nécessaire à la rotation de la terre et que, si Dieu n'agissait *per Francos*, la mécanique céleste en serait détraquée.

La vieille France était la fille aînée de l'Eglise. La jeune France est la fille chérie de la civilisation. Tous nous avons l'orgueil excessif. Moi-même qui le

sais et qui m'en voudrais garder, les instants où je
ne veille point, j'y cède.

Le Français installé en Afrique par la victoire,
l'Algérien, ne fait rien pour réagir contre notre
orgueil national. Il s'en grise avec délice. Il est le
victorieux.

« Nous, Français, qui avons bien des défauts, mais qui les
rachetons par de *sublimes qualités* dont nous sommes fiers et
qu'on ne foule pas impunément aux pieds... »

Cette phrase, que j'ai cueillie dans le *Petit Algé-
rien* du 3 juillet 1884, résume l'orgueil algérien.
C'est la note que vous entendez partout en Algérie.
Leurs qualités sont sublimes...

Aussi, quand on les étudie, ne saurait-on faire
autrement que d'admirer. Ils vous le disent. En belle
naïveté.

« ... Pendant ce temps un déjeuner était offert à la presse
par M. Gicure, adjoint au maire d'Oran, qui a prononcé un discours au cours duquel il a prié les journalistes parisiens
*d'étudier le pays sans parti pris et les a conviés à admirer son
œuvre...* » (*Nouvelles* du 19 avril 1903.)

C'est leur conception. Dans leur esprit le mot étudier, si l'action d'étudier s'applique à eux, est devenu
synonyme d'admirer. Leur orgueil ne supporte que
l'admiration.

Le citoyen Hugolin nous dit en son ouvrage :

« ... Comme j'ai vécu longtemps au milieu des colons et
des Arabes, je sais un peu où le bât nous blesse (1)... Je puis
dire des choses qu'ignorent forcément ceux qui traitent la
question sans avoir quitté leur rond de cuir ou l'asphalte des
trottoirs. »

(1) Diable ! !

Quand on n'admire point, c'est qu'on ne sait pas, ou qu'on est de mauvaise foi. Qui critique diffame. Un jour le directeur du laboratoire municipal de Paris constate que les gros vins d'Algérie sont trop riches en mannite, par conséquent dangereux pour la santé publique. Et il le dit. L'Algérien s'émeut... Contre les vignerons qui ne font pas bien leur vin ? Vous n'y êtes pas. Contre le savant. Des conseils municipaux demandent des poursuites contre le diffamateur !

Il en fut ainsi après les pillages et les vols de l'antisémitisme. L'Algérie s'émut non contre les pillards et les voleurs, mais contre les honnêtes gens qui signalaient les pillages et les vols.

L'orgueil algérien ne permet point qu'on parle de l'Algérie autrement que pour l'admirer. Dans la vie ordinaire cet orgueil dégénère en vanités puériles, en susceptibilités ridicules, en fatuités grotesques.

Une dame ne peut supporter la vie de Paris parce que sur le Boulevard on ne lui dit pas bonjour comme sur la place du Gouvernement. L'admiration quotidienne est nécessaire à la santé de l'Algérien.

Ainsi le véritable artiste algérien préfère-t-il les admirations d'Alger à « la réputation plus tapageuse » qu'il pourrait avoir à Paris.

Etc..., etc...

Encore un détail cependant. L'orgueil algérien est farouche sur le chapitre de ce qu'on nomme à Marseille les « bonnes manières ». Ainsi je lis dans le compte rendu des *Délégations financières*, 1er vol., 2, page 450 (1904) :

« M. JACQUIET. — Vous vous plaignez pour les employés des postes. L'année dernière nous avons accordé d'un coup 200 francs aux dames employées. Je ne crois pas qu'elles vous en aient remerciés. »

Pauvres dames employées ! Heureusement à l'orgueil de M. Jacquiet répondit la galanterie de M. Cuttoli (Paul) :

« — M. Jacquiet regrette que les dames des postes et télégraphes ne nous aient pas présenté des remerciements. Il me permettra de lui faire remarquer que lorsque, nous faisons quelque chose d'utile, ce n'est pas dans l'espoir d'avoir des félicitations. »

La vie algérienne est riche en détails semblables.

CHAPITRE XII

L'esprit algérien féodal, aristocratique.

Un fait m'a frappé quand j'ai étudié l'Algérie : la persistance de l'Algérien à éloigner le juif de la possession de la terre. Il n'a pu l'empêcher de devenir propriétaire dans les villes, propriétaire de maisons. Mais il a manœuvré — inconsciemment ou consciemment, je ne sais — de telle sorte qu'il y a très peu de juifs propriétaires « de terre ». Egalement il est intolérable à l'Algérien qu'on ait laissé de la terre à l'indigène.

Et réfléchissez que la terre conquise anoblit.

C'est le droit français de la conquête franque des Gaules.

La possession de la terre du Gaulois vaincu a fait la noblesse, l'aristocratie française.

Et, dans l'âme obscure de l'Algérien que la conquête a mis en possession de la terre arabe, j'ai vu renaissant l'antique esprit...

Il faut qu'il soit bien évident, bien saisissant, car Clément Duvernois, le plus Algérien des écrivains algériens, le signalait en son livre de 1858 :

« Le Français, écrivait-il, se souvient trop que l'Algérie est une conquête française. Volontairement ou non, le plus souvent sans même s'en rendre compte, il y pose en conquérant. Il ne se plie pas de bon gré aux exigences de sa position ; il n'accepte pas d'emplois subalternes, il veut travailler pour son compte, être propriétaire. »

Etre propriétaire ! Dès que le régime républicain et le suffrage universel ont donné à ce Français la souveraineté politique, l'électeur veut que l'élu fasse voter des lois qui lui permettent de devenir propriétaire aux dépens de l'Arabe.

Cet électeur, à force de poser au conquérant, est devenu le conquérant ; en a pris l'âme.

Récoltant du blé en France, au milieu de ses semblables, le paysan n'est qu'un paysan.

Récoltant du blé en Algérie au milieu des vaincus, le paysan devient un seigneur.

Nous avons déjà vu au cours de cet ouvrage comment le colon avoue qu'il est « meilleur », que, ce titre de colon opposé à la qualité de paysan, il le considère comme un titre de noblesse.

Voici mieux : Le colon veut être non seulement propriétaire à domestiques, mais seigneur à soldats. L'esprit féodal que l'on pouvait croire disparu de chez nous... surtout depuis les opérations révolutionnaires de 1792... nos paysans, nos prolétaires, nos bourgeois devenus propriétaires algériens le font revivre sur la terre prise à l'Arabe.

La preuve ?

J'ai plus que mes impressions...

Lisez les délibérations des *Délégations financières*, vol. 2, page 186. (Colons, 6e séance. — 1904):

« M. Tandonnet dépose le vœu suivant :

« Le soussigné émet le vœu que la législation relative aux armes soit modifiée en ce sens que les propriétaires auront pour la garde de leurs propriétés le droit d'armer sous leur responsabilité civile les indigènes qui auront leur confiance.

« Il exprime le désir très pressant qu'en attendant cette modification si indispensable à la protection des récoltes des colons les magistrats du ministère public s'inspirent du présent vœu avant de commencer des poursuites. »

Ce vœu, qui parait tout naturel en Algérie, fut adopté à l'unanimité, ainsi qu'un autre tendant à remplacer la gendarmerie par une *police rurale*.

Voilà qui marque nettement une des plus inquiétantes transformations de la mentalité française en Algérie. C'est d'ailleurs une des conséquences fatales de la « transplantation » par le moyen de la conquête. Les mêmes causes dans les mêmes conditions produisent toujours les mêmes effets.

CHAPITRE XIII

Le parasitisme algérien.

Je donnerai ce nom à l'ensemble d'idées, de sentiments qui sont produits par les suites de la conquête. Vivre aux dépens d'autrui, le désir en est naturel chez le soldat qui a fait la conquête. Il a peiné, il a risqué sa vie dans cette conquête. Ce désir, comme la noblesse attachée à la possession de la terre, passe tout naturellement dans l'esprit de l'homme qui recueille le bénéfice de l'effort du soldat et arrive très facilement à croire qu'il a réalisé lui-même cet effort... puisqu'il en a le résultat.

Et c'est ainsi que s'explique le parasitisme algérien. C'est notre parasitisme, à nous, que nous devions à notre constitution sociale qui date de la conquête franque, mais qui s'affaiblissait, et que la conquête française de l'Algérie a rajeuni, vivifié dans l'esprit des Français transplantés en Algérie par cette conquête.

M. Cambon, dans la brochure publiant ses discours parlementaires, a écrit :

> « Une partie des reproches que l'on fait aux Algériens à quelque parti qu'ils appartiennent proviennent peut-être de certaines habitudes d'esprit qu'ils ont puisées dans les idées personnelles du maréchal Bugeaud.
>
> « On reproche aux Algériens de compter beaucoup trop sur l'Etat, de ne pas faire assez appel à l'initiative individuelle, de pratiquer une sorte de socialisme innomé qui fait qu'ils tiennent de l'Etat leur fortune et qu'ils comptent sur lui pour les tirer d'embarras. On peut dire que, si cette tendance n'a pas dépassé toute mesure, ce n'est pas au maréchal Bugeaud qu'on le doit... »

M. Cambon symbolisait ainsi dans la personne et dans la politique du maréchal Bugeaud les modifications apportées par le bénéfice de la conquête à la mentalité française en Algérie.

Un parasitisme renforcé. Vivre aux dépens de l'Etat ; c'est-à-dire, grâce à la protection de l'Etat, soit aux dépens des indigènes de l'Algérie, soit aux dépens des indigènes de la métropole. On m'a conté un mot qui aurait été dit par un « homme de la campagne » à M. Cambon. — « ... Cependant il y a beaucoup d'argent en France ! »

Ce n'est certes point la même idée qu'on doit lire sous ce que M. Jonnart disait, le 7 mars 1904, aux délégués financiers :

> « L'élan de notre production agricole et de nos échanges commerciaux nous autorise à solliciter avec plus d'ardeur que jamais les capitaux et les activités de la métropole. »

Elle apparaîtrait plutôt sous les images poétiques de M. de Soliers disant le budget « un Nil fécondant qui développe la prospérité du pays ».

Le Nil... qu'on y boive, qu'on y mange...

Et ne dites pas que j'interprète mal.

Le 27 décembre 1898, le directeur de l'agriculture algérienne, M. de Peyerimhoff, disait aux Délégations financières :

« ... N'est-ce pas un bon voisinage pour le budget un peu étroit, sinon pauvre, que sera pendant quelque temps encore le budget algérien, que ce grand budget de la métropole, chargé, mais malgré tout riche et au large? Il y a sous des formes variables et détournées, subventions, avances, etc., mille liens précieux qu'il faut dénouer le plus tard possible... »

Admirez les « formes *variables* et *détournées!* » Ce distingué, cet éminent, cet admirable psychologue du gouvernement général nous présente « l'âme algérienne » sous d'assez vilaines couleurs. Mais il paraît qu'il la connaît bien. Et qu'on doit le croire même lorsqu'il constate des petits faits comme celui-ci (*Délégations financières*, 2e volume, p. 269, 1904) :

« Ceux qui connaissent le département d'Alger savent que l'on avait surtout visé les fils de colons comme devant former la clientèle de l'établissement. Eh bien ! le fils de colon a une tendance très caractérisée à rester chez lui, et ce n'est que grâce au jeu des bourses que les fils d'employés, de petits fonctionnaires sont entrés à l'école, peut-être dans l'espoir de faire des agriculteurs, peut-être aussi dans le désir d'être instruits, logés, chauffés et éclairés aux frais du département ou de la colonie. »

Nul roman, je vous dis, pour vous fixer sur la mentalité algérienne, ne vaut les documents officiels et les extraits que je vous en sers.

Le budget paie la poste aux compagnies de navigation. Le Parlement algérien veut qu'on en profite pour imposer aux compagnies des réductions dans le prix des passages... et comme les compagnies « perdent » déjà, que les délégués insistent néanmoins, ils avouent tacitement par là qu'ils sont prêts à augmenter la subvention, afin que les gens assez riches pour voyager le fassent à meilleur marché, mais aux dépens de la collectivité.

C'est cela que M. Cambon disait une fâcheuse tendance de l'Algérien vers le socialisme, par la faute de ce pauvre maréchal Bugeaud. L'Algérien, cependant, n'est rien moins que socialiste... Si nous en croyons M. Deloupy (*Délégations financières*, 1er volume, t. II. p. 189. — 1904) :

« Beaucoup de colons fixés dans le pays ont acquis une expérience personnelle précieuse, mais ils la gardent pour eux ou en font profiter de rares voisins. »

L'esprit de dévouement et de sacrifice du conquérant disparaît chez ceux qui bénéficient de la conquête.

Ainsi, le Parlement algérien, M. de Soliers parlant en son nom, repousse la création d'une caisse de retraites, parce que :

« ... En créant une caisse de retraite, ce n'est pas pour nous que nous travaillons, c'est pour nos successeurs qui, vers la moitié du vingtième siècle, auraient à leur disposition des revenus qui diminueraient d'autant leurs charges.

« Sans doute on ne doit pas, en ce monde, ne travailler que pour soi seul. La société, qui est une succession ininterrompue d'êtres reliés entre eux, serait impossible si les générations présentes se désintéressaient du sort des générations futures ; cependant, on ne peut pas exiger de nous que nous nous sacrifiions entièrement à leur profit. »

Celui-là, c'est un grand homme de l'Algérie nouvelle, c'est l'auteur de l'*Algérie libre*. Sur ce même propos qu'ils ne peuvent pas se sacrifier, un autre grand homme de cette Algérie, M. Vinci, pour soutenir la thèse de M. de Soliers, ajoute (*Ibid.*, p. 81) :

« Non, messieurs, ce qui est permis à un pays adulte comme la France, ne l'est pas à un pays adolescent comme l'Algérie : de même que l'on peut demander une course longue à un cheval fait et qu'on ne peut la demander à un jeune poulain parce qu'on lui briserait les reins.

» Nous sommes dans la période des besoins immédiats et impérieux, etc. »

Les belles dissertations, les curieuses recherches que ce sujet permettrait : Dans quelle mesure les trois influences du socialisme latin, de l'esprit de rapine des Francs et de l'instinct de razzia trouvé sur place ont-elles agi...

Mais je préfère encore vous servir du document :

« Qui obtiendra le plus aisément quelque chose de l'assemblée départementale ? Je n'hésite pas une seconde et sans vanité à affirmer que c'est moi.

« Pourquoi ?

« Parce que je suis l'ami intime du député, parce que j'ai l'appui assuré de notre sénateur, parce que le gouverneur général marche avec les mêmes principes que nous, parce que dans le sein du conseil général nos amis sont en majorité : majorité qui demain sera écrasante. Voilà pourquoi j'obtiendrai plus aisément que mon concurrent et voilà pourquoi mes revendications, qui sont les vôtres, seront écoutées d'une oreille favorable, ce qui est déjà la moitié du succès. »

Voilà ce que dit, pour être élu, un candidat au conseil général, (*Républicain de Constantine*, 15 septembre 1898.)

C'est toujours comme cela. C'est le seul langage que comprenne la race nouvelle en matière politique. La corruption électorale de notre métropole est scandaleuse. Il n'y a pas de mot pour désigner celle de l'Algérie.

J'ai étudié une élection vertueuse : celle de M. Colin, qui battit Drumont. Lisez :

« ... Oubliant vos intérêts, M. Drumont s'est mis en hostilité permanente avec le gouvernement. Or, le député algérien qui, de parti pris, combat le gouvernement, trahit ceux qui l'ont élu. Il faut, en effet, que, se souvenant des intérêts dont la défense lui a été confiée, il sache leur sacrifier ses sympathies personnelles...

« ... Examinez ce qu'ont obtenu les départements voisins : à eux les lignes de pénétration qui permettent de drainer les richesses que vous, colons, avez péniblement arrachées au sol, à eux l'outillage perfectionné... » (*Dépêche algérienne*, 20 mars 1902.)

Et ceci :

« On ne vit pas de politique. En France, une circonscription peut, passez-moi l'expression, se payer un député de luxe, mais une circonscription algérienne ne saurait, à ce point, méconnaître ses intérêts... » (*Dépêche algérienne*, 1er avril 1902.)

Et encore :

« L'agitation malsaine exploitée par quelques-uns nous a fait en France la plus fâcheuse réputation. Sans doute elle est imméritée... » (*Dépêche algérienne*, 18 avril 1902.)

Aussi, ne prenez jamais la peine de dire à M. Colin et à ses électeurs quelle réputation leur vaudraient ces stupéfiantes théories de l'intérêt en matière politique... ils la diraient imméritée. Et ce qu'il y a de navrant, c'est qu'ils seraient de bonne foi. Ils ne comprendraient pas. Leur mentalité est déjà modifiée au point que le parasitisme leur semble légitime. Ils ne mettent point cynisme à l'avouer. C'est pour eux chose naturelle.

Ils ont de la propreté morale, notion comparable à celle que M. Vinci a de la propreté physique.

Le président de la délégation des non-colons dit en effet (23 mars 1904) :

« Nous avons mené votre budget algérien comme un compte de blanchisseuse, avec parcimonie. »

Je n'ai pas l'honneur de connaître M. Vinci. Mais j'imagine que ce président de la délégation des non-colons ne doit pas être un homme couchant sous les ponts, qu'il a du linge... Et cela me paraît typique à noter que, pour ce représentant de la population urbaine de l'Algérie, l'idéal de l'économie soit de « mener un compte de blanchisseuse avec parcimonie, » c'est-à-dire de changer de linge le moins souvent possible.

CHAPITRE XIV

Pour que l'individu vive. Manger. Boire. Gourmandise. Ivrognerie.

Nous avons noté les modifications dues à la manière dont la « nouvelle race » a été installée dans le pays. Voyons celles qui tiennent au fait de l'effort pour vivre dans le pays nouveau en essayant de s'y adapter. J'ai brièvement indiqué déjà au chapitre des modifications physiques l'influence de la suractivité imposée aux fonctions de nutrition et de génération. Voyons sur ce propos les modifications de mentalité, celles qui dépendent du manger, du boire, la gourmandise, l'ivrognerie.

Leur « manger » m'a impressionné vivement. Mon carnet de voyage de 1903 a cette longue note que je ne corrige pas. Je transcris.

Le nomade arrivant du désert, où il aura crevé de

faim des mois, n'a point la voracité que les gens
bien élevés et du régime repu ont ici devant les ta-
bles « cher ». Elle m'effraie, leur animalité sur la lan-
gouste et le bifteck. Ils en portent la livrée. Ils ont
bajoues, panses, graisses, qu'ils méprisent chez le
Turc, mais qu'ils ne voient pas sur eux. « Cochon
de Turc » est leur mot lorsqu'ils voient le Maure
promener en lente majesté son ventre que les bur-
nous rendent noble. Ils ne veulent pas voir que leur
panse, à eux, ballotte sous un veston sans noblesse.

« La sobriété méridionale est une légende. Voyez
Marseille. Les gens y sont maigres quand ils n'ont
pas le sou. Mais, comme les Turcs, dès qu'ils ont
« de quoi » ils prennent du ventre... et le remplissent
du mieux qu'ils peuvent.

Cependant à Marseille, en Italie du Nord, sur la
Riviera, sur les bords méditerranéens en contact avec
les terres froides, la goinfrerie conserve quelque grâce.
Elle a bonne humeur, légèreté même. Il y a des
panses marseillaises qui sont sveltes. Les bajoues
du courtier qui se remplit de « pieds paquets » et
bave de sauces lourdes ne sont pas ignobles ; l'œil
bon enfant qui les éclaire ne permet pas qu'on les
prenne au tragique ; et l'effroyable labeur des bouches énormes aux dents brillantes, qui broient les
os des petits oiseaux, les arêtes des poissons, qui
déchirent les viandes, qui hachent, triturent, masti-
quent, engloutissent, toute cette mécanique où sont
en jeu les forces des bêtes carnassières, de celles qui
rongent, de celles qui ruminent et de celles qui hap-
pent, lapent et lèchent, tout cela disparaît sous le
bon sourire des lèvres rouges ; on ne voit plus l'en-
tonnoir, le gouffre, mais la musiquette à mots aimables, gras quelquefois, gais toujours. La voracité du
mangeur n'est point la répugnante animalité de la

bête affamée, c'est le bon appétit de France... un peu exagéré... comme les bonnes histoires de Marseille... et voilà tout.

En Alger, sur l'autre rive méditerranéenne.

Sur celle qui touche au sud les déserts où les êtres ont toujours faim, où les félins poursuivent des semaines la proie qui fuit, rare, où les fauves courent des jours et des nuits de la source boueuse à l'herbe maigre;

Sur la rive en contact au nord avec la mer apporteuse d'émigrants aux dents longues, épaves d'Espagne, épaves d'Italie, épaves de Malte, épaves de partout, épaves humaines plus maigres que les bêtes du désert;

Sur cette terre algérienne, quand l'affamé trouve la table servie... alors c'est bien le remplissage. Et le vrai.

Cet homme qui « engloutit », pourquoi sa hâte à vider assiettes, plats et saucières... pourquoi ? Ce n'est pas lui qu'il nourrit; c'est toute une ligrée de malheureux qui vécurent squelettes dans les Espagnes et dans les cimetières caillouteux des sierras ne rendirent à leur terre sèche que des os maigres. Et cet autre, et ces autres, ce qu'ils vengent en mangeant avec rage c'est toutes les misères des milliers de pouilleux qui n'eurent en des siècles que des poux à se mettre sous les dents pour faire gras dans les Pouilles.

C'est toutes les famines séculaires de la Méditerranée que la vieille mer en son reflux hispanique et latin, et grec, et syriaque, et maltais, et mahonnais jette sur Alger avec ses écumes...

Le Français dont les aïeux eurent moins faim, porté par sa destinée sur les mêmes rives, perdu en cette marée qui monte, comme les affamés de Catane ou de Valence, lui aussi croit qu'au lieu de manger il doit s'empiffrer... et le pauvre y perd ses dents, y perd son estomac... voyez Vichy... voyez la fortune du dentiste en Alger.

Il y a quelque chose de pareil aux Etats-Unis d'Amérique. La race nouvelle y part aussi de la gueule pour avoir trop vite rempli sa faim.

Boire. Une bonne part de « l'échauffement » algérien — ce que les orateurs parlementaires disent l'ardeur impétueuse du jeune peuple — tient à l'alcool. M. Cambon me disait un jour que toutes les fois que les Algériens font de la politique bruyante il faut songer à l'alcool bu, aux absinthes, à l'anisado. Tout le monde boit. Tout le monde veut de l'alcool. On dirait que l'Européen en sa crise de transplantation devine, sent qu'il faut à ses nerfs inquiets un secours. Et il ne le demande pas aux toniques des nerfs comme le vin Mariani, mais à l'alcool violent, aux apéritifs tueurs.

L'assommoir tient une place énorme dans la vie algérienne. Il est une institution politique. En France également. C'est vrai. Mais beaucoup moins qu'en Algérie dans la « nouvelle race » qui exagère nos défauts, nos vices, avec un tel entrain qu'il ne lui en reste plus lorsque c'est nos qualités qui sont en jeu. En tout cas je ne crois pas que des grandes assemblées françaises discuteraient la question cabaret comme elle fut discutée cette année aux Délégations financières algériennes.

M. *Grosclaude* y dit (Compte rendu, 2ᵉ volume, 2ᵉ partie, page 87) :

« ... Dans beaucoup de villages dont la population ne dépasse pas 300 habitants, il ne peut, aux termes de la loi, être ouvert qu'un seul débit. Or, dans ces petits centres, il y a généralement deux cafs, et la situation actuelle est une source continuelle de disputes. Au conseil général d'Oran, nous avions adopté un vœu tendant à ce que, par exception, dans ces petits villages, deux débits puissent être ouverts. Je vous prie de vous associer à ce vœu qui me paraît très légitime. »

Et M. *Tedeschi* :

« Il faudra encore que l'administration ait le soin de choisir un débitant dans chaque çof. »

La mairie, l'élection cantonale, l'élection départementale, l'élection législative, l'élection sénatoriale ne peuvent nourrir tous les électeurs d'Algérie ; c'est pour cela qu'il y a deux çofs. Le çof qui possède le pouvoir nourricier et celui qui le convoite. Mais manger et vouloir manger donne à tous également soif, et c'est pour cela que, s'il n'y a qu'une seule mairie où mangent alternativement les çofs, il faut deux cabarets où les deux çofs puissent boire simultanément.

Dans ce délicieux pays qui fait tant de vin, où les distilleries « personnelles » ne peuvent se compter, on a importé suivant la statistique officielle pour l'année 1902 :

22.453 hectolitres de vins divers ;
3.021.400 hectolitres de bière ;
67.228 hectolitres d'alcool pur.

L'Algérie a bu pour 6.376.000 francs de liquide importé... sans compter ce qu'elle produit, et ce dont personne ne peut donner l'évaluation.

Il y aurait bien, dans la statistique, à comparer les vins récoltés et ceux exportés : mais les totaux seraient : récolte 4.353.827 hectolitres et, pour l'exportation, 4.444.827 hectolitres. Et alors c'est difficile à concilier, car il faudrait admettre que l'Algérie importe des vins pour les réexporter... Plus tard, quand les statistiques seront bien faites, on pourra dire exactement ce que boit l'Algérien. Pour le moment nous savons seulement qu'il boit... beaucoup. Et que l'alcoolisme, lequel ne nous épargne pas en France, ne l'épargne pas davantage, plus dangereux, plus pernicieux encore là-bas qu'ici. Et que cet alcoolisme explique l'agitation, les violences, les incohérences, les versatilités d'humeur chez les uns, les idées fixes chez les autres, et dans la masse cette extraordinaire faculté d'oubli qui fait que les crimes de la veille sont de bonne foi niés le lendemain parce que personne ne s'en souvient plus. En 1900, M. Max Régis avait toute la population d'Alger pour complice. En 1904, personne ne se souvenait de l'avoir connu.

L'Algérie « consomme » 789.131 kilogr. de « gobeletterie verre et cristal » et 3.187.002 bouteilles. Voilà pour le contenant. Imaginez ce qu'il y passe de contenu !

Et cela motive une importation de 1.747 kilogr. d'iodures et d'iodoforme... On sait que la population indigène n'est pas encore faite aux médicaments européens... qu'elle ne consomme pour ainsi dire que ceux dont on lui fait cadeau ?... alors... oui !... Une importation de 65.630 kilogr. de bicarbonate de soude. L'Arabe n'en consomme pas. Le « pataouette » non plus. Réduisez. Puis essayez de vous représenter la collection de gastrites qu'il y a derrière ce chiffre de douaniers... et que, s'ils mangent tous, beaucoup ne digèrent pas... La race s'acclimate.

Quant aux bromures, si vous voulez un chiffre de comparaison, voici celui des éponges importées : 1.498 kilogr. d'éponges (y compris celles d'industrie) pour 1.747 kilogr. de bromures.

Et encore réfléchissez. Cela n'est pas des phrases, n'est pas des impressions de touriste.

CHAPITRE XV

**Pour que la race vive. La reproduction. Aimer.
Les femmes. Les mœurs.**

§ I

Le cœur au second plan. La chair au premier.

Le dérasement du Coudiat à Constantine a permis
de retrouver beaucoup de tombes romaines. L'une
porte une inscription qui résume bien la vie sen-
timentale de l'Algérien.

« Presilius, orfèvre, avait heureux vécu cent cinq
ans. Toutefois il avait éprouvé un léger chagrin
quand il avait perdu son épouse. »

L'honnête Presilius, par sa vie sédentaire, à
l'ombre l'été, au chaud l'hiver, sans doute aussi
par une bonne hygiène d'homme riche, d'orfèvre,
avait pu atteindre cet âge respectable de cent cinq
années... en donnant à l'amour sentimental le moins
possible... un léger chagrin pour la perte de
l'épouse.

Cependant elles eurent toujours la réputation du
charme, de la grâce et de la beauté les femmes
blanches de l'Afrique du Nord.

Et quand nous cherchons idée de leurs amours
vient une évocation tout autre que celle du « léger
chagrin » de Presilius. A ce mot « femme d'Algérie » correspond dans la série de nos imaginations
légendaires un être magnifique et passionné. Un
être chéri des potaches et des vieux magistrats,
adoré par les poètes de ministère et les clercs d'huis-
siers qui s'engagent dans les zouaves, un être qui

fait loucher le touriste... C'est pourquoi l'homme qui passe vite en Algérie emporte de cet être magique une image encore plus fausse que celle de la légende.

Certes, la vision — à distance ou en louchant — est jolie, gracieuse, poétique, passionnante, emballante...

Quand vous êtes placé, à l'Opéra, dans la bonne distance, et que vous n'avez pas de lorgnette, c'est les houris que Dieu réserve à ses élus, dont la beauté vous apparaît sur la scène aux danses... La danseuse... quel être !...

Etudiez-le donc.

Il y a quelque chose de semblable pour la femme d'Algérie. J'ai passé en Alger quand j'avais vingt ans. Si alors j'avais lu l'inscription de Presilius... J'ai étudié l'Algérie quand j'avais quarante ans et j'ai lu et j'ai compris l'inscription de Presilius. Hommes et femmes, l'amour, ça existe, mais très peu du côté cœur...

§ II

L'animalité sexuelle des femmes d'Algérie.

J'ai montré déjà comment dans la crise d'essai d'acclimatement d'une race les fonctions de reproduction se trouvent plus violemment sollicitées et que la physiologie des individus en est modifiée.

Une comparaison. La race agit comme une armée. Avant d'occuper l'armée conquiert, se bat...

Avant de se reproduire normalement la race lutte contre le climat.

Et dans cette lutte, pour que l'instinct qui porte

l'homme vers la femme ne s'efface pas devant l'instinct de la conservation personnelle, les phénomènes qui forcent chez la femme la venue de l'homme prennent plus de puissance qu'ils n'en avaient au pays ancien de la race, plus qu'ils n'en garderont dans le pays nouveau si la race s'y adapte.

Quelques « spécialistes », ignorant cette loi, en connaissent néanmoins les résultats. Je me suis laissé dire en effet que l'Algérienne... comment écrirai-je cela... fait prime sur les marchés où l'on pratique la traite des blanches.

Le sens pratique des proxénètes a sur le propos devancé l'observation des savants.

Je n'ose répéter ici tout ce que j'ai « fait dire » en confidence à d'anciens zouaves et à quelques commis voyageurs... ni beaucoup d'autres choses...

C'est dommage, car ce serait autant de preuves montrant la loi plus haut indiquée.

Les modifications physiologiques — pour dire en même temps et mentales et morales et physiques — dues à cette loi de l'acclimatement biologique humain frappent les observateurs les plus superficiels et s'imposent à l'attention des autres, continuellement, au point d'irriter leur esprit ainsi qu'une obsession désagréable, de mauvais goût, malsaine, inconvenante. J'ai retrouvé dans mes carnets des notes comme celles-ci, en tas :

— Une des impressions les plus vives pour l'étranger, quand il ne sait pas encore, c'est la quantité de femmes qui lui semblent des filles...

— Le climat, le soleil, les vents chauds, les électricités mettent dans tous ces yeux des flammes de désir. L'expression est lascive. Le regard chercheur.

La démarche est provocante. Un balancement

compliqué des hanches. La croupe tangue et roule dans un rythme accentué, souligné par les étoffes plaquées aux cuisses dans le retroussis des jupes.

— X... dit cela d'un mot pittoresque : « Elles croupionnent. »

— Les fillettes marchent comme les femmes. La gamine a sous les robes souvent trop courtes les jambes rondes et fortes. Elle a toute jeune des hanches. Ses yeux ont l'air de tout savoir.

— Un phénomène curieux : l'œil est vicieux à douze ans ; plein d'innocence à quarante. Sur des corps d'ange les yeux du diable. Sur des ruines diaboliques,... de diables gras... des yeux d'anges.

— Pour savoir ce qu'il y a de grâce alliciante en l'adolescente venir ici...

— Un coup de siroco sur la ville et les faubourgs. Quand la bise plaque les jupes mouillées sur les femmes qui passent aux carrefours parisiens, c'est lamentable et grotesque... toutes les misères de la femme... dans les sirocos algériens cette misère apparaît presque glorieuse ; des ventres en batailles ; des croupes en forteresses.

— Il y a ici un jeune Anglais et sa mère. L'Augustin et la Monique d'Ary Scheffer. Je les retrouve après trois mois. Ce jour même de siroco. Ils ont tous deux des yeux d'Ouled Naïls.

— Si vite. — Méfaits du siroco.

— J'avais noté ceci : « Le climat est sexuel. » Non. Ce n'est pas le climat. C'est la physiologie de la race qui essaie de s'acclimater. C'est par un phénomène similaire qu'apparaissent dans les pays froids les lubricités nègres, alors que sous les tropiques les nègres sont bien tranquilles.

— La femme y prend beauté. Mais rien d'affiné

cérébralement. Ne cherchez point la grâce dans la délicatesse ; elle est dans la puissance... Même chez les malades, les anémiées, les expirantes, dans ce combat, l'énergie développée pour la lutte apparaît en illusion de force, de puissance...

Une jeune femme cet hiver en un bal d'Alger, toute gracieuse, la joliesse parisienne, le bel article de luxe (je parle de l'apparence physique), se montra symbolique en la cohue de la fête. La beauté ce son allure, c'était au plein du dos, des épaules, à l'allongement, à l'amincissement du buste, à l'effacement du ventre. La grâce de sa physionomie c'était aux yeux (dont la pureté de regard avait des profondeurs par ailleurs fort étudiées), c'était aux yeux purs sous le front blanc que l'artifice de la coiffure élargissait, remontant ainsi la force du visage autour des parties nobles.

Cette admirable personne attirait d'une force de séduction « cérébrale » ; on ne voyait ni ses hanches ni sa bouche, on ne pouvait regarder que son front, que ses cheveux emperlés de gui.

Je ne la connais point. Je ne sais donc si elle avait voulu le symbole de ce gui diadémant sa grâce française au milieu des féminités lourdes, puissantes de la race nouvelle. Cela n'était peut-être qu'en moi ? Sans doute. Mais cela m'a fait mieux voir le travail de la nature opérant sur la race des autres.

La bouche qui s'épanouit pour le baiser ; les hanches qui s'élargissent ; la grâce animalisée pour le rut ; la force de séduction concentrée sur le bassin à féconder.

— Quand ce n'est pas l'époque, chez les animaux le mâle dédaigne, méprise la femelle.

— En Algérie l'homme vit beaucoup dehors. Pour des quantités d'hommes le foyer c'est le café.

— Dans les bals j'ai vu que les hommes s'en allaient souper seuls ; les femmes restaient, attendaient.

— En Algérie l'homme méprise, dédaigne la femme.

Cela ne signifie pas qu'il soit déjà retourné en masse au vice des Romains de Carthage qui scandalisait tant le prédicateur Salvinien.

Non. Il ne se prive point de demander à la femme le plaisir que donne la femelle au mâle ; et si nous en croyons un grand sociologue algérien, l'illustre Bodichon, il commence même de très bonne heure.

« Vous rencontrez ici, dit l'éminent écrivain, une multitude d'enfants des deux sexes fort avancés en libertinage pour leur âge. Quelques-uns montrent une perversité extraordinaire. »

Bodichon, malheureusement, ne donne pas de détails ; nous ne saurons jamais par quoi en Algérie la perversité extraordinaire des galopins et des petites « pisseuses » diffère de l'ordinaire.

§ III

Une remarque d'exception.

Avant d'aller plus loin dans ce que nous avons le droit de dire les mauvaises mœurs d'Algérie, je prie le lecteur de songer que, lorsque le Seigneur condamna Sodome et Gomorrhe, il y avait cependant trouvé une famille de justes méritant le salut : la famille de Loth.

— Ah !... de Loth...

— Diable !... mais non. Ne me faites cependant pas dire ce que je ne veux pas dire;

Il est incontestable, il est certain qu'il y a en Algérie un très grand nombre de très honorables et très vertueuses familles, tant d'origine française que d'origine étrangère. Et que, s'il y a de mauvaises mœurs, il y a aussi de bonnes mœurs.

M. Wahl a écrit :

« Les mœurs ont eu assez longtemps méchante réputation ; une colonie nouvelle n'a jamais la tenue d'une société bien assise... Ayant besoin soi-même de tolérance, chacun fermait les yeux sur les fautes d'autrui... Tout a bien changé depuis... La famille s'est enfin constituée... Avant peu, le niveau moral sera le même qu'en France. »

En effet. Plus de cantinières. Des femmes du monde. Suivant la formule des « five o'clock teas », de la pâtisserie Fille et de l'hôtel Saint-Georges. Il y en a bien qui s'égarent dans les petites maisons de la rue du Cheval. Mais ce n'est qu'une exception. Des malheureuses dont la mentalité ne supportait sans doute pas les modifications physiologiques de la loi d'acclimatement et dont la chute s'accélère du montant des notes de couturière à payer.

§ IV

Les mauvaises mœurs.

Si vous voulez savoir comment les Algériens les imaginent, lisez, d'un M. Desbiefs, un livre intitulé *le Vice algérien* (Oran, 1898).

Il y a là, dans un français d'outre-mer, le récit des polissonneries de Mme Mottenfriche avec M. Brichetouille, l'histoire des états d'âme de Sam-Sam, les aventures séraphiques du quatuor où les dames Poignet et Bonichon font vis-à-vis aux demoiselles

Raton et Ducongow. Et cela vous donnera le ton exact de la conversation des hommes d'Algérie quand ils parlent saloperie. C'est leur imagination du vice.

La pratique... lisez les comptes rendus des tribunaux. Les histoires typiques, comme celle de ce médecin d'Alger qui recommande à un brave capitaine de ne plus coucher avec la femme adultère, résolvant ainsi à son avantage le difficile problème du non-partage.

Le capitaine, qui a finalement tiré sur le docteur, à l'audience « rapporte qu'il apprit, un jour, que ses deux fillettes, âgées de douze et treize ans, avaient été amenées par sa femme dans la chambre du docteur et qu'il en ressentit une haine féroce ». (Le *Journal*, dépêche d'Alger, 4 juin 1904.)

Je sais bien que nous avons, nous, l'affaire Syveton et que les cas des tribunaux, ce n'est point la vie ordinaire. Parfaitement. Très peu de cocus d'Algérie se servent du revolver. Le souci de la manille en retient trop au café.

Un homme de police — un renseigné — très renseigné — avec qui je causais de ces sales choses, me disait :

— Voyez dans les villes le luxe des femmes, les froufrous, ces rubans, ces souliers ; tout ça coûte très cher. La femme ne gagne rien. Le mari peu. Et ce qu'il gagne, il le boit...

— Alors ?

— Rue du Cheval...

— Mais, c'est Alger...

— Il y en a partout.

— Mais pas toutes...

— Evidemment..

— Combien ?

— Trop.

Il paraît que la moyenne de tolérance est dépassée.

Tel est aussi l'avis des filles professionnelles.

Vous ne savez peut-être pas que lorsqu'on veut être fixé très vite sur l'histoire intime d'un pays, trouver si les réalités de mœurs répondent aux apparences, la méthode c'est, lorsqu'on ne peut consacrer des années à cette recherche, de causer avec les gens de police, les commissionnaires, quelques officiers ministériels, les garçons de restaurant, la blanchisseuse, le coiffeur et les filles. Naturellement, tous, quand ils savent que vous « enquêtez », cherchent à vous tromper. En Algérie plus qu'ailleurs, les gens qu'on interroge ont tendance à mentir. J'ai vu de beaux menteurs en ma longue existence de chercheur de vrai. Nulle part je n'en vis magnifiques autant qu'en Algérie. J'en sais d'épiques. Et c'est merveille de les écouter bénévolement avec l'air idiot du philosophe qui veut bien laisser croire aux imbéciles qu'on le roule.

La courtisane algérienne est plus sincère. Elle prétend, la pauvre, qu'elle a rarement « l'occasion de causer ». Aussi quand elle se figure l'avoir, s'en donne-t-elle... aux dépens de l'habituel client qui « la fait tant souffrir ». Cette poésie délicate, ce vague à l'âme, qu'ont généralement les putains, l'Algérien ne saurait, paraît-il, point le remplir. Au lupanar, la matrone se plaint de ce que les gens distingués, pour s'amuser, « cassent tout ». En ville on ne casse rien... ou moins. Mais quand une bonne fille veut offrir des thés où il y ait un peu de tenue, personne ne vient. Pour avoir du monde, il faut singulièrement corser le programme; à l'opium. Quelquefois jusqu'à la mort.

Bref les « bonnes filles » ne sont pas contentes...
Le client n'aurait pas d'intelligence, pas de délicatesse et ne serait pas généreux. Il y a cependant un
nom qui fait rêver les petites ouvrières d'Alger lorsqu'elles « pensent à devenir cocottes ». Elles citent
avec admiration le cas d'un jeune homme qui « s'est
ruiné pour une femme ». Mais il paraît qu'il a quitté
le pays n'y laissant pas école. De jeunes juifs ont
cru cependant que le ton de la bonne société française voulait qu'on fît quelquefois des folies pour des
actrices. Mais ça n'a pas tenu beaucoup non plus. Le
simulacre du suicide leur a paru préférable à la
forte somme comme preuve de grande passion chic.

Et cocottes et « artistes » gémissent. Le client
leur est pris par « la femme du monde ».

Si l'on additionnait tous les cas de « femmes du
monde », de la concurrence de qui se plaignent cocottes
et trottins, de l'amour de qui se vantent marlous et
galopins dans les trois provinces, le résultat serait
stupéfiant ; il y aurait presque plus de femmes du
monde que d'habitants... car le troupier qui vient
de France, le muletier qui vient d'Espagne, le passant qui vient de partout, absolument tous, vous
dis-je, au débotté, l'Algérie leur servirait une femme
du monde.

Il y a là plaisant travers... sous le prétexte qu'il
y eut, qu'il y a des scandales, que trop de petites
bourgeoises demandent à la prostitution clandestine
un supplément de toilette, que trop de « dames » ont
la cuisse légère, enfin sous le prétexte que l'acclimatement donne en la mentalité féminine la prédomi-
nance à l'élément sexuel, il ne faudrait tout de même
pas que le touriste s'imaginât qu'en Algérie on n'a
qu'à jeter le mouchoir au hasard pour qu'une
« femme du monde » immédiatement le ramasse. Et

il ne faudrait surtout point que, s'il le disait, le contait au retour, il trouvât créance. Il y a de sales réalités en Algérie. Mais il y en a moins que l'apparence ne le ferait supposer.

Bien plus, quand la réalité s'offre, elle est parfois loin de tenir ce que semblait promettre l'apparence. La féminité provocante ne l'est pour ainsi dire que dans l'intérêt de l'espèce. Elle est raccrocheuse pour la fin normale de sa fonction.

La « bagatelle », comme disent élégamment les tireuses de cartes, n'y est très souvent que tout à fait secondaire.

§ V

Le rôle des juifs dans la prostitution algérienne.

J'ai trouvé quelque chose d'amusant sur ce propos.

Les Algériens qui constatent, déplorent ce qu'ils disent la « démoralisation de leur pays par la prostitution clandestine », en rendent responsable...

Qui...

Leur climat, leurs vices, leur pauvreté...

Ne cherchez pas... Vous ne trouveriez point.

Je préfère vous le dire tout de suite :

Le juif.

Les malins de l'antijudaïsme ont dit aux cocus d'Algérie : « Si vous l'êtes, c'est la faute aux juifs. » Et il y eut beaucoup d'antisémites !

Il y a même là un curieux phénomène à retenir comme élément de mentalité de la race nouvelle.

Tout d'abord, ce fut, contre le juif, l'accusation de proxénétisme.

Ce passage de l'*Algérie juive* de Meynié (1887) en donne le thème : ·

« Pour acquérir un peu d'influence, le juif chercha à se mettre sous l'égide de nos officiers auxquels il livra sans vergogne sa femme et ses filles. Il a compris que c'était là un de nos côtés faibles, et c'est par là qu'il a cherché à nous attirer à lui.

« Nos vieux officiers qui, dès les premiers temps de la conquête, ont été attachés aux bureaux arabes doivent encore se rappeler la physionomie de ces vieux juifs, lorsqu'ils venaient humblement leur offrir leurs filles en ayant soin toujours de demander un service.

« Depuis les temps les plus reculés, nous avons constaté que les juifs ont toujours prostitué leurs femmes et leurs filles, pour se procurer le premier argent qui devait être la base de leur fortune et de leur future puissance. »

Ainsi, d'après les antisémites, le juif vendit sa femme, vendit ses filles. Puis quand il aurait su gagner de la sorte assez d'argent, il se serait mis en tête d'acheter les femmes, d'acheter les filles du chrétien, en faisant du pays chrétien un « vaste lupanar ».

Cela se lisait en Alger, dans l'*Antijuif*, n° du 10 février 1897 :

« Dans son ghétto, le youtre est capable des plus grands vols ; dans la rue des plus lâches assassinats ; dans son taudis, pour auréoler ses méfaits, il s'adonne à des passions, à des instincts dont l'immoralité écœure d'abord, exaspère ensuite par ses actes suintant le pus de la corruption basse, vile, de celle qui, ayant conscience de sa hideur, se cache dans les rues infectes et ne sort dans la rue que lorsque la nuit est profonde et qu'elle peut, araignée velue, guetter sa proie en se dissimulant le long des murs.

« Non content d'accaparer les fortunes des nations où il s'implante et d'activer par ses procédés une paralysie générale dans toutes les affaires, cet être dégoûtant cherche à les corrompre par ses mœurs abjectes. Si on n'y prend garde, si dans un élan d'assaut final, on ne chasse cette race, non seulement elle arrivera à transformer les pays en de vastes ghettos, mais elle en fera aussi par ses instincts un lupanar repoussant, où tyrannique elle apaisera ses appétits monstrueux. »

La note ainsi donnée fut reprise et développée.

Dans un journal qui eut beaucoup de succès, que lisait la jeunesse des deux sexes, dans un journal qui affirmait son antisémitisme jusque par son titre, dans le *Cochon* du 9 mars 1902, j'ai lu :

« Certains qui peuvent être dans le vrai attribuent à l'influence juive la désagrégation morale actuelle. Il est évident que c'est sous l'action néfaste de ce principe essentiellement judaïque « que l'argent est tout, le reste rien » que sombrent à tout jamais les solides vertus françaises...

« Il est indéniable qu'à Alger notamment où les capitaux sont surtout concentrés dans les coffres juifs, « l'argent » a exercé sur la femme son influence immorale.

« ... Un nombre considérable de femmes mariées qui proclament bien haut leur antijudaïsme et affirment ostensiblement leur haine superficielle du juif... sont souvent les premières non seulement à accepter, mais encore à rechercher les faveurs monnayées d'Israël. »

L'homme vertueux qui publiait le *Cochon* avait malmené quelques chrétiennes ; il n'avait pas compris qu'en Alger l'insulte alors n'était permise que contre Israël. Coût : deux mois de prison. Aussi, quand il reprit son métier de moraliste sanitaire eut-il bien soin, toutes les fois qu'il voulut faire chanter une chrétienne légère, d'insulter en même temps un juif.

Aussi les jeunes gens prenaient-ils plaisir à lire ce délicieux journal et, malgré l'avis imprimé en manchette : « Nous engageons nos lecteurs à ne pas laisser le *Cochon* entre les mains des jeunes filles, » on mettait le plus souvent possible ledit *Cochon* entre lesdites mains desdites jeunes filles.

« Vive le *Cochon !* » ce fut une page exquise en

l'histoire de l'évolution de l'esprit de la race nouvelle, côté filles et côté garçons.

§ VI

Les femmes d'Algérie dans l'antijudaïsme.

Pour voir complètes les femmes d'Algérie, les études du *Cochon* ne suffisent évidemment pas. Il faut détailler le rôle que les femmes ont joué dans l'antijudaïsme de M. Max Régis. Les hommes d'esprit de là-bas disent que ce fut de la régistérie. Je crois que le mot est de M. Casteran. Ce mot n'est qu'un mot. Ce ne fut ni de la régistérie, ni de l'hystérie. Les femmes d'Algérie se montrèrent alors ce qu'elles sont, des femmes plus près de l'animalité femelle. Voilà tout. Et l'on peut dire de leur conduite, en parodiant un mot de Gavarni : « C'est ça qui donne une fière idée de la femme ! »

Tant que l'antijudaïsme se présenta sous des étiquettes de raison la femme d'Algérie ne vibra point. Non plus que leur laid physique les spéculations de M. Marchal, de M. de Redon, de M. Samary, de M. Gérente (première manière) ne la touchaient. Passa Morès, le feutre de Morès, les moustaches de Morès... Il y eut quelques dames du Souvenir... Pas trop, car Morès était encore un gentilhomme. Mais lorsque dans les ruées de blonde poussière, en lumière éclatante, au milieu des mâles à la poitrine velue, aux yeux sanglants, qui étaient horribles, et qui hurlaient, et qui suaient l'immondice, apparut M. Max Régis, le « héros » jeune, tout rose, auréolé de poils roux, stupide et superbe... toc, toc,... ce fut le coup de foudre, et tous les cœurs émus, pris. Toutes ces dames furent du Souvenir. Elles offraient à M. Max Régis de l'argent, des bijoux, des fleurs, des palmes, leur photographie, des baisers, leur clef... M. Max Régis était le victorieux. Elles traînaient sa calèche.

En 1904 il n'y a plus de dames du Souvenir. M. Max Régis est réduit à laisser vendre par le Mont-de-Piété les bijoux du Souvenir.

C'est que la femme ignore les vaincus. En Algérie comme ailleurs.

Des gladiateurs croyaient que la femme de Rome les aimait quand elle leur envoyait, victorieux, avec un sourire, un baiser, un bravo, son émoi de femelle chatouillée par la vue, par l'odeur du sang. A terre, hommes de boucherie, choses de voirie, elle les condamnait impassible au couteau de l'égorgeur.

Il y a beaucoup de la femme romaine dans la femme d'Algérie ; sans doute aussi dans la femme de partout... puisque les soldats se marient partout ; mais il y en a plus dans celle d'Algérie. Et si M. Max Régis pouvait penser, écrire, il nous donnerait d'intéressants mémoires... La Gabaud, la Marie-Jeanne, les filles de la Kasbah, les cigarières de Bab-el-Oued, les couturières, les modistes et les boutiquières de Bab-Azoun, les bourgeoises, les mondaines de Mustapha... toutes... lui seul pourrait animer de sa bestialité une analyse de la force qui les jeta râlantes à ses pieds.

§ VII

Le rôle d'économie politique assigné à la femme d'Algérie dans la lutte antijuive par les calculateurs du parti.

Que la femme, jouet de sa chair exaspérée, fût

ainsi poussée dans la bagarre antisémite unique·
ment par son sexe et parce que M. Max Régis était
beau garçon, évidemment, cela paraissait humiliant
aux politiques du parti.

Les calculateurs voulaient d'elle autre chose que
de l'amour pour M. Max Régis, quelque chose de plus
utile et de plus pratique dans la lutte : qu'elle n'a-
chetât plus rien chez les juifs.

Déjà en 1891, dans le premier *Antijuif*, n° du
11 janvier, M. de Redon avait essayé de l'éloigner
du commerce juif en disant :

— Que l'on devrait écrire devant les magasins
juifs : « Ici les honnêtes femmes n'entrent pas. »

— Que « dans les magasins juifs les chrétiennes
n'ont du bon marché qu'à la condition de se laisser
pincer le derrière ». (Textuel.)

Pauvre M. de Redon, comme il dut souffrir à la
pensée du nombre de chrétiennes qui « ont eu du bon
marché » dans les magasins juifs depuis 1891... Il
n'eut douleur plus grande que lorsqu'il constata la
nature de l'influence exercée par M. Max Régis qui
lui, différent du juif, toujours se fit payer quand il
daigna « pincer le derrière » d'une chrétienne.

Les journaux antisémites, pour éloigner la femme
des magasins juifs, n'employaient pas toujours la
recommandation « gare à votre derrière » inventée
par M. de Redon. Ainsi M. Chaze publia souvent de
longues dissertations politico-économiques sur le
propos, sans aucune de ces allusions de mauvais
goût, plus insultantes pour les femmes que l'on prétendait ainsi défendre que pour ceux dont on croyait
les défendre. Mais il faut supposer que la manière à
la de Redon était la bonne, car c'était la plus employée.

En voici un article type, dans l'*Antijuif*, qu'il faut

lire entièrement pour savoir comment l'Algérien comprend « l'art et la manière » de mener les femmes de son pays.

C'est d'un M. Joderlos qui intitulait cette épître aux Algériennes : « Nouvel appel aux femmes. »

« La femme étrangère qui n'est pas fille d'Israël est une bête. » (*Talmud*. Trad. Sanhédrin. F, 52. 2.)

« Voilà un article du livre sacré des juifs que toutes les femmes européennes qui vont encore acheter chez les youpins feraient bien de méditer, avant de pénétrer dans les immondes ghettos où on les vole et où on les salit. Oui, femmes françaises et autres, pour les youtres ignobles, vous n'êtes que des bêtes, que des machines à plaisir faites pour rassasier leur lubricité de verrats en rut. Chaque fois que vous allez chez ces êtres visqueux, vous en sortez avilies, souillées, car le juif, en contact avec une Européenne, se fait bouc, singe et pourceau.

« Il s'arrange toujours pour vous toucher de ses doigts crochus, pour vous dire quelque grosse fadaise, quelque galanterie bête et sale avec des mines d'ours mal léché.

« Il ne respecte rien, pas même les toutes jeunes filles, pas même les enfants. Considérant toutes les femmes non juives comme des bêtes, il les traite comme telles et les regarde comme une pâture destinée à exciter et à calmer ses instincts libidineux, ses passions bestiales, ses désirs lubriques.

« La vue, le contact d'une femme européenne, le fait renâcler, baver, s'ébrouer et se trémousser comme un baudet, et la femme qui sort de chez un juif est comme la fleur sur laquelle a rampé un vil colimaçon, salie, souillée, tachée.

« Timide, obséquieux, humble avec les hommes, il est orgueilleux, prétentieux, fanfaron avec les femmes, aimant à se poser en don Juan, en Lovelace.

« Il se vante de ses bonnes fortunes et a l'impudeur de proclamer bien haut que les complaisances qu'il obtient des femmes européennes le consolent du mépris qu'ont pour lui les hommes.

« Une telle insolence de la part de ces misérables, rebut de toutes les nations, exutoire du monde entier, n'est-elle pas ignoble, et ne sommes-nous pas des lâches de la supporter?

« S'il est encore des femmes européennes assez peu respectueuses d'elles-mêmes et de nous pour aller se fourvoyer dans les antres juifs, l'heure n'est-elle pas venue pour nous,

pères, maris, frères et fiancés, de nous unir, de nous liguer
et de défendre absolument à nos femmes, à nos sœurs, à nos
fiancées, c'est-à-dire à ce que nous respectons le plus au
monde, d'acheter quoi que ce soit chez ces reptiles immondes,
chez ces crapauds purulents ?

« Femmes françaises nos sœurs, et vous Espagnolettes, non
moins belles, ni moins gracieuses, que les juifs se vantent impudemment d'avoir pour un mouchoir de vingt sous, ne
sentez-vous pas votre cœur se soulever, tout votre être pris
de dégoût au contact du juif que la légende (oh ! combien
vraie, celle-là) fait descendre du bouc et de la guenon dont il
a l'odeur et la lubricité !

« Ignorez-vous que les juifs, même les plus élégants, ont
toujours quelque part sur leur corps maudit quelque plaie
qui coule, quelque puant stigmate, la lèpre immonde qu'ils
ont conservée et propagée à travers les âges ?

« Ne savez-vous pas que, quoique couverts de musc et im-
bibés d'eau de Cologne, ils puent toujours, et comme la ca-
marade d'atelier de la Nana de Zola, leur digne défenseur, ils
trouillotent tous du goulot?

« Et puis, chose plus grave, et qui doit pour jamais vous les
rendre, comme à nous, éternellement exécrables, les voyez-
vous, en ce moment-ci, faire tous leurs efforts, semer à pleines
mains l'or corrupteur pour nous déshonorer aux yeux du
monde.

« Femmes de France, du pays de Jeanne d'Arc, de la terre
de Jeanne Hachette et de mille autres héroïnes que l'histoire
a immortalisées, les voyez-vous, ces parias dont la France,
dans un moment d'oubli, a laissé faire des citoyens, insulter
notre armée, la sainte armée de la patrie, baver sur le drapeau glorieux sous lequel s'abritent vos pères, vos maris, vos
frères et vos fiancés, et pour lequel ils sont tous prêts à
sacrifier leur vie s'il le faut.

« Donc, femmes françaises, pour votre beau renom, pour
votre honneur et votre dignité, faites-vous une règle de conduite de ne pénétrer jamais dans ces ghettos dont vous sortez
toujours volées et salies. »

C'était une bien curieuse manière de les nettoyer
ces pauvres femmes « salies », que la manière inventée par M. de Redon.

M. Max Régis était plus avisé quand — le bougre les connaissait bien ! — il leur clamait :

« Vous êtes maintenant les vestales qui veillez au feu sacré sur lequel s'offrira l'holocauste de toutes nos souffrances.

« ... Apportez sur l'autel de la Patrie en danger l'hommage de vos dévouements si nécessaires. »

Cela c'était pour les héroïnes qu'on voit arriver des banlieues, coiffées de chapeaux à plumes... des braves femmes, un peu ridicules, mais saines de cœur, et qui « marchaient » quand on les appelait vestales ou qu'on les comparait à Jeanne d'Arc.

§ VIII

Les ignominies que lisaient les dames du Souvenir.

L'*Antijuif* soignait sa clientèle féminine. Ce journal était lu dans les meilleures familles d'Alger. Telles grandes dames ne pouvaient attendre la distribution de l'abonnement. Elles guettaient les premiers crieurs. Vous savez, chez nous, la blanchisseuse qui a joué le favori et roussit le fin en surveillant l'arrivée de *Paris-Sport* dans son quartier ? C'était comme ça dans les rues « bien » d'Alger. L'*Antijuif* était « espéré » comme le bon message par les femmes et les jeunes filles les plus distinguées. Les écrivains de l'*Antijuif* ne l'ignoraient point. Ils s'appliquaient pour servir à leurs fidèles et dévouées lectrices, à toutes ces vestales gardiennes du feu sacré, la belle littérature qu'ils savaient digne de leur mentalité. Ils publiaient régulièrement une histoire de juif violant une chrétienne. C'était fignolé suivant les règles étudiées d'une science très spéciale dans l'art de doser et d'alterner les détails de la plus basse pornographie et de la plus geignarde sentimentalité. Un chef-d'œuvre du genre — parfaitement c'est un chef-d'œuvre et je ne m'en dédis point — est l'histoire publiée le 3 mai 1898, l'histoire du viol de la Française Blanche D... par le juif L...

« ... La brute eut raison de cette délicate enfant, et malgré ses efforts désespérés, Blanche ne put résister ; l'ignoble juif venait de violer la fille d'un héroïque marin français. »

Le père était capitaine au long cours ! Puis la malheureuse meurt « sur un grabat ». Le «corbillard des pauvres » la conduit au cimetière où les rédacteurs du journal, suivant le rite antijuif, vont pleurer en portant des fleurs.

Il n'y avait rien de vrai là-dedans. Mais ça chatouillait la clientèle féminine distinguée.

Pour faire profondément vibrer de belle horreur la délicate lectrice et lui donner le long frisson du terrible danger, le juif qui violait tant de malheureuses, qui pouvait d'un jour à l'autre la violer elle-même, les collaborateurs de M. Max Régis en traçaient les plus répugnants tableaux. Etre visqueux, purulent, pustuleux, bouc lépreux, satyre puant, c'était la monnaie courante. Quelquefois on précisait scientifiquement ! Le 8 août 1897, le journal décrivait le juif examiné aux rayons Rœntgen et montrait ceci :

« L'appareil de reproduction n'offre rien de particulier, sauf deux boules de consistance élastique pouvant se presser à volonté et communiquant avec l'extérieur par un bout coupé... »

Cela se lisait chez les curés et chez les dames des couvents qui donnent aux jeunes filles algériennes de bonne maison l'éducation.

Pour plaire à cette clientèle de femmes, on devait, naturellement, en même temps qu'on disséquait le juif éventrer la juive. On n'y manqua point. On reprit le tableau du Renaudot de 1830. Le classique passage :

« Le caractère physique des juives, si étranger aux autres femmes de ce climat, devient inexplicable. Le sang qui coule dans leurs veines est de glace, tandis qu'il est de feu chez les Mauresques...

« ... Les femmes juives les plus faciles à débaucher qui soient dans le monde, et les plus crapuleuses quand elles peuvent s'abandonner, n'ont surtout à Alger que la faiblesse et les incommodités de leur sexe. Fades, insipides, leur corps ne s'émeut jamais à la voix du plaisir ; le cœur ne les guide point dans leur choix et, pour se livrer à un homme, elles ne consultent que leur ambition, leur avarice et leur orgueil. »

Sur ce thème, pour la plus grande joie de ses lectrices, l'*Antijuif* composa les plus immondes variations.

Un jour un « vieux magistrat qui a fait paraître un livre sur l'Algérie » affirme que « rien n'est plus hideux que le juif, sinon la juive ». Et il la dépeint... à peine si la vierge trouve grâce, et c'est pour si peu de temps :

« Parfois dans le court, très court passage de la nubilité à la maturité, certaines épaules, certaines poitrines, certaines hanches, certaines jambes juives présentent des lignes, des courbes, des perspectives vraiment harmonieuses, la quantité semble y faire assez bon ménage avec la qualité, mais le moindre accident provoque des écoulements lamentables, l'accident du mariage par exemple. Le vertical se change en horizontal, les collines en vallées, les vallées en ravines, la glissade en traînage, le rose en terre de Sienne. La vierge charmait, la femme épouvante...

« Quand une juive se marie et quand elle accouche, les deux événements sont l'occasion de pratiques tellement dégoûtantes qu'on ne peut, du bout de la plume, les décrire. Dans les grandes forêts de l'Afrique centrale, là où les singes n'ont été encore ni dérangés ni corrompus par l'homme, je suis sûr que les choses se passent avec infiniment plus de décence et de propreté. » (*Antijuif*, 6 septembre 1897.)

O vieux magistrat de jadis, vieux magistrat de France qui taquinais la Muse en traduisant Horace, voilà ce que devient ta littérature et ton goût, là-bas quand tu écris sur des femmes... et pour des femmes... pour des femmes de la société que l'*Antijuif* charmait en leur disant pourquoi les juives n'étaient pas dignes de leurs salons :

« Sous prétexte de se civiliser la jeune fille juive atteint au cynisme dans la dépravation morale. Elle ne craint pas d'avilir son corps dans la boue de la prostitution et cela avec un naturel renversant qui émane de la lasciveté inhérente à sa race. Elle boit sur toutes les lèvres qui s'offrent ou qu'elle rencontre les immondes ivresses qu'exploitent des malheureuses qui se sont perdues. Et ainsi, lorsqu'elle s'est souillée à toute une multitude, elle se croit francisée, européanisée et digne alors de figurer dans les salons de notre société. » (*Antijuif*, 7 octobre 1897.)

Assez ! assez !... le dégoût vous monte à la gorge de toutes ces malpropretés...

Croyez-vous que ce furent pour moi des semaines d'heureux labeur, de pur et sain travail mettant au cœur la joie, que celles durant lesquelles j'ai fait cette horrible, cette épouvantable et surhumaine besogne de lire leur prose... toute... à ces gens de la race nouvelle... La mentalité antijuive de l'Algérie, c'est la mentalité de neuf Algériens sur dix... voyez que je fais large mesure, car ils se vantent là-bas, eux, qu'elle est celle de tous. Or, cette chose innommable, des jugements, des appréciations ne suffiraient à la montrer. Nul ne pourra jamais décrire ce que devient le ventre d'un homme qui, la colonne vertébrale cassée, n'a plus de nerfs vivifiant ces régions. Il faut avoir vu ce qui en sort. Nul ne pourra jamais exposer ce qu'est devenu le cerveau algérien dans la crise antijuive. Il faut lire ce qui en sort, ce qu'on y fait entrer.

Et j'ai cité. Et vous avez lu. Et l'ignominie de la littérature qui plaisait à la femme algérienne peut-être vous explique-t-elle l'ignominie des actes auxquels participèrent les milliers de vestales du Souvenir...

Et vous comprendrez complètement quand je vous aurai fait lire l'explication définitive du *Cochon.* Car c'est un guide sûr dans l'étude de la mentalité de la race nouvelle que le *Cochon.* Le 5 juin 1902 après quelques phrases badines sur le « turlututu » des jeunes filles juives :

« .. Je ne sais plus quel est le farceur qui du ton le plus sérieux du monde affirmait que les jeunes juives savaient demeurer sages jusqu'à leur mariage. Maintes fois j'ai soutenu que les jeunes filles z'raélites n'avaient plus leur... turlututu, et je n'aurais jamais poussé la chose jusqu'à aller aux preuves... »

Ce délicieux *Cochon* ajoute, nous livrant le secret de son âme :

« C'est si bon *d'ennuyer* la race maudite. »

C'était si bon... voilà donc pourquoi tant de femmes suivaient les émeutiers, les défonceurs de boutiques, les pillards !...

Il y avait sans doute aussi le désir de voler.

Car la femme est plus voleuse que l'homme. Toujours. La femelle garde le nid, la tanière. C'est en elle que se développe l'instinct de la propriété des choses, alors que par sa prise elle a développé dans le mâle l'instinct de la propriété des êtres.

En Alger les femmes de l'antijudaïsme volèrent. Beaucoup. Naïvement. On sait l'histoire de cette femme de service qui demandait congé à son maître — un magistrat — pour aller chercher sa part de butin. Cela fut raconté à la tribune du Parlement. Voici ce qu'on n'a point dit : Quelques jours avant les troubles, les dames d'Alger avaient admiré en vitrine d'un magasin juif un manteau de soirée très riche (vous savez la camelote « voyante » d'export)... mais un peu cher, et qui pour cela ne se vendait point. Quelques jours après les pillages ce manteau était porté par une dame de la meilleure société. Ce n'était pas du vol. Je le sais. C'était la reprise individuelle.

A moins que ce ne fût les « appétits inconnus aux vétérans du passé » que les Algériens constataient dans leur mentalité nouvelle dès 1871 :

« Nous respectons les quelques hommes de 1848 qui sont restés fidèles à leurs convictions républicaines, mais les jeunes générations ont des aspirations nouvelles, de *nouveaux appétits inconnus aux vétérans du passé.* » (*Radical de Constantine*, 25 juin 1871.)

Hélas ! oui des appétits inconnus aux Français de France, voilà ce qui nous attriste et nous inquiète chez ces Français d'Algérie...

CHAPITRE XVI

La disparition du sens français des convenances dans la mentalité algérienne.

Il semblerait que la vie africaine a toujours désagréablement transformé le goût des immigrés, très

vite, presque instantanément. De braves gens,
comme le général Clauzel par exemple, qui écrivaient,
qui parlaient simplement en Europe, aussitôt qu'ils
avaient quelque chose à dire en Algérie tombaient
dans le ridicule :

« Soldats, les feux de vos bivacs qui des cimes de l'Atlas
semblent se confondre avec la lumière des étoiles annoncent à l'Afrique la victoire que vous venez de remporter sur
ses barbares défenseurs et le sort qui les attend. Vous avez
combattu comme des géants... etc... »

L'équilibre mental est compromis très vite... plus
de mesure... plus de goût... Les journaux du
10 mars 1903 nous apprenaient que M. Revoil avait
offert à la reine Amélie de Portugal le spectacle
des aïssaouas et ajoutaient que la reine en avait
été « fort impressionnée ».

Vous voyez le dessert à la reine et le poétique
après-dîner... les hurlements des épileptiques man-
geurs de scorpions... horreur !

C'est aux mêmes organisateurs que l'on doit les
fameuses danses du ventre du Kreider qui ont fait
rougir... (il n'y avait point de sapeur)... le cosaque
invité par le Président.

C'est le goût algérien au niveau duquel tombe
très vite celui de l'immigré.

Il est vrai que cela est beaucoup plus innocent
que cet autre manque de tact par quoi s'illustra
M. Bertrand, le président du Parlement d'Alger, le
jour de l'arrivée de M. Loubet.

Le président de la République vient faire un
voyage « au nom de la France dans la colonie ». En
le saluant, le président de la plus haute assemblée
de l'Algérie se permet l'inconvenance de lui dire
ceci :

« Vous nous trouvez sous le coup d'une bien grande et bien légitime émotion et vous voudrez bien me permettre, monsieur le Président, de vous la traduire respectueusement.

« M. Revoil, qui avait donné tant de preuves de dévouement à la cause des colons et des indigènes, qui avait su grouper toutes les énergies dans un même effort pour la prospérité de l'Algérie, dont le zèle était inlassable, après les témoignages unanimes de confiance qu'il avait reçus de tous les points de la colonie, après nous avoir, en dernier lieu, vaillamment et avec succès *défendus* devant la Chambre, vient de résigner ses hautes fonctions dans des conditions particulièrement inattendues.

« Cette émotion profonde, partout sur votre passage vous en trouverez la manifestation sincère ; elle fait honneur à l'Algérie, qui avait bien vite reconnu dans son gouverneur le républicain loyal et courageux, l'homme de devoir et d'honneur qu'aucune épreuve physique et morale n'avait pu distraire un instant de sa grande tâche, et que nous aurions voulu acclamer à vos côtés.

« Nous avons donc le devoir, au début de ce voyage, après vous avoir souhaité la plus cordiale bienvenue, d'adresser à M. Revoil, avec nos remerciements émus, l'expression de nos plus vifs regrets. »

Si les délégués financiers croyaient devoir se plaindre, ils savaient à qui s'adresser : au président du conseil. Les paroles de M. Bertrand constituaient une inconvenance et un outrage, mais cela paraissait naturel aux Algériens.

Leur inconvenance était d'ailleurs calculée, voulue, préméditée. La *Dépêche algérienne* avait pour cela fait campagne. Le 20 février, elle publiait un avis disant que les discours « socialistes » annoncés à propos de l'affaire de Margueritte « rendraient *bien difficile* l'accomplissement du voyage de M. Loubet ». C'est textuel.

Le 14 avril, un M. Aubert envoyait à cette même *Dépêche*, qui la publiait, une lettre engageant les populations algériennes à manifester *pendant* le voyage du Président leur *indignation* soulevée par l'incident que l'on sait.

Ce M. Aubert n'était pas un ramasseur de bouts de cigare, mais le secrétaire général du syndicat commercial algérien.

Enfin, le jour de l'arrivée du Président, M. Antonini — pas un tondeur de chiens, mais un gros personnage, un ancien maire d'Alger — faisait distribuer sur la voie publique des petits papiers couverts de ceci : « Colons et citadins, unissons-nous pour pousser tous en chœur sur le passage de M. Loubet le cri de « Vive Revoil ! » »

C'était tellement fort qu'en cette occasion les mendiants, les voyous, les cireurs montrèrent plus de politesse que les gens bien élevés. La *Dépêche* avait publié ses menaces, le syndicat commercial son appel à l'outrage. M. Bertrand seul parla.

N'allez surtout point dire à ces gens qu'ils manquaient de la plus élémentaire correction. Ils vous répondraient ce qu'un conseiller général répondait au préfet :

« *M. Rey* s'étonne des appréciations du préfet, en ce qui concerne la forme de la motion. Nous avons tous tellement fréquenté le protocole, ces temps derniers, — pour ma part, j'ai couché dans le même train — que nous avons tous appris à mettre dans nos propos une réserve protocolaire. » (*Dépêche algérienne*, 4 mai 1903.)

Autre ordre d'idées.

Un reporter va faire visite à l'un des maîtres de la littérature algérienne du moment. Il nous décrit le sanctuaire :

« Un fouillis de menues choses orfévrées, sculptées, encombrent les bureaux et fauteuils. Des livres, brochures, manuscrits chevauchent sur une causeuse, se heurtent à des têtes de mort fumant le « calumet de paix », comme le dit le maître de céans. » (*Alger-Théâtre*, 13 février 1904.)

Dans la plus littéraire des publications, le *Turco*, un monsieur Pétrone, nous annonce qu'il prend la critique du Kursaal :

« J'installe mon postère dans mon fauteuil à fleurs : je m'y cale, je m'y incruste, je m'arapédise. Je n'assiste pas seulement aux premières, mais aux répétitions, je me faufile dans la coulisse pour glaner des cancans. Je fais mon devoir, car je n'ai pas la cosse, moi, comme la plus blanche de nos choristes.

« Madame, permettez-moi de vous toucher, — ne rougissez pas, — quelques mots de *Cyrano de Bergerac*.

« L'héroï-comédie du divin de la divinissime... »

Dans ce même numéro du *Turco* il était dit pour montrer que les Algériens ne sauraient être semblables aux Français :

« Est-ce que les Africains, latins des premiers siècles de l'ère chrétienne, avaient même sentiment que les latins de l'Italie ? »

Tu as raison *Turco*... ils n'avaient pas le même sentiment, et c'est pour cela qu'ils étaient des-barbares... et que toi aussi tu redeviens barbare.

Tu ne t'en aperçois point, je le sais, car tu as le droit de croire tes talons rouges quand tu regardes les pieds de tes amis, de ceux du *Cochon* par exemple, du *Cochon* qui publiait cette prose de Cagayous, le fils du tien, se désistant pour Drumont :

« ... Je vous dis maintenant de choisir à ma place M. Drumont, çui-là qui crie bien fort : « En bas les juifs ! » que tout le monde à Paris y dit qu'il a une plume terrible, bien taillée, que chaque coup elle vous emporte un morceau !...

« ... Mà! que sale maladie y vous foutent, les juifs ! Jamais plus je touche la main au vieux Zermati de Kanoun qui me paie une rinquette tous les samedis. Et qu'ils aillent se la

prendre, cette maladie, tous ceuss qui voteront pour ce cala-
mar de Colin qu'il a eu peur de se battre avec moi !

« Alors, c'est entendu, hein? Nous voterons tous pour Drumont, parce que si Colin il était nommé, alors oui, c'est du
propre : que tous les rabbins de l'Algérie après y nous font
sucer tous les prépuces sauce tomate qui y gardent dans les
barils d'emkouba, de toutes les synagogues du monde entier ; et
après, ils nous obligent comme cadeau à les scier tous les
jours, et nous serons après forcés de crier tous les dimanches
que embar, du caramél bonbon taïba.

« Ah ça, jamais alors! nous aurions plus de zoôûss.

« Et voilà pourquoi il faut tous voter pour Drumont.

« Et en bas les juifs! » (27 avril 1902.)

puis fulminant :

« La Cantera (400 voix Drumont, le 28 avril 1902.)

        « Cher monsieur du *Cochon,*
« Alors, c'est vrai. Comme ça Colin y nous a mis la patate
dans... le cœur, à tous!

« Ça n'est pas avoir de la vergogne dans la figure. Ma parole,
je crois que les Français d'ici y z'ont plus rien dans le panta-
lon, y doivent être tous des eunuques.

« Qu'est-ce que nous allons faire à maintenant? »

La patate dans le... cœur !

La patate ou le saucisson. Mœurs algériennes.
Politesse de la race nouvelle...

Demandez à Drumont, qu'il faut aimer malgré tout
de son grand courage et de sa furie vengeresse à
s'être élevé contre l'or... discutable seulement d'avoir
cru que l'or, à notre époque, c'est encore le veau
d'Israël et qu'il suffirait de brûler en autodafé les
Rothschild pour que tout le monde ici-bas fût heureux... Demandez à Drumont ce qu'il pense de ces
mœurs, de la convenance algérienne... et son écœu-
rement, lorsqu'au lendemain de sa défaite, à sa
porte il trouva le saucisson et qu'on lui en eût expliqué le symbole.

Victor Barrucand m'a dit que parfois cette mentalité — saucisson de l'Algérien, se manifestait grandiose, magnifique. Au théâtre, une réunion. M. Lyonne, accusé d'avoir trahi, veut s'excuser. Des huées, des cris, un grognement formidable : « Au cul ! » et des milliers de bras vibrants, colères, le poing fermé, se tendent contre l'homme... du parterre, des loges, de partout ; fantastique, admirable symbole ; toute la puissance « Karageuz » de la race nouvelle : « Au cul ! » Le mot et le geste, ils l'ont naturellement à la moindre occasion, dans la rue, au café, au cercle, au bal, chez eux, ailleurs, partout. C'est la grande fraternité rêvée. L'égalité dans l'obscène et le grossier. Banquier, notable commerçant y coudoient le charretier et le marlou.

Oui, le marlou. Ne souriez point. La convenance algérienne sur le propos n'est pas la nôtre.

Et voici de 1903 :

Pour concilier à sa cause très algérienne les journalistes français du voyage présidentiel, M. Revoil avait eu l'exquise attention de les faire conduire, par la presse locale, au bordel, en fin de banquet.

Sachant le dévouement de cette fidèle et bonne presse, il lui avait imposé cette corvée. Mais il avait sans doute craint de froisser outre mesure la délicatesse de ses publicistes, en leur imposant, à eux seuls, toute la besogne, car il leur avait joint un petit jeune homme de son cabinet pour payer la dépense.

Avec quelques honnêtes gens d'Alger, — car, ne l'oublions, il y en a tout de même, et de purs Algériens, des fils de colons de la première heure ; le sang de France n'est pas tout entier pourri dans ce pays, sinon personne ne prendrait plus la peine d'en écrire ; on l'abandonnerait à sa pourriture sans plus s'en inquiéter, jusqu'au jour du résultat fatal... — donc, avec quelques honnêtes gens d'Alger, nous avions trouvé l'inconvenance un peu forte, et brièvement j'avais protesté par la note que voici, dans le journal de Victor Barrucand :

« Pour montrer aux journalistes parisiens qu'Alger était vraiment ville hospitalière et les gagner sans doute à ce que les Algériens disent leur cause, oubliant que partout où règne l'autorité de la République il n'y a qu'une cause, la française, le gouvernement général de l'Algérie nous conduisit tous au lupanar et nous offrit, entre deux coupes de champagne, des femmes qui dansaient nues.

« M. le sénateur Gérente présidait. Un délégué à la presse, M. Raynaud, du cabinet de feu M. Revoil, ordonnait. Ne démandez pas qui payait. C'est toi, lecteur. C'est toi, contribuable.

« Et que nos confrères algériens ne protestent pas en disant que le... service... venait d'eux. Ils auraient tort de se donner la peine de mentir pour s'attribuer la dignité... spéciale... qui allait si bien audit sénateur et audit jeune homme de cabinet.

« Cela est un petit fait. Sans doute. Et les gens qui voient de très haut les choses humaines trouveront que, dans la crise actuelle où l'Algérie fait ses nerfs, il est inutile d'insister sur cette petite inconvenance d'une administration croyant que les journalistes parisiens ont besoin d'un guide officiel pour les conduire au lupanar.

« J'en conviens. Aussi je n'insiste pas. Mais il était nécessaire de noter cette indication de mentalité.

« C'est fait. Brûlons du sucre et passons. »

Des gens intelligents auraient compris et profité de la leçon méritée... mais l'intelligence française paraît avoir subi en Algérie dans la race nouvelle des modifications aussi profondes que le sens des convenances.

Cette bonne presse algérienne se fâcha rouge. Elle excommunia Barrucand... Pour moi ! !...

Ce qu'il y a de triste en cette aventure, ce n'est

pas tant le rôle de la presse algérienne que celui de la société algérienne après l'incident. Beaucoup trop d'hommes de cette société, des hommes distingués par ailleurs, *ne comprenaient pas* ce qu'il y avait eu d'inconvenant dans le procédé de M. Revoil offrant aux invités de la presse locale, moitié sur les fonds du gouvernement, moitié sur ceux du conseil général, une séance d'Andalouses. J'ai mis très souvent, à dessein, la conversation sur ce sujet lorsque je cau-;ais avec des gens très bien... Ils ne comprenaient point ! Ils avaient la mentalité de leur presse.

CHAPITRE XVII

La mentalité algérienne reflétée par la presse algérienne.

Je ne voudrais point faire une concurrence déloyale à la rhétorique algérienne en disant que la presse est le miroir d'un pays. Car j'estime que la France vaut beaucoup mieux que la presse française. Et malgré tout je crois que l'Algérie vaut également beaucoup mieux que sa presse. Je ne vais cependant pas jusqu'à dire avec M. Casteran (*Télégramme*, 30 mai 1899): « On se fait journaliste à Alger aussi facilement que cireur », ni à faire miennes les décla- rations de « Mohammed Biskri » dans sa *Lanterne* du 28 avril 1898:

« ... J'y vas faire comme les roumis qu'y savent plus com- ment boulotter, y sont journalisses, seulement comme mon journal y sera à moi tout seul j'y mettra dessu ce que j'y voudra, et personne y dira met ça ou met aut'chose, moi seul j'y commandera, parce que personne y paie. »

Mais si je trouve excessif cet auto-dénigrement(1)...
il me semble qu'il n'y a pas moins d'excès dans le
portrait flatteur que la *Vigie algérienne* publiait le
23 juin 1881.

C'était :

« Je termine par ce passage de l'article dominical du *Petit
Alger* sur la presse algérienne :

« Nous n'éprouvons aucune hésitation pour dire que le
« journalisme algérien peut être comparé avec le journalisme
« de la métropole sans qu'il en résulte un désavantage pour
« lui. En France on est bien vite un grand journaliste lorsqu'on
« a quelque facilité de plume et qu'on est entré dans l'engre-
« nage ; il n'y a pas pour lui de questions neuves, ou il y en a
« peu ; ce n'est pour ainsi dire qu'un courant de rédaction. Ici
« c'est tout le contraire. Ce qu'on appelle le bulletin politique
« tient le second rang dans un journal algérien ; le premier
« rang appartient au bulletin colonial, c'est-à-dire à toutes les
« questions particulières au pays touchant la colorisation,
« l'administration des populations indigènes, la sécurité des
« frontières, la constitution de la propriété immobilière, les
« rapports du gouvernement de la colonie avec celui de la
« métropole, l'aménagement des eaux, etc...

« Pour écrire sur tous ces problèmes il ne suffit pas de
« savoir tourner la phrase, de connaître le genre polémique et
« d'avoir acquis une instruction générale ; il faut de plus et
« surtout posséder son sujet ; et nous entendons par là avoir
« fait les études nécessaires pour connaître l'Algérie »

« Suit une appréciation très bienveillante de chacun des
écrivains de la presse d'Alger, suffisamment désigné pour
qu'il se reconnaisse.

« L'auteur de cet article se déclare complètement désintéressé dans la question. Il n'est pas journaliste, dit-il. Je n'en
crois rien. En tout cas, moi qui le suis par profession, par
vocation et par tempérament, je mets toute modestie à part,
et je me range à l'avis de mon confrère masqué. « Il est plus

(1) *Il y a tout de même dans la presse algérienne quelques person-
nalités honnêtes et de talent;* il y eut des journalistes algériens
comme les Marteau, les Pierre Batail et d'autres, qui ont livré et
livrent encore le bon combat. Mais c'est le cas de répéter *rari
nantes...*

« difficile d'être journaliste en Algérie qu'en France » et aux arguments à l'aide desquels il le démontre j'ajoute celui-ci : le découragement qui s'empare d'hommes laborieux et de bonne foi, qui usent leur vie à chercher des solutions aux problèmes multiples dont l'étude est leur constante préoccupation, et qui savent d'avance qu'ils se heurteront à l'ignorance, à la sottise, à la malveillance, de ceux auxquels ils s'adressent. »

C'est assez réussi comme spécimen de la suffisance algérienne. Mais c'est de 1881. L'Algérie « brûle les étapes du progrès ». Il s'est fait beaucoup mieux depuis. Il y a tout ce qu'on trouve dans la *Dépêche algérienne*, dans les *Nouvelles...* Vous verrez au chapitre Séparatisme.

Voici quelques extraits entre mille sur le goût.

C'est dans la *Revanche du Peuple*, 5 avril 1902, cette définition de l'accolade :

« Comment se fait-il qu'il soit allé sur le ponton le jour de l'arrivée et qu'il a sucé la gueule du député sortant ? Était-ce le baiser d'Iscariote ? »

Ce portrait de Drumont :

« Jamais rien d'aussi repoussant n'a soulevé le dégoût humain : Figurez-vous un vieux laid et sale au poil hirsute et graisseux, au nez de ghetto, aux prunelles troubles d'alcoolique, à la face méchante et sournoise, suant la bassesse et l'hypocrisie, marqué des ignominieux stigmates de crapuleuses débauches séniles. Le chenapan qui a conscience de sa laideur se montre peu et répand à profusion des portraits embellis. »

Et ces traits délicats à l'adresse de M. Régis :

« Au salon du Coin de Reboul, à Marseille, M. Gabriel M..., du *Moniteur d'Endoume*, et M. Jean F..., de la *Tribune du Pas-des-Lanciers*, deux éminents critiques d'art, s'arrêtent devant le tableau n° 169, représentant une nature morte, fleurs et feuilles de rose, signée Caroline de Milano; sur la cimaise en lettres d'or médaille d'asphalte.

« — Comme il excelle dans les feuilles de rose! dit Gabriel M...

« — Ah! quel beau coup de pinceau! répond M. Jean F...

« Ensemble :

« — Vraiment, c'est épatamment léché. »

Les bonnes maisons qui ne recevaient pas la littérature distinguée de l'*Antijuif* recevaient celle de la *Revanche du Peuple*.

Ça ne pouvait tout de même pas, je crois, faire compensation... dans cette course à l'ordure il n'était pas possible de dépasser les antijuifs.

Déjà vous en avez lu quelques preuves. Encore. Voici :

« Les descendants du bouc exhalent l'odeur de leur ancêtre; leurs excréments même sont crochus.

« Dieu a fait le juif un jour d'ivresse et de honte. Il l'a façonné de fiente et de vomi, maçonné d'urine, pétri de crachats; ensuite il le passa au diable qui par délicatesse le lécha.

« D'où cet enduit ineffaçable, cette putréfaction de l'âme et de la peau. Leurs doigts triturent l'or et les pellicules. Dans leurs regards dansent les flammes jumelles de la luxure et de l'usure. Leurs pieds sont faits pour la boue et le sang. A l'égout, ces charognes ! » (*Silhouette*, 1er mars 1896.)

M. Gourgeot qui signait ses articles : « Gourgeot, officier de la Légion d'honneur », voyait (*Antijuif*, 27 février 1898) « à travers les syllabes d'un nom suinter le pus d'une conscience juive ».

Un autre disait d'une famille d'industriels espagnols naturalisés :

« Cette famille se complaît aujourd'hui à pincer de la guitare avec les boyaux des malheureuses qu'elle affame. »

Mais cela était trop littéraire. La note vraie c'était l'ordure toujours. Quand la lectrice pouvait croire qu'elle en avait savouré le plus ignoble on lui présentait plus ignoble encore.

Si je me contentais de vous l'affirmer, vous ne pourriez croire, il faut que vous lisiez ce que d'Artagnan écrivait :

« M....

« ... Le bouc ignoble, soufflant par tous les pores un rut dénaturé, et qui avait la manie du raccrochage des jeunes gens au débarcadère du transatlantique avait, sur notre accusation formulée sur des témoignages authentiques, caché un instant sa hideuse manie, craignant des poursuites. On ne le voyait plus rôder sur les quais, les yeux rouges et suintant par les larmiers un liquide jaunâtre identique à du pus, le facies étiré, la démarche titubante comme celle d'un alcoolique. Et cela étonnait tous ceux qui connaissaient ce pollueur de virginités masculines.

« Cette passion excrémenteuse, enracinée dans cette âme de juif, ne pouvait évidemment disparaître, le juif étant inaccessible à toute bonification morale. Au contraire, elle fermentait faute d'expansion et M... en proie à des désirs dénaturés arpentait son ghetto de prostitution, comme une hyène féroce, n'osant sortir et crevant de faim sexuelle.

« D'ARTAGNAN (29 mai 1898). »

Oui...

Voilà ce que les fillettes du grand annoncier commanditaire de l'*Antijuif* lisaient dans le journal de leur père, dans le journal que leur mère voulait toujours en place d'honneur sur la table de son salon...

Oui...

L'ordure antijuive, Alger s'en nourrissait. On approuvait les ignominies écrites comme on approuvait les ignominies réalisées.

M. Casteran écrivait le 22 avril 1899 dans le *Télégramme* :

« L'année dernière nous menions à toutes brides un train d'enfer contre les juifs. Après s'être vengés sur pas mal d'entre nous, nous eûmes en des explosions superbes de rage de magnifiques revanches. Matée, réduite, apeurée, la tourbe hébraïque se concerta, et le silence, l'humilité succédèrent à ses vociférations et à son arrogance. Cette leçon pour suprême qu'elle fût était impuissante à calmer nos haines ; il fallait qu'après l'œuvre de la rue s'accomplît celle du Parlement. »

Notez que le journal qui se glorifie ainsi des « *explosions superbes de rage* » était celui des gens qui se disaient antisémites de raison.

Un autre journal qui se piquait d'être encore plus raisonnable publiait ceci :

« Max Régis est révoqué...

« ... Vraiment on croit rêver !...

« ... Si en procédant comme il l'a fait, M. le président du conseil avait voulu démontrer aux Algérois qu'il entendait ne mettre un terme qu'aux *excès* de l'antisémitisme, — tout en faisant mes réserves — je me serais incliné devant la mesure. Je me serais dit, en journaliste qui en a vu tant d'autres, et qui a été le témoin de bien des erreurs...

« :.. Je dois cette déclaration à M. Dupuy... *Les excès de l'antisémitisme il n'est personne parmi nous qui les réprouve...*

« ... Une clameur dominera tous les mots d'ordre... la clameur de l'Algérie qui veut rester française : « A bas les juifs ! »

Cela était signé Lys du Pac, *Dépêche algérienne* du 12 janvier 1899.

Et vous vous demandez ce que sont ces gens-là...

C'est les gens qui prétendent refléter exactement l'opinion de leur pays. C'est le journal qui tient l'Algérie parce qu'il dit — affirme-t-il — ce que l'Algérie veut qu'on lui dise.

Aussi quand l'Algérie ne sait plus ce qu'elle fait, il approuve tout, même les excès. « A bas les juifs ! » pour lui ces simples mots contiennent toutes les réformes de l'Algérie.

Quand, deux mois après, les juifs, essayant de détourner contre d'autres un peu de la haine qui les accable, inventent le péril anglo-protestant, sa conviction « A bas les juifs! » n'empêche pas la bonne *Dépêche* de les servir en présentant M. Cambon comme un traître :

« Malheureusement en ce temps-là les fonctions gubernatoriales étaient occupées par un haut dignitaire à qui le pachalik devait servir uniquement de marchepied pour atteindre à une ambassade.

« Et il était tout naturel, du moment qu'on ambitionnait de représenter la France à Londres, qu'on ne fît rien pour indisposer ces messieurs du Foreign office. La propagande anglaise — sous couvert d'anglicanisme — s'exerça donc en toute liberté, *Julio Cambone regnante...* »

C'est signé Lys du Pac, *Dépêche algérienne,* 15 mars 1899.

C'est merveilleux cette confusion volontaire entre M. Jules Cambon et son frère l'ambassadeur à Londres.

Quelle morale !

Je vais vous dire.

C'est encore dans la *Dépêche algérienne* que j'ai lu :

« Est-il permis de codifier la morale en la prétendant applicable à toutes les races humaines et à tous les âges de leur développement?

« Que grande est l'erreur de ceux qui le penseraient, oublieux qu'en ce monde tout dans l'ordre moral, comme dans l'ordre intellectuel, comme dans l'ordre matériel est en transformation continuelle !...

« *La morale est la lunette au travers de laquelle nous apercevons la justice et l'équité.* Mais ce n'est pas tout que de diriger l'instrument sur le tableau divin où nos devoirs sont peints en images sacrées. Il est avant tout important de l'approprier à notre vue personnelle de la mettre au point. » (*Dépêche algérienne,* 1er février 1898.)

C'est bien cela...

La race nouvelle prétend mettre la morale au

point, l'approprier à sa vue personnelle... Et voilà pourquoi nous ne nous entendons plus. Non seulement nous ne parlons plus la même langue, mais nous n'avons plus le même esprit. Pour leurs appétits nouveaux, il faut morale nouvelle... C'est triste !...

CHAPITRE XVIII

L'esprit nouveau, la poésie nouvelle, la langue nouvelle de la race nouvelle.

C'est triste... aussi demandons un peu de gaieté à leur esprit. Comme de toutes leurs qualités, c'est aux moments de crise qu'il faut en chercher l'expression la plus subtile. En antisémitisme.

Mon garçon coiffeur, un jour que je le complimentais, l'ayant trouvé spirituel, m'a dit :

— Ici on a de l'esprit tout naturellement... ça ne compte pas... le mien est insignifiant... Mais celui de M. Moussat !...

M. Moussat est en Algérie l'homme d'esprit. Il y fait les revues et les chansons à succès. Voici un échantillon de ses couplets.

> Beaucoup plus cruel qu'Agrippine
> Dont cert' il n'a pas la beauté,
> Il faut espérer que Lépine
> Nous débarrass'ra d'ce raté.
> Nous avons assez de sa morgue
> Et de son air outrecuidant...
> Qu'on l'nomme gouverneur de la Morgue, ⎫ _bis._
> C'est la place de Bonbon Fondant.   ⎭

C'était pour ennuyer le préfet, dans le _Télégramme_ du 11 octobre 1897. On le voit, pas méchant, méchant...

Ceci non plus :

> Régis, jeune héros, au cœur brave et stoïque,
> Des juifs algériens a pu sonner le glas,
> Sa plume et son épée ont frappé les judas
> Qui bientôt vont quitter notre terre d'Afrique.

C'est que c'était publié par le *Télégramme* où les plaisanteries les plus risquées — pour ne pas trop déplaire aux fondateurs et gros actionnaires de ce journal, gens de goût — ne pouvaient dépasser ceci :

« Le consistoire israélite vient de demander à l'autorité supérieure la suppression de l'enseigne d'un restaurant de la rue de Tanger, ainsi conçue :

« A Bar... chic... chat, »

par allusion délicate au nom de Barchichat qui est celui d'un juif notable.

Cela demeurait dans le ton des bonnes plaisanteries de la *Lanterne* où l'on montrait :

« Lyonne capable de bouffer cinquante kilos de gruyère à condition qu'on ne lui en laisse manger que les trous. »

On trouve beaucoup mieux dans l'*Antijuif* qui pour sa clientèle de « femmes bien » se croyait obligé de tout exagérer à l'usage des vestales du Souvenir. Quand pour elles on chantait « les Bains de famille », on y mettait des couplets comme celui-ci :

> Y a aussi des sal's gueul's de juifs
> Qui promèn'nt leurs odeurs de suifs
> Et r'poussent la luxure à pleins pifs,
> Cochons de gorilles !
> Ils nous regard'nt comme leurs serfs
> Et devant nos femm's redress'nt leurs nerfs,
> Espérant p't-être nous fair' mieux c... erfs
> Aux bains d' familles. »

(*Antijuif*, 12 septembre 1897.)

Pour celles qui avaient de la littérature et du monde, c'était mots de la fin de ce style :

« On causait de littérature dans un de nos grands salons parisiens.

« — J'adore les romans dans le genre de ceux de l'*Abbé Constantin*, dit la youtresse Rothschild, et je ne puis m'expliquer comment M. Halévy fait...

« — Il l'a coupé, interrompt Richepin...

« Tête des juifs ! »

(Antijuif, 8 août 1898.)

Pour celles qui avaient de l'histoire on terminait ainsi les monologues :

> Allons, messieurs, pas de retard ;
> Vite, vite. C'est le départ.
> Il ne faut pas que temps se perde
> Et pour adieux je vous dis m... »

Enfin pour celles qui voulaient, gourmandes, esprit tout à fait savoureux, on publiait « l'histoire de deux zéphyrs qui entrent de nuit à la synagogue ».

« ... Une armoire aux teintes bronzées attira leur attention. Dans des bocaux transparents, rangés méticuleusement et nettoyés rigoureusement, nageaient dans un liquide hyalin des matières verdâtres.

« — Vé, pitchoun ! des cerises confites !

« — Te troumpo, ce sont des lausannes !

« — Es plombat à la ciro ! Cassons-les.

« Et dans un magistral coup de poing nos zéphyrs brisant les reliques recueillaient avec onction l'alcool qui en découlait.

« Le lendemain David Schwob, grand rabbin, à la vue des dégâts, fit plus que pousser des hauts cris: il griffa. Sa bonne plume de Jérusalem en main, il relata les faits au consistoire dans une épître virulente autant que peu circoncise. Il finissait même par cette apostrophe au président :

« — Ousqui li lé prépouces, m'sieu Honel ? » (*Antijuif*, 20 août 97.)

Et « celle de l'asticot qui se trompe de cercueil » :

Un asticot, dans un cim'tière,
Histoir' de faire un chouett' gueul' ton,
Se glissa douc'ment sous la pierre
Qui r'couvrait l'cadavre, dit-on,
D'un gros banquier mort mi'yonnaire.
Ça puait la charogn'; l'asticot
Déjà s'en léchait les babines.
« Vieux macchabé, lèv' ton pann'tot,
« Y faut qu'avec ta viande j'dîne,
« Que j'boiv' ton pus comm' de la fine! »
Sans s'fair' du mal, il ouv' la bière ;
Mais il recule en s'bouchant le nez!
Là, dans le cercueil, gisait sous terre,
Un gros youpin : l'asticot v'nait
D'êtr' à peu près empoisonné.

(Antijuif, 5 août 1897.)

Pas très nouveau.

Pensez-le, mais ne le dites pas en Alger, car ils se croient sérieusement d'avant-garde. Ils en sont encore cependant à l'âge du calembour :

« Je propose un grognement d'honneur et un triple ban en l'honneur de la *Purée noire : * Hipp! hipp! hourra! »

« Fermez le ban ! N'oubliez pas surtout d'aller au Cabaret et -au Kursaal où les *Gaietés de l'Escadron* s'annoncent comme un incommensurable succès.

« PÉTRONE. »

« P.-S. — Qu'est-ce à dire? Peladan est dans nos murs? C'est sans doute par sympathie pour cet ennemi de Massenet que nos étudiants essayèrent d'un chahut à *Manon ?*

« Pour éclaircir la question, je me mis à la poursuite de l'auteur de choses aussi *suprêmes* que les Pernots.

« Je frappai à la porte de son hôtel :

« — La *sar daigne* me recevoir ?

« — Le *sar dine*, me fut-il répondu.

« — A l'huile? ajoutai-je par habitude.

« Je suis *sar assez*, pensai-je en me retirant indigné.

« Si le *sar sait* : Oh ! mon oncle Francisque ! » (*Turco*, janvier 1904. »

Toutes ces calembredaines sont pour eux d'esprit

tout nouveau qui paraît du plus fin aux jeunes gens bien élevés... J'ai même connu des gens sérieux, de haute situation, qui ont réputation d'esprit et qu'on invite à dîner pour leurs calembours.

Ils ont des cabarets littéraires : le Clou, la Purée, des arrière-brasseries, des sous-sols..., quelque chose d'un comique lamentable, mais dont ils sont très fiers...

N'oubliez pas que Sarah Bernhardt dans tout l'éclat de son génie fut sifflée par eux. Car ils n'admirent bien que ce qui est de chez eux, que ce qui est eux, que ce qui devient eux...

Ainsi il y a dans la rédaction de la *Dépêche* un brave immigré qui fait tout ce qu'il peut pour devenir plus Algérien que nature.

Les Algériens connaissant les coins de l'horizon (1), lui a voulu en trouver le bout. Et il l'a trouvé. Rose. Il le chante en beaux vers que les jeunes filles mettent en musique. Le bout rose de l'horizon du poète leur plaît. Ça va très bien. Il devient populaire. Le poète, s'entend. Mais ne va-t-il point s'aviser de publier qu'il est un vaincu !

> Las de la lutte ardente et toujours sans merci,
> Je suis sorti des rangs, résigné, mais sans haine ;
> Et j'ai dit aux vaincus mes frères : « Me voici !
> Je veux ma part de paix éternelle et prochaine »
> Tranquille ayant jeté mon rêve sous les pieds
> Et mis sur ce que j'aime un funéraire voile,
> J'ai reposé mon front sur l'herbe des sentiers
> Pour regarder aux cieux ascender ton étoile !
> Parmi les oubliés arrêtés dans l'essor,
> Parmi les ignorés qu'un trop long rêve tue,
> Au front des nuits j'ai vu briller ton astre d'or...

(1) « Voilà bientôt six ans que nous sommes venus ici des quatre coins de l'horizon du bled... » Discours de M. Vinci. Délégations financières. 23 mars 1904.

Celui que les destins ont vaincu te salue !

Ce charabia, c'était la bonne versification algérienne avec toutes les hardiesses d'images qui charment les clients de l'*Athénée*... « le front sur l'herbe pour regarder aux cieux », à Marseille on s'étonnerait ; en Alger c'est naturel ; on comprend ; mais ce que l'on ne comprend pas, c'est qu'un homme soit las de la lutte ardente, car on est dans un pays d'ardents lutteurs jamais las ; mais ce que l'on n'admet pas, c'est qu'un homme se dise vaincu... même par le destin. Ça, jamais. A peine est-il permis d'accepter la victoire de la Mort. Et encore est-ce pour lui demander des ailes afin de remonter au ciel.

Le poète Henri Sans l'a bien compris, lui qui nous dit :

> Comme l'oiseau meurtri par la terrestre fange,
> Notre âme erre, ici-bas, dans le regret des cieux
> Où n'ont pu la garder ses blanches ailes d'ange
> Trop frêles pour une âme au vol audacieux.
> Mais au seuil du tombeau refleurit l'espérance.
> Malgré l'exil amer où nous retient le Sort,
> Nous trouverons enfin, dans l'ultime souffrance,
> Pour remonter au ciel, les ailes de la Mort.

Henri Sans est ce poète qui, à la gloire *tapageuse* offerte aux artistes algériens par Paris, préfère les lauriers plus discrets d'Alger.

Il me serait impossible de passer en revue tous les poètes jeunes et vieux, mâles ou femelles de l'Algérie... vraiment il y en a trop... Et c'est toujours quelque chose dans le genre de ce qu'on vient de lire. De vagues réminiscences d'harmonie. Dans le démarquage ça se tient à peu près. Dans l'inspiration personnelle ça boite. Et ça fait un rythme singulier ; un mélange d'images et d'idées amenées par les hasards du mot, du nombre de syllabes exigées. Et le terrible c'est que le climat porte au lyrisme. Ils se croient tous forcés de chanter. Un officier file dans le Sud, il faut qu'il rimaille. De braves garçons qui parfois écriraient bien en prose s'ils voulaient être simples et se contenter de dire bonnement ce qu'ils ont à dire, quand ils ont quelque chose à dire, éprouvent le besoin de se montrer ridicules par de mauvaises petites poésies... C'est une maladie qui se prend. Je me suis vu sur le point de l'avoir. On me fit heureusement lire quelques sonnets de M. Lys du Pac. Et ça m'a guéri.

Tout cela est beaucoup plus mauvais qu'en Haïti où le climat porte aussi effroyablement à la poésie.

Bref, si l'on voulait caractériser la déformation du rythme de l'harmonie et du sentiment français dans la poésie vraiment algérienne on pourrait dire que les poètes de la race nouvelle ont fait de la lyre un bigophone et qu'ils en jouent tout le temps. Observez que je rends hommage à leur tempérament de gens de progrès. Je n'ai pas dit mirliton.

Cette altération du rythme, de l'imagination, du sentiment se complique d'une inquiétante déformation de la langue dans presque tous les écrits algériens. C'est l'impression que l'on éprouve à la lecture des journaux et des documents officiels. Je ne voudrais pas abuser des citations de la prose de M. de Peyerimhoff. Mais cette prose est caractéristique et montre combien rapidement agit l'ambiance. Il n'y a pas besoin d'être « fils d'acclimaté » pour ne plus parler français. Je vous ai dit que ça se gagnait. Après peu d'années de séjour M. de Peyerimhoff n'a plus rien, sur ce propos, à envier à M. de Soliers.

Si vous avez lu les écrits de M. de Soliers et que

vous ayez gardé le souvenir de ses images telles que :

« Les faits actuels qui seuls rentrent dans le giron de l'arithmétique. » (*Rapport budget 1903.*)

ou que :

« Les crédits reproducteurs. » (*Rapport budget 1903.*)

ou que :

« Même soumis à une responsabilité atténuée le gouverneur ministre sera parfois emporté par les crises violentes qui éclatent certains jours sur les bords de la Seine. Mais ces crises deviennent de moins en moins fréquentes, et dans tous les cas le représentant de la France et de l'Algérie ne naviguera plus sur une mer constamment tourmentée où le plus habile pilote, après avoir doublé les récifs de Charybde, n'est jamais bien sûr d'échapper aux gouffres de Scylla. » (*Rapport budget 1903.*)

vous jugez que c'est difficile, impossible. Mais M. de Peyerimhoff est un homme fort et ne veut se laisser battre sur aucun terrain par M. de Soliers. Lisez :

« Il y a dans votre constitution un luxe de formalités, de précautions peut-être excessives qui ont pour but, quoi ? de limiter vos pouvoirs ? non, messieurs, certains d'entre vous n'en ont peut-être pas encore mesuré toute l'étendue, mais de canaliser vos efforts dans un sens véritablement pratique et efficace, de faire de vous, quoi ? des pseudo-députés, d'autres conseillers généraux ? — non pas, les *negotiorum gestores* de la colonie entière. Vous êtes une assemblée d'affaires, par opposition aux assemblées politiques, vous êtes un conseil d'administration : délibèrent-ils dans la poussière de la place publique ?

« ... *Le régime que l'on sollicite pour vous serait un brusque et dangereux tournant dans votre évolution dont il contredit toute l'orientation et la demande que vous en feriez serait comme une indication alarmante que vous ne vous êtes pas compris vous-même.* » (1904, *Dél. financières*, 1er vol , t. 1er, p. 42.)

Ailleurs il leur dit à ces bons *negotiorum gesto-ribus* :

« Je vous prie, messieurs, de vouloir bien réserver à cette question toute la maturité et tout le recul qu'elle comporte. »

Et c'est comme ça toujours...

Dans ce que l'on pourrait dire la littérature d'affaires, la littérature politique de l'Algérie, on observe une pauvreté de pensée, une confusion de conception, une incohérence d'expression... Les mots sont désaffectés. On les emploie indifféremment. La richesse de notre langue, il semble que les Algériens la considèrent comme M. de Peyerimhoff notre budget, « qu'ils doivent conserver avec elle des liens précieux sous des formes variables et détournées ». Il se passe également dans leur esprit quelque chose d'analogue à ce que l'on voit sur les « chantiers neufs ». L'ouvrier se sert indistinctement des outils. Comme il n'en a point beaucoup, son « débrouillage » les adapte à tous usages. Quand la civilisation lui en donna beaucoup, l'habitude est prise. C'est la confusion. C'est le cas des mots de la langue française dans le vocabulaire de la nouvelle race. Ou bien l'Algérien emploie le même mot pour désigner les réalités les plus diverses ; ou bien quand il veut richesse, variété, il confond ; tel un « moutchou » qui met les étiquettes marmelade sur les pots de cornichons, et réciproquement ; la confusion qui caractérise leurs poètes dans l'emploi de l'image, qui leur fait dire que pour voir au ciel ils posent le front sur l'herbe du sentier, cette confusion nous l'observons dans l'emploi du mot ; elle est plaisante à la pêcherie et dans les cabarets des « centres » ; mais je la trouve énervante dans les journaux, affligeante dans les documents officiels. Vous la pourrez constater souvent au cours de cet

ouvrage, car la documentation en exigera beaucoup
de citations. Elle a été notée par tous les observateurs.

J'ai lu dans le *Siècle* du 15 octobre 1898 :

« La science moderne n'est pas restée indifférente aux déformations que la langue latine a subies sous la plume des
Africains Elle s'est plu à relever dans saint Cyprien, Tertul-
lien et le grand Augustin même, les fautes de goût et les cor-
ruptions de langage dont leur style n'a pu se défendre, sous
l'influence fatale du milieu.

« Il s'en faut de beaucoup que notre littérature, quant à
présent, doive d'aussi grands noms à l'Afrique française.
Dans l'ordre littéraire comme dans le reste, l'Algérie ne nous
a pas encore été prodigue de grands hommes. En revanche,
notre idiome subit déjà, de l'autre côté de la Méditerranée,
une altération des plus fâcheuses. »

Cette altération, sauf quelques puristes comme
M. Casteran, M. de Soliers, M. Lys du Pac, M. E. de
Redon, etc., qui croient avoir une solide syntaxe
pour carcasser leur rhétorique et leur éloquence, les
Algériens en sont d'ailleurs très fiers.

Dans les mois à gale bédouine on voit des colons
qui « portent » leurs bourbouilles comme si les bou-
tons en étaient glorieux. Au régiment le vieux soldat qui a belle vérole en affecte supériorité sur les
bleus. Ne parlant plus français l'Algérien veut que
l'immigré l'admire. Et il force la note. Il y a dans la
littérature algérienne (1) un monsieur Musette qui a
compris cela. Il leur a donné Cagayous. Ils ont ap-
plaudi. M. Musette a du génie.

Voici les vers de Cagayous :

Oullà! j't'asseur'ci pas gai l'agzestence
Quand ti n'bé pas ovrir la magasin
Sans baroufa, sans fir la rospétance
Et je si pas combien tant di potin!
J'ti jour, battel jé laiss'li marchandèses :

On franc cenquante on zoli patalon
Et quarant' sos on dozèn'di chimèses.
Aouat ! le monde y torne la talon.
Tpou ! y na hal din ou din saloup'rie !
Oullà ji vos asseur, ci dégotant,
Vos avez pas fini cit plaisant'rie !
Ti veux je crèbe ou jé bolott' di vent ?
Y a trop longtemps qu'vos it's dans la misère
Et nous, ti crois qu'nos sont didans l'bonhor.

Et voici la prose de Cagayous :

« ... Maintenant le monde qui commande c'est des chiqueurs, des trois quatre cinq et des fégnants. Bessif, faut que toi tu les casses et que tu mets nous autres à la place d'euss. Ti es republicain oui ou m...

« — Double qué !

« — Ti es antijouif, antiriche, antipoulice, antitout ?

« — Et alorss, si moi je suis pas ça que vous disez, qui c'est qui l'est ?...

« Procès-verbal.

« Mengo qu'il avait parlé mal de la sœur à Léon, Léon il a appelé grand bâtard à Mengo. Alors Mengo il a pris la rage et il a dit à Léon que sa sœur c'est une chouarrie, un wagon, un fourneau. Léon il est venu blanc et il a été sarché des témoins...

« Max Régis il a été élu. Vive lui ! Moi je n'ai pas porté pour de vrai ; j'ai pas écrit l'affiche. Lefant de p... qui m'a volé le nom pour ch... un œuf de coq en s'attrapant le coup de sang, si vrai qu'y a un Dieu, si jamais je me le choppe j'y force qu'il écrit dedans la *Lanterne* jusqu'à temps qui s'apprend à parler algérien que tous les patriotes d'ici on le comprend.

« Des fois ça s'peut qu'c'est Lutaud !

« Cristo, si ça serait lui.

« Depuis longtemps, tous ceux-là d'ici, les antijuifs et les antitout, y rouspètent après un homme qui pense rien qu'à faire la misère à le monde. A cause de lui le commerce y s'en va à la baballah ; on s'ensassine à chaque moment ; darrière chaque type y suit un espion ; on n'a pas le droit de crier ça qu'on veut, sans que la police elle vous f... le grappin dessus ; tous les cafés, les bars, les bodégas, les mignettes, les tchictchic, les petits borozun ousqu'on mange l'olive et le serra y z'ont été fermés en soi-disant qu'on parle polétique Barbe-rousse c'est rempli des endividhus qui sont pères de famille et tout.

« En voyant ça la rage elle me mange le sang. Les camarades y me parlent.

« — Cagayous, t'es pas un homme si tu laisses que ce m... là y reste un mois de pluss ici. Casse-le, ho! que nous venons tranquilles.

« — Aspéra, j'y réponds à la bande faut qu'y saute aussinon je perds la figure, mécago in dio.

« J'ai fait venir mes camarades de l'ancien temps qui sont capables et je m'ai sorti ma Lanterne..., Fant d'garce d'ensassin, qui s'a bouloté le chemin vecinal dedans l'hôtel Bradefort, y s'en rappelle pas d' ça, lui!

« Voleuse de sort, si je nome retiens pas, je me le rouvre!

« Ça fait rien...

« ... Quand il a vu que moi j'y pisse au... et que mon journal il a pas peur d'aucun y s'a pris la cagade et il a demandé à son chef de Paris qu'il y sange la place tout de suite...

« Ententions, hein, si çuila qu'y vient y marche pas avec les antitout, je le prends pas en retraite, d'avant qui se salit la première chimèse, nous se le traboquons. »

Un pince-sans-rire du *Temps* fit un jour l'éloge de Cagayous. Depuis, l'Algérie est persuadée que le héros de M. Musette par l'univers est admiré. Certes, je trouve génial qu'un homme ait si bien compris à quel point l'Algérie a la huntise et le goût et l'amour de l'ordure. C'est un héros national ce type au nom symbolique, Cagayous... Avec Pepete le Bien-Aimé, Cagayous inaugure à merveille la série des glorieux qu'attend le Panthéon de la nouvelle race. Ils avaient à choisir dans la foule héroïque et magnifique des Français qui ont mis leur sang et leur labeur dans cette terre... mais des types français pour ces littérateurs, pour ce public d'Algérie ne pouvaient symboliser la nouvelle race; ils ont retenu Cagayous et Pepete le Bien-Aimé!

Et lorsque nous refusons notre admiration, disant

notre dégoût de ces pourritures, ils nous condamnent cuistres :

« ... Si d'ailleurs les cuistres osaient reprocher l'heureuse audace de son style à Musette, celui-ci, j'imagine, ne serait pas en peine de la justifier par l'exemple de grands maîtres tels que Montaigne, Mathurin Régnier, Jules Vallès, Zola et Jean Richepin.

« ... Créer ce type, c'est là du grand art et, j'oserai le dire, de l'art purement classique.

« Toutes proportions gardées, Corneille, Racine, Molière, La Bruyère ne font pas autre chose. »

Cela était signé Paul Gisel et publié par la *Dépêche algérienne* le 17 juin 1899.

CHAPITRE XIX

Les beaux-arts.

Ce chapitre pourrait être court. Je devrais écrire : Il y a un peintre en Algérie, Noiré. Point, à la ligne, c'est tout.

Cela suffirait si j'étudiais uniquement les beaux-arts de l'Algérie. Mais je les apprécie du point de vue transplantation d'un groupe ethnique, etc..., etc. Alors il ne suffit pas de constater que dans la foule des gens qui font de l'art plastique, de l'art pictural en Algérie, un seul artiste émerge, Noiré.

Pour le génie de Noiré, quelque détail de son œuvre et ce que j'en pense, je renvoie le lecteur au chapitre XXXI de mon livre *la Question du Maroc.* (Dujarric, éditeur. 1903. Paris.)

L'effort des Algériens, race nouvelle, en matière de beaux-arts, j'y vois les mêmes caractéristiques défauts que dans leur effort en matière de littérature.

Mais, si nous avons le droit de nous montrer impitoyables en condamnant leurs méfaits contre la langue et la pensée françaises, contre notre génie littéraire, si nous avons le droit de renvoyer à l'égout ces gens de la *Dépêche* qui apparentent Cagayous à Montaigne... nous pécherions d'injustice en accablant tous leurs pauvres ouvriers de la couleur, de la forme...

La nullité algérienne en matière de beaux-arts, la race nouvelle n'en est pas seule responsable. Nous aurions mauvaise grâce à vouloir d'elle ce que nous ne possédons pas chez nous ; ce que nous ne savons que d'hier, que depuis Noiré...

Voilà qui fera sourire toutes les médiocrités rageuses de la critique algérienne... oui, vous pouvez, illustres, ajuster vos lunettes, vos lorgnons, vos monocles pour voir si Noiré cette semaine a songé qu'il devait acheter souliers neufs... car c'est à la correction des bottines que la critique algérienne apprécie le mérite... mais vous feriez mieux de regarder ses tableaux et d'essayer d'y comprendre quelque chose.

Et je veux bien vous dire comment vous pourriez comprendre...

C'est que le nombre et l'harmonie du nombre est l'essentielle condition de beauté pour tous les arts.

Le Chinois a depuis fort longtemps expliqué l'harmonie mathématique des sons dans la musique. Il a montré celle des lignes dans ses grandes architectures. L'art grec vient de cette géométrie reprise. Le décor arabe, de cette géométrie transmise. C'est le nombre et l'harmonie du nombre.

On l'ignorait dans la couleur.

Corot, Claude Monet, Pissarro l'ont pressentie, Noiré l'a révélée.

Ses toiles sont pour nos yeux ce qu'en musique

est pour nos oreilles un accord parfait ; ce qu'en mathématique est pour notre esprit une équation, un théorème ; et cela pour les mêmes raisons du nombre, en respect des régles absolues du nombre, l'harmonie de tous les tons justes, pour un ensemble juste qui est la beauté.

Mais tout cela qui n'est admis, compris chez nous que par une élite nous ne saurions en vouloir à Cagayous et à Pepete le Bien-Aimé de l'ignorer... surtout quand nous voyons quels écrivains prennent soin de former son goût...

CHAPITRE XX

L'instruction, l'enseignement.

Il faut rendre cette justice à tous les gouvernements — quels qu'ils fussent — qu'ils ont toujours fait leur possible pour « instruire » l'Algérie. L'instruction a toujours été une des grandes préoccupations *publiques* de la colonie. L'Algérie en a toujours eu la coquetterie louable. Il est regrettable seulement que le « particulier » sur ce sujet ne soit pas toujours d'accord avec le « public ». Je ne voudrais point qu'on m'accusât d'imiter le classique Anglais notant les cheveux roux de la femme de Calais. Mais voici un petit fait symbolique.

En tramway. Un gros homme au conducteur :

— Ça doit vous fatiguer ce métier ?

Le conducteur, croyant que cet obligeant fait allusion aux longues heures qu'il doit passer debout :

— Mais non... avec l'habitude... Et puis nous nous asseyons quelquefois...

— Ce n'est pas ça... riposte l'autre en désignant

du doigt la sacoche et le rouleau de reçus... mais le travail intellectuel !

La nouvelle race est effrayée par le travail intellectuel. Cela est normal. Nous avons vu que le phénomène naturel chez la race en transplantation, c'est l'effort pour la nutrition et pour la reproduction. L'effort intellectuel sera naturel... plus tard..., si la race s'adapte, prend sur le sol. En attendant, la masse a sur l'effort intellectuel les idées de mon voyageur en tramway.

M. de Peyerimhoff, qui nous est un informateur précieux, un informateur officiel, a fait la même constatation. Pas en tramway. Aux séances du Parlement algérien. Quand on parlait des écoles d'agriculture, on y disait que les jeunes Algériens riches n'avaient qu'à se présenter aux écoles de France. Mais il y a des examens pour entrer dans ces écoles, dit M. de Peyerimhoff, des examens difficiles. « Alors nos jeunes gens suivent la foule qui entre par les portes toujours ouvertes des écoles de droit, de médecine. » (17 mars 1904.)

Il revient plusieurs fois sur cette constatation. Le 21 mars 1904 il dit :

> « Mais dans les écoles supérieures de la métropole on n'entre qu'après des concours très sérieux, très difficiles, de sorte que beaucoup de jeunes gens qui feraient de bons agriculteurs ne peuvent y pénétrer. »

Et à la séance plénière du 24 mars 1904 :

> « Dans les écoles de France, comme on vous le faisait remarquer tout à l'heure, on n'entre pas comme dans un moulin. Il y a des examens très difficiles. »

Diable !... diable !... Est-ce que l'Algérie aurait tant désiré ses écoles supérieures pour y entrer « comme dans un moulin » ?

M. de Peyerimhoff, je vous le dis, est précieux...
pour nous. Mais l'Algérie qui tient si passionné-
ment à lui aurait tout de même le droit de trouver
qu'il est un maladroit ami.

« Comme dans un moulin ! » Ce n'est pas le pamphlétaire qui le dit, c'est le directeur de l'agriculture
algérienne, un des plus hauts fonctionnaires du gouvernement général, c'est M. de Peyerimhoff qui le
constate : à la jeunesse qui incarne l'effort intellectuel supérieur de la race nouvelle il faut des écoles
où l'on entre comme dans un moulin.

Et si nous en croyons M. le docteur Trabut, il faut
même que ce soient de gais moulins. Vantant un lieu
qu'il propose pour l'établissement d'une école supérieure, cet honorable fonctionnaire écrit : « Il se
trouve admirablement placé pour donner aux élèves,
les jours de congé, la facilité d'assister aux spectacles. » (*Délég. financ.*, 1er vol., 1re partie,
page 645.)

Voilà de bons documents de mentalité algérienne ;
ne pas subir d'examens difficiles, puis se distraire au
spectacle, voilà les conditions de l'enseignement supérieur algérien que nous disent M. de Peyerimhoff
et le docteur Trabut.

Croyons-les. Et concluons logiquement. Cet enseignement supérieur algérien qui coûte 500.000 francs
par an est inutile. Qu'on le supprime. 500.000 francs
seraient beaucoup mieux employés en bourses pour
les Facultés de la métropole. Mais, puisqu'il leur
faut des écoles où l'on entre comme dans un moulin...
eh bien, ils se contenteront de l'enseignement secondaire et de l'enseignement primaire.

On me permettra de ne point m'arrêter à faire un
tableau plus complet des hautes études algériennes
et des jeunes gens qui s'y livrent, jeunes gens qui

font beaucoup de bruit partout où n'est point leur place, et, pour compléter le « comme dans un moulin » de M. de Peyerimhoff, de citer un simple détail.

Les statistiques officielles publiées en 1904 pour l'année 1902 (page 98) nous apprennent qu'il y a bien trois auditeurs au cours d'égyptologie, mais *pas un* au cours de langue et littérature françaises.

Cela n'est pas des phrases, cela n'est pas des observations contestables, c'est le fait. Brutal et navrant. Pas un des jeunes gens de la race nouvelle qui veut à son esprit haute culture ne suit le cours de « langue et littérature françaises » à l'Ecole supérieure des lettres d'Alger. Philosophez là-dessus.

Pauvre professeur de langue et littérature françaises... pas même la ressource de son cocher comme notre légendaire professeur de sanscrit au Collège de France !

J'espère que, lorsque l'Ecole supérieure d'Alger sera devenue Faculté et que M. Musette ou quelqu'un de ses disciples y enseignera la langue et la littérature de Cagayous, il aura plus de monde que nos infortunés professeurs « de langue et littérature françaises ».

Heureusement qu'il y a les établissements d'enseignement secondaire et d'enseignement primaire avec « auditeurs forcés » pour les cours de français...

M. Jonnart a compris la nécessité d'un effort pour sauver avec la langue le caractère français dans la colonie. Et les budgets comprennent pour ce des dépenses de plus en plus grandes. Mais ce qui paraît inquiétant c'est qu'un délégué financier, M. Jolly (*Dél. financ.*, 1er vol., p. 383), ait ainsi caractérisé l'enseignement que veut le Parlement algérien :

« Un enseignement complet, absolument français dans ses

origines et dans sa structure, mais algérien dans ses ramifications. »

Maintenant que vous commencez à vous faire une idée de ce que signifie algérien, vous penserez que cet enseignement doit être français en tout.

Et si vous consultez les statistiques du recrutement où l'on voit :

Sur 5.721 conscrits :

577 ne sachant ni lire ni écrire;

202 sachant seulement lire ;

1.115 sachant lire et écrire, mais pas compter.

Il ne faut pas attribuer au brevet de l'enseignement primaire, au certificat d'études une importance exagérée, mais 102 conscrits seulement l'ayant, sur 5.721, peut-être n'est-ce pas assez.

Il est vrai qu'on a le droit d'espérer mieux pour dans quinze ans. Car maintenant 116.982 enfants reçoivent l'enseignement des écoles primaires.

Les statistiques auxquelles nous empruntons ce chiffre seraient parfaites si elles nous donnaient la proportion d'étrangers, et surtout d'indigènes musulmans dans ce chiffre.

Pour dire brièvement le caractère de la race nouvelle que révèle l'instruction, l'enseignement algérien, c'est : tendance au moindre effort intellectuel. Et cela pour deux raisons. La naturelle : la paresse. Et une autre qui vous paraîtra moins naturelle. L'Algérien croit que sa supériorité intellectuelle le dispense de l'effort auquel le Français, lui, se croit obligé. Nous avons cité la répugnance algérienne à faire le même temps de service militaire que le Français. Depuis le temps qu'il jouit de ce privilège l'Algérien est arrivé de bonne foi à croire qu'il le doit non point aux exigences de la colonisation alléguées par ses députés,

mais à sa supériorité d'intelligence. Il est persuadé
que si trois ans, que si deux ans sont nécessaires au
Français pour devenir un soldat passable, un an lui
suffit... à lui. Cet état d'esprit du jeune soldat existe
chez l'écolier, chez le collégien, chez l'étudiant, chez
le littérateur, chez l'artiste. Ils n'ont pas besoin d'effort pour savoir. Leur intelligence naturelle les dispense d'apprendre.

CHAPITRE XXI

La ruse, la naïveté et la religiosité de la race nouvelle,

Si je crois discutable et si je discute l'intelligence
de la race nouvelle, je reconnais qu'elle a, très déve-
loppées, les qualités d'esprit qui, dans les êtres plus
rapprochés de l'animalité, donnent l'illusion de l'intelligence.

L'Algérie est la terre d'élection des malins, des
roublards et de ce que les officiers de zouaves disent
en langage élégant les « tireurs au flanc ».

Etudiez ce prototype de la race algérienne : Etienne.
Il n'est pas intelligent. Il est malin. Sa vie est un
développement de roublardise. Anoblissons ; de ruse.
L'observation des affaires, de la politique en Algérie ;
l'analyse des petits faits, la rue, les tribunaux,
montrent le triomphe de la ruse. Compliquée d'un
humour très spécial. On ne dit pas qu'on a vaincu
l'adversaire, mais « qu'on le lui a mis » ; cela n'est
pas seulement le langage des charretiers du port,
c'est aussi celui des classes les plus élevées de la
société. Le délégué financier qui l'emporte sur le
concurrent lorsqu'il vient au cercle et qu'on le félicite
répond : « Oui, nous le lui avons bien mis. » Quand

on parle de l'élection de M. le sénateur Géronte à ses concurrents malheureux ils disent avec une expression qui comprend beaucoup plus d'admiration que de rancune : « Ah ! oui, le bougre nous l'a bien mis. Il est vrai que sans ce cochon de Martin... » Grossièreté... mon livre est documentaire. La ruse, la sale ruse, l'ignoble ruse est admirée en Algérie même par ceux qui en sont les victimes.

Ce bas esprit de ruse donne à l'Algérie une morale toute spéciale.

Les excès de l'antisémitisme, approuvés par le *Télégramme* et par la *Dépêche algérienne* quand M. Casteran et M. Lys du Pac ne les jugeaient que du point de vue de la morale, de la morale mise au point de la vue algérienne (Théorie de la morale-lunette si chère à la *Dépêche*, voir plus haut page 243 et page 241) ne furent condamnés par les Algériens que lorsqu'ils s'aperçurent que « ça leur donnait mauvaise réputation dehors ». Le crime, ils ne le réprouvent pas en tant que crime ; ils ne disent pas « nous ne devons point voler parce que voler est mauvais » ; ils disent tout simplement « ne volons plus quand on l'apprend ça nous fait du tort ». Et ils ne condamnent point les voleurs dont ils approuvent les actes. Ils condamnent les gens qui disent les vols. Ils ne deviennent pas honnêtes par vertu. Ils rentrent leurs pinces-monseigneur par intérêt. L'attitude civilisée pour eux est une attitude de ruse.

M. Casteran est sur le propos un type caractéristique. Nous avons lu comment il a célébré, sous le vocable de « superbe explosion de colère légitime, etc... », les vols, les assassinats et le reste... Lorsque M. Casteran s'aperçoit que le monde civilisé donne aux actes algériens les noms qui conviennent, il réfléchit et sa ruse écrit :

« ... Nous recommencerions l'agitation qui paralyse les affaires, ruine le commerce et fait entrer la misère dans les intérieurs d'ouvriers.

« Et il serait toléré que les actes de pillage qui nous ont faits qualifier d'énergumènes et de sauvages dans la métropole se reproduiraient encore ? Non... » (*Télégramme*, 22 avril 1899.

« L'Algérie, la vraie, celle qui travaille, celle qui produit... antijuive, elle l'est, mais sagement, parce que évolutionniste et non révolutionnaire. » (*Télégramme*, 14 mai 1899.)

Une race intelligente manifeste son intelligence dans les crises qui en exigent. L'histoire de l'antijudaïsme est probante. Il n'y a pas d'intelligence dans la race nouvelle.

Même la ruse dont l'école *Dépêche*, *Télégramme*, etc., nous montre l'action ne fut pas tout d'abord comprise. Pour tuer le parti violent de M. Régis et faire du dictateur le vaincu dont tout le monde s'éloignerait à jamais, il fallut employer les seuls moyens qui pussent convaincre une masse inintelligente ; à la force Régis opposer la force Laberdesque.

Quel roman de mœurs, quel pamphlet, quel écrit le plus violent, le plus cruel, pour fouetter la basse et l'inintelligente mentalité de la race nouvelle égalera jamais le simple récit des hauts faits de ces deux champions de l'Algérie... Laberdesque ! Régis !

L' « Âme » algérienne avait reconnu dans M. Milano Régis le chef parce que ce beau jeune homme, un jour d'émeute, aux écoles supérieures, avait passé la revue des étudiants, monté sur une bourrique.

L' « Âme » algérienne reconnut que son culte pour le beau jeune homme s'adressait à un faux dieu le jour où M. Laberdesque osa cracher publiquement dans le verre de M. Régis en l'appelant Caroline, et

que M. Régis, vraiment Caroline, eut peur de la cra-
vache de M. Laberdesque.

Mais ce jour-là, M. Laberdesque, s'il avait justement apprécié l'intelligence algérienne, montra qu'il
avait compté sans la ruse *dito*, car il n'avait pas
songé que l'Algérie n'ayant plus besoin de lui ne le
conserverait point.

Cet esprit de ruse apparaît dans toute l'histoire
algérienne. La métropole a, toutes les fois que la
question fut discutée au Parlement, condamné le
principe de la colonisation officielle, de l'expropriation
arabe ; la ruse algérienne, avec ténacité poursuivant
son dessein, triomphe aujourd'hui.

La ruse algérienne considère toujours la légalité
comme un « écueil » qu'il faut tourner. Cette année
aux Délégations financières, M. Giraud parlant de
l'act Torrens, dit :

« ... Vous êtes en présence d'un écueil que vous ne pouvez
éviter, que le Parlement ne consentira pas à franchir avec
vous parce qu'il serait arrêté par la légalité. » (*Dél. financ.*,
t. Ier, p. 305.)

C'est devenu normal en Algérie que la ruse à
tourner la légalité.

Dans une séance de cette année il y eut sur ce
propos un échange de mots doux, caractéristique,
entre l'administration et le Parlement d'Algérie.

« Je ferai remarquer à M. Jacquiet en admettant — ce que
l'administration n'a pas donné beaucoup de raisons de croire
— qu'elle ait cherché à faire passer cette question par la
petite porte, il ferait en vérité peu de crédit à son ingéniosité
en supposant que, pour obtenir ce résultat, elle aurait pu
avoir recours à une procédure de ce genre. »

C'est toujours cet excellent M. de Peyerimhoff qui
nous fournit sur la ruse, pardon, sur l'ingéniosité

algérienne du bon document. (*Dél. financ.*, t. Ier, p. 177.) Nous verrons plus loin au chapitre des méfaits de son service jusqu'où va cette ingéniosité.

Voici sur celle de ses administrés une phrase délicieuse :

« M. de Peyerimhoff espère aussi faire venir de la métropole des jeunes gens ayant des capitaux et il escompte les avantages que la colonie en retirera. Alors ce n'est pas un établissement école que l'administration se propose de faire, mais une ferme réclame et j'estime qu'il serait possible d'arriver au même but avec moins d'argent. *Il suffirait de battre un peu plus la grosse caisse autour des colons qui ont réussi afin de dissimuler l'échec de ceux qui ont été ruinés* par l'incurie et les vexations de l'administration. » (Jacquiet, *ibid.*, p. 174.)

Voilà le ton d'inconsciente immoralité que la ruse algérienne donne aux dialogues des élus et des administrateurs dans le Parlement d'Alger. Je n'invente pas. Je ne rapporte pas. Je cite.

Poussée à bout, cette ruse devient tout à fait inintelligente... comme celle de l'autruche... Ils veulent bien une caisse de retraites, mais ils ne la veulent point doter. Le gouverneur leur dit : « Il est impossible que vous mainteniez le principe d'une caisse de retraites et que vous vous dispensiez de la doter. » (*Ibid.*, p. 88.) Ils n'en refusent pas moins les crédits de dotation tout en conservant la caisse.

C'est que leur inintelligence va jusqu'à la croyance au miracle en matière de finance.

Voici, de M. Vinci, le président de la délégation des non-colons :

« Avec l'act Torrens, nous *pourrons décupler la valeur en capital de notre avoir foncier*. Cette petite cédule hypothécaire que j'aurai détachée de mon calepin et qui aura une valeur de 3.000 francs, je suppose, sera transmissible par voie d'endossement. Elle passera entre les mains de 5 ou 6 endosseurs et, par conséquent, ce capital de 3.000 francs deviendra

une valeur en circulation de 15 ou 18.000 francs. Si notre
capital foncier est d'un milliard, c'est, par contre, 5 ou
6 milliards de valeurs que nous pourrions mettre en mouvement. Vous voyez l'accroissement de prospérité publique qui
en résulterait. » (*Ibid.*, p. 301.)

Oui... comme dans l'Evangile, on voit la multipli-
cation des pains...

Notons, en passant, ce chiffre d'un milliard, qui
vient à l'esprit de M. Vinci, comme celui de la valeur
de la propriété algérienne ; c'est celui de l'hypothèque dont cette propriété est grevée.

La conséquence naturelle de la ruse exagérée qui
est la naïveté excessive, puis la croyance au miracle
avec le développement d'une religiosité fétichiste,
on la constate en Algérie. L'Algérie retombe lentement, sûrement, sous le joug — non pas religieux —
mais clérical. Ce n'est pas à l'influence de la religion
qu'elle cède, mais à celle des gens de religion. Il y
a une nuance.

M. Irr protestera, lui, qui disait avec tant de véhémence et de génie français aux Délégations financières :

> « J'entends suivre la voie tracée par les idées nouvelles et
> protester, une fois de plus, avec la dernière énergie...
>
> « Laissez-moi vous dire que la jeune Algérie s'oriente,
> chaque jour, vers les idées nouvelles. Accoutumée à lire
> dans l'espace chargé d'azur et de soleil, elle repousse du
> pied les dogmes anciens, dont les horizons s'arrêtent aux
> voûtes d'un temple. Au culte des dieux elle substitue le culte
> des hommes. Elle court droit aux religions sociales et attend,
> de vous, le geste qui arrachera de votre jeune budget une
> page toute noircie de millions perdus. »

M. Irr est le patriarche qui enseignait à la jeunesse la bonne parole dans ce mauvais lieu de Mosta-
ganem, où commença la première grande bagarre de
l'antisémitisme.

Et l'on ne sait vraiment laquelle apparaît la plus attristante, l'Algérie des libres penseurs ou celle des idolâtres de la religion.

Jadis le catholicisme, compromis en Europe, a repris force en se développant sur le sol d'Afrique. Il se passe maintenant quelque chose de semblable. La croix qui domine Paris du haut du Sacré-Cœur de Montmartre est moins significative que toutes les croix qui pointent, sur les plus hautes collines, autour de nos villes algériennes. Malgré M. Irr, un catholicisme fétichiste reprend l'Algérie. Cela fut caractéristique dans la crise antijudaïque.

M. Barthou a lu le 15 mai 1899, à la tribune, ces extraits du journal *la Croix*, sur la journée des pillages :

« Eh bien ! ce jour-là, Alger a manifesté pour le Christ plus qu'il ne l'avait jamais fait : il s'est mis spontanément, ouvertement, sous la protection du Christ; c'était tout indiqué : chrétien, antijuif, voilà les deux termes inséparables.

« Qui avait donné ce mot d'ordre ?

« Qui avait suggéré cette idée ? Ah ! personne, si ce n'est le Christ lui-même...

« ... Le Christ, qui aime les Francs et auquel il faudra bien revenir, puisque lui seul est le Sauveur; aussi, la protection a été claire, palpable et évidente.

« Pas une maison française... » — Et vous allez voir combien avait raison celui de nos collègues qui évoquait la Saint-Barthélemy.

« Pas une maison française ou même étrangère, ni arabe, n'a souffert le moindre dégât, tandis qu'à côté on saccageait tout chez le juif, et cela, très souvent, entre deux magasins non juifs.

« Il n'y a pas eu une seule méprise : les commerçants français n'ont pas craint un seul instant pour eux; et même, si le pillage avait duré plus longtemps, on ne leur aurait rien fait; tous en étaient certains.

« La France, sous la protection du Christ, a tout couvert, sauf les traîtres.

« Puisse-t-elle donc enfin comprendre quelle influence elle exercera dans le monde en s'affirmant de plus en plus ce qu'elle est réellement, chrétienne et catholique avant tout ! »

Et ce mouvement religieux sur quoi nous trouvons, par ailleurs, des détails précis dans les enquêtes universitaires, se compliquait de cette anthropolâtrie que les savants ne voient, en Algérie, que chez le Berbère. Le culte des hommes, nous disait tantôt M. Irr. La croyance en toutes sortes de Messies. M. Casteran, s'adressant à M. Drumont, écrit (*Télégramme*, 22 avril 1899) :

« Le Messie que vous apparûtes aux vrais Français, lors de votre premier voyage, s'est impudemment métamorphosé... »

M. Régis était aussi un Messie. Et M. Casteran n'a combattu les antisémites que le jour où il comprit qu'on ne voulait pas le prendre, lui aussi, pour un Messie. La crédulité messianique des masses fait la force des politiciens d'Algérie, aussi bien que celle des curés et des congrégations.

CHAPITRE XXII

La part de l'étranger dans le nombre et dans l'esprit des gens de la masse française d'Algérie.

Et, déjà, vous voyez que la masse française d'Algérie n'est plus française de même qualité que les masses françaises de France. Nous en avons observé les transformations physiques et les déformations mentales. J'ai montré quelle est, dans ces transformations et ces déformations, l'in-

fluence de la condition nouvelle des transplantés...
Il est un autre élément de transformation et de déformation très important : le mélange de sang étranger,
le contact avec l'étranger. La colonisation algérienne,
maintenant qu'on n'y meurt plus et qu'il y a autre
chose que des coups de fusil à recevoir, que des
fièvres à récolter, attire une masse considérable
d'étrangers. La descendance arabe, laissée par
l'islam en Espagne, en Corse, en Italie, à **Malte**,
revient. Cette descendance est désislamisée, mais
pas christianisée, pas européanisée. Voilà le phénomène qui échappe aux sociologues, lorsqu'ils parlent
du péril étranger en Algérie. Voilà ce qui donne son
caractère baroque à la masse européenne, en laquelle
se noie le peuplement français de l'Algérie.

L'explication de la déformation de la mentalité
française en Algérie, par l'influence étrangère, est
plus satisfaisante pour notre amour-propre national
et pour notre ignorance des phénomènes d'adaptation, d'acclimatement, que l'explication par l'influence
de ces phénomènes ; aussi, les auteurs l'ont-ils généralement invoquée, lorsqu'ils ont essayé de comprendre les horreurs de l'antisémitisme algérien.

Ce fut la thèse de M. Rouanet, le 19 mai 1899, à
la tribune, quand il se demandait le pourquoi des
« théories violentes, étranges, implacables, affichées
par l'antisémitisme algérien » :

« Ah ! ici, j'aborde un terrain très délicat ; je demande à
la Chambre toute son attention et je lui demande en même
temps de me laisser dire très franchement toute ma pensée.

« Je le ferai modérément, mais je veux dire tout ce que je
pense, dans l'ordre d'idées que je vais aborder.

« Si, en 1803, 1804, 1805, l'antisémitisme algérien a pris la
forme violente, barbare, que nous lui avons vu prendre à
cette tribune, c'est parce que le milieu algérien, où il avait
pris naissance, s'était lui-même complètement modifié, c'est

parce que l'Algérie de 1895 et 1898, l'Algérie d'aujourd'hui, n'est plus du tout l'Algérie de 1870 La mentalité française, existant encore en 1870, s'est lentement métamorphosée, l'esprit français qui l'animait jadis est allé s'altérant de plus en plus sous l'influence de populations inférieures, d'Espagnols, de Maltais, d'Italiens. La rive méditerranéenne africaine est devenue, comme il y a cinq siècles, l'exutoire de tout le bassin de la Méditerranée, et nous avons contribué, de notre côté, à cette formation d'éléments sociaux hétérogènes, parce que nous avons commis la faute énorme de laisser se rompre les mailles les plus indispensables à la chaîne des traditions et des communications intellectuelles de l'Algérie avec la France. Nous avons créé des écoles supérieures, organisé le recrutement sur place, d'un personnel d'instituteurs, de professeurs même, qui ont donné aux futures classes dirigeantes d'Algérie une éducation qui n'était plus du tout une éducation française. »

Dans son livre *les Juifs algériens*, **M. Durieu écrit :**

« Il y a maintenant 163.243 Français nés dans le pays. Tandis que leurs pères n'avaient eu à subir que l'influence de l'esprit de conquête et des préventions musulmanes, contrecarrée par une douceur native et un libéralisme convaincu, les fils et les petits-fils ont eu, en outre, à supporter les effets de l'invasion étrangère.

« Depuis 1866, la plèbe étrangère européenne passe de 91.228 individus à 227.503 en 1891, pour s'élever actuellement, malgré la funeste loi de 1880, à 274.020, y compris les naturalisés. Comment ces populations inférieures — espagnoles, maltaises, italiennes — n'auraient-elles pas exercé une influence déprimante sur ces Français algériens? Aujourd'hui, la contamination des Algériens par les étrangers est devenue le mal le plus redoutable dont souffre l'Algérie. Aux préjugés de leurs pères ils ont joint, aussi facilement qu'inconsciemment, les violents défauts des arriérés avec lesquels ils ont dû se mettre à l'unisson, sous l'influence de cette puissante loi d'imitation sympathique à laquelle aucun être n'échappe.

« Le Français algérien est encore, — il se croit toujours Français. Qu'on laisse ce nivellement s'opérer, il ne sera bientôt plus qu'un métis. »

M. Lenormand a publié (Librairie africaine et coloniale J. André, Paris, rue Bonaparte), sur le propos, un gros livre, *le Péril étranger*, bourré de documents et de faits précis, qu'il faut lire, de la première page à la dernière, si l'on veut avoir une idée vivante de l'influence étrangère. Un livre que je ne veux ni démarquer, ni résumer, ici, préférant y renvoyer le lecteur.

Cette influence étrangère se traduit par des petits faits caractéristiques, et dont la valeur égale celle des plus savantes dissertations. Lisez ceci, qu'écrivait M. Allan, dans le *Petit Fanal oranais* du 5 avril 1899 :

« Nous célébrons une fête espagnole et nous en faisons, nous Français, une fête nationale, presque patriotique, parce qu'elle l'est pour les Espagnols. « *A l'occasion de la Mouna,* « dit naïvement le *Petit Fanal* de dimanche, le journal ne « paraîtra pas demain. » Et l'*Écho :* « Nos ateliers étant « fermés aujourd'hui, *à l'occasion de la Mouna...* » Pour rien au monde, nous n'aurions dit : « A l'occasion du lundi de « Pâques... » Je demande si la contre-partie existe ; si les Espagnols ont pris une quelconque de nos coutumes, ont adopté notre manière de vivre, nos plats, et, comme je suis bien obligé de répondre négativement, j'en conclus que ce n'est pas nous, Français, qui sommes les forts et les plus gros, puisque c'est nous qui sommes mangés. »

M. Pierre Batail a publié dans la *Vigie algérienne*, en 1898, une série de remarquables articles sur la question. Il a constaté, en le déplorant, l'envahissement de l'esprit étranger. Il attribue les excès de l'antisémitisme à « une tourbe venue de tous les pays du monde ». Il se demande : « Serons-nous encore Français demain ou nous livrerons-nous à une poignée d'énergumènes ? » Enfin, il constate que « les Français d'origine n'ont plus le droit de dire leur façon de penser en Algérie ».

Un auteur algérien, pour essayer de ré agir contre l'influence étrangère, a publié, en 1898, à Alger, une brochure intitulée : *Pour la patrie*. J'y ai lu :

« Le Français d'origine manifeste pacifiquement ; il réclame ce qu'il doit réclamer aux pouvoirs publics avec calme, avec dignité ; il ne défonce pas les magasins ; il ne vole pas ; il s'en tient à la manifestation pure et simple ; n'insulte pas la magistrature, l'armée. Il a le sentiment du respect des corps élus à côté de celui du devoir ; il pousse la vénération de la mère-patrie à l'excès et il supporte patiemment ses volontés. »

C'est des premiers jours que tous les observateurs qui voulaient bien regarder, sans obscurcir leur vue par les a *priori* d'un système quelconque, ont *vu* les inconvénients de l'élément étranger pour l'idée française dans la colonisation de l'Algérie.

Bugeaud avait *vu* que l'appel à des gens venant de partout créait un danger. Sa réponse aux projets de Lamoricière, en 1845, est ainsi résumee dans la *Revue des Deux Mondes* : « Ces colons, venus de tous pays, ne seront pas rattachés les uns aux autres par le lien de la commune patrie. »

En 1854, M. Heurtier, dans un rapport au gouvernement, disait :

« Il n'est pas opportun de provoquer une immigration étrangère trop nombreuse dans nos possessions algériennes. »

En 1884 (21 juin) M. Treille disait à la Chambre :

« En Algérie, nous nous trouvons en présence de 100.000 étrangers qui cherchent à envahir toutes les positions commerciales et industrielles. »

M. Etienne appuyait. Les naturalisés n'étaient pas encore ses électeurs.

Le livre classique de Wahl constate l'influence excessive de l'élément étranger et comment par les mariages cette influence pénètre, en le dénaturant, le sang français.

Dans le recueil des discours parlementaires de M. Cambon, j'ai lu :

« L'Algérie est très rapprochée de la France. C'est à un certain point de vue un avantage, mais c'est aussi un inconvénient, car notre colonie étant beaucoup plus rapprochée de l'Espagne et de l'Italie que de la France, on ne peut pas y ouvrir les bras aussi largement à tous les Européens, d'où qu'ils viennent, qu'au Canada, aux États-Unis ou en Australie.

« Il est certain que, entre les colons français, espagnols et italiens, notre cœur et certainement notre intérêt nous pousseront du côté des colons français. Cependant, tant que notre attention n'a pas été attirée sur cette question, au début de la conquête, nous avons eu une telle affluence d'Espagnols et d'Italiens que nous en étions arrivés à voir le département d'Oran compter plus d'Espagnols que de Français et les Italiens tenir dans le département de Constantine une place qui dépassait de beaucoup celle que nous aurions voulu leur laisser.

« Nous nous sommes préoccupés de cette question, et, je puis le dire au Sénat, il résulte du dernier recensement que pour la première fois le chiffre de la population des étrangers en Algérie, sans que nous les ayons molestés en quoi que ce soit du reste, a été en diminuant, tandis que le chiffre de la population française augmentait. »

Était-ce bien, est-ce bien une population française que celle des naturalisés, car c'est la naturalisation automatique par la loi de 1889 qui donne les résultats chantés par M. Cambon ?

Nous étudierons cette question de la naturalisation dans un autre ouvrage.

Mais dès maintenant il convient d'y fixer votre attention par quelques « extraits ».

Le 18 février 1904, M. Thomson disait à la tribune :

« Sans doute il y a une question grave, plus grave en Algérie que dans la métropole : celle de l'application de la loi du

26 juin 1889. Vous avez substitué au droit du sang le droit du sol; à la demande formelle, la naturalisation tacite, automatique. Par cette porte pénètre et pénètrera dans la nationalité française toute la population étrangère de l'Algérie. Sa population française s'accroît par le seul effet de cette loi de 2.400 unités par an et le maximum d'incorporation se produira de 1905 à 1910. Il y a là évidemment un problème qui mérite la sérieuse attention du Parlement. »

Oui, un problème très « grave » et qui faisait dire à M. Jonnart le 22 février 1904, à la Chambre :

« ... C'est la loi de 1889 qui soulève de sérieuses objections.
« Quand vous voudrez aborder le problème de la naturalisation en Algérie, je suis prêt à revenir devant vous et à vous donner franchement mon avis... »

Puis, le 7 mars 1904, aux Délégations financières d'Alger :

« L'administration n'a pas seulement à se préoccuper dans ce pays de la mise en valeur du sol, mais du *maintien de la prépondérance nationale dans l'élément européen.* »

Voilà, certes, la réponse négative et la plus autorisée qui soit à la question : « Avons-nous implanté notre race en Algérie ? »

Elle explique cette autre phrase du discours plus haut cité :

« Je connais bien les Algériens. Je les connais depuis longtemps, et permettez-moi de vous faire observer que, si parfois l'ajournement des solutions nécessaires, les lenteurs et les abus de la centralisation, et aussi quelques fausses manœuvres ont provoqué des récriminations véhémentes, beaucoup trop véhémentes, en revanche les témoignages répétés de votre sollicitude et de votre confiance ont toujours contribué à l'apaisement des esprits *et fortifié l'idée nationale.* »

Voyez l'influence du sang étranger dans cette population française où *l'on doit s'inquiéter de fortifier l'idée nationale,* où cette idée est compromise quand on ne donne pas à ces Français tout ce qu'ils réclament... Jamais on n'a dit pareille chose d'un département français, d'une colonie française. Nul discours de M. Sénac ne pourrait mieux que cette simple phrase de M. Jonnart nous montrer que l'Algérie cesse d'être française...

Nous ne savons pas si la nouvelle race européenne tiendra sur le sol algérien autrement que par la réadaptation de la descendance africaine qui revient, mais nous savons déjà que la nouvelle race française ne tient pas à demeurer française, puisqu'on doit se préoccuper « *d'y maintenir, d'y fortifier l'idée nationale* ».

Le fait inflige un cruel démenti aux économistes et aux sociologues dont les théories dirigent notre politique.

L'illustre Jules Duval avait écrit :

« L'Algérie doit éviter avec soin de paraître jamais une rivale pour la France : elle peut d'autant mieux suivre cette ligne de conduite que l'affluence des étrangers, loin d'être un mal, est pour elle un avantage sous tous les rapports. Les émigrants de l'Europe méridionale surtout... Tous y versent un capital considérable, quelquefois en numéraire, toujours en travail. Par un mélange intime les races comme les terres s'améliorent. Associés à elles toutes et les dominant par une certaine supériorité d'éducation ou d'esprit, ainsi que par la suprématie politique, les Français déploient à leur aise leur qualité d'esprit comme peuple colonisateur : la sociabilité juste et amicale envers tous sans distinction d'origine, de culte, de langue, de costumes, de couleur même de la peau (1). Réduisez le colon français à la compagnie de ses compatriotes, vous lui enlevez les contrastes et, si l'on veut, les spectacles dont il a besoin; vous l'attristez, vous l'énervez. Son bonheur et sa force, il les trouve dans l'amalgame de toutes ces populations au-dessus desquelles il règne et gouverne.

____

(1) Pauvre rêveur! Il n'avait pas prévu les tribunaux répressifs ni la politique indigène d'Indo-Chine, du Congo !, etc.

« L'origine étrangère ne doit laisser aucun souci sur les sentiments. Liés à l'Algérie par la langue et les mœurs, par les souffrances du passé comme par les perspectives de l'avenir ces étrangers seront des colons dévoués autant que les Français eux-mêmes à la défense du sol et du drapeau. » (*L'Algérie et les colonies françaises*, page 36.)

Le supplément au *Dictionnaire de géographie* de Vivien de Saint-Martin, dit :

« L'élément français tend visiblement comme de juste à absorber les autres éléments européens, espagnols, italiens, maltais, allemands, suisses, cosmopolites. »

Certains savants, comme le Dr Bertholon, vont plus loin. Ils sont heureux de la « barbarie » des masses étrangères qui peuplent l'Afrique du Nord. Dans un article sur la *Tunisie* publié par la *Revue générale des sciences*, le Dr Bertholon dit :

« Cette barbarie a son bon côté. En effet, l'influence exercée par les masses d'immigrés siciliens est à peu près nulle... Cette diversité d'influences entre les deux colonies — la française peu nombreuse, mais composée d'hommes d'élite et l'italienne se recrutant d'illettrés en nombre considérable, — montre bien que la masse n'est qu'un facteur secondaire quand l'intelligence n'est pas associée au nombre. »

Le fait plus savant que les savants nous montre exactement le contraire en Algérie.

Et notre national Leroy-Beaulieu? Soyez patients... Il y avait une opinion fausse à émettre. Notre national ne l'a point ratée. Dans une note à la page 36 de son volume sur l'*Algérie*, il dit :

« Malheureusement la députation algérienne est peu disposée à encourager les naturalisations nombreuses. La preuve s'en trouve dans le rapport de M. Etienne sur le budget de l'Algérie pour l'année 1887. Il s'opposait au projet si anodin de M. Tirman portant que les fils d'étrangers nés en Algérie seraient de droit déclarés citoyens français, à moins qu'à leur majorité ils n'eussent opté pour leur nationalité d'origine. Ce projet a été depuis lors réalisé. L'objection de M. Étienne est que les Espagnols naturalisés ainsi d'office dans la province d'Oran, où ils sont plus nombreux que les Français, pourraient « s'emparer de toutes les administrations communales et préparer moralement l'annexion du département d'Oran à l'Espagne ». Ce raisonnement est à contresens, puisque la naturalisation portant sur les individus venant chaque année à la majorité serait graduelle. On sent dans cette opposition le politicien qui craint l'arrivée de nouvelles couches d'électeurs. Les Espagnols seront bien plus redoutables si on ne cherche pas à les assimiler. Les Américains aux États-Unis sont autrement larges avec les émigrants allemands qui dans certains comités forment la majorité. Le service militaire à effectuer sur le territoire de la France continentale servirait d'ailleurs à franciser ces jeunes Espagnols.

« Certains écrivains comme M. Paul Bourget se montrent peu favorables aux naturalisations nombreuses qui, d'après eux, altèrent le type national ; mais en admettant cette objection, ce qui n'est pas notre avis pour la France continentale, on ne peut la soulever en Algérie. La collation de la nationalité française à de nombreux étrangers est indispensable en ce pays pour que nous nous y assurions une solide prééminence. Nous ne faisons ainsi qu'imiter les Romains, les grands maîtres de la colonisation africaine. »

C'est là précisément une des causes de la décadence romaine en Afrique...

Il est difficile d'accumuler en aussi peu de lignes autant d'erreurs que sait le faire M. Leroy-Beaulieu.

D'ailleurs il est inutile d'insister. Le fait lui donne tort. Et cela suffit.

Notons seulement que pour une fois que les députés algériens avaient raison, vraiment ils n'eurent pas de chance. On ne les écouta point. Les sophismes de l'école triomphèrent de leur expérience qu'ils n'avaient pas besoin de truquer sur le propos, car elle était alors en accord avec leur intérêt électoral. Il n'en est plus tout à fait de même aujourd'hui...

c'est que les Espagnols et Italo-Maltais votent. Lors des récentes campagnes électorales, une partie des affiches, placards, réclames étaient rédigés en langue espagnole. Une est célèbre : celle qui fut signée « senor Eduardo Drumont, deputado de Argel » pour recommander « a los Espanoles » « el dia del Ascension » la candidature de « nuestro amigo Firmino Faure. » Cette affiche, contresignée Carlos Marchal, disait en phrase finale :

« Conoscemos y queremos la España donde no hay Indios y que por esto motivo se queda en frente de los siglos y delante de las ostras naciones siempre con la sangre pura, con la valor invincible y la honor immaculada .. »

El presidente Gobert (le maire d'Oran) signait aussi des affiches en langue espagnole « por el Comite de accion ».

Laberdesque enfin luttant contre les antisémites se croyait obligé de publier dans son journal la *Revanche du Peuple* un article en langue espagnole pour « jurer aux Castillans » qu'il n'avait point servi contre la « sainte mère l'Espagne à Cuba ».

La naturalisation que M. Leroy-Beaulieu proclame sans danger parce qu'elle est « graduelle », « portant sur les individus venant chaque année à la majorité », fait bien des électeurs français... mais des électeurs dont on est réduit à mendier les voix par une réclame en langue espagnole !

La masse inintelligente n'est pas élevée par l'élite comme le croit M. Bertholon. C'est l'élite qui descend vers la masse inintelligente.

Et ce qu'il y a de plus caractéristique avec leur orgueil, leur amour-propre qui veut que chez eux l'ordure sente bon, lorsqu'ils sont par la force de l'évidence obligés de reconnaître le phénomène ethnique de l'absorption de l'élément français par la masse étrangère, ils n'avouent pas que ce phénomène est regrettable. Bien plus ils s'en déclarent heureux. Ils croient que cela produira une race nouvelle, puissante, qui absorbera l'indigène.

M. Albert Hughes, lauréat de l'école de droit d'Alger, écrit en 1899 :

« Dans l'intérêt de la colonisation et en vue de lutter contre la rétrograde inertie des indigènes que l'influence française insuffisamment puissante avait peine à combattre, la France a dû faire appel aux bras de l'étranger. Il a fallu attirer des immigrants en nombre assez considérable pour contribuer à la mise en valeur des terres. Pour arriver à ces fins, force a été d'assurer aux étrangers immigrant dans la colonie un certain nombre d'avantages que nos lois civiles françaises refusent aux étrangers établis sur le territoire continental.

« Mais d'autre part, et afin d'éviter que l influence française ne finît par succomber sous le poids de l'influence étrangère devenue prépondérante, il a été nécessaire de songer à englober dans la nationalité française la population étrangère qui vit en Algérie sous la protection de nos lois, à faire de ces étrangers des nationaux français et à créer ainsi une race puissante, imbue des sentiments et de l'esprit français, résolue à lutter contre la nonchalance et la répugnance des indigènes, et destinée à en opérer, dans un avenir éloigné, la complète absorption. »

M. Hughes a raison de dire dans un avenir éloigné... car les probabilités actuelles montrent cet avenir très éloigné.

Le 19 avril 1903 la *Dépêche algérienne* publiait ceci :

« On reproche à tort aux Algériens leur cosmopolitisme. C'est le plus intéressant qui soit à étudier pour un évolutionniste et le plus sympathique. Il offre le cas assez rare d'être presque exclusivement mélangé de races sœurs ou mieux des familles d'une même race, auxquelles ne s'agrègent et avec lenteur que de petits groupes sémitiques.

« Ainsi, c'est une sorte d'étape vers le cosmopolitisme plus large des races diverses. Il diffère essentiellement de celui d'outre-Méditerranée, en ce qu'il n'est pas seulement un assemblage saisonnier d'hiverneurs riches ou joueurs, mais un groupement de travailleurs définitivement installés, entretenant des préoccupations spéciales, même ayant apporté de leurs pays respectifs des idées spéciales dont l'écho ou la synthèse offre le plus passionnant spectacle d'un mélange bouillonnant où se prépare l'avenir. Ce sont des cosmopolites attachés au pays, des êtres divers réunis dans un même patriotisme économique et géographique violent et durable. »

Un homme qui écrit mieux que les collaborateurs de la *Dépêche*, mais dont le caractère français est aussi dénaturé, sinon plus, M. Louis Bertrand, modeste écrivain, qui dans la réclame payante de ses ouvrages s'attribue du génie et marque la prétention jolie de régénérer les lettres françaises, publia cette année un roman curieux : *Pepete le Bien-Aimé*. M. Louis Bertrand est un laborieux qui a mal lu Flaubert, qui n'a pas compris Anatole France et dont les lauriers de Paul Adam troublent les veillées pénibles. A son démarquage les jeunes écrivains français préféreront toujours les origines. Mais cela n'a pas d'importance. Pour mon étude actuelle, ce que je veux sortir du roman de M. Louis Bertrand, c'est les types. Le héros et les êtres qui vivent, agissent dans son œuvre sont d'immondes voyous ; des proxénètes et des souteneurs, des détraqués, des voleurs ; bref, une bande ignoble. M. Deschamps nota cela dans une critique du *Temps* : « Les bas-fonds d'Alger ne sont pas l'Algérie », disait-il. Mais si..., a riposté M. Louis Bertrand dans un article de *Gil Blas*. Mais si... mes héros sont bien les types de la race nouvelle. Ils sont francs. Ils sont forts. Vous les méprisez. Tant pis pour vous ! Nous autres Algériens nous les admirons. Votre décadence ne

comprend pas que notre race d'avenir est au-dessus
de vos antiques préjugés... Tant pis !...

Et M. Bertrand affirme que, la force de la race
nouvelle provient de ce que cette race compte beaucoup d'êtres magnifiques à l'instar de Pepete le
Bien-Aimé.

Cela est la plus épouvantable preuve de l'altération de la mentalité française en Algérie. Français
d'origine, élevé en France, brillant élève de son lycée
français, M. Bertrand n'a pas oublié notre langue ;
il l'écrit encore — non pas en écrivain de génie,
certes ! — mais la vie algérienne lui a fait oublier
notre esprit. Pepete le Bien-Aimé l'a trop profondément pénétré. Pepete le Bien-Aimé lui a inculqué sa
force, je n'en doute pas. Or, à ce jeu M. Louis Bertrand a perdu le caractère français. S'il met sa
gloire a passer pour un vrai « pataouette », je veux
bien...

Mais ils sont trop dans son cas. Et c'est pour cela
que nous disons que leur Algérie n'est plus française.

Ce n'est pas nous qui donnons à la race nouvelle sa
mentalité, c'est l'élément étranger.

Bonvalot disait pourquoi, lorsqu'il écrivait dans
l'*Echo de Paris*, mars 1903 :

> « Inutile d'ajouter que dans de telles conditions une men-
> talité ne se transmet pas, quelles que soient les lois qu'on
> vote. Les Espagnols, les Maltais, les Italiens, les Napolitains
> ne deviendront pas Français en Algérie, à moins que les Fran-
> çais ne soient de beaucoup plus nombreux, ainsi qu'il arrive
> aux Américains par rapport aux autres émigrants et qui
> absorbent les étrangers. Tel n'est pas le cas. »

En effet... Vous pouvez envoyer des foules espagnoles en Amérique, aux Etats-Unis. La masse
yankee les absorbe.

Mais il n'y a pas de masse française en Algérie pour absorber les masses d'étrangers méditerranéens.

C'est en présence :

1° 171.500 Français de France, y compris l'armée, c'est-à-dire en réalité 70.000 Français seulement, en qui l'esprit français diminue suivant qu'augmente le temps de séjour et l'influence de l'ambiance. (Les magistrats sont les gens qui permettent le mieux de noter le phénomène. Telles coutumes algériennes les scandalisent en leur première année de séjour. Peu après ils n'en sont plus choqués et même en arrivent à les trouver naturelles.)

2° 170.964 Français nés en Algérie, en qui non seulement l'esprit français, mais le sang français est diminué, car les mariages mixtes leur ont mis plus d'un quart de sang étranger dans les veines. Et il ne faut pas oublier que dans ces métissages l'influence dominante appartient au sang des races dont les pays d'origine se rapprochent le plus des pays où a lieu le métissage. C'est le cas pour les Espagnols, les Italiens et les Maltais dans leurs croisements avec les Français en Algérie. Les atavismes de l'élément étranger l'emportent sur les atavismes de l'élément français dans les produits des mariages mixtes. La différence qu'il y a entre les sang-mêlé d'Algérie et des Français apparaît moins marquée, certes, que si l'élément étranger était un élément nègre ; mais pour qui sait observer les races, elle apparaît non moins nettement.

3° 71.793 naturalisés.

Cette catégorie de Français n'offre avec la masse étrangère qu'une seule différence, celle d'état civil.

4° 245.853 étrangers.

Et vous voyez quelle supériorité de nombre a l'étranger.

C'est 317.646 étrangers et 170.964 Français étrangers par le quart du sang contre 70.000 Français de sang pur. Je ne puis en effet admettre pour chiffre des Français nés en France que ce chiffre de 70.000, puisque dans le recensement de 1900, qui donnerait le chiffre de 171.500, l'armée n'est pas comprise dans la population à part chiffrée seulement à 16.331, alors que dans le précédent recensement de 1896 cette population à part, en y comprenant l'armée, se chiffrait par 69.843.

Ces divers groupes, dont on voit l'énorme différence de force numérique, sont des groupes en crise d'adaptation, d'acclimatement. Dans ces crises la nature demande aux groupes qui les subissent d'abord la puissance de l'estomac, ensuite celle de la génération ; la force du cerveau pour les fonctions de l'intelligence est alors secondaire. La supériorité de l'esprit n'est capable de neutraliser la supériorité du sang que lorsque les groupes sont adaptés, séparément, parallèlement. Cette adaptation, personne ne pourra la dire réalisée ou non réalisée avant deux ou trois siècles. Pour le moment il n'y a que la crise d'où elle sortira ou ne sortira point. Et dans cette crise la suprématie est au nombre, surtout si à ce nombre se joint la supériorité du sang, — étant donné que le mot sang veut dire les forces animales. Cette suprématie, les chiffres des statistiques la montrent, et tout ce que j'ai dit jusqu'à présent l'explique.

M. Edouard Cat l'a constatée aussi :

« Les étrangers, Espagnols ou Italiens, sont ici tout près de leur pays d'origine ; ils y retournent assez fréquemment ; ils y conservent des attaches et des relations. De plus, dans la colonie, ces étrangers ne sont pas, comme en France, isolés, disséminés et presque fondus dans la masse des Français, quarante fois plus nombreuse ; ici, au contraire, les étrangers l'emportent en nombre sur nos compatriotes et, par suite, on est en droit de craindre que l'idée française, au lieu de pénétrer la masse étrangère, vienne à s'y dissoudre et à se perdre.

« Ce qui est grave surtout, c'est que ces étrangers forment en Algérie des groupement compacts. L'Espagnol qui débarque à Oran, qui vient s'installer à la Cantère, pourrait croire n'avoir pas quitté son pays et se figure volontiers être encore sur les terres de la Reyna. L'Italien qui arrive à Bône, à Philippeville, à Alger, rue de la Marine, s'imagine toujours être dans le royaume du re Umberto. Et non seulement ces groupements sont fort compacts, mais ceux qui les constituent vivent toujours entre eux, parlent la langue maternelle, gardent les mœurs de là-bas, ne prennent ni nos habitudes, ni nos idées. Et cependant, de par la loi le 1889, d'une façon qu'on a ingénieusement qualifiée d'automatique, ils deviennent Français en droit, mais généralement sans l'être par l'esprit ou par le cœur. » (*L'Idée française en Algérie*, brochure de 1898.)

L'élément français avec la mentalité française ne subsiste en Algérie que par l'apport incessant de Français de la métropole.

C'est même le motif honnête qui met le gouvernement général en accord avec les mobiles malhonnêtes pour lesquels les Algériens tiennent au développement de la colonisation officielle.

C'est parce que M. Jonnart voit diminuer l'élément français qu'il veut le renforcer en attirant de nouveaux Français par cette œuvre de la colorisation officielle, laquelle — en réalité — ruine les indigènes dépossédés, pour enrichir certaines catégories d'Algériens, sans fortifier l'influence française.

L'administration algérienne lutte contre son dessein en prenant la colonisation officielle pour moyen de résistance à l'envahissement étranger.

« Les colons officiels, dit M. de Peyerimhoff, versent un peu de sang français dans le mélange qui se cristallise aujour-

d'hui et d'où sortira demain le peuple algérien. » (*Délég. fin.*
2ᵉ volume. 1ʳᵉ partie, page 98.)

Le sang français ainsi versé dans le mélange en
cristallisation pour employer les belles expressions
de l'humaniste du gouvernement général ne suffit pas
à compenser...

Mais nous verrons cela plus tard. Pour le moment
et comme fin de ce chapitre sur les étrangers en
Algérie je vous prie de lire et de méditer ceci :

« Comment d'ailleurs arrêterions-nous dans nos colonies
l'invasion de la marchandise étrangère et de l'élément
étranger, quand nous ne pouvons point les enrayer chez
nous ; quand, de plus en plus, l'indigène en France devient
fonctionnaire ou domestique, suivant qu'il habite la ville ou
la campagne, laissant les emplois lucratifs mais qui exigent
initiative et vaillance aux étrangers ; lorsque tous nos grands
ports, toutes nos grandes villes frontières sont habitées de
plus en plus par des étrangers ? Comment ferions-nous d'Oran
et de Tunis des villes françaises quand Nice, Toulon et
Marseille, quand Roubaix et Tourcoing cessent de plus en
plus de l'être ? Chez nous, comme disait Skobelef en parlant
des Allemands des Provinces baltiques, nous ne sommes
plus chez nous. Il y a à Marseille environ cent mille Italiens
nés en Italie, et au moins cent mille autres Italiens nés en
France, mais fils ou arrière petits-fils d'Italiens à qui la loi de
1889 a bien pu conférer la nationalité française, mais non le
cœur français. Supposez qu'une guerre heureuse donne
Marseille à l'Italie, du jour au lendemain, par la simple sub-
stitution d'une garnison, de fonctionnaires et de fournis-
seurs italiens aux soldats, aux fonctionnaires et aux fournis-
seurs français, du jour au lendemain il y aura à l'hôtel de
ville de Marseille une municipalité de langue italienne.
Voilà qui éclaire sous son vrai jour le soi-disant antisémitisme algérien aussi bien que les grèves marseillaises où des
agitateurs, payés ou non, mais haineux de la France, couvrent d'oripeaux éclatants et dissimulent sous les noms pom-
peux d'antisémitisme et de socialisme leur vilaine besogne
antifrançaise. »

J'ai pris cette page dans une brochure du Comité

Dupleix : *Le pays des célibataires et des fils uniques*, par Georges Rossignol, 1901.

CHAPITRE XXIII

Le séparatisme algérien.

On en parla beaucoup l'an dernier. L'esprit français, le bon esprit parisien, le meilleur esprit algérien ont cru que le séparatisme était la propriété de M. Sénac, et comme cet honorable législateur prononce « chéparatisme » la cause fut entendue. Pas de séparatisme. Il n'y en a point. Il n'y en eut, il n'y en aura jamais.

Cependant...

Comme je ne me contente pas d'une affirmation « pure et simple », fût-elle de M. Jonnart que j'aime beaucoup ou de M. Loubet que j'aime davantage, fût-elle des gens que je respecte le plus, j'ai cherché.

A priori, sans étudier l'Algérie, on aurait le droit de dire que l'Algérie est séparatiste.

Turgot a vu dans les colonies des fruits qui, mûrs, tombent de l'arbre.

Avant d'être « mûres » les colonies tiennent à l'arbre, sont forcées d'y tenir sous peine de crever de faim. Mais dans cette union elles voient une dépendance, et elles en sont impatientes. Lorsqu'une métropole et une colonie n'ont pas la même opinion sur une question quelconque cette divergence est accentuée par le séparatisme fatal, réel, public ou latent, avoué ou nié, qui anime logiquement, historiquement toute colonie contre toute métropole.

Cette loi nous l'acceptons pour les autres. Nous

y croyons quand nous étudions les colonies anglaises. Nous ne voulons pas y croire quand nous étudions nos colonies. Car nous nous imaginons que nous sommes des êtres en dehors de l'humanité commune.

Nous concevons qu'un colon anglais cesse d'être anglais. Nous ne nous en étonnons point, même il nous semble que cela est heureux, et nous aidons ce colon anglais pour qu'il cesse d'être anglais. Mais nous ne pouvons concevoir qu'un colon français un jour quelconque cesse d'être français. Cela dépasse notre imagination.

La loi du séparatisme colonial existerait pour les autres ; pas pour nous !

C'est pourquoi je ne peux me contenter de l'invoquer pour dire : « L'Algérie est séparatiste parce qu'elle est une colonie. »

Beaucoup d'Algériens croient naïvement qu'on les insulte quand on dit cela. Je conçois leur irritation. Leur instinct apporté ne leur permet pas de voir celui qui naît en eux ; leur sentimentalité mourante, celle qui la remplace. Le phénomène échappe à la perception de la majorité des êtres chez lesquels il se produit ; aussi le nient-ils de bonne foi.

L'ictérique ne voit pas qu'il jaunit. Pas une femme déchue n'a vu le jour où elle devenait une catin.

Pas un homme respectueux des prescriptions du code ne voit l'heure à laquelle il devient gibier de gendarme. Pas un buveur ne distingue le verre qui le rend alcoolique. Pas un citoyen des régions tempérées ne perçoit la limite de temps après laquelle les régions tropicales prendront son existence.

Tous disent : Je suis honnête. Je suis sain. Je suis fort. Je me porte bien... alors qu'ils sont déjà morts à la vertu, à la santé, à la vie.

Aussi les Algériens ont-ils protesté contre ce pauvre M. Sénac... je ne dirai pas, comme eux, avec la dernière énergie, car j'espère bien qu'ils en ont encore...

Peut-être aussi, quand ils protestent si violemment contre les gens qui constatent leur séparatisme, se passe-t-il dans leur esprit quelque chose de semblable à ce qu'on m'a conté sur le propos d'un homme vertueux de Saint-Eugène. C'est assez difficile à répéter. Mais c'est trop algérien pour que je n'essaie point.

Un né natif de Saint-Eugène, citoyen sage et probe, narre à son compère de Mustapha comment au jardin Marengo certain soir il connut un homme de la Cantère, un gars charmant,... qui... que... je vous en supplie comprenez sans plus... nous sommes dans les quartiers de Pepète le Bien-Aimé... bref un compagnon délicieux, qui était « rigolo comme pas un » et avec qui « on était devenu amis comme cochon ». (Je cite mes auteurs algériens.) Puis au récit détaillé des phases de son amitié « comme cochon » avec l'homme de la Cantère, notre citoyen de Saint-Eugène ajoute navré, dolent :

— Ce que c'est tout de même que de nous, maintenant je ne pourrai plus le saluer.

— Et pourquoi ?

— Je viens d'apprendre que c'est un pédéraste.

Il y a de cela dans les indignations algériennes sur le séparatisme. On en pratique la réalité, on en repousse le mot. Les sentiments, les actes de séparatisme sont naturels. Le mot seul est odieux ; l'étiquette seule fait rougir.

Aussi laissons l'étiquette, le mot. Voyons les actes, les sentiments manifestés.

§ I

Les précédents historiques.

Dans l'histoire ancienne. Tant que l'Empire fut centralisateur, avec peu de pouvoirs locaux et la domination effective réduite à la zone de culture intensive, l'Empire fut puissant.

Lorsque l'administration directe remplaçant le protectorat poussa la domination effective aux régions de cultures à rendements restreints, aux régions de pâture, et nécessita beaucoup de pouvoirs locaux, l'Empire s'affaiblit.

Il y eut des mouvements séparatistes.

Le comte Boniface était un séparatiste. Et il y en eut beaucoup d'autres... jusqu'au jour de la séparation finale.

Dans stoire moderne. Le sultan de Constantinople avait l'Algérie.

Notez que dans la milice il y avait par apport constant de renégats, pour réagir contre l'élément dominateur turc, des éléments de toutes les nations méditerranéennes.

Les Algériens d'alors se séparèrent du sultan de Constantinople.

Notez également que cet apport turco-européen, que ce mélange des races méditerranéennes n'a pas produit une race algérienne. Cependant les observateurs de l'Algérie avant la conquête française ont dit la force, l'acclimatement de ces dominateurs turco-européens. Ces dominateurs croyaient eux-mêmes à leur vitalité. Et nous cherchons en vain leur race dans l'Algérie d'aujourd'hui.

Leur race ne tenait que par un apport constant du sang méditerranéen. Et de même leur force dépendait de Constantinople. Brisé le lien avec la patrie politique, elle décrut progressivement. Elle était mourante en 1830. Nous n'avons fait que lui donner le coup de grâce, au prix d'un effort insignifiant. La résistance vint d'autres éléments : de ceux dont la race a pris et tient sur ce sol.

§ II

La période française avant 1870.

Aussitôt que les colons européens crurent les Arabes soumis, la domination de la métropole française leur parut lourde.

Et l'on parla de *self-government*.

En 1857, M. Jules Duval écrivait dans les *Débats* (13 janvier) :

« L'Algérie est trop près de la France pour être une colonie vivant d'une vie propre, sans autre dépendance que le lien de la souveraineté politique à la façon des colonies anglaises.

« Sans méconnaître ce qu'il y a de sève dans les intelligences *ou les ambitions locales*, en y applaudissant au contraire, que deviendrait, il est permis de le demander, leur élan personnel sevré de l'appui de la France et livré au soutien de leur seul entourage ? ce que devient la greffe séparée du tronc qui la supporte et la vivifie. La prétention au *self-government* ne saurait donc être accueillie... »

Vous êtes encore trop faibles pour marcher seuls, disait Jules Duval. On verra plus loin que M. Leroy-Beaulieu ne fait pas d'autre objection aux anciennes tendances séparatistes.

Au cours des polémiques de 1857 sur le *self-*

government, le mot séparation fut prononcé. On discuta la séparation. M. Clément Duvernois écrivait dans son livre sur l'Algérie, en 1858 :

« Si l'Algérie est dotée d'institutions différentes des institutions françaises, si elle a en quelque sorte un gouvernement spécial, n'est-il pas à craindre qu'elle ne songe à se séparer de la France ? »

Il disait non, car il voulait déjà à cette époque une Algérie d'un algérianisme comprenant autant, sinon plus d'éléments étrangers que d'éléments français.

Dans une brochure sur les douanes de cette même année 1858, cet écrivain algérien disait :

« L'Algérie est un pays français, éminemment français. Quel que soit son développement, elle restera telle parce que tout l'y invitera, ses sympathies et son intérêt.

« Est-ce à dire que la colonie doive être exclusivement exploitée par des bras et des capitaux français ? Nullement. »

Pour que beaucoup de bras, beaucoup de capitaux étrangers avec beaucoup d'influence étrangère viennent en Algérie, cet Algérien ajoute :

« N'est-il pas utile de faire de l'Algérie une terre de libre échange ? N'est-ce pas un excellent moyen de ménager une transition à l'industrie française que de lui enlever un monopole dont elle a trop abusé ? Évidemment oui.

Vous avez retenu ce qui invite l'Algérie à rester française, des « sympathies, l'intérêt ».

La direction politique de l'élément civil en Algérie appartenait à des gens qui n'aimaient point l'empereur. Et trop souvent, ils confondirent ces deux réalités distinctes : l'Empereur, la France.

Le sentiment particulariste que l'Afrique du Nord toujours a développé dans l'esprit de ses colons, la tendance au séparatisme qui est fatale chez les colons de tous les pays, se trouvait chez les colons de l'Algérie et sans qu'ils en eussent conscience, je veux bien le croire, augmenté, hâté par le fait de leur hostilité contre le régime impérial, que beaucoup se trouvaient amenés à confondre avec le régime français. La vie algérienne rend les gens prudents. On le vit pendant toute la période de l'Empire. Les républicains de la métropole combattaient l'empereur. Ceux d'Algérie — qui d'ailleurs n'avaient pas les mêmes droits politiques — se réservaient. Mais aussi quel élan, quelle force quand l'Empire fut tombé !

§ III

En 1870-71.

Nous avons sur le propos courage, vaillance, héroïsme, déjà vu quelle fut la conduite des Algériens. Ils sauvaient la patrie des attaques de la Prusse en attendant de pied ferme les bataillons allemands dans la Mitidja. Pour se faire la main ils assommaient un vieux général français, M. Walsin-Esterhazy, un vieillard qu'on leur avait donné pour gouverneur.

Assommaient n'est pas ici pour forcer l'image en rhétorique. Ils se livrèrent à des violences réelles sur la personne d'un vieillard désarmé, parce que ce vieillard, qui représentait chez eux non plus l'autorité de l'Empire, mais celle de la France républicaine, était un général.

Les émeutes d'Alger, le mouvement révolutionnaire de l'Algérie, ce fut alors tout à fait différent de ce qui se passait en France. Les républicains renversèrent l'empereur parce qu'il s'était laissé vaincre par les Allemands, et la Commune voulut prendre la place de la République pour lutter à outrance contre l'Allemagne. Ce qui donna tant de soldats à ce qu'on croit être un pur mouvement internationaliste dans la Commune, ce fut le patriotisme des Parisiens.

En Algérie on s'agita... pour se séparer de la France.

La commune d'Alger fut séparatiste.

Il y avait déjà beaucoup d'étrangers.

Non seulement les Algériens chassèrent le gouverneur nommé par la France, mais ils nommèrent eux-mêmes celui qu'ils voulaient. Voilà le fait. Il est de séparatisme au premier chef. Et je me demande comment on y pourrait voir une preuve de loyalisme.

Le 8 novembre 1870, le comité de défense d'Alger, présidé par le citoyen Vuillermoz, nomme ledit citoyen chef de l'Algérie... par intérim c'est vrai, mais en n'avisant le gouvernement de Tours de cette nomination que pour confirmation.

L'arrêté était ainsi libellé :

« ARTICLE PREMIER. — Le citoyen Vuillermoz est investi des fonctions de commissaire extraordinaire civil par intérim.
« ART. 2. — Les Comités de défense des villes de l'Algérie seront appelés, sans retard, à ratifier cette résolution.
« ART. 3. — Le présent arrêté sera présenté par télégramme à la confirmation du gouvernement de Tours. »

L'Algérie devait ratifier, la France confirmer.

L'Algérie ratifia, mais la France ne confirma point.

Le citoyen Vuillermoz déclarait bien que l'Algérie « ferait d'elle-même » sans s'inquiéter des réponses de Tours (Dépêche Vuillermoz à maire de Médéah) ; la France n'était pas assez affaiblie pour supporter qu'un Algérien se nommât lui-même « dictateur ». Et voici les dépêches qui furent adressées à « l'usurpateur » :

« Nous recevons une dépêche de Bône dont le conseil municipal refuse de se joindre *à la mesure illégale* que vous avez prise sans même attendre les décisions des conseils municipaux qui, d'ailleurs, n'ont pas droit de confirmer votre arrêté.

« Sans attendre notre adhésion que notre dépêche vous refuse, nous apprenons *que vous faites le dictateur* et que vous constituez une commission pour préparer l'organisation du conseil communal.

« Le gouvernement annule *cet acte d'usurpation;* il vous engage et au besoin vous ordonne de cesser toutes violations de la loi qu'il ne peut tolérer plus longtemps.

« FAITES AFFICHER NOTRE DÉPÊCHE D'HIER ; que la population apprenne par vous que, les pouvoirs que vous avait donnés le conseil municipal n'étant pas agréés par le gouvernement, vous les abdiquez.

« Le ministre de la justice, qui vous connaît, déclare que vous êtes un bon citoyen; prouvez-nous votre patriotisme.

« Vous aurez, avant dix jours, à Alger, un gouverneur civil.

« En attendant, le pouvoir du gouvernement général militaire est fini, puisque le général Lallemand n'est plus que le commandant des forces de terre et de mer.

> « *Les membres du Gouvernement de la défense nationale et le vice-amiral ministre de la marine.*

« Il est temps d'en finir avec les usurpations que nous ne pouvons pas tolérer plus longtemps.

> « *Les membres du Gouvernement de la défense nationale.* »

M. La Sicotière dans son rapport a dit de ces faits qu'ils constituaient une *tendance à la sécession.*

Et il ajoute :

« Cette tendance nous paraît caractérisée non seulement par les faits que nous retraçons, mais aussi par le langage de la presse, soit favorable soit hostile aux idées sécessionnistes. Nous croyons que certains témoins n'y ont pas attaché une suffisante importance, lorsque dans leurs dépositions ils n'ont vu dans le mouvement d'Alger qu'un épisode accidentel et de l'ordre pour ainsi dire administratif. »

Et voici quelques extraits significatifs de journaux, de brochures :

Le *Zéramna* du 18 février 1871 engage ses lecteurs à prendre la « résolution de s'opposer à l'intervention de la France dans les affaires intérieures de la colonie ».

Le *Colon* du 17 janvier 1871 propose de « prendre soi-même le décret qui unirait tous les Algériens ».

M. Georges Tillier, dans sa brochure intitulée la *Coterie Vuillermoz* (1871), dit que :

« L'insuffisance, la faiblesse, les sottises du citoyen-maire ont perdu la plus belle situation qui se soit offerte à l'Algérie de rentrer dans la libre disposition d'elle-même. »

On lit dans la *France nouvelle* du 6 mai 1871 :

« Les séparatistes absolus veulent au chef-lieu de chaque province un conseil et un président élus par le suffrage universel et à Alger une assemblée coloniale de députés des provinces, nommant elle-même son président, ses secrétaires et traitant au besoin de puissance à puissance avec la Chambre des députés de France. »

Dans l'*Akhbar* du 15 novembre 1870 :

« Que quelques cerveaux brûlés qui n'ont rien à perdre mais tout à gagner dans l'agitation essayent de la tromper en lui parant des utopies de couleurs séduisantes, elle ne se laissera pas prendre à cette glu. Il y a mieux à faire que de rêver à une sécession impossible. »

M. La Sicotière, résumant les brochures de M. de Prébois, du maréchal Randon, la déposition du capitaine Villot, dit :

« Pour d'autres, le régime civil impliquait l'expropriation du sol au profit des colons et l'asservissement de l'indigène par l'Européen... il devait aboutir à la subordination de l'intérêt français à l'intérêt algérien et couvrait une pensée antipatriotique de *séparatisme*. »

De l'*Humoriste*, 20 novembre 1871 :

« Pendant que nous avions tous les regards tournés vers la

métropole, que nous écoutions l'oreille à terre jusqu'au moindre frémissement de cette pauvre mère en pleurs, il se trouvait là sous nos yeux des hommes assez insensés pour rêver et pour préparer une séparation.

« Si le complot n'a pas abouti, ce n'est ni leur faute ni celle de leurs agents. C'est que Dieu ne veut pas que la fille soit ingrate envers sa mère; que l'Algérie périsse par la coupable inexpérience de quelques insensés. »

M. Lamy, dans sa brochure *les Causes de l'insurrection de 1871*, écrit :

« Le conseiller municipal au titre étranger, Crispo, Italien, était en correspondance avec Garibaldi retiré à Caprera dont les soldats errant de divers côtés arrivaient à Alger où on prévoyait les utiliser pour un coup de main. Une délégation demandait à Garibaldi de venir prendre le gouvernement de l'Algérie pour sauver la République en péril. »

Je puis ajouter, moi, d'après mes renseignements personnels, — car j'ai eu l'honneur de causer avec M. Crispo, qui vit encore — je puis ajouter : « et pour faire une République algérienne opposée à la France si celle-ci ne demeurait pas républicaine, mais son alliée dans le cas contraire. » Il faut bien se rappeler que c'était avant l'insurrection de 1871 et que les Algériens considéraient l'Arabe comme définitivement soumis, élément négligeable en leurs calculs séparatistes. La preuve est qu'ils refusaient d'accepter les « capitulards » pour les garder. Beaucoup d'Algériens croyaient qu'avec Garibaldi ils pouvaient se séparer de la France. M. Crispo le croyait et l'avait fait croire.

M. Perron, dans ses récits algériens, accuse les juifs d'avoir « subventionné les feuilles qui se mirent à prêcher l'autonomie de l'Algérie et sa séparation d'avec la mère-patrie ».

Un officier « anonyme », qui a publié en 1871 à Versailles une brochure sur les causes de l'insurrection de 1871, accuse les juifs et les étrangers et les Français qui à ce double contact cessaient d'être Français pour devenir Algériens. Il en disait :

« Ces hommes qui ont réalisé de belles fortunes se croient libres d'obligations vis-à-vis de notre patrie et, pour mettre le comble à leur ingratitude, ils choisissent, pour affirmer leurs théories séparatistes, le moment où la France se courbe sous la dure loi d'un vainqueur impitoyable...

« Nous n'aurions pas poussé plus loin l'étude de ces tendances si nous n'avions lu dans un journal de l'Algérie les lignes suivantes :

« Au moment où vont partir pour Bordeaux nos six représentants de l'Algérie, nous tenons à leur adresser une dernière parole, une recommandation suprême, et en cela nous croyons être l'interprète fidèle de l'immense majorité de nos concitoyens algériens.

« L'Algérie aime la France...

« Si les représentants envoyés par la France à l'Assemblée nationale... votent la République et la guerre à outrance, l'Algérie est indissolublement liée à la France.

« Mais si la mère-patrie reprend ou subit l'ignoble aventurier de Décembre... nous la renions pour notre mère et nous ne voulons plus avoir avec elle que des rapports de voisinage géographique.

« Tout plutôt que d'accepter le sinistre hibou de Décembre qui a voué une haine de Corse à notre colonie, qui l'a condamnée à l'étiolement à perpétuité... Plutôt devenir Chinois ou Turcs, Malgaches ou Cosaques.

« L'Algérie avec ses 150.000 âmes de population française et 80.000 Européens non Français au milieu de deux millions d'Arabes et de Kabyles ne pourrait résister à une armée de bonapartistes qui débarquerait à Sidi-Ferruch. Il nous faut donc un protectorat à l'ombre duquel nous pourrions grandir, ne pas être étouffés au berceau et former un jour une nation nouvelle.

« Que nos représentants s'occupent de cette question. Nous ne voulons du Bonaparte à aucun prix ; et certes plutôt que de subir encore ce chenapan, nous préférerions nous donner à l'Angleterre.

« Sans doute, dans ce cas, nous n'aurions peut-être pas le nom de République, nous serions soumis nominalement à une reine, mais nous aurions effectivement notre autonomie, et la plus grande somme de liberté que nous saurions rêver, ici, même sous la République.

« L'Angleterre a pour principe de donner à toutes ses colonies un conseil électif et législatif, qui vote tous les impôts et en règle l'emploi. Il résulte de ce système une prospérité qui fait contraste avec l'état des colonies françaises.

« Voyez l'île de France, voyez le Canada, deux colonies françaises cédées à l'Angleterre il y a un demi-siècle et un siècle. Ces colonies sont restées françaises par la langue e; par le cœur, par les lois et les institutions. La première a vu tripler sa population pendant que sa voisine, l'île de la Réunion, qui appartient encore à la France, languit stationnaire. La seconde avait 60.000 âmes quand elle a été cédée : elle a maintenant quatre millions d'âmes, dont un million de Français qui ont leurs députés, leur Parlement, leurs lois françaises d'autrefois et qui jouissent d'une prospérité assez indiquée par l'accroissement de leur population.

« Il en est de même de la Louisiane vendue par le premier Bonaparte aux Anglo-Saxons des États-Unis. Le drapeau britannique flottant à Alger, au-dessus de la maison d'un gouverneur anglais, ce spectacle nous crèverait le cœur, assurément ; mais en définitive, ce serait pour l'Algérie la prospérité, le progrès, un développement inouï de la colonisation. Non seulement les propriétés privées et les droits acquis seraient religieusement respectés, mais ils prendraient une valeur énorme, le travail serait abondant et mieux rétribué ; l'esprit d'entreprise et les capitaux féconderaient un sol que le gouvernement arabophile n'a fait qu'abandonner à la paresse musulmane.

« Mieux vaut cela, nous ne craignons pas de le dire, que d'appartenir à la France restituée à un Bonaparte quelconque, n° 4 ou n° 5. » (Journal *l'Indépendant*, 9 février 1871.)

« Quant à la protestation votée par le corps des officiers de la milice, nous l'avons lue, mais nous n'avons pas eu le temps d'en prendre copie.

« Ce que nous pouvons affirmer, c'est qu'elle est cent fois plus énergique encore que celle du conseil municipal, qu'elle est comminatoire et de nature à donner à réfléchir à ce gouvernement de Versailles qui, foulant aux pieds les légitimes aspirations de nos populations, finirait par exposer l'Algérie aux horreurs de la guerre civile que ses allures réactionnaires ont allumée en France.

« La réunion publique a pris de son côté de viriles résolu-
tions que la prudence ne nous permet pas d'indiquer autrement..

« Si les hommes de Versailles avaient été témoins des manifestations provoquées par la seule perspective du rétablissement du pouvoir abhorré, ils comprendraient qu'il est temps de
s'arrêter dans une voie dont nous entrevoyons l'issue, car l'Algérie se sent assez forte maintenant pour faire respecter ses
droits trop longtemps méconnus, au besoin pour voler de ses
propres ailes. » (*Indépendant* du 4 avril 1871.)

A Constantine on disait « voler de ses propres
ailes » ; à Alger, grâce à l'influence de M. Crispo et
autres correspondants de Garibaldi le libérateur, on
disait : *Fara da se.* »

§ IV

Après 1871.

Mais lorsque fut venu l'avertissement salutaire
donné par les indigènes en leur insurrection de 1871,
les révolutionnaires séparatistes d'Algérie comprirent
que quelques chemises rouges ne suffisaient pas à la
tâche de constituer — avec les Arabes d'un côté, la
France de l'autre — une république algérienne gou-
vernée par les maires d'Alger. Ils mirent en porte-
feuille leur *Fara da se* et attendirent, mouillant leur
doigt pour sentir d'où venait le vent, sifflant pour le
faire venir.

Il vint, non plus séparatiste, autonomiste. Voici
la réalité algérienne qu'habille ce mot français autonomie. C'est donner aux corps élus par les citoyens
français d'Algérie, avec l'administration et le gouvernement, l'exploitation de quatre millions d'indigènes, maintenus en sujétion par les soldats venus

et payés de France, la métropole payant en outre beaucoup d'autres services dont nous verrons, ailleurs, le détail. On hésitait. Car l'administration centrale, aussi bien sous l'Empire que sous la République, a toujours su les réalités algériennes. Quand le gouvernement fit des bêtises, il ne pécha jamais par ignorance, toujours par faiblesse. Or, ce mouvement autonomiste qui emportait l'Algérie, Paris le voyait et l'appréciait comme le voyaient et l'appréciaient les gens les moins « sorciers », quand ils allaient étudier la colonie. Sous l'étiquette d'autonomie, on reconnaissait le parti séparatiste de 1870.

M. Paul Bourde écrivait, en 1879, dans un volume de reportage algérien :

« ... pour étouffer dans l'œuf le parti autonomiste, car il existe un parti autonomiste dans notre colonie, un parti qui rêve pour elle une existence à part à côté de celle de la France, un parti qui ne parle pas encore de la séparation, mais qui, inconsciemment, voudrait la préparer.

« Le soleil d'Afrique fait des tempéraments ardents ; les Algériens apportent dans les affaires publiques une propension bien marquée à l'impatience. Si déjà aujourd'hui ils contestaient la compétence du Parlement français dans les matières qui les concernent, que serait-ce si, pour une raison ou pour une autre, ce Parlement rejetait des projets préparés par l'assemblée de leurs élus ? Pour le coup, ils renieraient son autorité. L'opinion française soutiendrait le Parlement français ; l'opinion algérienne soutiendrait le Parlement algérien, et un antagonisme naîtrait entre ces deux pays. Je ne veux même pas songer à ce qui pourrait suivre. »

Aujourd'hui, on n'a pas besoin de « songer » à ce qui pourrait suivre, on n'a qu'à voir ce qui a suivi. On n'a qu'à noter l'état d'esprit de l'Algérie, qui oppose les Délégations financières au Parlement français et au gouverneur chargé de faire appliquer, en Algérie, les lois votées par le Parlement français.

Le Parlement algérien, nous allons le voir plus loin, n'admet déjà plus qu'une loi française soit applicable en Algérie sans son autorisation !

C'est cet état d'esprit fatal que les sages prévoyaient, vers 1880, et c'est pour essayer d'en retarder les manifestations que furent signés, en 1881, les décrets de rattachement. Je n'écris pas que ce fut le bon moyen. Je dis simplement, ce qui est vrai, qu'ils furent décidés par essai de réaction contre les progrès de l'idée séparatiste en Algérie. Résultat : ils l'exaspérèrent. Les élections se firent contre l'assimilation et pour l'autonomie. M. Thomson faillit ne pas être élu, parce qu'on l'accusait d'être un assimilateur.

Entre temps, et pendant que l'Algérie s'organisait pour forcer la métropole à lui donner l'autonomie, préparait l'agitation antisémite, une agitation de « chantage » séparatiste, où l'on a visé moins le juif que l'autorité de la métropole (M. Crispo, frère du Crispo de Garibaldi, m'a dit : « Nous n'avons pas voté pour Drumont, nous avons voté contre Lépine ») ; pendant que s'élaborait une véritable rébellion, les écrivains autorisés de la métropole, les savants qui donnent aux hommes politiques des opinions mâchées, écrivaient :

« Depuis 1776, aucune colonie ne s'est séparée de l'Angleterre ; depuis le premier quart du siècle, aucune colonie ne s'est séparée de l'Espagne, quelque vicieuse qu'ait été son administration de l'île de Cuba. Nul fait analogue à la déclaration de Philadelphie ou au succès d'Iturbide et de Bolivar ne s'est plus produit dans le monde colonial européen. L'Algérie prête à moins d'inquiétude qu'aucune autre colonie, bien qu'il y ait, là aussi, *tout comme d'ailleurs à Paris, des agités et des rêveurs d'autonomie*. Ils n'ignorent pas, cependant, que l'appui de la métropole sera toujours nécessaire, aux colons, pour se maintenir au milieu d'une population indigène sept ou huit fois plus nombreuse que la population européenne. Les Algériens sont fiers de ce nom de Français, qui est leur titre à l'héritage créé par nos victoires : ils mettent leur patriotisme, non pas à créer un Etat nouveau, mais à étendre la France elle-même jusqu'aux limites du désert. »

L'homme clairvoyant, qui écrivait ces lignes est M. Rambaud. Il les publiait en 1885, dans sa préface à la traduction du volume de Seeley. Les Cubains ont donné à ces affirmations un démenti éclatant. Celui des Australiens est plus discret; celui des « rêveurs d'autonomie » algériens est incontestable... quoique contesté.

§ V

Le séparatisme dans la rébellion antisémite.

Les autonomistes employèrent d'abord les moyens classiques, l'agitation légale. En 1896, ils n'avaient pas obtenu ce qu'ils voulaient. Ils préparèrent les émeutes. Il fallait montrer à la métropole, qui avait oublié 1870, comment peut travailler la race nouvelle en évolution et comment il est facile de la mettre en révolution. Pour obtenir la charte de 1900, quatre années de rébellion suffirent. De rébellion nettement séparatiste. On voulait l'autonomie... c'est entendu... et on l'eut. Mais on menaçait de la sécession.

Voici ce qui se publiait dans le journal de M. le sénateur Gérente, journal dont M. Cambon possédait pour 75.000 francs d'actions, dans le *Télégramme*, à la date du 17 octobre 1896.

Ce journal n'était pas rédigé par des agités comme ceux que l'on pousse en avant-garde, en se réservant de les désavouer quand ils ont crié trop violemment les programmes que l'on veut faire accepter.

La sagesse du *Télégramme* nous paraît, à nous,
folie, et le calme de ses rédacteurs une épilepsie.
Mais, en Algérie, c'était sagesse et calme. Cette
sagesse recommandait :

« ... L'autonomie coloniale, que certains traduiront par
l'expression plus énergique encore de « *Séparation* ». L'avenir
seul apprendra si ces tendances isolatrices sont favorables à la
prospérité de ce pays. Dans tous les cas, les procédés déplora-
bles de la métropole, à l'égard de sa pupille, *ont presque légi-
timé les idées les plus radicales à ce sujet.* Il ne faudra pas
oublier cela lorsque, plus tard, le moment sera venu d'établir
les responsabilités de sécession, si jamais la scission morale,
qui se prononce de plus en plus aujourd'hui, faisait arriver les
choses jusqu'à ce point. »

Je n'imagine pas, je ne calomnie point. J'ai lu et
je cite. Relisez. Et rappelez-vous bien que cela était
calculé, pesé, dosé, voulu, pour prévenir la métropole que, si elle ne cédait pas de bon gré, elle céde-
rait de force.

Ce qui s'imprimait à Alger, M. Forcioli le disait à
la tribune en ces termes :

« ... Il arriverait peut-être un jour où les intérêts de la
colonie ne seraient pas d'accord avec les intérêts de la métropole, et alors la désaffection commencerait.

« Il me semble que l'insurrection de la République américaine n'est pas déjà si loin, que nous ayons pu oublier que c'est
justement parce que la métropole avait voulu mettre des droits
qui paraissaient trop lourds à la colonie, que celle-ci s'est soulevée.

« Je ne dis pas que l'Algérie se désaffectionnera de la
France dès la première ou la seconde génération ; non, il y a
encore trop de liens entre elle et notre colonie... » (*Séance du
7 novembre 1896.*)

M. Forcioli annonçait ainsi — dans cette jolie
manœuvre de chantage national — que la désaffection commencerait à la troisième génération d'Algériens...

Elle existe, cette génération, prétend un Algérien qui signait Marc Ly une brochure intitulée : le *Bilan algérien* et publiée en 1897.

En voici le passage caractéristique, et que je vous prie de méditer, comme, d'ailleurs toutes les citations qui font la force de mon livre :

« L'Algérie expie cruellement la lourde faute qu'elle a commise en accordant à ses visiteurs une aussi généreuse hospitalité.

« Chaque visite ministérielle ou parlementaire lui a coûté un nouvel impôt destiné, soit à la création d'écoles arabes-françaises, soit à l'extension de l'administration tutélaire. Le colon, anémié par la fièvre, débilité par la chaleur, et d'autant plus chauvin qu'il est plus loin du sol natal, a bien murmuré, mais il a payé quand même. S'il a peiné davantage, il lui en reste la consolation d'être exproprié par le prêteur, auquel il s'était adressé, pour pouvoir offrir à MM. les ministres, les sénateurs ou les députés le champagne rafraîchissant et les fleurs odorantes.

« Ainsi dépouillé, accablé de charges, le colon a compris. Il a dégagé la morale de cette fantastique histoire et, tout naturellement, il a pris en horreur tous ces administrateurs à distance. Il a pensé, avec quelque raison peut-être, qu'il aurait quelque avantage à être moins connu. Le spectre de l'autonomie a hanté son esprit et, à l'heure présente, le malheureux se demande s'il ne ferait pas œuvre pie en s'opposant désormais au débarquement des envoyés du pouvoir central ou des représentants du pays.

« La menace n'est pas vaine. Elle a un sérieux fondement, peut-être unique dans l'histoire administrative, mais certain dans les annales de l'Algérie. Il y a, en effet, quelques années à peine qu'un gouverneur, fraîchement nommé par le ministre compétent, dut mettre le cap sur le nord, en vue d'Alger, sans avoir pu rejoindre son poste. Il avait entrevu la terre sur laquelle devait s'exercer sa vice-royauté, mais il avait reculé devant le bain de joyeux avènement que lui réservaient ses futurs sujets.

« Avec la logique des esprits simples, le colon a pensé encore que, peut-être, il serait mieux administré s'il s'administrait lui-même, et qu'il connaîtrait ses besoins beaucoup mieux que les fonctionnaires métropolitains dont on se débarrassait, à son profit, pour des causes parfois connues, rarement avouées...

« Le colon originaire, le Français venu de France, a accepté le joug de la métropole en vertu d'habitudes acquises. Mais ses descendants, ses petits-fils, nés dans le pays, n'ont plus de ces préjugés antiques ; le besoin leur a dessillé les yeux. La dure vie sur le sol vierge, l'ardent *struggle for life* au milieu de populations dissemblables, mais unies par un commun intérêt, ont abattu cet orgueil de suivre aveuglément les pires volontés du pouvoir central. Ils ont constaté les fautes et reconnu que toutes les tentatives des théoriciens les avaient amoindris, qu'elles avaient soulevé des difficultés telles que la vie devenait, pour eux, de plus en plus pénible et qu'ils allaient fatalement à la banque-route. »

Ces sentiments étaient ceux de la majorité algérienne qui fit de M. Régis, maire d'Alger, son chef.

Le 16 novembre 1898, M. Max Régis adressait au gouverneur général une lettre dans laquelle je souligne une phrase typique :

« Promettez-nous, enfin, de gouverner avec le peuple et non plus avec les lamentables serviteurs des canailleries juives. C'est, d'ailleurs, ce qu'une délégation du nouveau conseil municipal viendra vous demander, monsieur le gouverneur général. Elle viendra vous dire que *le peuple républicain d'Alger demande au représentant,* CHEZ LUI, *de la République française de respecter sa volonté, que les hommes de 89 proclamèrent inaliénablement souveraine.* »

La volonté souveraine en Algérie n'est pas celle de la République, n'est pas celle du peuple français, c'est celle du peuple d'Alger...

Cette théorie séparatiste que M. Max Régis illustrait en amenant le pavillon de la mairie d'Alger quand arrivait le navire portant le gouverneur, cette théorie était approuvée par la majorité des Algériens qui réélisaient M. Max Régis en 1900.

Le chef des antijuifs parlait très souvent de l'*in-dépendance* de l'Algérie.

M. Casteran cite de lui cette phrase prononcée à Paris, au punch de la Ligue antisémite, 24 décembre :

« Devant l'hostilité gouvernementale nous sommes dans l'alternative ou de nous déclarer Français et alors de rester des esclaves soumis, ou de nous déclarer antijuifs et alors d'empêcher la tourbe juive de continuer ses ravages en Algérie. Je voulais me mettre à la tête de ce mouvement d'indépendance de l'Algérie. »

A la même époque on lisait dans le *Précurseur*, journal hebdomadaire rédigé par M. Dubuc, conseiller municipal nationaliste de Paris :

« Nos confrères algériens s'étonnent de la façon saugrenue dont sont menées les affaires algériennes. Pour nous, il y a de la part de nos gouvernants plus que de l'incapacité, il y a trahison voulue, préméditée.

« A force de provocations et de mesures idiotes, les juifs, qui ne pardonneront jamais aux Algériens, veulent amener une crise séparatiste qui lancerait tout notre domaine de l'Afrique du Nord dans des aventures terribles. »

M. Drumont publiait aussi sa fameuse lettre au Président :

« Monsieur le Président, vous suivez, comme tous les Français, avec une douloureuse anxiété *ce qui se passe à Cuba.* Eh bien ! permettez-moi d'attirer votre attention sur ce point, les choses n'ont pas commencé par des insurrections, des fusillades. *Cela a commencé par de braves gens comme nous qui sont venus s'adresser à ceux qui représentent l'autorité comme vous la représentez,* et qui ont dit : « Prenez garde ! il y a de grands abus à « Cuba ; il est encore temps de les guérir, mais il n'est que « temps. » On a répondu à ces braves gens en augmentant la police et en envoyant des soldats. Vous voyez le résultat. »

En Algérie, c'était :

« Dans quelques années d'ici il n'y aura plus en Algérie ni Italiens, ni Espagnols, ni Maltais. Il y aura des Algériens. Et ce ne sera pas trop tôt. » (*Télégramme*, 7 avril 1898.)

M. Morinaud écrivait :

« ... Nous députés antijuifs, nous protesterons contre une
telle politique, car si elle était consacrée, personne ne pourrait
répondre de l'avenir de notre œuvre française en Algérie. On
aurait un parti séparatiste. » (Le *Républicain*, 5 septembre 1898.)

Cela indignait les bons Français d'Algérie comme
M. Mesplé, qui protestait dans la *Nouvelle Revue*,
15 septembre 1898... mais constatait le mal...

A la session de 1898 du conseil général d'Oran,
M. Havard était obligé de « relever » les dires et les
vœux de M. Vinci et du docteur Mauran.

M. Mauran est un Algérien nouvelle race qui, pré-
voyant le moment où l'Algérie cessera d'être française, écrivait :

« Je crois qu'il n'y a pas lieu de s'alarmer tant que cela. Oran
ne sera pas plus à l'Espagne que Tunis à l'Italie... l'Algérie-
Tunisie... sera elle-même, elle sera à la race algérienne.

« Pour le moment la France a à former par la fusion des trois
éléments latins, la race algérienne, la race nord-africaine, qui
sera la quatrième des grandes races latines. Quand cette race
sera formée, la France devra lui fournir les moyens d'occuper
toute son aire, c'est-à-dire toute l'Afrique du Nord où son aïeule
la Rome antique a dominé. Et si sa fille est robuste et de belle
venue, notre vieille France n'aura pas trop à se plaindre.

« Quand son heure sonnera, elle ne mourra pas tout entière. »
(*Réveil algérien*, 11 novembre 1898.)

Dans ses vœux, M. Mauran avait pour associé
M. Vinci, le Vinci dont il fut tant parlé cette année,
qui nie ses conversations antifrançaises, mais ne
pourra nier ses vœux antifrançais du conseil général d'Oran.

Une hostilité violente et non déguisée animait alors
l'Algérie contre la métropole.

La France a le tort de ne pas comprendre que
« A bas les juifs ! » c'est un programme suffisant de

politique algérienne. M. Lys du Pac l'accuse de « superbe ignorance » et de « passion politique » (*Dépêche algérienne*, 5 février 1898). La France est ignorante parce qu'elle ne se résout point « à étudier les questions algériennes en compulsant les journaux algériens ». (*Dépêche algérienne*, 3 février 1898.)

Je les ai « compulsés » tous ces journaux, hélas ! et j'y ai lu :

« O naïfs que nous sommes si nous nous imaginons que les représentants des arrondissements de la métropole s'inquiètent de notre politique !

« Notre politique ?

« Ah ! ils s'en soucient bien en vérité ! La plupart, les quatre-vingt-dix-neuf centièmes l'ignorent absolument. Ce qu'ils savent en réalité, — et leurs journaux nous le disent — c'est que nous concurrençons les produits agricoles de leurs électeurs. Nos vins, nos céréales, nos huiles, nos troupeaux, les voilà les seuls étrangers qu'il faille combattre pour leur interdire l'accès des marchés du continent ! » (Lys du Pac, *Dépêche algérienne*, 15 mars 1899.)

Cela plaisait beaucoup aux Algériens, surtout quand on avait déjà écrit en leur nom :

« Sera-t-il dit que la République à sa vingt-huitième année se montre moins déférente aux revendications des Français d'Algérie que la République de M. Thiers ou l'Empire, de funeste mémoire ?

« La question vaut la peine d'être posée. » (Lys du Pac, *Dépêche algérienne*, 28 janvier 1899.)

C'est manquer de déférence aux revendications de ces gens que de ne point leur livrer l'indigène, pieds et poings liés !

§ VI

L'idée séparatiste dans les assemblées politiques algériennes.

Ce que les Algériens écrivent dans leurs journaux, ils le disent dans leurs assemblées politiques.

M. le sénateur Gérente, à la commission interdépartementale, 11 juin 1897, disait :

« Le Parlement français est profondément incompétent pour toutes les questions touchant à l'organisation générale de la colonie et il y a danger à lui laisser sur ce point le pouvoir exclusif de délibérer. »

Le 12 juin, M. Gérente recommandait les anciennes idées de M. Béhic, dont « le projet ne soumettait pas chaque année le budget à l'examen du Parlement ».

Si alors les collègues de M. Gérente n'osent pas encore réclamer l'autonomie complète, ce n'est point parce qu'ils ne la veulent pas, mais parce qu'ils savent qu'on ne la leur donnera pas.

M. Broussais (en réponse à une question de M. Giraud « se demandant s'il ne serait pas préférable de régler les questions algériennes par des décrets après avis du conseil colonial », par conséquent en dehors du Parlement,) dit :

« C'est peut-être aller trop loin dans la voie de l'autonomie complète ; il est certain qu'un projet conçu dans cet esprit n'aurait aucune chance d'aboutir.

« Dans cette voie de progrès qui s'ouvre devant nous, il s'agit seulement de savoir ce que nous pouvons obtenir de compatible avec nos intérêts immédiats, sans compromettre en les exagérant le résultat de nos revendications, etc., etc. »

Toute cette séance de la commission interdéparte-

mentale de 1897 puc le séparatisme. M. Marchal ne
veut plus de représentation algérienne au Parlement
français, puisqu'il y aura un Parlement algérien...
sans indigènes, ajoute M. Fouque, approuvé par
M. de Soliers dont le nom était alors écrit Dessoliers.

La commission interdépartementale de 1897 ne pro-
nonçait pas le mot séparatisme, ne parlait pas de sécession. Les menaces publiées par le *Télégramme*
et portées à la tribune par M. Forcioli en 1896 repa-
rurent en 1898 au conseil général de Constantine
sous le prétexte des impôts.

> « A maintes reprises nous avons protesté contre les impôts
> dont il nous est arrivé d'être injustement et inopinément
> accablés.
>
> « Or c'est une question d'impôt qui souleva contre l'Angle-
> terre en 1776 ses colonies du Nord de l'Amérique, et c'est une
> question de privilèges réservés aux Espagnols nés en Espagne
> — lesquels avaient seuls le droit d'être fonctionnaires — qui
> souleva contre l'Espagne dans ses colonies sud-américaines les
> créoles et les Espagnols nés sur le sol de ses colonies, et qui fit
> perdre à cette puissance, au commencement de ce siècle, à la
> faveur des guerres napoléoniennes de 1808 à 1815, ses magni-
> fiques territoires de l'Amérique du Sud.
>
> « C'est une question d'autonomie, de libertés âprement re-
> vendiquées, qui vient de faire perdre Cuba à l'Espagne. »

Cela fut dit le 8 octobre 1898 au conseil général
de Constantine. Après la menace, naturellement suivaient les protestations du plus absolu dévouement à
la France.

J'emploie à dessein le mot menace au lieu de celui
d'avertissement. Quand un homme autre qu'un Algérien dit « la mauvaise politique suivie dans la colonie conduit au séparatisme », cela constitue un avertissement. Quand des Algériens disent cela c'est une

menace, car c'est eux qui feront ou ne feront pas le séparatisme.

Mais, sans plus discuter, poursuivons nos citations.

Le 26 décembre 1898, aux Délégations financières, M. de Soliers, qui est encore Dessoliers, veut assimiler l'Algérie à un pays étranger sous le protectorat français il est vrai, mais tout de même étranger. Il dit :

« La Tunisie fixe elle-même ses droits de douane comme elle l'entend ; pourquoi, comme on le voulait sous l'Empire, n'en serait-il pas de même pour l'Algérie ? Ce régime fonctionne tout près de nous. Pourquoi ne pas l'adopter ? »

Évidemment...

Et le lendemain notre précieux M. de Peyerimhoff disait :

« Il y a un pas à franchir. C'est celui qui sépare l'autonomie financière d'une véritable autonomie politique. Et rien ne nous permet de croire que la métropole soit *aujourd'hui* disposée à accorder cela à l'Algérie. »

C'est un fonctionnaire bien français que cet homme annonçant ainsi froidement pour le lendemain l'autonomie politique algérienne après que le premier pas aura été franchi grâce à l'autonomie financière.

Et cela explique pourquoi, malgré la volonté du ministre de l'intérieur et le désir du gouverneur général, ce M. de Peyerimhoff est demeuré en fonction après le départ de M. Revoil. Même l'aventure fut curieuse. M. Jonnart avait prié M. de Peyerimhoff de démissionner. Le bloc algérien tombe sur le gouverneur. — Mais c'est l'ordre du ministre de l'intérieur. — Comme attaché au Conseil d'Etat, M. de Peyerimhoff ne relève que du ministre de la justice. Comme directeur de l'agriculture algérienne, il ne dépend que du gouverneur... alors... alors M. de Peyerimhoff demeura.

Un des arguments qui furent employés pour obtenir l'autonomie financière de l'Algérie, celui qu'il faut les intéresser aux économies budgétaires, montre que les Algériens ne se considéraient pas Français.

Lisez ces réflexions de M. Le Moigne dans son rapport sur le budget de 1899 :

« L'Algérie a toujours été traitée par la métropole comme un fils de famille à qui les parents paient ses dépenses, non quelquefois sans mauvaise humeur, mais qui, n'ayant pas de ressources propres, sachant la caisse paternelle bien garnie, cherche à se procurer le plus d'argent qu'il peut et n'a guère le souci d'en faire bon usage. Les Algériens n'ont aucun intérêt à voir s'accroître leurs ressources budgétaires ; si la métropole veut leur imposer des taxes nouvelles, ils protestent avec d'autant plus d'énergie qu'ils ne conçoivent aucun rapport d rect entre le produit de ces impôts et les crédits que l'on mettra à leur disposition. Ils n'ont aucune raison de chercher à modérer leurs dépenses, puisque les économies réalisées de ce chef ne leur profiteront pas. Aussi est-il facile de constater que certains services fonctionnent surtout en façade, sans utilisation intelligente des sommes dont ils sont dotés. Les fonctionnaires de tout ordre sont naturellement amenés à chercher à tirer de leur situation le meilleur parti possible, sans se préoccuper suffisamment des résultats sérieux qu'il serait de leur devoir d'obtenir. »

M. Le Moigne ni personne d'ailleurs au Parlement français n'a souligné cette mentalité séparatiste qui faisait croire aux Algériens que les économies budgétaires réalisées en Algérie profitant à la France ne leur profitaient point à eux Algériens !...

Le 28 mars 1899 les députés antisémites algériens déposent un projet de loi pour obtenir un « Conseil élu statuant sur toutes les questions relatives à la vie économique, financière, *administrative* de la colonie... avec commission permanente chargée de contrôler la gestion du gouverneur, de parer aux cas urgents ». Et ils s'étonnent que M. Barthou ait vu là un « spectre » de Parlement algérien, séparatiste !

C'est que M. Barthou voyait comme M. Burdeau. On sait que M. Burdeau affirmait que l'autonomie financière donnée à l'Algérie était l'acheminement vers l'autonomie politique. « Le pas à franchir » signalé plus haut chez M. de Peyerimhoff.

§ VII

Le séparatisme et l'autonomie financière de 1900.

Grâce au chantage de la rébellion antisémite l'Algérie obtint son autonomie financière.

Dès le mois de mai 1900, M. Pourquery de Boisserin en suite de son enquête en Algérie avait dit :

« D'excellents esprits, non les moins clairvoyants, ont vu dans l'autonomie financière le point de départ d'un mouvement fatalement appelé à se compléter, dans un délai plus ou moins éloigné, par l'autonomie politique, le séparatisme pour dire le mot.

« L'objection est grave. L'enquête nous a malheureusement révélé qu'il existait en Algérie les germes d'un esprit particulier, indéniable, avoué. Il est le fruit malsain de bien des causes. Sans danger immédiat il peut devenir un péril.

« Les Français d'origine que les liens d'intérêt de famille attachent à la mère-patrie qu'ils aiment avec le sentiment puissant fait des souffrances, des espérances communes, du souvenir des gloires et des défaites héroïques, de la pensée reportée vers ce coin de terre où les pères ont vécu, sont enserrés au milieu d'une population étrangère prolifique qui ne connaît pas la France. Naturalisés globalement par des lois successives toutes regrettées, ces étrangers qui n'avaient pas sollicité le titre de citoyen français n'en comprennent pas la grandeur; ils n'en aiment pas les devoirs. Un grand nombre, pour ne pas dire tous, parlent et pensent dans une autre langue. Les souvenirs, les intérêts les écartent de nous, et très lentement viendra l'heure (si même elle doit jamais venir) pour quelques-uns de l'assimilation qui leur donnera l'âme française. »

Mais M. Berthelot répondait le 27 juin 1900 :

« Il nous faut dire un mot d'une objection politique; bien qu'elle ait à peine été formulée cette fois, parce qu'elle a retardé l'étude de la question : c'est l'objection du séparatisme. La création d'un budget spécial de l'Algérie ne va-t-elle pas favoriser des tendances séparatistes, l'autonomie financière apparaissant un premier pas vers l'autonomie politique et l'indépendance totale ? On s'étonne qu'un esprit aussi lucide que Burdeau ait pu s'arrêter à de semblables objections. Pendant bien longtemps encore la population indigène sera la majorité en Algérie, et la sécurité complète n'y pourra être assurée aux Franco-Algériens que par leur union avec la métropole.

« C'est la France qui assure leur défense et sur mer et sur terre; pour qu'ils y puissent suffire ils devraient s'imposer un effort disproportionné avec leurs forces et avec leurs revenus. Alors même que dans une période évidemment encore lointaine, l'Algérie pourrait contribuer pour sa quote-part à notre budget de défense nationale, il lui faudrait, pour avoir une armée à elle et une flotte à elle, des sacrifices bien plus considérables.

« Que gagnerait-elle à s'isoler de notre empire colonial africain, dont la mise en valeur lui réserve de précieux débouchés et de larges bénéfices ?

« Sans faire intervenir aucune raison morale, le souci de ses intérêts et de sa sécurité préviendra en Algérie toute velléité de se détacher de la France. Il serait profondément injuste de suspecter le patriotisme de nos frères d'Algérie, aussi ardent que celui de toute autre terre française : comme les Bretons, comme les Méridionaux, ils ont un patriotisme local qui ne fait nul tort à l'autre, et des intérêts régionaux à faire valoir. Le respect de ces intérêts légitimes est la meilleure manière d'éviter les malentendus et les froissements.

« C'est en refusant des libertés aux colons, et non pas en les leur accordant, que l'on développe les tendances séparatistes. L'histoire des colonies anglaises et espagnoles d'Amérique l'atteste clairement.

« Nous avons abordé de front cette objection politique du séparatisme en en poussant à l'extrême l'hypothèse, mais ni votre commission du budget, ni son rapporteur n'estiment qu'elle puisse être sérieusement soulevée à l'occasion du budget spécial. Celui-ci n'organise aucunement l'autonomie algérienne ; il n'affaiblit en rien le droit d'initiative et de contrôle des pouvoirs publics. »

Je ne veux point préjuger du fait. Nous verrons plus loin, par le fait, qui avait raison de Burdeau ou de Berthelot, quand nous analyserons ce que les Algériens ont compris de politique dans la gérance de leur budget, aux réunions des Délégations financières de 1903 et de 1904.

Voici une manifestation de séparatisme pratique découverte par M. Le Moigne et signalée en ces termes dans son rapport du 17 mars 1902 :

« On ne peut s'empêcher de constater, parmi quelques membres des assemblées algériennes, une tendance à éliminer plus ou moins complètement l'élément français métropolitain dans le peuplement des villages. On a fait valoir que les Algériens, connaissant mieux le pays et ses procédés de culture spéciaux, permettent d'assurer un peuplement plus rapide et plus efficace que les colons venus de la métropole, et qui souvent abandonnent leur concession. »

§ VIII

Le séparatisme et les incidents de Margueritte.

Les idées séparatistes de 1900 à 1902 ne disparaissaient point. On le voit. Loin de là ! Mais elles tombaient dans le calme. Les incidents de Margueritte les remirent violemment en circulation. Nous étudierons ces incidents dans un ouvrage consacré aux questions indigènes.

Mais voici qui les résume du point de vue séparatisme. Le 5 avril 1903, la *Revue nord-africaine* publiait :

« Pauvre, pauvre Algérie! Ce pays a vraiment la guigne! Il est traité en paria par la mère-patrie qui, de tout temps, a été prévenue contre sa colonie! Ne fut-il pas question, au lendemain de la conquête, d'abandonner cette terre merveilleuse que nos armées triomphantes venaient de nous conquérir! Et depuis, ces sentiments hostiles de la France vis-à-vis de sa fille aînée n'ont fait que s'accroître. On n'a pas manqué une occasion de dénigrer ses produits, de calomnier ses habitants et il n'y a pas d'injures qui aient été épargnées aux Algériens! Ce sont des buveurs d'absinthe, des chevaliers d'industrie qui ne vivent que d'expédients et qui tyrannisent les malheureux Arabes placés sous leur coupe! Tout cela a été dit et écrit et c'est l'opinion que la grosse majorité des Français a sur nous!

« Pourquoi ce discrédit? Pourquoi ces calomnies imméritées? Pourquoi? Les raisons en sont bien faciles à déduire. D'abord parce que le Français, trop casanier, ne se fait pas d'opinion par lui-même et admet comme vérités absolues les élucubrations de ceux qui parlent de l'Algérie sans la connaître! Ensuite et surtout, parce que la concurrence commerciale qui existe, à raison de la similitude des produits, entre la métropole et la colonie fait des Français du Midi et des Algériens de véritables ennemis au point de vue économique. Et qui sait justement si cette hostilité du viticulteur de l'Hérault à l'encontre du colon d'Algérie ne s'est pas manifestée dans le verdict de Montpellier!

« Ce sont là des raisons principales de la scission de plus en plus profonde qui s'opère entre la France et l'Algérie, et, si les procédés de la mère-patrie continuent à être les mêmes, nous allons tout droit, et à toute vitesse, vers le séparatisme. Ceux qui nient le moment où le fossé qui se creuse de plus en plus entre les deux pays deviendra infranchissable ne veulent pas se rendre à l'évidence.

« Les Français métropolitains viennent de moins en moins en Algérie; par contre, le nombre des Arabes augmente sans cesse et celui des Espagnols, des Italiens et des Maltais qui s'établissent dans la colonie s'accroît chaque jour. Donc, si la France ne fait pas les plus sérieux efforts pour se faire aimer de cette race nouvelle qui se crée — et elle a toujours fait jusqu'ici tout ce qu'il fallait pour s'aliéner les sympathies — avant un siècle d'ici, l'Algérie sera anglaise, allemande, russe ou américaine, mais elle ne sera plus Française. »

Cela était signé par M. René Garnier, un galant homme par ailleurs, qui a la conscience et l'absolue conviction d'être un excellent Français.

Les « procédés de la mère-patrie » ces procédés causes du séparatisme, c'est « la protection donnée à l'Arabe contre le colon ».

Cela est dit par les gens les plus raisonnables de l'Algérie.

Sur le même propos, on lisait dans les *Nouvelles* du 15 février 1903 :

« Ce qui nous inquiète le plus, ce n'est pas la crainte de nouveaux massacres de la part des Arabes, car, *même dans le cas tout à fait improbable où l'administration faiblirait*, nous saurions nous protéger nous-mêmes. Nous l'avons bien démontré en 1871 quand nous allions défendre l'Alma contre les égorgeurs de Palestro, au moment où ils envahissaient la plaine.

« Mais nous avons entendu, *de la part de nos jeunes gens*, qui, comme nous, ne sont pas quand même et toujours profondément attachés à la mère-patrie, ces paroles *que déjà nous avons relevées lors des troubles antisémites* : « Ce sera une raison « de plus pour nous séparer de la France. »

« Nous n'attachons certes pas à ce propos plus d'importance qu'il n'en mérite.

« Nous le signalons cependant comme un *symptôme grave de l'état d'âme des nouvelles générations*, qui ne peuvent admettre des erreurs semblables à celle qui a été commise à Montpellier.

« Ce qui nous rassure, c'est que de l'excès du mal sortira certainement le remède. »

Il est inutile de relever la vantardise : « nous saurions nous protéger nous-mêmes » ; ce qui importe c'est la constatation de l'esprit séparatiste par un journal algérien qui nous traite de « rêveurs » lorsque nous faisons la même constatation.

§ IX

L'idée séparatiste aux Délégations financières de 1903.

Si vous en avez le courage lisez tout au long le rapport de M. de Soliers sur le budget étudié dans cette session.

Je vous y engage, ne pouvant, en effet, donner ici que de brèves citations.

Par l'organe de M. de Soliers les Délégations s'affirment « assemblée politique » (page 57).

Elles veulent des pouvoirs administratifs.

Elles trouvent que lorsque le Parlement français touche au budget algérien c'est une « usurpation choquante ».

Elles se plaignent de ce que leur « droit de décision tend à devenir un simple avis que le Parlement n'est pas tenu d'écouter ».

Elles veulent que la souveraineté de la France ne soit que théorique !

Reprenant une phrase de M. Berthelot disant que « la situation de l'Algérie sera celle des départements », M. de Soliers ajoute ceci :

« Pour les départements le droit que les Chambres délèguent de percevoir des revenus dans la limite fixée par elles n'a jamais entraîné en leur faveur celui de reviser un budget départemental.

« L'autorisation donnée n'est jamais qu'une affirmation théorique de souveraineté, un droit nu qui n'engendre aucune conséquence pratique. »

Après avoir morigéné le Parlement en regrettant qu'il n'y ait « aucun moyen de *contraindre* le législateur au respect des prescriptions qu'il a lui-même édictées » le porte-parole des Délégations financières dit son fait au gouvernement qui « se trompe dans l'usage d'un instrument qu'il a lui-même fabriqué », qui « méconnaît nettement les prérogatives des Délégations ». Le crime du gouvernement? ... Enorme... Il avait abaissé de 5 à 2 centimes la taxe postale des imprimés en Algérie sans y avoir été autorisé par les Délégations financières!...

Mais goûtez ceci :

« Nous ne voulons pas rechercher s'il n'existe pas quelque part un esprit de malveillance, des sentiments d'animosité qui se manifestent en reprenant peu à peu à l'Algérie les prérogatives qui lui ont été concédées.

« Mais il est un fait indéniable sur lequel nous voulons insister, c'est qu'il y a opposition d'intérêts entre le budget de l'Etat et celui de la colonie qui vient d'en être fraîchement détaché, en ce sens que ce que l'un gagne est nécessairement perdu par l'autre.

« Cette opposition qui apparaît si vive aux métropolitains dans la période de difficultés budgétaires qu'ils sont en train de traverser est à peu près irréductible, mais *avec un régime d'administration autonome* elle n'aurait pas pour nous *les suites fâcheuses* qu'elle entraîne aujourd'hui. »

Etc..., etc... Plus que ceci :

« La croissance d'une jeune société comme la nôtre sera certainement pénible, si elle n'est favorisée par les bons offices d'une direction avisée et paternelle; elle se poursuivra cependant grâce au patriotisme des Délégations financières qui, s'inspirant des circonstances, agiront de leur mieux. *Malheureusement les assemblées sont plutôt faites pour délibérer; elles ne doivent que conseiller et ne peuvent guère agir.*

« Sied-il donc à la métropole, insoucieuse de ses prérogatives, de demeurer étrangère à notre développement et de s'en remettre pour son orientation au destin ? »

Agir ! Bravo M. de Soliers ! De notre Parlement français il dit que c'est « l'œil du corps politique » (page 68); il veut sans doute pouvoir dire de son Parlement d'Alger : œil et bras du corps politique.

Mais pourquoi s'étonner? M. Laferrière lui-même n'avait-il pas dit (*Economiste français*, 18 novembre 1899) des Délégations « qu'on peut sans excès voir en elles le germe du futur Parlement algérien » ?

§ X

Le coup de trompette de M. Sénac.
Les protestations.

M. Sénac qui avait étudié cette question et savait ce qu'on en vient de lire voulut y fixer l'attention du Parlement français. Il avait raison de signaler le séparatisme algérien, mais il eut le tort d'en faire un argument de discussion dans une question économique comme celle de la réforme des chemins de fer algériens.

M. Thomson protesta au nom de l'Algérie :

« L'Algérie ne songe nullement, elle n'a jamais songé à se séparer de la mère-patrie, et si elle avait jamais cette pensée impie, aucun million ne pourrait payer ce lambeau arraché au patrimoine national, mais le courant tel qu'on nous le représente n'existe pas et nous protestons au nom des sentiments de patriotisme qui existent en Algérie et devant lesquels se sont inclinés tous ceux qui n'ont pas arrêté leur enquête aux façades de la colonie et qui ont été voir les indigènes et les colons chez eux.

« ... Il y a un lien puissant entre l'Algérie et la métropole; ce lien est fait de sentiments intimes, de souvenirs communs, de douleurs et aussi d'espérances communes... Mais en dehors de ce lien puissant, le plus solide de tous, ce serait un acte de folie de supposer que l'Algérie puisse jamais songer à se séparer de la métropole. Il y a l'attache même des intérêts économiques, les relations de chaque jour... »

M. Jonnart protesta également.
Il dit avec beaucoup de raison :

« Quand, en matière de chemins de fer et pour le plus grand
bien de la colonie, vous aurez corrigé un système d'administration reconnu défectueux ; quand vous aurez apporté d'heureuses réformes à un régime que personne n'ose défendre ;
quand vous aurez, non pas séparé les intérêts algériens, mais
assuré une meilleure administration de ces intérêts, vous aurez
imprimé un nouvel élan à la vigueur et à la prospérité de l'Algérie ; et je ne vois pas en quoi, avec toutes les précautions
dont vous entourez l'opération, vous aurez détendu les liens
qui unissent la métropole et la colonie.

« Plus j'y réfléchis, moins j'aperçois en quoi l'opération qui
vous est aujourd'hui proposée, la remise à l'Algérie de la gestion de ses chemins de fer, risque plus que l'opération précédente, la remise des ports et des routes, d'altérer profondément
la foi patriotique des Algériens et leur fidélité au drapeau. Je
n'imagine pas comment leur loyalisme pourrait être désagréablement impressionné par ce fait que désormais ils auront des
chemins de fer dont ils pourront se servir, qu'ils pourront utiliser pour eux et leurs produits, qu'ils ne seront plus tributaires de la diligence et du roulage, par ce fait qu'à l'inertie de
quelques bureaux ministériels — M. le ministre des finances
et M. le ministre des travaux publics voudront bien m'excuser
— vous aurez consenti à substituer la vigilance certainement
plus éclairée, plus attentive, plus experte de l'administration
et des assemblées locales, s'appuyant sur les vœux des chambres de commerce et d'agriculture, pour essayer, sous votre
contrôle et sous la surveillance du gouvernement, d'approprier
aux exigences de la colonisation le chemin de fer, c'est-à-dire
l'outil par excellence du progrès économique. Je ne conçois pas
pourquoi, dès que vous aurez multiplié là-bas les transports et
les échanges, dès que vous aurez donné aux Algériens cette
grande satisfaction d'avoir des trains commodes et des tarifs
réduits et simplifiés, ils s'empresseront de mordre la main qui
les aura comblés. »

Je ne sais pas si les Algériens mordront la main
qui les aura comblés, mais je sais qu'ils ont de suite
essayé de mordre celle de M. Jonnart.

A la séance du 28 mars 1904 des Délégations al-

gériennes réunies en assemblée plénière à laquelle
assistait le gouverneur, le président de la commission
des finances fit la déclaration suivante :

« Après avoir étudié au point de vue financier la remise des
chemins de fer à la colonie,

« La commission des finances

« Estime qu'il est de son devoir de ne pas se montrer par trop
optimiste.

« Elle croit indispensable, afin de prévenir toute équivoque
et toute déception ultérieure, de signaler à l'attention des Délégations la possible éventualité de nouveaux impôts. »

Il y avait en outre dans le rapport de M. de Soliers
sur le budget, pour l'examen des dépenses, après un
exposé de la méthode suivie par les Chambres françaises, le joli morceau que voici :

« Les Chambres ont, à de tels agissements, une excuse que
vous ne pourriez invoquer. Ce sont des hommes de la majorité,
des personnes de leur choix qui occupent les fonctions exécu-
tives ; elles peuvent donc à la rigueur avoir confiance en elles
et leur délivrer par avance un blanc-seing. Mais, en Algérie, *les
agents supérieurs de l'exécutif ne sont pas choisis par vous,* ils
sont nommés par la métropole ou au nom de la métropole, et
sans qu'il soit nécessaire de leur manifester *a priori* une méfiance qu'ils ne méritent certainement pas, vous ne pouvez pas
cependant les considérer comme des mandataires sûrs dont les
actes doivent être approuvés les yeux fermés. »

Nous verrons tantôt que M. de Soliers va jusqu'à
donner de l'autocrate au gouverneur général.

Revenons maintenant à M. Jonnart et à ses protestations contre les blasphèmes de M. Sénac. Il avait
raison de dire que la question séparatisme n'avait
rien à faire dans la réforme des voies ferrées algériennes. Mais il avait tort de chercher un effet de
tribune en disant :

« Combien je déplore l'imprudence de ces écrivains mal
informés qui ont peur des mots et qui, bien légèrement, je vous

assure, jettent dans la circulation ces accusations impies, redoutables, de détachement, de particularisme — pourquoi ne pas dire tout de suite de haute trahison ? — qui retentissent douloureusement de l'autre côté de la Méditerranée, que rien, absolument rien ne justifie — je défie qu'on cite un acte ou une parole — et contre lesquelles je suis vraiment très attristé et un peu honteux d'être obligé de protester.

« Je me suis souvent demandé, messieurs, en lisant ce qui s'est écrit depuis quelque temps, comment l'esprit de dénigrement systématique et le pessimisme le plus désolant pouvaient s'acclimater si aisément dans notre pays de France, pays de soleil, pays de lumière et de clarté ! »

J'ai la plus grande affection pour M. Jonnart, surtout depuis que je le vois si maltraité par les Délégations financières, mais on ne saurait accepter qu'il appelle « dénigrement systématique et pessimisme » la constatation du séparatisme algérien qui est une réalité. Nier les questions n'est point les résoudre. Il défie qu'on cite un acte, une parole de séparatisme, c'est imprudent, car ce défi est trop facile à relever. Tout ce chapitre le montre.

§ XI

L'idée séparatiste
aux Délégations financières algériennes
(session de 1904).

Nous venons d'en voir une manifestation dans le regret exprimé par M. de Soliers que les Délégations ne pussent nommer elles-mêmes les « exécuteurs » du budget, c'est-à-dire le gouvernement et les fonctionnaires de l'Algérie. Mais il y en a d'autres. C'est l'esprit séparatiste qui anime les débats de cette assemblée. Certes, pour protester contre l'accusation sacrilège, impie, elle nomme président de la délégation des non-colons M. Vinci, lequel oubliant ses vœux au conseil général d'Oran, mis en cause dans les polémiques suscitées par M. Sénac, avait juré son loyalisme. Mais il ne suffit pas de jurer. Il faut prouver.

Ils ont « prouvé » dans leurs discussions sur la question des chemins de fer à la date du 14 mars 1904. C'est une question qui, solutionnée par la Chambre, soumise au Sénat, dépendait essentiellement de la souveraineté française.

M. Vinci dit : « Il faut arrêter une attitude dans cette question.

« Certes la souveraineté nationale a le droit de nous imposer ce qu'elle veut, mais encore... »

Le commissaire du gouvernement fait observer que les Délégations financières ne sont pas instituées pour reviser les votes de la Chambre des députés.

M. Vinci en est « extrêmement étonné. Nous sommes résolus à parler assez net et assez clair pour que la métropole sache si nous sommes heureux de la réforme qu'elle prépare ou si, jusqu'à un certain point, nous la déplorons...

« Ce n'est pas avec une joie complète que l'Algérie accueille le nouveau régime des chemins de fer. »

Certes M. Vinci a le droit de trouver insuffisant le cadeau de la métropole et il a le droit de le dire partout où il voudra. Mais il n'a pas le droit, délégué financier, d'ouvrir aux Délégations financières un débat sur un vote de la Chambre des députés. Cela est non seulement une naïve récrimination, mais c'est une manifestation séparatiste. C'est un fait de séparatisme.

Comme ce qu'a dit M. de Soliers :

« Nous nous étions imaginés précédemment que l'Algérie étant personne morale avait le droit de contracter avec la France.

« Nous ne pouvons pas *en ce moment* avoir l'air *de nous mettre en rébellion* contre les pouvoirs publics et le Parlement... »

Il est regrettable que le leader de l'*Algérie libre*, car M. de Soliers a publié un volume qui a pour titre cet outrage à la France, ne nous ait point dit à quel moment il pourra avoir l'air de se mettre en rébellion et quand il pourra s'y mettre.

Pour maintenant il avoue qu'il ne peut pas.

« Nous nous trouvons en présence d'un acte de souveraineté. La métropole nous impose de sa volonté telle et telle obligation et nous n'avons pas voix au chapitre. »

Que sont alors les députés et les sénateurs algériens qui participent aux votes du Parlement ?

Les idées de M. de Soliers sont quelquefois curieusement exprimées. Je lis dans son rapport de 1904 :

« Le Parlement, pouvoir souverain qui ne trouve de limites que dans sa propre continence, en s'associant à nos attributions entraîne dans son orbite les assemblées algériennes qui ne seront bientôt plus que des inutiles satellites. »

Il y a mieux :

« Nous aboutissons à un soi-disant partage entre le Parlement et les conseils locaux, partage dans lequel, si l'on voit bien ce qu'il y a pour nous à perdre, on ne distingue nullement ce que nous pouvons gagner. On comprend en effet qu'entre les observations présentées par la commission du budget de la métropole et celles émanant des assemblées algériennes le gouvernement n'hésitera pas dans son choix et qu'il ne prendra en considération que celles présentées par la commission du budget de la métropole, puisque c'est devant le Parlement et non devant les Délégations financières qu'il est responsable...

« Dépouiller ainsi les assemblées algériennes du droit d'initiative pour le remettre aux Chambres, des mains desquelles il glisse insensiblement aux mains du gouvernement local, c'est aller manifestement à l'encontre de la volonté du législateur

qui a tenu à ce que les vœux des populations fussent débattus
entre les élus et le gouvernement local et non point autocra-
tiquement interprétés par ce dernier tout seul.

« ... On ne peut pas dire que le Sénat nous exproprie de notre
droit d'initiative en s'y associant; mais en revanche, ce qui est
tout aussi dommageable, il empiète sur notre contrôle financier
qu'il annihile. »

Cela ne vous suffit encore pas... Vous ne voyez
pas encore assez nettement traduit l'esprit séparatiste des Délégations financières, voici mieux, toujours mieux :

« *Le Parlement n'a pas à connaître du budget algérien* qui
est un acte administratif...

« Le budget algérien se suffit à lui-même sans qu'il ait
besoin d'être vivifié par une intervention ÉTRANGÈRE. Vis-à-vis
de lui les Chambres n'ont qu'un seul droit qui regarde seulement la recette et non la dépense; ce droit... NE PEUT COM-
PRENDRE CELUI D'IMPRIMER UNE ORIENTATION A LA POLITIQUE ALGÉ-
RIENNE ou de remanier notre budget, c'est là une vérité indiscutable. » (Pages 10 et 11.)

Il n'est pas possible d'affirmer plus clairement
l'idée séparatiste qu'en disant : le Parlement n'a pas
le droit d'imprimer une orientation à la politique
algérienne.

Comme toujours le rebelle ajoute l'insulte à sa révolte, M. de Soliers a subi cette loi, car il a dit :

« Enfin est-il bien sûr que nos successeurs bénéficieront seulement des économies que la métropole nous convie à amasser ? »
(Page 20.)

De quel droit cet Algérien met-il ainsi en suspicion l'honnêteté de la métropole ?

N'est-elle pas aussi d'un clair séparatisme, cette
déclaration du délégué Pinelli :

« La suppression des préfets s'impose, car ce sont des fonctionnaires de la métropole payés par le budget de la colonie

qui, s'occupant de politique générale, empêchent la plupart du temps l'unité administrative de l'Algérie. » (*Dél. financ.*, Ier vol., 2e partie, p. 338.)

Et le vœu de remplacer la gendarmerie par une police rurale... aux mains des maires ?

Et le vœu qui montre l'assemblée s'occupant des mesures militaires à prendre dans le Sud oranais ?

Et toute la discussion relative à la Banque de l'Algérie ?

Et ce M. Joly qui pose cette question de principe :

« Une loi métropolitaine, un arrêté ministériel ou un décret sont-ils de plein droit applicables à l'Algérie quand ils ont une répercussion budgétaire ? »

Et ce M. Jourdan qui répond :

« Il est impossible d'établir un budget si à un moment donné la métropole peut le bouleverser. »

Et ce M. Vinci qui corrige :

« Heureusement nous avons un Parlement très sage. »

Et ce M. Bouché qui insiste pour faire affirmer le principe...

Et ce M. Aymes qui veut savoir :

« Il faut que nous soyons certains qu'une loi ou un décret à répercussion budgétaire ne peuvent pas nous être appliqués contre notre gré. »

Si cela n'est pas du séparatisme, que faut-il donc... l'émeute comme sous M. Vuillermoz... que le drapeau national soit amené comme sous M. Régis ?...

D'ailleurs, je ne suis pas le seul à constater cela et malgré son optimisme de fonction, de commande, lorsque M. Loubet reçut en Algérie la harangue de M. Bertrand, président des Délégations financières, il ne put s'empêcher de lui dire :

« L'Assemblée que vous présidez est une marque éclatante de la confiance de la métropole envers l'Algérie.

« Par votre sagesse, par votre modération, par l'usage pondéré que vous ferez de vos attributions, vous prouverez que ce que vous espériez était légitime, et j'espère que vous ne ferez jamais regretter à la France de vous l'avoir accordé. Par le bon usage que vous en ferez, vous nous convaincrez que vous êtes dans la bonne voie.

« Vous avez parlé d'un passé irrémédiablement condamné ; vous avez sans doute fait allusion au système des rattachements. Je le crois et je désire comme vous que ce système soit condamné, mais il ne faudrait pas abuser des institutions nouvelles pour les faire regretter.

« Je suis certain que vous n'en abuserez pas, que vous n'en userez que pour la prospérité du pays et pour la grandeur de la République. »

Eh bien ! ils abusent et il serait grand temps qu'on leur rappelât que l'Algérie, c'est toujours la France, que le Parlement français a le droit d'en orienter la politique et qu'une loi française, quelle qu'elle soit, du moment que c'est une loi, ne saurait plus être soumise à l'approbation d'une assemblée quelconque, provinciale ou coloniale.

§ XII

La réalité du séparatisme algérien constatée, niée, excusée, expliquée.

La preuve est faite.

Qu'on donne au séparatisme algérien le nom que l'on voudra, la réalité en est prouvée. Elle est.

M. Leroy-Beaulieu, qui l'a constatée, nous dit que c'est l'autonomie et qu'elle est ridicule.

« En vérité le mot autonomie invoqué par nos colons est trop ridicule quand les aspirants autonomes seraient, si on les abandonnait à eux seuls, 1 contre 15 dans notre possession d'Afrique. »

L'idée qui vient logiquement aux hommes raisonnables quand ils n'ont pas étudié l'esprit algérien, les sentiments algériens traduits par les écrits et les faits algériens, c'est que le séparatisme n'existe point parce que, incapables de vivre séparés de la métropole, les Algériens ne sauraient avoir le désir de s'en séparer.

C'est ainsi que je lis dans la thèse pour le doctorat en droit de M. Le Doré :

« Il est certain que si l'Algérie pouvait équilibrer son budget à l'aide de ses seules ressources, que si toute liberté lui était laissée dans la gestion de ses finances, des tendances séparatistes se feraient probablement jour. La colonie arrivée à un état de prospérité semblable à celui de l'Australie serait peut-être tentée de secouer la tutelle de la métropole qui constituerait une charge sans compensation. Mais telle n'est pas la situation de notre grande possession africaine. Elle ne pourra d'ici un long temps se passer de l'aide de la France. »

On ne doit pas se contenter de croire qu'un sentiment n'existe point simplement parce que ce sentiment serait ridicule, fou, s'il existait ; on doit chercher s'il existe. C'est ce que j'ai fait. Et j'ai trouvé qu'il existait en 1870 et qu'il existe encore en 1904.

Mes preuves montrent qu'il ne s'agit point d'une légende, comme le disait il y a quelques mois M. Bertrand remerciant M. Jonnart en ces termes :

« Vous avez proclamé bien haut qu'il n'y avait en Algérie que de bons Français. Vous en avez fini avec la légende du séparatisme. Au nom de mes collègues des Délégations je vous en remercie. »

Mes preuves montrent aussi qu'il ne s'agit point d'une chose ancienne, à jamais disparue, comme l'af-

firmait M. Casteran, écrivant dans un article du
Sémaphore : « L'Algérie de 1904 ne ressemble pas
à celle de 1898. Elle a opéré une évolution complète. »
L'esprit des hommes — fussent-ils Algériens — ne
change pas en six ans ; même celui du fameux
invalide à la tête de bois, car, si mes souvenirs sont
exacts, la chanson qui nous en égayait jadis affirmait que le tourneur, à chaque fois, n'en modifiait
que la bouche aux fins d'en rajeunir la sensibilité aux
liqueurs fortes, mais en respectait le cerveau. Quelques années suffisent peut-être aux Algériens pour
qu'ils prennent le goût d'une nouvelle marque d'ani-
sette ou d'absinthe ; mais la mentalité d'un groupe
d'hommes ne change pas si vite. Je n'ai pas
besoin de dire : ce changement ne saurait être. J'ai
montré qu'il n'est pas.

Le sentiment séparatiste existe en Algérie :

1° En vertu des lois qui régissent l'évolution normale
des sociétés humaines et rendent les colonies instal-
lées au loin de la métropole comparables à des filles
établies hors de la maison de leur mère ;

2° En résultat de mobiles particuliers à l'Algérie.
Ces mobiles sont que :

— L'élément français qui a dirigé la politique
intérieure de l'Algérie était un élément d'origine
hostile au gouvernement de la métropole. Seeley a
montré le dissentiment religieux de l'origine des
colonies anglaises de l'Amérique du Nord agissant
dans la sécession. J'ai dit plus haut le dissentiment
politique de l'origine du peuplement français d'Algérie. Il agit dans le séparatisme d'aujourd'hui.

— L'élément qui domine le peuplement européen
et influence violemment le peuplement français d'Algérie est étranger.

Le caractère du séparatisme algérien diffère de

celui des séparatismes que l'on peut étudier dans l'histoire de presque toutes les sécessions.

M. de Lanessan nous dit que :

« L'esprit local est toujours avivé et transformé en tendance révolutionnaire et séparatiste par les maladresses et les abus de pouvoir de la métropole. Préoccupée avant tout de ses intérêts particuliers, celle-ci impose à ses colonies des obligations qui lèsent leurs intérêts, blesse les colons et finit par provoquer leur rébellion et la proclamation de leur indépendance. »

Rien de tout cela en Algérie. Les Français d'Algérie ont payé moins d'impôt que ceux de la métropole. On leur a *donné* des terres. La métropole les a nourris de la circulation des cinq milliards de francs dépensés, en surplus de ses recettes, pendant 70 ans dans la colonie. Jamais sous l'Empire les intérêts des Algériens ne furent lésés par la métropole ; depuis la République ni leurs droits ni leurs intérêts n'eurent à souffrir.

Les sentiments séparatistes qui mettent généralement en révolte les colons proviennent d'une réaction contre l'oppression, contre la tyrannie, contre l'exploitation des métropoles. On vit cependant les colons des États du Sud, lors de la guerre de Sécession, essayer de briser pour une cause immorale le lien qui les unissait aux États du Nord. C'est un phénomène de même genre et aussi odieux que les séparatistes algériens offrent à nos études. C'est parce que la France ne leur donne pas toute liberté dans l'exploitation de l'indigène qu'ils pensent, écrivent et agissent en séparatistes. J'en ai donné plus d'une preuve au cours des chapitres qui précèdent ; on en verra d'autres encore dans mon ouvrage sur la question indigène.

Un phénomène que l'on doit noter également dans cet ordre de faits du séparatisme est celui-ci :

L'influence du pays, du climat, du fractionnement géographique des régions, de la « loi du travail local » a toujours agi sur les habitants de l'Afrique du Nord en « fractionnant » les peuples, en les « particularisant ». Les auteurs en constatant ce phénomène dans le peuplement arabe en ont même tiré cette conclusion que le musulman n'avait pas l'idée de patrie, etc., etc...

Lisez cette coupure du *Colon oranais*, avril 1903 :

« L'émotion qui, dit-on, s'est emparée de la population algérienne en apprenant la démission de M. Revoil nous semblerait fort compréhensible. L'ex-gouverneur avait, en effet, pour le département d'Alger des tendresses de père. Il lui aurait sacrifié, sans aucun scrupule et jusqu'à la dernière prérogative, les intérêts les plus sacrés des deux autres départements si ceux-ci n'avaient fait bonne garde et montré les dents. Le défunt gouverneur était — ce n'est un secret pour personne — centralisateur à outrance.

« On comprendra que, dans ces conditions, nous éprouvions quelques hésitations à mêler nos regrets à ceux des Algérois et à nous associer à la douleur qu'exprime si éloquemment, en leur nom, la *Dépêche algérienne*. »

J'en pourrais reproduire des milliers qui montrent le même esprit particulariste sur tout propos. Quelques semaines en Algérie suffisent à l'observateur pour qu'il sache voir les manifestations de cet esprit particulariste qui ajoute un nouveau ridicule au sentiment séparatiste.

Les Algériens sont unis comme « race nouvelle » et contre la métropole et contre l'indigène.

Mais laissés « entre eux » leur union cesse. Il n'y a plus d'Algériens. Il y a des Algérois, des Oranais, des Constantinois, etc., il y a des quantités de groupes locaux, particularistes à l'excès.

CHAPITRE XXIV

Réponse à la question qui fait le sujet de ce livre.

Nous pouvons maintenant répondre en complète connaissance de cause à la question qui fait le sujet de ce livre : avons-nous fortement implanté notre race dans une nouvelle patrie ?

Non.

Nous avons écarté les apparences. Nous ayons regardé et avons vu.

Ce n'est pas une nouvelle patrie française qu'un pays où il y a, en face de 4 millions de Berbères et Sémites *sujets* français, la masse hétérogène de 600.000 Européens dont j'ai donné le détail.

Cela ne peut être considéré comme une nouvelle patrie. C'est un État en formation dans lequel la force de notre armée assujettit les éléments indigènes musulmans. C'est un État dont nous étudierons ultérieurement les incohérences administratives. Qu'il nous suffise pour maintenant de constater que ce n'est, en réalité, ni un prolongement de la mère-patrie, ni une nouvelle patrie, et que nous n'y avons pas fortement implanté notre race.

On a vu ce qu'a donné l'effort de peuplement français. L'élément français est « dilué » dans la masse étrangère ; il n'existe que par un apport constant de la métropole ; le caractère français est dénaturé chez le créole ; le sang créole contient une bonne part de sang étranger...

Aux chiffres déjà donnés ajoutons ceux-ci. Le contingent de 1902 comprend 5.721 conscrits ; 2.937 sont Français.

La statistique dit Français d'origine et de par la

loi. Quand la statistique sera faite d'une façon plus complète, comme on en a commencé l'essai, l'infériorité de l'élément français apparaîtra plus saisissante encore.

Mais tels quels les chiffres de maintenant suffisent à la constatation que l'élément français disparaît dans la population européenne de l'Algérie, que le peuplement français n'a pas réussi.

Les Algériens comme leur savant docteur Mauran disent : « Tant pis pour la France, mais tant mieux pour l'Algérie, car naît une race nouvelle... » Et cette race nouvelle, la leur, ils la parent de toutes les qualités que M. Bertrand glorifia chez Pepete le Bien-Aimé.

Ce métissage méditerranéen, peut-on dire que c'est une race nouvelle et qu'elle soit adaptée à l'Afrique du Nord ?

Cela, personne ne peut le dire. C'est le secret de l'avenir. Notre connaissance du passé et du présent est insuffisante pour nous permettre d'élucider ce secret. Il n'y a que les imbéciles et les écrivains algériens qui puissent affirmer le « succès » de la nouvelle race. Malgré qu'il n'y ait là rien de mystérieux, il n'y a que des inconnues. C'est un problème naturel dont nous ne connaissons pas tous les éléments. Voilà tout. Ceux que nous connaissons infirment la thèse de l'acclimatement du métissage européen. Mais nous n'en connaissons pas suffisamment. Aussi nous ne pouvons pas plus affirmer l'insuccès que le succès. Nous ne pouvons affirmer l'insuccès que pour l'élément français. Pour le métissage... dans deux siècles on en parlera. Pour le moment c'est la loterie... avec beaucoup plus de chances toutefois d'un mauvais numéro que d'un bon.

LIVRE SEPTIÈME

QU'Y A-T-IL DE VRAI DANS CETTE OPINION COMMUNE
QU'EN CONQUÉRANT, EN OCCUPANT ET EN COLONI-
SANT L'ALGÉRIE NOUS AVONS FAIT LE BONHEUR
DES INDIGÈNES DE CE PAYS?

Rien.

Il y avait des musulmans sans nationalité.

Il y avait des juifs opprimés par ces musulmans.

Nous avons libéré les juifs de l'oppression musulmane pour les jeter dans une autre oppression qui
est le mépris, la persécution des chrétiens.

Nous avons fait des musulmans nos sujets.

Un être humain peut-il être heureux dans un pays
où il y a des sujets et des citoyens, et où il est, lui, suje t?

Poser la question à des hommes raisonnables suffit
pour que la réponse de ces hommes raisonnables soit
certaine. C'est non.

La domination anglaise dans la France qui n'avait
pas de nationalité a créé chez les Français, malheureux de cette domination, leur nat onalité.

Nous créons chez les musulmans de l'Afrique du
Nord, nos sujets, une nationalité ennemie de la nôtre.

Tout cela est développé, prouvé dans l'ouvrage qui
paraîtra après celui-ci.

LIVRE HUITIÈME

Nous avons trouvé que, sur les divers propos algériens étudiés, l'opinion commune c'est l'erreur.

Pour que la colonie soit néanmoins ce que les orateurs officiels, les écrivains officieux disent, écrivent si pompeusement : « la suprême consolation, la suprême espérance » de notre patrie en décadence, il faudrait évidemment que, du point de vue tout prosaïque, matériel et terre à terre, elle constituât ce que les gens qui savent compter pourraient, en langage précis d'économiste, affirmer une « bonne affaire », c'est-à-dire une affaire à rendement, immédiatement ou prochainement, mais certainement, supérieur aux frais.

CHAPITRE PREMIER

Un peu de comptabilité.

Et nous entrons dans le domaine du chiffre. Dans la comptabilité. Plus ne s'agit d'appréciations de faits dont la constatation peut au besoin varier, différer suivant les points de vue, suivant l'acuité de la vision, suivant même les lunettes que porte un chacun et sans quoi beaucoup ne sauraient voir. Ce qui fait que, de bonne foi, des gens mal placés pour tout voir, ayant la vision trop courte pour voir loin, portant des lunettes trop noires pour voir clair, peuvent n'avoir pas sur le propos le même avis que l'homme sans lunettes, à bons yeux, placé pour voir au point élevé d'où l'on domine, d'où l'on peut regarder, scruter, fouiller tout le panorama. Ce qui fait que, malgré qu'il ne faille pas beaucoup d'intelligence, pas beaucoup de travail pour découvrir le vrai dans les apparentes confusions des réalités algériennes étudiées jusqu'à présent, nous ne saurions nous montrer impitoyables dans la condamnation des gens qui n'ont pas pu, qui n'ont pas su voir ce vrai. Nous pourrions nous faire taxer d'intolérance en affirmant qu'ils sont coupables de ne pas avoir vu la vérité, en disant que s'ils ne l'ont pas vue c'est qu'ils n'ont point voulu la voir. Peut-être leur faiblesse de vision, la débilité de leur intelligence ne leur permettaient ni de voir ni d'apprécier. Et cela ne suffirait point à les condamner sans appel, sans circonstances atténuantes.

On peut, malgré tout, comprendre qu'ils n'aient pas vu la nature du climat algérien, qu'ils n'aient pas vu la nature des hommes de l'Algérie, qu'ils n'aient pas vu la réalité du dessein de la conquête, qu'ils n'aient pas vu que notre race ne « prend » pas sur le sol conquis; on peut comprendre qu'ils n'aient pas vu l'invasion étrangère, qu'ils n'aient pas vu que l'indigène n'accepte pas comme un bonheur notre action et réagit...

On peut comprendre qu'ils n'aient point vu cela et les en plaindre. Mais dans ce que nous allons étudier; dans cette question du bénéfice ou du non-bénéfice en argent; de la bonne ou de la mauvaise affaire, en chiffres; dans une simple arithmétique, dans une élémentaire comptabilité; dans la comparaison de deux additions, que ces gens ne trouvent point la vérité, ou la nient, cela ne peut plus être compris, expliqué sinon par leur mauvaise foi, ou leur folie.

Vous avez lu au livre premier de cet ouvrage ce qu'on dit de la prospérité matérielle de l'Algérie, qu'une preuve indiscutable de cette prospérité c'est les excédents de recettes sur les dépenses du budget de l'Algérie; et les Etienne, emportés par les chiffres qu'ils citent, prétendent, certifient, jurent que la conquête et la colonisation de l'Algérie constituent pour la mère-patrie une merveilleuse opération économique, dont les bons résultats, des résultats de chiffres, ne sont point à espérer dans l'avenir, mais à constater dans le présent.

CHAPITRE II

De comptabilité qui ne soit pas algérienne, qui soit vraie.

Constatons.

Car nous ne pouvons nous contenter des affirmations ni des chiffres des Algériens. M. Paul Leroy-

Beaulieu lui-même, qui n'est pas un homme bien méchant, a écrit :

« Les publications qu'on rédige à Alger font apparaître un excédent annuel des recettes et les publications qui s'éditent à Paris font ressortir un déficit notable et permanent. » (*Algérie*, page 192.)

« Les prétendus excédents des années 1887 à 1891 sont une pure et indigne mystification. » (*Algérie*, page 195.)

Nous voilà prévenus par un homme dont la modération est classique, légendaire, par un citoyen qu'on ferait difficilement passer pour un exalté. Il nous dit que les chiffres servis par les comptables officiels de l'Algérie, c'est « une pure et indigne mystification ».

Pure du point de vue algérien. Car, si c'est dans l'intention de nous tromper sur leur situation financière qu'ils présentaient de faux résultats, des excédents quand il y avait déficit, cette intention que nous trouvons « indigne » de notre point de vue métropolitain, les Algériens la trouvaient, eux, pure, très pure ; elle servait en effet leur crédit. Ce n'est pas « indigne mystification », comme le croit M. Leroy-Beaulieu, c'est « pure » manœuvre algérienne. C'est la moralité d'hier. C'est la moralité d'aujourd'hui. C'est la moralité de cet homme des Délégations financières qui, en séance, et sans que le commissaire du gouvernement, lequel était, il est vrai, M. de Peyerimhoff, proteste, engage l'administration à dissimuler l'échec des colons qui n'ont point réussi pour ne pas effrayer les importateurs de capitaux. (Voir page 267.) C'est la moralité de la « nouvelle race ». Mentir. Présenter de faux chiffres, des résultats truqués. Dans le budget. Oui. Le budget traité comme les tabacs des fabricants de cigarettes qui nous donnent à fumer des raclures de brousse, des varechs et des alfas pour du pur havane. Les cigarettes peuvent passer. C'est fumées toujours. Et courez après des fumées. Les chiffres restent. Les budgets demeurent. On peut regarder, contrôler.

Et c'est tôt fait.

Avant 1900, avant l'établissement du budget spécial et surtout la publication des comptes du ministre des finances pour opérer ce que je dirai la liquidation de la situation financière de l'Algérie de 1830 à 1900, c'était assez difficile. On avait peine à s'y reconnaître. Une savante dispersion des comptes rendait l'examen pénible. C'est du moins ce qu'affirme M. Leroy-Beaulieu. Mais aujourd'hui c'est très facile.

Ouvrons la statistique financière de l'Algérie pour l'année 1901, page 2, tableau n° 1. Comparaisons des recettes et des dépenses de toutes natures effectuées en 1900 et de 1830 à 1899.

Nous voyons :

Excédent des recettes sur les dépenses : 13.900.879 francs.

Excédent des dépenses sur les recettes : 4.785.291.409 francs.

Et cela donne en déficit : 4.771.390.530 francs.

En 1900 l'Algérie coûtait à la France la somme de 4.771.390.530 francs, sans compter l'accumulation des intérêts annuels augmentant successivement d'autant la dette et la portant à plus de 20 milliards. Cette même année le déficit fut de 86.271.265 francs.

Voilà pour le budget public.

Pas de phrases, pas de mots, pas d'explications, pas d'équivoques, pas de raisonnements, pas de sophismes. Un chiffre vous a donné le prix argent de l'objet.

Ajoutez-y les 300.000 morts ; les 300.000 adultes, les 300.000 mâles ; les 300.000 existences par quoi se chiffre le prix sang.

Et voilà l'idée précisée de la bonne affaire. C'est le déficit. Énorme. Formidable. Incroyable... Réel.

CHAPITRE III

Le budget spécial.

Au moment où la politique des autonomistes, des gens d'affaires exige que « l'affaire » se présente favorablement, elle apparaît lamentable, désastreuse. L'outillage économique est à refaire ; on veut malgré tout poursuivre la colonisation officielle, tous les électeurs grands et petits, qui ont faim, exigent que des millions tombent en circulation, dont ils se nourriront. Il faut l'emprunt.

Mais allez parler de crédit, allez assurer l'excellence du gage avec ces déficits annuels sans cesse augmentant ; celui de 1900 montant à 86 millions. Allez !...

Mais l'Algérien n'est pas embarrassé de si peu. Et voici qu'éclate son génie de courtier méditerranéen passé maître dans l'art du truquage de toutes les marchandises. Le navigateur qui maquillait les prostituées décaties pour les vendre comme des vierges, le pirate sicilien, le corsaire de Marseille, le raïs d'Alger, l'ancien Barbaresque reparaît.

Il faut montrer le budget algérien avec des excédents. M. de Peyerimhoff veut des millions pour la colonisation officielle. M. Petel veut les emprunter pas trop cher. Ainsi l'ordonne l'Algérie de M. Etienne.

Alors c'est le budget spécial. Et 1901 ressort avec 3 millions, 1902 avec 2 millions d'excédent ! La nouvelle en est partout clamée, sonnée, trompettée. L'Algérie est une magnifique affaire. La merveille des merveilles. Quels menteurs, quels détracteurs du génie colonial français ont prétendu qu'elle n'est point prospère cette colonie modèle, que la France n'est point récompensée de ses peines, de ses sacrifices, payée de ses débours ? Quels vils pamphlétaires, quels esprits faux, quels caractères malsains, quels goujats, quels bandits... oui, c'est ainsi qu'ils nous désignent les aboyeurs de la meute Etienne... quels scélérats ont l'impudence de prendre l'Algérie comme exemple probant de la faillite colcniale ? Qu'ils se taisent ! Qu'ils disparaissent écrasés par l'évidence !

L'Algérie a des excédents. L'Algérie est prospère. L'Algérie est riche. Elle peut emprunter, elle peut gager ses emprunts.

Trois millions d'excédent pour 1901.

Deux millions d'excédent pour 1902.

Hosanna !

Et ce qu'il y a de plus fantastique, ce n'est pas que les Algériens nous aient collé ce bluff... ne sont-ils pas Algériens ?... C'est que le bluff ait pris, prenne...

L'hypnotiseur aux malheureux déments abrutis par ses passes fait manger des pommes de terre moisies comme poires délicieuses. On explique cela. Mais des chiffres de budget !

Des résultats très simples de calculs encore plus simples ! Qu'on les puisse muer au point de faire prendre au public la négation — pour la réalité +.

Vraiment cela est inexplicable. Tout le monde lit dans les journaux que l'Algérie a des excédents de

budget. Cela s'imprime dans les publications officielles. Depuis que Burdeau est mort, cela se dit au
Parlement, sans que personne proteste. Etienne le
chante et le fait chanter dans tous les groupements
coloniaux et le public, le bon public, tout le monde
croit cela !

Y aurait-il donc en nos modes de gouvernement,
d'administration, de comptabilité, un rappel des mentalités impériales et religieuses des anciens royaumes
d'Asie, un rappel de ce qui donne à la papauté son
caractère surhumain ? Le roi d'Asie ne peut être
soumis aux bobos de l'humanité parce qu'il est
d'essence, d'émanation divine. Le pape des catho-
liques ne peut se tromper à cause de l'intelligence
divine qui l'éclaire, qui même est devenue la
sienne.

En serait-il de même pour nos budgets d'Etat ? Un
budget d'Etat, même établi par des gens incapables
de gérer leurs affaires personnelles, et réglé en
déficit, ne pourrait-il nous apparaître bancal, boiteux,
par cette unique raison qu'il est d'Etat, qu'il est
quelque chose de royal, d'impérial, de religieux, de
divin, et que nos cerveaux sont encore creusés par
les sillons des bandelettes asiatiques dont la com-
pression fit jadis monter en l'esprit des hommes
l'idée du mystère, cette idée aussi réelle et d'effet
aussi puissant que certains engorgements patholo-
giques dont on constate les suites, mais dont on
serait embarrassé de dire quelle forme, quel poids,
quel volume, quelle couleur ils ont et de quelle nature
ils sont ?

Serait-ce en vertu du mystère dont nous portons
en nous, les uns et les autres, tous, l'idée, la puissance active ou passive, que la foule accepte la
notion d'excédents algériens pour 1901, sans se

demander comment la réalité, 86 millions de déficit de l'année d'avant, a pu ainsi être transformée subitement ? Les enfants qui vont chez Robert Houdin applaudissent, quand un sac qu'ils voyaient vide, immédiatement, et sans qu'ils aient même cillé des paupières, ils le voient plein. Un pain à cacheter, quand le pontife a soufflé dessus devient Dieu et le fidèle, en l'adorant, le mange. Le déficit algérien quand un gouvernement en présente la carte devient excédent. On montre cela à la foule. Et elle voit.

Seulement on ne lui donne pas comme avec l'hostie le Dieu à manger. Comme chez Robert Houdin on ne s'est pas contenté de lui montrer le sac vide. On la prie de le remplir. Et elle le remplit croyant qu'il était déjà plein ; qu'il n'avait pas besoin de sa contribution, de son emprunt pour devenir plein.

CHAPITRE IV

Des finances à la Robert Houdin.

Ne croyez pas surtout que je plaisante quand je vous parle ainsi de pratiques financières à la Robert Houdin.

Vous avez vu, au budget de 1900, 86 millions de déficit. Pour faire apparaître avec le budget spécial des excédents, on enlève au budget de l'Algérie et l'on porte au budget métropolitain 94 millions de dépenses algériennes. Celles qui au tableau 3 du budget de l'Etat, statistique de l'année 1901 page 9, sont désignées dépenses militaires et dépenses extraordinaires.

Ces dépenses ne figurent plus au budget spécial de l'Algérie pour 1901. Mais ce virement de comptabilité, et que la dépense soit payée par la métropole, suffit-il pour qu'en réalité ces 94 millions soient rayés de ce que coûte l'Algérie? Chez les enfants qui vont au spectacle de Robert Houdin peut-être. Mais pas chez des hommes raisonnables.

Maintenant, si nous ouvrons la *Statistique générale de l'Algérie*, année 1902, *statistique financière*, page 170, nous voyons figurer au chapitre des recettes 3.117.747 francs *de fonds d'emprunt !!!*

C'est ainsi que l'Algérie fabrique les excédents dont la réclame lui permet de dire qu'elle peut gager ses emprunts... Notez qu'il n'y a là rien qui puisse inquiéter les souscripteurs passés ou à venir des emprunts algériens, car l'Algérie c'est tout de même la France, et derrière la garantie nominale, apparente de l'Algérie, toujours il y a celle de la France, qui n'est pas nominale, mais réelle. Comme pour toutes les autres colonies d'ailleurs. En réalité tous les emprunts coloniaux, les algériens comme les autres, sont des emprunts français d'Etat; leur charge grève la dette métropolitaine aussi effectivement que s'ils avaient été émis par le ministre des finances de la métropole. Ils sont plus chers, voilà tout. Leur qualité d'emprunts coloniaux, c'est une fiction qui permet : 1° à quelques frères et amis de gagner leur vie dans l'émission ; 2° aux colonies de faire croire à la métropole que c'est les colonies qui s'endettent et pas la métropole.

Les fictions de ce genre amaigrissent la France. Mais elles engraissent quelques Français.

La subtilité parlementaire en cet ordre de faits est exquise.

Je ne veux pas faire ici l'histoire du budget algérien Il me suffit de retenir le fait que, pour y trouver des excédents, on y incorpore les recettes d'emprunt.

Mais je tiens à citer ce passage de l'exposé des motifs du projet de loi déposé par M. Waldeck-Rousseau le 28 février 1902 pour obtenir l'emprunt de cent millions escompté par les Algériens aux fins de retaper leur outillage, de reprendre la colonisation officielle et de créer des recettes... non pas lointaines en suite des progrès réalisés, mais prochaines, immédiates, par prélèvements sur l'emprunt même.

« ... Cependant, dit l'illustre homme d'Etat, on n'a cru devoir fixer qu'à 50 millions la portion de l'emprunt immédiatement réalisable; l'annuité qu'elle exige sera obtenue par la simple affectation d'une partie des crédits inscrits annuellement au budget pour les services auxquels est destinée cette première fraction ; et les excédents de recettes dont la colonie ne fait pas état aujourd'hui resteront libres pour servir ultérieurement de gage à la seconde. '»

Passez muscade ! Elle passa.

Et, en vérité, je me demande pourquoi sur ce propos je me fais de la bile. Notre peuple est tout de même trop bête et n'a que ce qu'il mérite... C'est comme pour les dépenses de l'Extrême-Sud. Le Parlement trouve qu' « elles continuent à représenter un chiffre qui paraît tout à fait excessif ». (Antonin Dubost. Sénat. 5 décembre 1902.) Qu'à cela ne tienne, on les groupe en budget spécial, on crée une colonie nouvelle. Et c'est bien ! Et ça passe ! Le remède à toutes les difficultés, à tous les déficits, à tous les ennuis, vous le voyez, est excessivement simple. Budget spécial ! En Algérie tout devient spécial. Jusqu'aux chiffres. Ce serait excessivement joyeux, si en fin de compte il n'y avait pas toujours la douloureuse pour nous contribuables métropolitains.

Mais Etienne affirme que l'Algérie ne coûte plus rien à la métropole, qu'elle se suffit à elle-même, etc... etc.... etc... Les Délégations financières montent

une garde jalouse autour de leur caisse de réserve
qu'elles croient pleine d'excédents et qu'elles ne veulent point laisser prendre par la métropole. Tout au
contraire de coûter quelque chose à la métropole,
l'Algérie pourrait lui passer ses économies !

M. Waldeck-Rousseau n'a-t-il pas dit aussi dans
l'exposé des motifs de la loi du budget spécial, le
22 mai 1900 :

« ... Quant au système de subvention annuelle et variable
qui affecterait au paiement des garanties d'intérêt les excédents
de recettes, il ne pourrait que nuire au développement de la
colonie, puisque la bonne gestion de ses finances et la prospérité de son commerce n'auraient pour résultat durant de
longues années que d'alléger les charges du budget de la
France. »

Ce n'est point pour vous faire constater en quelle
piètre estime M. Waldeck-Rousseau tenait les Algériens...

(... Car est-il des Délégations financières une condamnation plus cruelle, plus froidement terrible et
plus méprisante que celle-là, que de dire : « Les
Algériens ne feront pas d'économies dans leur gestion si ces économies doivent profiter au budget
de la France » ?...)

... Ce n'est point pour vous faire noter en passant
cet argument extraordinaire qui fut d'ailleurs employé par tous les orateurs qui traitèrent la question,
ne voyant pas quel soufflet ils donnaient ainsi aux
Algériens ;

Ce n'est point pour cela que j'ai cité ce passage de
M. Waldeck-Rousseau, mais bien pour montrer
comment, par tout le monde, fut proclamé, affirmé,
répété, propagé le mensonge de l'excédent de recettes algériennes.

CHAPITRE V

Le mensonge des excédents.

Car c'est mentir que d'affirmer que, même spécial, le budget algérien est en équilibre, et c'est encore mentir que de prétendre que l'Algérie ne coûte plus rien à la métropole.

Négligeons pour l'instant le compte des intérêts augmentant annuellement le déficit payé par la métropole et contentons-nous du chiffre incomplet de la somme des déficits annuels, sans intérêts, du chiffre publié en 1900 par le ministère des finances. Ces quatre milliards sept cents millions de déficit 1830-1900, qu'on distrait du compte algérien, ne disparaissent point. Ils sont inscrits à notre dette et nous en payons l'intérêt. C'est du bon 3 0/0. C'est exactement :

4.771.390.530 × 3 : 100 = 143.141.715,90.

Ajoutez à cela le budget militaire. Celui des garanties d'intérêt. Celui des territoires du Sud. Près de cent millions pour ces trois budgets. Et vous trouvez officiellement qu'aujourd'hui, alors que tous les Algériens prétendent que leur colonie ne nous coûte plus rien, nous payons pour elle 240 millions par an.

Par la consolidation en 1900 du déficit algérien de 70 années, pour que l'opération complète, organisation et exploitation de l'Algérie, budget public, fût équilibrée en recettes et dépenses, fût le succès financier que l'on dit, il faudrait que les recettes algériennes annuelles s'augmentassent normalement, sans expédients ni virements, non seulement des trois à cinq millions qui sont nécessaires pour équilibrer le budget spécial, mais aussi des 240 millions que paie la métropole.

Voilà la vérité.

Absolue.

Indiscutable.

Evidente.

Les chiffres, une note de comptable.

Le maréchal Bugeaud insultait jadis les censeurs qui lui reprochaient les dépenses de l'Algérie. « Vous avez voulu la prendre, disait-il, payez. » Et il prétendait que la question algérienne ne devait pas être une question de budget.

Il était un sage. Qui n'imite point sa sagesse et veut prouver l'excellence de « l'affaire Algérie » par des considérations budgétaires et des affirmations d'excédent est obligé de mentir.

Quand on leur parle des cinq milliards que la conquête et la colonisation de leur pays coûtent officiellement à la France, les Algériens ripostent comme si on les mordait. Ils essaient de faire des comptes pour prouver que c'est eux, habitants, colons, propriétaires actuels en Algérie, qui sont les sacrifiés. Leurs écrivains traitent la métropole de marâtre. Leurs économistes calculent ce que le commerce général nous rapporte, etc... Et le résultat c'est que nous leur devrions toujours quelque chose, beaucoup, énormément.

Ils ont tort de protester contre le chiffre officiel de cinq milliards. Car ils nous obligent ainsi à compter juste, très juste, tout à fait juste. Non en fonctionnaire comme un agent du ministère des finances, mais en liquidateur. Trop souvent on m'accusa de « phraser » des impressions. La réalité que je tiens ici, je veux la serrer, la chiffrer.

Le ministère des finances, lorsqu'il établit le compte

du déficit algérien, pour en débarrasser les finances autonomes de la colonie en en chargeant celles de la métropole, n'a pas procédé comme le ferait dans les affaires n'importe quel liquidateur prié de présenter un bilan, d'établir un compte.

Il a dans une colonne successivement aligné les déficits de chaque année et en a fait l'addition simplement, en négligeant tout intérêt.

Mais ces intérêts qui n'apparaissent point dans le total de 5 milliards, la France les a payés. Depuis 1830 la France a toujours été endettée. L'argent qu'elle a dépensé pour solder le déficit annuel de l'Algérie a grossi chaque année sa dette, dont régulièrement elle a payé les intérêts.

Et vous voyez que nous devons compter autrement que le ministère des finances pour établir ce que réellement l'Algérie coûte à la France, d'argent effectivement sorti des caisses métropolitaines.

La première année l'Algérie produit bénéfice. C'est 1830. Il y a 13.900.847 francs d'excédent. C'est le trésor du dey...

La deuxième année l'Algérie ne coûte encore rien. Il y a bien 8.115.357 francs de déficit. Mais on peut payer avec le boni de l'an précédent, et il en reste 5.785.357 francs.

La troisième année c'est 13.144.623 francs de déficit. Le restant du boni y passe et c'est un déficit réel de 7.359.266 francs.

1833 accuse un déficit de 15.437.407 francs. La France paie.

Combien alors a-t-elle dépensé pour l'Algérie ?

15.437.407 + 7.359.266 + les intérêts de 7.359.266 pendant un an.

Qu'on ergote et que l'on cherche, et que l'on trouve tous les sophismes que l'on voudra, voilà le fait comptable, le fait réel, le fait argent sorti des caisses de la métropole pour l'Algérie.

Voilà comment il faut établir le compte de ce que la possession de l'Algérie a coûté en argent à la métropole.

Ce n'est pas un compte simplement successif, mais progressif.

Ce n'est pas un compte fictif, mais réel, puisque nous avons chaque année payé. Et que notre dette publique n'a depuis cessé d'augmenter.

En 1832 la France a payé pour l'Algérie 7.359.266 fr.

En 1833 elle a payé : 1° l'intérêt de ces 7 millions 359.266 à 5 0/0, soit 367.963 francs ; 2° le déficit de l'année, soit 15.437.407 francs. Et alors l'Algérie coûtait à la France non pas 22.796.673 francs, somme des deux déficits annuels, mais 23.164.636 francs.

En 1834 la France paie l'intérêt de sa dette publique. Si l'année d'avant elle avait pu alléger cette dette des 23.164.636 francs dépensés pour l'Algérie, elle aurait une dette moindre de cette somme, la somme des intérêts qu'elle paie serait diminuée du montant des intérêts de ces 23 millions.

C'est 1.158.231 francs d'intérêts qu'en réalité elle paie pour l'Algérie, et qui doivent être ajoutés aux 15.549.400 francs du déficit de l'année...

Vous commencez d'avoir le vertige. Moi aussi... Vous apercevez maintenant l'addition fantastique... vraie... Poursuivez le compte. C'est beaucoup plus de vingt milliards.

!!!!!!!!!

Oui.

Supposez que chaque année la France, au lieu de payer l'intérêt des déficits algériens antérieurs, au lieu de payer le déficit algérien de l'année, au lieu de faire successivement passer la mer aux sommes qui sortaient de son trésor à destination de l'Algérie, eût versé cet argent dans une caisse spéciale.

Et vous auriez une France qui ne posséderait pas l'Algérie, mais qui disposerait d'assez de milliards pour être la souveraine de l'Europe... une France sans dette, une France riche !

CHAPITRE VI

A quoi ont passé les dépenses ? L'outillage économique.

En contre-partie de ce sacrifice, lequel s'accroît chaque année, qu'avons-nous en Algérie ? Qu'a-t-on fait de ces sommes énormes ? Qu'en reste-t-il comme outillage économique, comme outillage donnant valeur à la possession de la terre d'Algérie en en permettant l'exploitation ?

Puisque cette exploitation ne « paie pas », ne fait pas rentrer dans les caisses publiques l'équivalent de ce qu'elle leur coûte, c'est que cette exploitation est mauvaise ? Cela tient-il à la matière exploitée ou aux moyens d'exploiter, à l'insuffisance de l'une ou des autres, ou à l'insuffisance des deux ? Notre livre troisième a montré ce que vaut la matière exploitée. Relativement peu. Les moyens d'exploitation, si nous en jugeons par le chiffre de cinq milliards dont fait partie le prix qu'ils nous ont coûté, devraient être merveilleux. Hélas ! Quand Burdeau fit son rapport, l'Algérie demandait 70 millions pour des routes, 82 millions pour des ports, 17 millions pour des reboisements, 100 millions pour des barrages ! M. Laferrière voulait plus, récemment, 300 millions pour le même objet. M. Revoil se contenta d'obtenir

100 millions d'emprunt toujours en même dessein. Quant à M. Jonnart, il n'ose, je crois, prononcer son chiffre...

Je n'ai pas la prétention d'analyser ici, à fond, dans tout le détail, toutes les questions de travaux publics de l'Algérie, comme je les ai étudiées sur place durant mes voyages.

Montrer ce que sont les ports, les routes, les travaux d'hydraulique, les aménagements des forêts, énumérer les diverses constructions qui composent le domaine public bâti, etc..., cela m'entraînerait trop loin.

Elle serait longue, l'histoire des travaux publics en Algérie, surtout s'il fallait en dire toutes les joyeusetés.

Une typique, cependant, sur le propos des ports, dans Carette :

« Les ingénieurs français suivirent d'abord, à défaut d'autre, la direction amorcée par les Turcs. Mais elle réduisait le port à des dimensions beaucoup trop modestes. Dès lors le môle commença à gagner vers le large et annonça des vues plus ambitieuses. Divers projets se présentèrent, et chacun d'eux après une ou deux années de règne s'effaçait devant une conception plus grandiose. Au milieu de ces débats le môle marchait et reproduisait dans sa forme le mouvement des idées. A chaque hausse il s'enhardissait et s'épanouissait vers le large. Ces inflexions successives ont fini par imprimer à la jetée française une courbure bizarre, injustifiable, contraire aux données de l'expérience et aux principes de l'art hydraulique, monument impérissable des hésitations administratives, des scrupules diplomatiques, des tiraillements de toute nature qui ont marqué cette conquête. »

Et notez la suite. Ces jetées, offrant leur creux aux vagues du large, à l'effort de la mer, devinrent ensuite le fin du fin. Oran n'en voulut pas d'autre, prétendant qu'avec ce système la vague est renvoyée au large, n'entre pas dans le port.

Résultat : la jetée plusieurs fois défoncée.

Mais ça ne fait rien, l'astuce oranaise ne démord pas de son système, c'est la mer qui a tort !...

Comment de pareilles choses peuvent-elles arriver dans un pays organisé ? Lisez cette appréciation de l'amiral Mouchez. Elle est de 1881. Mais elle serait encore de mise aujourd'hui. Preuve : les réclamations algériennes qui figurent dans tous les documents publics, et ce fait des crédits énormes qui sont demandés pour que l'installation des ports devienne adéquate aux besoins du commerce.

L'amiral Mouchez écrivait :

« Ayant passé plusieurs années à étudier minutieusement cette côte pour en dresser la carte, je me crois autorisé à affirmer que la question des ports de l'Algérie a été mal comprise et mal résolue. La position des jetées, trop souvent subordonnée à des intérêts secondaires, a été mal choisie ; les ports sont beaucoup trop petits, et après avoir dépensé bien des millions, nous n'avons pas encore sur cette côte, à l'exception d'Alger peut-être, qui nous coûte une soixantaine de millions (en 1881), un seul bon port satisfaisant aux conditions qu'on serait en droit d'exiger après les sacrifices qu'ils ont coûtés à l'État. *Le résultat obtenu est bien minime pour le prix qu'il nous coûte.* » (*La Côte et les ports de l'Algérie.* Brochure, 1881.)

Cela, on peut encore le dire aujourd'hui, et le dire pour tout ce qui constitue l'outillage économique de la colonie. *Résultat « bien minime ».*

Où l'on peut de la manière la plus saisissante, je crois, l'apprécier tel, c'est en étudiant les chemins de fer.

C'est aujourd'hui la grande, la grosse, l'énorme question d'actualité.

CHAPITRE VII

Les chemins de fer de l'Algérie.

Voyez une carte. Consultez un indicateur. Les chemins de fer de l'Algérie, c'est, pour trois mille kilomètres en exploitation :

Deux sortes de voies ;

Six qualités de matériel ;

Six classes de tarifs avec d'innombrables sous-variétés.

Cinq compagnies avec leurs frais généraux, et tout ce qui s'ensuit...

Une bouillabaisse... et encore, pas de Marseille, une bouillabaisse comme on en sert dans les gargotes d'Alger... ratée, froide et hors de prix.

La tonne kilométrique coûte en moyenne aux Algériens :

Sur le réseau P.-L.-M.	7.65
Est-Algérien.	9.03
Ouest-Algérien.	10. .
Bône-Guelma.	4.50
Franco-Algérien	10.32
Mokta-el-Hadid	21.70

Les statistiques du gouvernement général de l'Algérie ont publié pour 1900 ceci :

Taxe moyenne d'un voyageur par kilomètre :

5 fr. 20 en Algérie ;

3 fr. 67 dans la métropole.

Taxe moyenne d'une tonne de marchandises par kilomètre :

8 fr. 34 en Algérie ;

4 fr. 68 dans la métropole.

A ce haut prix des tarifs correspond bien la qualité du matériel, la rapidité, la sécurité et la facilité de transports... Mais en sens inverse.

De telle sorte qu'en février 1904 M. Plichon pouvait dire à la Chambre des députés : qu' « en Algérie le chameau fait avantageusement concurrence à la locomotive » ;

Que M. Baudin à la même séance pouvait s'écrier : « L'organisation entière du réseau algérien dans son ensemble comme dans ses détails est une injure au sens commun. »

De l'étude enfin de tous les documents officiels relatifs à cette question ressort à l'évidence que tout comme pour les ports le résultat est « bien minime ». N'ai-je point lu dans un rapport des Délégations financières que les Algériens n'estiment pas à plus de 2 millions la valeur du matériel du réseau algérien du P.-L.-M.? (On lira plus loin ce document.)

Or ce réseau qui est une « injure au bon sens », qui ne suffit pas aux besoins de l'Algérie, qui est mal établi, mal construit, dont le matériel est mauvais, ce réseau que l'on doit à la collaboration de l'Etat et des compagnies concessionnaires a coûté fort cher au contribuable français. Pour l'établir il fallut garantir aux concessionnaires l'intérêt de leurs capitaux « fixés à forfait non sur les frais réels en tenant compte des dépenses et des recettes véritables, mais d'après un barème aussi fixé à forfait ».

Dans la statistique financière, récemment publiée, j'ai lu, page 9 : sommes payées pour :

— *Garanties d'intérêts aux chemins de fer.*

Pour 1900 : 20 millions de francs.

Avant 1900 : 356.349.758 francs.

— *Annuités à la Cie P.-L.-M.*

Pour 1900 : 3.661.032 francs.

Avant 1900 : 128.136.120 francs.

Je ne peux reproduire ici tous les tableaux détaillés qui figurent à la statistique.

Voici toutefois, d'après celui des « sommes réclamées » annuellement par les compagnies de chemins de fer à l'Etat, à titre de garanties et insuffisances d'exploitation, de 1892 à 1901, les totaux et les moyennes.

Pour ces dix années les totaux sont :

P.-L.-M.	7 546.004 fr. 20
Bône-Guelma.	72.228 850 fr. 07
Est-Algérien	05 011.867 fr. 17
Ouest-Algérien	31.054 005 fr. 42
Franco-Algérienne.	22.202 355 fr. 44
Ensemble.	230.073.803 fr. 20

La moyenne par an ressort à :

P.-L.-M.	755.000 fr. »
Bône-Guelma	7.223.000 fr. »
Est-Algérien.	9.504.000 fr. »
Ouest-Algérien	3.305.000 fr. »
Franco-Algérienne.	2 464.000 fr. »
Ensemble.	23.311 000 fr. »

En 1901 la garantie de la Franco-Algérienne a disparu par suite du rachat.

Une importante différence apparaît entre les chiffres du P.-L.-M. et ceux des autres compagnies. Voici pourquoi :

Il y eut deux sortes de traitement dans les concessions algériennes.

Le P.-L.-M. reçut et une subvention de construction et une garantie d'intérêts.

Les autres compagnies ne reçurent que la garantie d'intérêts. Je ne parle plus des concessions territoriales de la Franco-Algérienne qui mourut de n'avoir pu les digérer.

Les compagnies à double effet, chemin de fer et colonisation, c'est comme les illustres soldats-colons du bon maréchal Bugeaud, lesquels avaient cessé d'être soldats et n'étaient pas encore devenus colons.

Le P.-L.-M. reçut une première fois 1.500.000 fr. en équivalence de l'avance de cette somme qui avait été faite à la Compagnie des chemins de fer algériens dont il prenait la suite.

Puis l'Etat lui donna 80 millions payables en 92 annuités de 1865 à 1956. Nous avons vu plus haut que, pour ce, de 1865 à 1900, l'Etat a déjà payé au P.-L.-M. 128 millions, qu'en 1900 l'annuité était encore de 3.661.032 francs.

Outre cette subvention l'Etat a garanti au P.-L.-M. l'intérêt à 5 pour 100 d'un capital de 80 millions. C'est à la méditation de tels chiffres que M. Bourrat condamne le système en vertu de quoi l'Etat paie très cher un crédit qu'il a créé, qu'il entretient lui-même par sa garantie.

Le même M. Bourrat a communiqué à la Chambre (février 1904) le tableau suivant sur les dépenses et les dettes des compagnies.

RÉSEAUX	Participation de la compagnie dans les dépenses d'établissement au 31 décembre 1900			DETTE de la compagnie envers l'Etat (capital et intérêt) du chef de la garantie d'intérêt
	Dépenses de construction et travaux complémentaires	Matériel roulant	Ensemble	
	francs	francs	francs	francs
Paris-Lyon-Méditerranée...	72.652.149	15.078 642	87.730.701	63.259.012
Est Algérien ..	182.454.526	9 223.737	10.1678 263	211.703 250
Ouest-Algérien.	76.546.801	6 011.311	82.558 112	60.603.013
Bône-Guelma..	10 963.230	7.572.688	05 535 938	156.230 385
Totaux... .	422 016.720	37.886.378	460 503.104	491 885.560

En février 1904, après de longues discussions, la
Chambre a voté un projet de loi adopté ensuite par
le Sénat, qui, en réglant les parts respectives du
budget métropolitain et du budget spécial de l'Algérie dans les charges que les conventions imposent
à l'Etat, a donné à la colonie pouvoir d'opérer le
rachat et d'appliquer (après loi nouvelle) le meilleur
mode d'exploitation de ses chemins de fer.

Dans la discussion du projet de loi, beaucoup des
gens qui cherchaient à l'enterrer, sous le prétexte que
l'Etat ne pouvait se dessaisir des chemins de fer
algériens, paraissaient croire, disaient même que ces
chemins de fer constituaient une énorme richesse,
une « merveilleuse affaire ». Il y a là, je crois, une
illusion. Et je l'ai notée parce qu'il m'a semblé qu'en
Algérie aussi trop de gens y étaient également
trompés.

Même dans le monde des personnages sérieux ou

qui se croient sérieux règne l'esprit messianique. On croit à la toute-puissante vertu, régénératrice,immédiate de certains noms en affaires, comme les pauvres diables croient aux messies. Pris par l'Etat, les chemins de fer d'Algérie ce sera une affaire d'or. C'est bien ce que dit M. Bourrat. Pris par la colonie les mêmes chemins, affaire de diamant... Il faut, hélas ! comme en tout, savoir distinguer. Il est possible que pris par la colonie les chemins de fer algériens permettent aux gros entrepreneurs, aux courtiers influents de semer quelques diamants.

Je ne crois pas cependant que cela permettra aux contribuables d'en acheter beaucoup sur leurs économies d'impôts...

Il est méchant de souffler sur les illusions des vierges. Mais il est sage de faire tomber celles des contribuables.

En soi, l'affaire des chemins algériens n'est pas merveilleuse du tout. Elle n'est même pas bonne.

M. Bourrat pour l'affirmer excellente, il est vrai, se trouvait réduit à invoquer l'autorité de M. Joseph Chailley-Bert, lequel ayant découvert que l'Inde n'est pas plus riche que l'Algérie prétend que notre colonie, au lieu de faire 8.600 francs de recette kilométrique annuelle sur ses chemins de fer, pourrait, avec organi ation meilleure, en faire 15.330 comme l'Inde. A cette sottise de « l'éminent colonial » invoqué par M. Bourrat M. Jonnart a justement répondu que l'Inde est plus peuplée. On pourrait ajouter : et qu'elle a des industries, et que d'ailleurs l'ensemble des conditions de ces deux colonies ne permet point qu'on les compare ainsi.

Le revenu des chemins algériens doit être prévu médiocre.

Ecoutons M. Baudin :

« Il serait vain d'espérer que des découvertes du genre de celle des phosphates se renouvelleront fréquemment, et il est plus prudent de penser que les chemins de fer algériens devront se contenter de leurs éléments de trafic actuel, dont le principal, sujet à des variations constantes, consiste dans les produits agricoles. »

Et encore :

« Il s'agit ici de moyennes. M. Sibille a pris la moyenne des cinq ou six dernières années et a dit : Observez la décroissance de la garantie d'intérêts, depuis les six dernières années, et vous verrez que nous sommes dorénavant à l'abri de ces à-coups financiers de garanties d'intérêts qui ont été autrefois si menaçants pour l'équilibre de nos budgets.

« En effet, depuis quelques années seulement la garantie d'intérêts a décrû, mais — j'attire l'attention de la Chambre sur ce point — le budget de la garantie oscille de la même manière qu'oscille le bien économique de l'Algérie, le profit économique de la collectivité algérienne. Ce bien, ce profit économique, est subordonné à des éléments naturels qui s'exercent avec des oscillations, des amplitudes singulièrement considérables.

« Cela est le propre du climat algérien. Je rappelle à la Chambre que dès 1885 on prédisait la baisse très rapide des garanties algériennes. La colonie avait obtenu en 1885 une garantie de 11.241.000 francs et, en 1886, de 15.032.000 francs ; puis les années mauvaises sont arrivées : en 1888, c'est 21 millions 040.000 francs que la métropole a été obligée d'inscrire au compte de la garantie d'intérêts. La garantie a baissé en 1890 et en 1891, mais elle est remontée en 1893, date où vous inscrivez 23 850.000 francs.

« Qui nous dit que ces alternatives d'augmentation et de décroissance ne se reproduiront pas de la même manière ?

« Tout, au contraire, permet d'affirmer que nous aurons des augmentations prochaines. »

De M. Jonnart sur le même propos :

« Actuellement l'État a de très grandes chances de dépenser davantage parce que les vaches maigres semblent sur le point de succéder aux vaches grasses. Les oscillations de garanties d'intérêts, bien plus qu'en France encore, sont surprenantes en Algérie. »

Enfin, après des renseignements techniques dont il faut lire tout le détail en son probant discours (Ch. des députés, 21 février 1904), cette conclusion qui justifie le mot que j'ai dit plus haut :

« L'industrie des chemins de fer en Algérie ne sera jamais une bonne affaire ; il est impossible qu'il en soit autrement. Actuellement, sans doute, l'exploitation ne sollicite pas suffisamment le trafic, c'est vrai, et notre ambition est désormais d'intéresser plus activement l'exploitation à l'accroissement du trafic ; mais sachez bien que le développement du trafic n'aura pas pour conséquence un développement parallèle du produit net, parce qu'il ne pourra être obtenu que par une mise en état de lignes coûteuses et par des abaissements de tarifs importants. »

Et si l'on fait des abaissements de tarifs ? Alors écoutez M. Laurent, le directeur de la comptabilité générale au ministère des finances :

« Il est évident que, si vous faites un abaissement de tarif en Algérie, vous ne pouvez pas retrouver à bref délai les recettes précédentes parce que l'Algérie n'a pas une puissance de développement et de trafic suffisante pour compenser immédiatement une diminution sensible des tarifs. »

Et je crois que voilà maintenant, malgré tout ce que ce chapitre a d'incomplet, bien entendue la question.

Dans un volume où j'étudierai les causes du mal, de l'insuccès algérien, et où je dirai comment il est possible de faire mieux, de faire bien, je donnerai sur ce particulier propos des chemins de fer tous les détails nécessaires.

Mais je crois utile de publier dès maintenant quelques extraits de documents officiels algériens qui à l'occasion des discussions relatives à la réforme des chemins de fer nous ont donné des indications typiques sur la mentalité algérienne, et sur les sentiments des Algériens à l'égard de la métropole.

Ceci d'abord, du rapporteur de la commission du budget à la session de 1903 des Délégations financières :

« ... L'Algérie aurait dû recevoir gratuitement ses lignes... Si, contrairement aux usages constamment admis dans les rapports entre colonie et métropole, on voulait lui imposer une contre-partie, il fallait au moins la traiter comme une parente... »

Envisageant l'éventualité que l'Etat pourrait racheter et exploiter sans consulter la colonie, notre honorable Algérien disait ensuite avec une énergie tout africaine :

« ... Ce serait faire trop bon marché de nos droits... l'Algérie devra être consultée et, à vrai dire, rien ne pourra être fait sans elle ni contre elle. La colonie est propriétaire de ses lignes ; elles lui ont été transmises en 1900, l'Etat s'en étant provisoirement réservé la jouissance et l'administration, qu'il considère comme corrélatives au paiement de la garantie d'intérêts. *Il s'est ainsi en quelque sorte constitué l'usufruitier du bien d'autrui.* Or un usufruitier ne peut altérer la substance du bien dont il a la garde sans le consentement du propriétaire. »

Sans doute penserez-vous que ces extraits avaient place indiquée au chapitre « séparatisme »... Et vous auriez raison.

De même ce qui suit eût figuré avantageusement au chapitre de la ruse algérienne.

L'éminent rapporteur des Délégations financières dit en effet :

« Au reste, pourquoi l'Etat voudrait-il agir seul ?

« Le rachat n'ira certes pas sans difficultés. Il y a dans la convention du 1er mai 1863 passée avec le P.-L.-M. un article 7 dont on retrouve la reproduction dans les conventions des autres compagnies et qui sera très délicat à interpréter. Il est ainsi conçu :

« A l'expiration de la concession, ou, dans le cas d'applica-
» tion de la clause de rachat, si l'Etat est créancier de la com-
» pagnie, le montant de la créance sera compensé jusqu'à due
» concurrence, avec la somme due à la compagnie pour la re-
» prise, s'il y a lieu, aux termes de l'article 36 du cahier des
» charges, du matériel tant de l'ancien que du nouveau ré-
» seau. »

« L'article 13, § 15, de la loi du 19 décembre 1900 fait allusion à ce règlement quand il dit :

« A partir du 1er janvier 1926 les avances aux compagnies
» de chemins de fer, au titre de la garantie d'intérêt de ces
» lignes, seront à la charge de la colonie. Les remboursements
» qui seraient faits par les compagnies en exécution des con-
» ventions de concessions seront attribués à couvrir de leurs
» avances l'Etat et l'Algérie au prorata de leurs avances res-
» pectives. »

« Comme la dette du P.-L.-M. résultant des avances faites
sous forme de garanties d'intérêts monte à 61 millions et
qu'elle ne peut être compensée que jusqu'à concurrence de
2 millions au maximum par le matériel du réseau algérien
dont la valeur ne dépasse pas ce chiffre, l'Etat, aux termes
rigoureusement entendus de l'article 7, posséderait encore une
créance de 59 millions dont il pourrait se récupérer tant sur le
montant du matériel du réseau français que sur l'ensemble du
patrimoine de son débiteur. L'Etat, qui vraisemblablement sera
amené à transiger, ne voudra pas s'exposer à ce que, plus tard,
la colonie qu'il aurait négligé de lier à son contrat lui *reproche*
de n'avoir pas *strictement* appliqué l'article 7 afin de voir ré-
duire d'autant le montant de l'annuité de rachat qu'elle aura à
payer au lieu et place de la garantie d'intérêt. Nous serons
donc consultés... aussi attendons. »

Cela est d'un français confus, mais d'une claire
intention. Il s'agit d'intérêts collectifs, c'est donc de
la politique. Ce serait d'intérêts particuliers, que la
pièce offrirait un joli sujet d'étude à certains psychologues. Je veux dire ceux des parquets. Politique,
le chantage n'est pas un délit mais constitue un
nouveau titre à la confiance des électeurs. La menace plus haut soulignée fut très prisée en Algérie.
Il en ressort que les gardiens des finances algé-

riennes veulent être de la partie quand l'Etat sera amené à *transiger* avec le P.-L.-M., qui possède un *patrimoine* permettant le paiement intégral de la dette, si l'on veut appliquer *strictement* l'article 7.

Quel sujet aux méditations du philosophe, cet Algérien des Délégations financières annonçant la transaction vraisemblable avec le débiteur à patrimoine! Curieux état d'âme que celui de ces gens qui consentiront à ce que les lois ne soient pas *strictement* appliquées, pourvu qu'on n'oublie point de les *lier!...*

Aussi, je crois intéressant de noter dans cet ordre de faits qu'un des administrateurs du P.-L.-M. est devenu administrateur de la Banque de l'Algérie.

Et que de gros personnages politico-financiers de l'Algérie ne seraient plus électeurs si leur « ardoise » à la Banque n'avait pas quelquefois reçu « le coup d'éponge ».

Et que cela explique bien des choses inexplicables...

L'Algérie a si longtemps vécu aux frais et de l'indigène et du contribuable français qu'elle ne peut admettre cette idée que, soit pour le public, soit pour le privé, le prix de ses dépenses doive être payé par elle.

Dans un précédent chapitre on a vu ce qu'est le parasitisme algérien. Ceci, qui a trait aux chemins de fer, confirme ce que j'ai noté déjà.

Pour obtenir le vote de son projet de loi, M. Jonnart disait en février 1904 à la Chambre : « Voilà, messieurs, quel sera le résultat de la réforme que l'Algérie appelle de toutes ses forces : augmentation de la richesse, augmentation de la sécurité ; par conséquent, elle le *juge digne de quelques sacrifices.* »

M. Jonnart est un orateur précis. Nous pouvons regretter qu'il n'ait point dit quels sacrifices, les sacrifices *de qui !...*

Mais ce qu'il ne nous a point dit, nous pouvons le demander à l'Algérie. Parcourons le compte rendu des séances des Délégations financières.

Nous y voyons qu'en l'assemblée du 14 mars 1904 M. Vinci constate que « ce n'est pas avec une joie complète que l'Algérie accueille le nouveau régime des chemins de fer » et signale « à l'attention des Délégations la possible éventualité de nouveaux impôts ».

Que M. de Soliers dit :

« Certainement la souveraineté nationale a le droit de nous imposer ce qu'elle veut, mais encore faut-il que le droit qu'elle exerce soit dans la mesure de nos forces contributives ; sinon elle détruira l'équilibre du budget algérien ou rendra nécessaire *l'établissement de nouveaux impôts, ce qui serait mortel pour l'avenir* de ce pays. Voilà le danger.

« Les populations seront heureuses d'avoir leurs chemins de fer entre les mains et elles sont disposées à féliciter M. le gouverneur général du résultat qu'il a obtenu, mais quand la remise du réseau d'intérêt général se traduira par de nouveaux impôts très lourds à supporter, c'est contre les Délégations financières qu'elles se retourneront pour exprimer leur mécontentement, alors que nous n'y serons pour rien. C'est pourquoi il faut dès aujourd'hui faire nos réserves et dire aux populations :

« Vous avez voulu vos chemins de fer, vous les aurez, mais il faut vous attendre à payer de nouveaux impôts. »

Notons qu'à ce propos les délégués financiers algériens manifestèrent de tels sentiments contre la métropole et le Parlement que M. Jullien, qui assistait à la séance en qualité de commissaire du gouvernement, fut obligé de les rappeler aux convenances en disant qu'il trouvait « le débat un peu hasardé ».

« J'estime, ajouta-t-il, qu'en critiquant d'une manière assez vive, comme on le fait, la disposition adoptée par la Chambre des députés, on se met dans une situation un peu difficile. » Et ce rappel aux convenances, pour modéré qu'il fût, M. Vinci déclara en être « profondément étonné » !

Ces indications nouvelles du caractère algérien notées, retenons, en conclusion à notre chapitre chemins de fer, que le réseau algérien a coûté fort cher et que, pour être mis en état de rendre les services qu'une colonie a le droit de demander à une organisation de chemins de fer, il en coûtera de nouveau « *quelques sacrifices* ».

CHAPITRE VIII

L'affaire Algérie est une mauvaise affaire du point de vue de la chose publique.

Une étude approfondie de tous les chapitres travaux publics, domaine, outillage, etc., etc., donne les mêmes conclusions, montre les mêmes erreurs, le même résultat mauvais.

L'opération économique, l'affaire, en tant qu'affaire publique, en tant qu'opération d'État, n'est pas, comme on l'a dit, satisfaisante, bonne. Les recettes sont inférieures aux dépenses. Le capital sacrifié est énorme. On ne peut espérer l'amortir. D'ailleurs, n'a-t-on pas liquidé en 1900 ? Liquidé en passant à la dette métropolitaine la charge de ce capital énorme. L'outillage économique, le domaine, qui représentent cette somme immobilisée, mais produisant toujours des intérêts à payer *toujours*, ce domaine est d'une valeur restreinte (à moins de découvertes minières), cet outillage est insuffisant et à remplacer pour la plus grande part.

Cette réfection, l'accroissement désiré nécessiteront de nouvelles dépenses qui augmenteront le déficit annuel.

Voilà le fait.

La réalité opposée à la légende.

La réalité sur laquelle se doit fixer l'attention publique.

CHAPITRE IX

L'affaire étudiée du point de vue des intérêts particuliers.

Mais en politique, dans notre état social, bien qu'en principe l'Etat soit la réunion des particuliers, la République, *res publica*, la chose publique, il se peut que telle opération soit mauvaise pour l'Etat, bonne pour les particuliers.

Surtout en l'actuel propos, où le public colonial ferait une classe particularisée dans le public national. Ces milliards ajoutés à la dette nationale, ces millions annuellement ajoutés à la dépense nationale, ce sacrifice imposé à l'Etat français, à la France, pourrait avoir constitué bénéfice pour les coloniaux algériens, pour les Français et les étrangers européens d'Algérie.

L'affaire de la colonisation de l'Algérie pourrait, si elle est incontestablement mauvaise pour la France, être bonne pour les colons algériens.

Cherchons.

Là, encore, j'ai été obligé de constater l'insuffisance

lamentable des renseignements précis que le gouvernement général de l'Algérie peut mettre à la disposition de l'écrivain.

Avec des statistiques bien ordonnées et tenues à jour, rien n'aurait été plus facile que de répondre en quelques lignes à cette question. Des divisions nettes de l'élément européen ; ce qu'il possède, ce qu'il gagne. Et c'eût par quelques chiffres été dit.

Ce sera pour dans quelques années... si le service des statistiques a les ressources voulues pour persévérer dans le travail dont M. Jonnart lui a tracé les grandes lignes. Car l'ignorance où l'on se trouve des réalités précises de l'Algérie, on ne peut en faire grief, ni au gouverneur, ni au service de la statistique... actuels.

En attendant, malgré le peu de renseignements à notre disposition, nous arriverons tout de même à trouver suffisamment de faits probants pour caractériser « l'affaire » du point de vue des intérêts particuliers.

CHAPITRE X

Pour apprécier la richesse des particuliers, étudions l'assistance publique, les hypothèques, le mont-de-piété.

Il y a, en Algérie, 583.000 personnes dans la population européenne. Déduisez l'armée, les fonctionnaires de tout ordre, leurs familles comprises. C'est plus de 100.000 personnes. Déduisez le flottant étranger, c'est environ 50.000 autres personnes.

Restent 433.000 personnes représentant les intérêts particuliers de la colonisation.

Il y a 80.389 personnes dans la classe des propriétaires ;

39.800 dans celle des fermiers et métayers ;

75.175 dans celle des ouvriers des champs.

Et c'est 39.943 ouvriers industriels,

Puis 38.032 patentés, avec leurs familles.

Quelle est la fortune, quel est le revenu de ces différentes classes de « colons » ? Sont-ils riches, heureux...?

Le budget de l'assistance publique peut donner une indication.

Si l'on jugeait par analogie avec la population indigène, dont on connaît la proportion de miséreux et qui n'a que 302.500 francs d'assistance publique, on pourrait dire que 2.773.600 francs d'assistance publique européenne doivent donner une fantastique proportion de pauvres diables dans cette population. Il y en aurait même plus que d'habitants, si l'on prenait ce système de comparaison et si l'on ne se rappelait qu'on secourt beaucoup moins l'Arabe que l'Européen.

Une indication précieuse et plus sûre, moins paradoxale même, si cela vous plaît, pour avoir une idée de la richesse des citoyens dans un pays, est celle que donne la comparaison entre la valeur de la propriété et la somme des hypothèques.

J'ai demandé ce renseignement à M. Jonnart. Voici ce qu'il m'a fait répondre en mai 1904 :

« La valeur de la propriété foncière, en Algérie, est difficilement appréciable parce qu'il n'existe pas, comme en France, d'impôt foncier sur la propriété bâtie et non bâtie.

« Il n'en existe que sur la propriété bâtie, et depuis 1801 seulement.

« Le recensement des bâtisses destiné à servir de base à cette imposition, établi en 1886 et refait en 1896, ne distingue pas entre les immeubles urbains et ruraux situés dans la commune.

« Les seules indications qu'on puisse donner d'après ces documents sont les suivantes:

« 1891. Capital représenté : Environ 800.000.000 de francs.

« 1902. Capital représenté : Environ 1.300.000.000 de francs.

« Ce qui indiquerait que la valeur de la propriété, en Algérie, a augmenté de 50 0/0 en dix ans. »

Cela est une des preuves que les protagonistes du succès algérien allèguent pour affirmer l'excellence, la réalité de ce succès. Nous y reviendrons avec les explications et les corrections nécessaires. Pour l'instant, nous sommes à l'hypothèque. Et n'y aurait-il point déjà, tout en tenant compte des constructions nouvelles, très nombreuses il est vrai, dans ce fait de l'énorme et rapide plus-value de la propriété bâtie, une manifestation de la ruse algérienne destinée à monter la valeur du gage pour augmenter d'autant le crédit permis par ce gage ? J'ai eu, cet hiver, l'occasion de m'entretenir de cette question avec un inspecteur d'un de nos plus grands établissements financiers de Paris. Il n'avait pas trouvé base solide, ce qu'il disait « motif consolidé », à cette plus-value rapide. Agio, prétendait-il. Mais revenons à l'hypothèque et à la note du gouvernement général. J'avais demandé quels étaient les prêteurs, quels étaient les emprunteurs, ce qui me semblait intéressant pour montrer, non seulement l'état de la fortune privée de l'Algérie, mais le rôle du juif dans le commerce de l'argent.

« Une statistique donnant pour les différentes catégories d'hypothèques une répartition des prêteurs et des emprunteurs par nationalités (Européens, musulmans, juifs) n'a jamais été établie en Algérie. On a seulement publié pendant quatorze ans, de 1876 à 1890, le nombre des inscriptions hypothécaires relevées dans les différentes conservations d'Algérie.

« Pour arriver à se rendre compte de la charge hypothécaire qui pèse sur l'Algérie, on ne possède qu'un seul document établi en 1887, qui indique qu'à cette époque il y avait pour :

« 105 millions d'hypothèques judiciaires et 604 millions « d'hypothèques conventionnelles (dont 300 millions sur la pro- « priété bâtie et 304 millions sur la propriété non bâtie), sans « compter environ 3 à 400 millions de dettes chirographaires « portant pour près des deux tiers sur la propriété non bâtie.

« L'établissement d'un relevé analogue, pour la situation à l'heure présente, eût nécessité un travail très considérable et très long qu'il ne sera possible de faire que plus tard. »

En réalité, c'est la répugnance des gens qui ont les renseignements à les livrer, même aux agents du gouvernement général, même au gouverneur, qui rend « considérable et long » le travail du bureau de statistique. L'esprit de méfiance, qui était normal sous la tyrannie des deys, existe toujours et n'a même fait que se développer en évoluant dans ce pays. Demandez renseignement sur n'importe quoi, à n'importe qui, toujours, celui à qui vous vous adressez croit que c'est « contre » lui. Et qu'il doit, ou ne pas répondre, ou tromper. Quand un secrétaire du dey enquêtait, les sujets du prince avaient peut-être raison de craindre. Mais des citoyens !... Ils ont cependant toujours peur. Lorsqu'on voulut savoir combien il y a de plantations de tabac, ce qu'elles produisent, l'histoire fut joyeuse. On parlait d'un impôt possible ; qu'on en cherchait l'assiette ; or, passez-moi ce langage trivial, en Algérie, chacun veut bien l'assiette au beurre, mais pour l'assiette de l'impôt, c'est autre chanson. La première c'est l'hostie. L'autre c'est poison. Aussi, quand on de- mande un travail quelconque de renseignements aux pauvres gens de la statistique, c'est pour eux travail « considérable et long ». Partout ils sont reçus comme jadis les envoyés des deys. Ils ont cependant pu donner à leur note hypothèque cette conclusion :

« De tous les renseignements généraux recueillis il semble néanmoins résulter que la charge assez lourde qui grevait la propriété immobilière en Algérie en 1887 ne s'est pas beaucoup améliorée depuis et qu'elle est toujours proportionnellement aussi forte. »

C'est donc proportionnellement à la valeur du gage que nous devons l'apprécier.

En 1887, la propriété bâtie représentait 800 millions. Elle était grevée de 300 millions d'hypothèques conventionnelles, plus du tiers de 3 à 400 millions de dettes chirographaires, soit 100 à 130 millions, et aussi du tiers de 105 millions d'hypothèques judiciaires, soit 35 millions.

C'était donc pour 800 millions de 435 à 465 millions d'hypothèques, admettons 450, les 550 autres millions du milliard d'hypothèques de 1887 portant sur la propriété non bâtie.

La valeur de la propriété bâtie a passé de 800 millions à 1.300 millions. Et le gouvernement général nous dit que la charge hypothécaire est « toujours proportionnellement aussi forte ». Cela, traduit en chiffres, donne 731.250.000 francs.

Appliquons la « proportion » du gouvernement général à la propriété non bâtie. C'était, en 1887, 550 millions d'hypothèques. Les 450 millions de la propriété bâtie étant devenus 731.250.000 fr., la même proportion donne pour 550 millions, le chiffre nouveau de 893 millions. Soit, alors, en tout, une dette hypothécaire d'environ 1.600 millions.

Maintenant observons que, soit pour la propriété bâtie, soit pour la propriété non bâtie il y a beaucoup de propriétaires étrangers à l'Algérie, soit particuliers, soit sociétés.

Que ceux-là ne sont point ceux qui ont hypothèques. Leur part est nette. Celle qui est hypothéquée est celle de l'Algérien. Or, pour bien établir la prospérité privée des Algériens, c'est-à-dire des véritables colons, il faut retrancher de la valeur totale de la propriété celle du fonds non hypothéqué, du fonds appartenant à l'étranger et ne mettre en regard de la somme d'hypothèques que la valeur du fonds hypothéqué. Or, c'est cela que les Algériens ne veulent pas. Car cela fait ressortir d'une façon trop brutale leur insuccès.

Cela montre trop violemment leurs mœurs économiques, et que la politique leur a permis d'arriver à ces résultats merveilleux que l'emprunt sur le gage dépasse la valeur du gage !

Ce résultat fut mis en lumière par la liquidation des opérations de la Banque d'Algérie, ne l'oublions point.

Enfin rappelons-nous que le taux légal de l'intérêt en Algérie est de 6 0/0. L'exploitation publique de l'Algérie accuse chaque année un déficit de 240 millions. Nous verrons, nous essayerons de voir ce que produit l'exploitation privée de l'Algérie ; en attendant, notons que, en dehors des impôts à destination de l'Etat, cette production est grevée d'une charge de *96 millions*, ce qui est son impôt particulier.

Une autre indication de la prospérité des entreprises privées, de la richesse des particuliers est fournie par l'étude des monts-de-piété. D'un côté le notaire et l'hypothèque, de l'autre le mont-de-piété.

En 1902 c'est : engagements 3.670.097 francs ; renouvellements, 2.497.197 francs ; dégagements 3.300.651 francs ; soit, entre les mouvements emprunt, restitution, une différence de 2.866.643 fr. au passif de ce dernier.

Le tableau des engagements par quotité est inté-ressant.

Sommes prêtées.	Valeurs des objets.		Nombre de personnes.
203.817	moins de 5 fr.		57.508
389.116	5 à	10	52.897
556.457	11 à	25	32.598
548.649	26 à	50	14.833
657.415	51 à	100	9.006
1.060.898	101 à	500	5.397
156.339	501 à 1.000		228
97.375	au-dessus de 1.000		61

Les gens qui engagent des objets estimés plus de 25 francs par le mont-de-piété ne sont pas dans le dénuement; ils sont dans le besoin; ceux qui peuvent emprunter sur gage estimé de 51 à 100 fr. seraient des gens embarrassés ; de 101 à 500 fr. des personnes gênées ; de 500 à 1.000 fr. et au-dessus ne parlons point...

Vous avez vu la proportion.

Un autre tableau nous montre 113.887 emprunteurs européens.

Vous voulez la contre-partie, celle de la caisse d'épargne. Voici pour la même année.

Dépôts : 1.347.518 francs; retraits : 1.448.814.

Vous voyez c'est le contraire que pour le mont-de-piété.

Ainsi, quelques renseignements sur l'assistance publique, les hypothèques et le mont-de-piété, voilà que se dessine la notion d'une fortune privée de l'Algérie beaucoup moins brillante que ne la montre un discours d'Etienne au touriste qui aura vu l'animation du port d'Alger en fin de vendanges, du port d'Oran en fin de moisson, et qui aura admiré les foules de ces villes un soir de fête bruyante.

Poursuivons.

Que vaut l'agriculture ? Que vaut l'industrie ? Que montre le commerce ?

CHAPITRE XI

L'agriculture.

A ne lire que les documents statistiques de l'année on aurait idée, notion d'une agriculture excessivement florissante et riche.

C'est en effet 3.339.627 hectares de terres cultivées, dont 774.689 aux Européens.

C'est une valeur de 289.42).000 francs de constructions agricoles, dont 197.233.600 aux Européens.

C'est une valeur de 41.662.273 francs (dont 35.698.869 francs aux Européens) de matériel agricole.

Puis en animaux.

Espèces :	Aux Européens.	Aux indigènes.
Chevaline	48 713	176.034
Mulassière	37 811	132.324
Asine	7.263	232.915
Cameline	213	189.189
Bovine	148.483	925.294
Ovine	447.719	8.277.076 (Y compris 2 millions d'agneaux de moins d'un an.)
Caprine	75.790	4.134.093
Porcine	78.183	726
Total des animaux	844.175	14.144.651

Puis à la basse-cour :

	Européens.	Indigènes.
Volailles	836.688	4.166.531
Lapins	113.449	18 220

En produits :

	Européens.	Indigènes.
Laine	10.221 quintaux.	117.075
Miel	46.874 kilos.	553.063
Cire	4.847 kilos.	87.450
Vin	4.348.052 hectos.	5.815

en arbres fruitiers de rapport :

2.182.566 | 7.004.447

en olives pour la consommation :

109.280 quintaux. | 37.627

en huile d'olive :

27.372 hectolitres. | 223.184

une superficie cultivée en céréales de :

547.512 hectares | 2.444.343

produisant :

5.130.545 quintaux. | 16.144.679

puis en produits alimentaires, pommes de terre, fèves, haricots, pois, racines et légumes divers :

564.896 quintaux. | 512.980

en fourrages récoltés :

1.674.221 quintaux. | 1.972.661

en tabac, feuilles récoltées :

31.723 quintaux. | 51.836

en cocons :

2.232 kilos.

Si l'on ne savait que cela, que cette culture, que

cette production, sans savoir le prix coûtant, sans savoir les charges de toute nature, fiscales sur la production indigène, hypothécaires, d'intérêts usuraires sur la production européenne, on pourrait croire ce que psalmodient les thuriféraires, que l'agriculture algérienne c'est la bonne, c'est l'excellente affaire.

Hélas! pour ceux qui sont dans l'engrenage, la réalité lorsqu'on établit le prix coûtant, le prix de revient quand on fait le bilan complet, est moins brillante.

La colonisation agricole, disons tout court la colonisation en Algérie, ce fut toujours beaucoup d'appelés, peu d'élus. Sur certains points pas un élu. Pas besoin de longues explorations pour trouver ces points. Sur le parcours de la ligne Alger-Constantine on voit plus d'une ruine éloquente. Pour la fortune promise ce fut la misère souvent. Cela de tout temps, au lendemain de la conquête aussi bien qu'aujourd'hui... et j'ajouterai aussi bien que demain.

Il y a dix ans, le *Temps* publiait une série d'articles remarquables signés « Un vieil Algérien ». Malgré le coup de veine de la vigne en 1903 (coïncidant, ne l'oublions pas, avec un formidable coup de déveine des vignes métropolitaines) les réflexions de l'auteur de ces articles sont encore d'actualité. C'est celles qui me seraient venues sous la plume si je n'avais été, les trouvant imprimées, dispensé de les écrire moi-même.

« Quand on invite les Français à venir coloniser l'Algérie, écrit notre « vieil Algérien », qu'est-ce que cela veut dire ?

« Cela veut dire qu'on les invite à venir y gagner de l'argent dans les entreprises agricoles. Si ce n'était dans l'espoir d'un sort meilleur pourquoi quitterait-on son pays ?

« Toutes les fois que la réalité a répondu aux promesses, c'est-à-dire toutes les fois que la colonisation a eu la bonne fortune de rencontrer une culture donnant des bénéfices, les colons ont afflué... »

Et le « vieil Algérien » cite les succès dans les plaines de la Mitidja, de Sidi-bel-Abbès, de la Seybouse... les premiers succès de la vigne aux « beaux jours » du phylloxéra français.

Mais notons que la colonisation des belles plaines à céréales ce fut un changement de cultivateurs ; des Européens mis à la place des Arabes. Sur cette partie relativement infime du sol algérien la colonisation de remplacement est une bonne affaire pour ceux qui furent appelés à en bénéficier. Mais le reste ! Écoutez la plainte du « vieil Algérien ». Elle tient tout entière en ces mots : « L'agriculture algérienne est une agriculture qui ne paie pas. » Et pourquoi ? ajoute-t-il. Parce que, sauf dans les régions naturellement très riches, la colonisation européenne n'a trouvé qu'une terre appauvrie, sur laquelle on a fait une agriculture qui ne valait, qui ne pouvait valoir mieux que celle de l'Arabe. Si moi philosophe je disais cela on me traiterait de diffamateur ignorant, incompétent. Mais ce n'est pas moi qui le dis. Lisez notre « vieil Algérien ». Il est des plus intéressants cet homme du métier, de qui le *Temps* publiait les observations compétentes :

« Presque toutes, je devrais dire toutes les exploitations européennes ont conservé l'assolement arabe, céréales et jachères, le plus misérable de tous les assolements. Elles en sont où en étaient les plus arriérées des fermes françaises...

« Les colons ont substitué nos charrues perfectionnées à l'araire indigène. C'est la seule modification importante qu'ils aient apportée aux pratiques arabes. Ils labourent plus profondément et mieux, mais n'étant pas soutenus par un emploi judicieux des fumures, ces labours profonds n'ont qu'un effet passager. A la longue ils deviennent funestes : tandis que la culture arabe n'épuise que le sol superficiel, eux épuisent le sol superficiel et le sous-sol. Sur ces terres nouvellement défrichées on commence par des rendements de 15, 18 et jusqu'à 22 quintaux de blé, puis on dégringole à 12, puis à 10, puis à 6 qui est actuellement la moyenne des cultures européennes, puis à 4 qui est la moyenne des cultures indigènes. Et on finit, comme dans certaines parties du territoire de Sidi-bel-Abbès, par être obligé de remplacer par l'avoine le blé dont la terre ne veut plus.

« Les terres ne rendent plus !

« Cette plainte vous obsède d'un bout à l'autre de l'Algérie.

« Elles ne rendent plus parce qu'on les a ruinées.

« De même que le gouvernement a cru possible de transporter purement et simplement les institutions de France en Algérie, de même le colon qui arrive croit pouvoir transporter purement et simplement l'agriculture de France en Algérie. Le sol a le même aspect, le ciel ne paraît pas trop dissemblable...

« ... Mais tout de suite apparaît ce fait brutal que l'Algérie est un pays différent, tout à fait différent de la France.

« ... Le colon sème du trèfle et du sainfoin, et les ardeurs inconnues en France de l'été africain les tuent avant qu'ils aient pu donner une coupe. Il plante des pommes de terre et n'obtient que demi-récolte. Il sème des betteraves et les résultats ne sont pas meilleurs. La luzerne ne vient qu'en terres irriguées, et les terres irriguées ne sont qu'en infime quantité. La vesce seule réussit parfois, mais les semences en sont chères et la plupart de ceux qui l'essayent finissent par trouver cette culture dispendieuse.

« Alors, toutes les ressources fourragères sur lesquelles est fondée l'agriculture française le trahissant les unes après les autres, le colon ne sait plus qu'entreprendre.

« Et savez-vous ce qui arrive ? C'est que lui, à l'école duquel l'Arabe devrait se mettre, il se met à celle de l'Arabe. Il devient Arabe, suivant le mot de nos Algériens eux-mêmes. Désenchanté, découragé, il finit par se ranger à l'avis que vous entendez murmurer d'un bout à l'autre de l'Algérie parmi les vieux colons et que, depuis la crise viticole, quelques publicistes algériens commencent à oser imprimer : c'est que, ou le climat de l'Afrique a changé ou la réputation de fertilité que lui a faite l'antiquité est une mystification ; et c'est que c'est un pays irrémédiablement pauvre, bon pour les Arabes seulement et dont on a eu tort de vouloir faire une colonie de peuplement. »

Nous avons vu au livre troisième de cet ouvrage ce que l'on doit penser de cela. Qu'il en est de la légende des fertilités anciennes comme de celle du déboisement par l'Arabe.

Si l'Arabe a déboisé, nous ne nous en privons pas non plus. Nos guerriers ont, eux aussi, coupé les arbres pour punir le vaincu. Et nos administrateurs encore maintenant tondent des hectares de forêts pour donner aux colons des champs ayant un peu de terre sur le roc.

Rêverie ! Calomnie ! Vous êtes imbus de cette idée que le devoir de notre administration éclairée, c'est de rétablir la forêt détruite par l'ignorant Arabe, afin de rendre à la colonie l'humide climat des belles époques de la fertilité ancienne. Vous avez lu au budget le chapitre des dépenses de reboisement. Et vous ne pouvez admettre qu'ici on dépense de l'argent à détruire des forêts pour y faire des champs, tandis qu'ailleurs on gaspille de l'or pour essayer de faire pousser ou repousser des forêts.

Cependant cela est. Si vous ne pouvez m'en croire, je vous prie d'ajouter foi aux déclarations faites en 1903 par M. Revoil dans son dernier exposé de la situation de l'Algérie. En 1902, à coût d'argent, on a donné à la forêt trois mille hectares et on lui en a pris quinze mille.

Voici textuellement :

« La création du centre de Tirman et l'agrandissement de ceux de Bossuet, Martimprey, le Télagh, Chanzy et Mellinet ont porté à eux seuls sur près de 13.000 hectares des forêts de Zégla, Sdamas-Ouest, de Sidi-Ali-ben-Youb. »

Ainsi quand les Arabes, pour trouver terre plus riche ou pour toute autre raison, déboisent, ils sont des sauvages, et nous, quand, pour donner des terres aux colons que nous amenons à prix d'argent, nous déboisons, toujours à prix d'argent, nous sommes des civilisés, des économistes civilisés... L'exposé de M. Revoil qui est forcé d'avouer notre déboisement économique et civilisateur semble avoir prévu le reproche, car il dit aussitôt :

« Il est bon d'ajouter que dans certaines régions à relief peu accentué *le déboisement ne présente pas d'inconvénients* au point de vue du maintien des terres sur les pentes et du régime des cours d'eau. Toutefois, comme la disparition de la végétation forestière sur de trop grandes surfaces pourrait avoir une répercussion fâcheuse sur la climatologie générale du pays, en particulier sur le régime des pluies, ces opérations continueront d'être étudiées avec le double souci de donner à la colonisation de cette partie de l'Algérie le développement qu'elle comporte et de conserver à l'état boisé une étendue suffisante pour ne pas troubler l'équilibre du climat. »

C'est une bien louable intention de l'administration algérienne que de ne pas vouloir « troubler l'équilibre du climat »... tout en le troublant.

Il y là des subtilités... troublantes.

Mais réfléchissez un instant. Rappelez-vous dans le rapport de Jules Ferry le passage tragique nous montrant l'Arabe chassé de la forêt où il vivait depuis des siècles. Quand cet expulsé demande pourquoi ses bestiaux ne peuvent plus manger l'herbe qui croît plus fraîche et plus drue à l'ombre des arbres, on lui répond que cela compromettrait l'existence de la forêt, que « l'équilibre du climat » risquerait d'être « troublé » à chaque pousse mangée par un veau, par une génisse indocile... en tant qu'on prenne la peine de lui répondre. Il ne comprend pas bien. Mais il obéit. Le maître veut qu'on respecte la forêt. L'indigène s'en va... conduit ses troupeaux crever sur la ronce maigre des espaces cailouteux... pour que cette forêt dans laquelle il vivait... on la coupe... Alors il ne comprend plus rien. Vous non

plus. Moi pas davantage. Il n'y a que M. Revoil qui
ait compris.

CHAPITRE XII

Le pâturage et la culture.

Il y a une relation rigoureuse entre l'étendue des
diverses cultures agricoles et celle du pâturage. C'est
le pâturage qui nourrit le bétail et c'est le bétail qui
permet la restitution par engrais. Il y a bien l'engrais
chimique, l'engrais apporté de loin. Mais il coûte
cher et n'est possible que lorsque le produit de la
culture est destiné à la vente et que le prix en est
suffisamment élevé. Quand une crise rend le vin cher
en France, on peut, vendant cher le vin d'Algérie,
donner de l'engrais cher aux vignes d'Algérie. C'est
déjà moins possible pour les céréales. Voyez, même
en France, où la culture du blé en certaines régions
a diminué le pâturage. L'engrais cher a fait le blé
cher et le pain cher, et par choc en retour augmenté
les charges du cultivateur qui ensuite a peine à payer
l'engrais.

L'agriculture rationnelle — qu'il ne faut pas confondre avec l'industrielle — c'est l'industrialisation
du labeur de la terre qui tue ce labeur (1) — l'agriculture rationnelle exige dans le même canton, dans
un « rayon de transports bon marché » et le pâturage
et les autres cultures. C'est la richesse du pâturage
qui règle mathématiquement la richesse des autres
cultures. Le pâturage algérien — hors les quelques
plaines grasses — est naturellement maigre, le fut

____

(1) Cela fera « bondir » mon excellent ami Émile Gautier, mais
cela est ainsi.

et le sera toujours. Aussi — toujours exception faite
des trois îlots que vous savez — le rendement des
terres algériennes en céréales est, fut et sera toujours naturellement médiocre. Les agronomes ont
constaté cette infériorité du pâturage. Ils ont proclamé la nécessité de « doter » l'Algérie d'un pâturage nouveau, meilleur. On chercha tout.

Le « vieil Algérien » qui écrivait ses lettres au
Temps en 1894 voulait le salut par le sulla. Un rédacteur de ce journal, un excellent reporter des po-
tins officiels, M. Bourde crut celle-là... Et ça coûta
beaucoup d'argent à la Tunisie. Notre excellent confrère avait un flair spécial pour accueillir et faire
siennes les idées pratiques.

Mon ami Louis Say fut un moment l'apôtre de
l'autruche. Mais c'était simple question de plumes.
Celle de M. Bourde l'élargit. M. Bourde estimait
frivole une domestication de l'autruche à destination
des seules modistes. J'ai noté qu'il proposa très
sérieusement de dresser l'autruche... pour l'atteler !
Après l'avoir fait sortir de la rédaction du *Temps*,
ces idées pratiques l'y ont ramené. Pas l'autruche,
M. Bourde.

Excusons-le d'avoir cru à la rédemption coloniale
par la fourragère-messie du fermier de Sétif. Il ne
fut pas le seul.

Dans cette question du sulla, comme il y avait une
« bourde » à commettre, M. P. Leroy-Beaulieu ne
pouvait y manquer. Il écrivait en 1897 :

« Une découverte qui pourra aider au développement du bétail
est celle d'un excellent fourrage naturel, le sainfoin nord-africain ou sulla. Cette plante vient naturellement et abondamment
dans les *vallons frais* de toute l'ancienne Berbérie. Il s'agit de
la répandre par les ensemencements. Ceux-ci sont assez malaisés
à faire réussir; mais, en s'ingéniant et en persévérant, on y par-
viendra. »

Oui. Mais il faudra d'abord faire de l'Algérie un vallon frais.

Si après ces « bourdes » nous lisions l'avis d'un homme sérieux ? M. Rivière dit, lui :

« Il est difficile d'admettre, comme quelques-uns l'ont fait, que l'influence de l'homme est assez puissante pour modifier le revêtement végétal du sol. En d'autres termes la restauration des pâturages ou plutôt leur création avec une flore nouvelle et la formation naturelle de prairies créées par un simple épandage de graines importées d'une contrée exotique quelconque sont présentées comme une opération dont on laisse entrevoir la possibilité et l'utilité.

« On ne saurait trop combattre la mise à exécution de ces projets chimériques dans de tels milieux caractérisés par une extrême inclémence climatérique.

« En supposant que l'on puisse trouver une plante fourragère herbacée ou ligneuse autre que celles qui sont spontanées dans ces régions et par conséquent adaptées à ce milieu, sa propagation ne saurait être que le résultat d'une culture, c'est-à-dire d'un travail préalable du sol sur des millions d'hectares. »

N'allez point vous rappeler Parmentier et nous accuser de condamner sans raison l'effort des gens qui voudraient donner aux Algériens du bon fourrage, car il ne faut pas confondre « végétation » et « culture ».

CHAPITRE XIII

La vigne.

En 1902, 142.992 hectares de vignes en rapport, appartenant à 27.789 propriétaires, ont produit de quoi fabriquer 4.353.867 hectolitres de vins, dont 4.238.949 hectolitres valant 84.641.000 francs furent exportés.

Cela nous donnerait encore, dit uniquement, ainsi

qu'on le dit en officiels discours, une idée favorable de « l'affaire » viticulture algérienne. Mais il faut compter... et décompter.

Et voici ce que j'ai lu chez un terrible compteur. C'est toujours M. Rivière. Naturellement. Il est le seul...

Un hectare de vigne en Algérie revient à 4.000 fr. Au tribunal on le vend entre 1.500 et 1.800 francs en temps normal.

Le Crédit foncier, pour estimer le gage de ses prêts, n'accorde aucune plus-value à la terre couverte de vignes. J'ai même lu ailleurs que cette administration a quelque temps retranché du prêt la somme nécessaire pour l'arrachement de la vigne.

M. Rivière rappelle ensuite l'hypothèque dont est grevé le vignoble. Il estime qu'elle oscille entre 320 et 330 millions. C'est plus, si nous en jugeons par la note officielle plus haut citée. Il faut admettre au minimum 400 millions. L'intérêt en est de 8 0/0 en moyenne. Au Crédit foncier et agricole d'Algérie c'est 7 fr. 22. C'est donc 32 millions qu'avant tout la vigne algérienne doit payer. 32 millions qui sortent d'Algérie ; en or.

Le prix d'entretien de l'hectare est, chiffre minimum, de 370 francs par an. Soit cinquante-six millions pour le vignoble. 56 + 32 = 88. C'est quatre-vingt-huit millions « d'exigences irréductibles ». M. Rivière cote seulement 80 millions.

Qu'il y ait récolte ou pas, qu'on vende ou qu'on ne vende pas, c'est une dépense nécessaire de 80 millions au moins pour que subsiste le vignoble.

Il produit. C'est environ 4.500.000 hectolitres. Pour estimer cette production les statistiques donnent le prix de 20 francs à l'hectolitre. C'est exagéré. On compte dans le prix de vente la rémunération des transporteurs et des commissionnaires. On a tort. Le prix payé au producteur atteint et dépasse rarement 14 francs. C'est celui qu'admet M. Rivière. Et il donne comme retour d'argent au producteur 62 millions + 3 millions de sous-produits. Et alors on a : dépenses, 80 millions à 88 millions ; recettes, 65 millions.

Et voilà ce qu'est la bonne affaire agriculture algérienne en ce qui concerne la vigne. Il peut y avoir des propriétaires qui, actuellement, s'enrichissent : ceux qui ont pris la vigne pour rien avant la bonne récolte. Ils encaissent la vente et repassent la vigne. C'est « une main de chemin de fer » que cette exploitation. Celui qui la reçoit à la passe gagne. Mais il y en a beaucoup plus à la dépasse, etc., etc. Mais à quoi sert de discuter ? Il y a le calcul brutal. Restons-y. Notons que c'étaient de grands économistes, de grands hommes d'Etat, de grands intelligents que les hommes qui ont lancé l'Algérie dans la vigne !

Là encore nous n'avons pas le choix vaste. Nous sommes pris, serrés dans le dilemme. Ou bien ils savaient que pour le bénéfice immédiat de courtages et commissions de toute nature ils engageaient la colonie dans une opération à perte, et alors c'est des canailles. Ou bien ils croyaient l'engager dans une opération à bénéfices, et alors c'est des imbéciles. Car la moindre lueur de bon sens a montré de tout temps qu'un grand vignoble ne pouvait être qu'une mauvaise affaire pour l'Algérie ; que tout ce qu'on pouvait demander à la colonie en vigne c'était la production de sa consommation locale.

Je sais qu'il y eut la grande crise du phylloxéra français... Mais en parler ne peut que servir à rendre plus lourde la condamnation. Ne fallait-il pas être complètement fou pour supposer que la France ne referait pas son vignoble ?

Ne savait-on pas que lorsque l'Algérie aurait *fait* ses vignes, la France aurait *reconstitué* les siennes ? Le marché étranger ? Et les traités de commerce ! Et la concurrence des autres pays à vins ! etc., etc... Et puis faudrait-il faire du bon vin. Le vin algérien n'est pas encore un vin marchand. On doit le retravailler à Bordeaux, à Bercy. Pour quelques domaines qui valent quelque chose, que valent tant d'autres ?

En 1835 le capitaine Rozet publiait dans son ouvrage que les raisins d'Algérie pouvaient servir à la fabrication d'un vin qui vaudrait celui de l'Hermitage. L'idée de la supériorité a *priori* des vins d'Algérie date de loin, vous le voyez. Et l'expérience ne l'a pas encore fait disparaître.

Rappelons aussi que l'Algérie n'a pas une étendue illimitée de bonnes terres à vignes, etc. Revoyez notre livre du climat.

CHAPITRE XIV

Les autres cultures.

Faut-il parler des autres cultures ?

Voulez-vous l'histoire des prairies artificielles ? La statistique de 1888 en compte 12.000 hectares ; celle de 1900, 8.000 ; celle de 1901, 6.000. Un succès.

L'histoire — toujours officielle — du coton, de ce coton qui *devrait* prospérer, si l'on en croyait la climatologie classique, est également très instructive.

On dépensa beaucoup d'argent et, à grand effort, on planta du coton dans la province d'Oran.

En 1853, on en produit 4 tonnes.

En 1864, 500.

En 1868, on crut que l'Algérie avait définitivement trouvé son produit riche. On fit 900 quintaux de coton. La surélévation des prix (guerre d'Amérique), jointe aux primes, permettait de dépenser beaucoup d'argent à la culture, de lutter contre les froids, etc...

Mais ramenée à ses conditions normales, subissant des années de froid, cette culture « ne paie plus ». En 1899-1900, on récolte 2 kilogrammes 400 grammes. En 1899-1900, le coton ne figure plus aux statistiques.

Mais cela ne durera point.

Nos coloniaux ne peuvent admettre en effet que la terre d'Algérie dans ses richesses ne possède pas le coton. Cela serait contraire au dogme de l'Algérie pays chaud.

J'ai lu sans surprise, dans le *Figaro* du 13 novembre 1900, ceci :

« L'Association cotonnière coloniale a donné hier soir à l'hôtel Continental un banquet de 200 couverts sous la présidence de M. Doumergue, ministre des colonies, pour fêter la fondation en France d'un syndicat cotonnier destiné à *propager et à encourager en Algérie* et aux colonies la culture et l'industrie du coton. Dans l'assistance on remarquait MM. Etienne, etc... »

En mars 1904, l'*Echo d'Oran* publiait toute une série sur le programme cotonnier algérien.

Contrarier la nature est ainsi fort amusant pour certains hommes. Des maniaques japonais forcent des chênes à évoluer dans un pot à fleurs ; encore obtiennent-ils un résultat : coûteux, horrible ; mais c'est un résultat tangible ; il reste quelque chose vivant de leur effort. Les maniaques de l'agriculture coloniale contre nature savent qu'ils n'obtiendront d'autre résultat que celui de dépenser de l'argent. Qui ne sort pas de leur poche, hélas !

Cette espèce d'hommes est très curieuse à observer pour les dilettantes. Elle le serait plus encore pour les aliénistes. On l'honore aujourd'hui. Elle est fort en estime dans le monde officiel. Quand un fou veut faire pousser de la vigne au cap Saint-Jacques, on le subventionne. Un autre obtient que le « jardin colonial », on le fasse à Vincennes. Aussi comme ils savent que, plus ce qu'ils proposeront sera insensé, plus on les estimera sages, grands, ils débrident leur fantaisie. Du coton, des bananes, voilà ce qu'ils recommandent pour l'Algérie.

Le service botanique d'Alger, rendons-lui cette justice, ne fait pas que de telles recommandations. Ainsi j'ai lu dans le rapport du docteur Trabut joint par M. Revoil à l'exposé général de la situation :

« La culture du tabac ne peut prendre en Algérie une extension nouvelle qu'à la condition de livrer de bons produits. »

Et à cela, en même temps que léger reproche, étaient joints quelques conseils pour que les feuilles de tabac algérien ne tombassent point en concur·rence avec celles des choux. La recommandation, vous le voyez, était bonne. Eh bien ! c'est la seule que l'Algérie trouva mauvaise et ne pardonne pas encore à l'infortuné docteur Trabut. Aussi pourquoi ne borne-t-il pas son apostolat à prêcher la culture des agaves ?

Dans le talus d'une route près d'Alger, il y a des trous que les pauvres diables utilisent pour abriter leur misère quand nul propriétaire ne veut plus d'eux. Ils n'y paressent point. Ils travaillent. Avec les fils qu'ils extraient des agaves, ils confectionnent des mèches de fouet. J'ai causé avec un de ces industriels. « Monsieur m'a-t-il dit, l'Algérie aurait, dans l'agave, si on voulait, un trésor. » C'est bien l'avis du docteur Trabut. Et cet homme généreux veut donner à l'Algérie ce trésor.

« Depuis dix ans, écrit-il, le service botanique s'efforce de multiplier et de faire cultiver quelques agaves pouvant croître dans les sols pauvres et inutilisés du littoral. »

Tant que le service botanique ne s'efforça qu'à cela et à des tâches similaires, ce fut parfait... Mais toucher au tabac, demander de bons produits!

CHAPITRE XV

L'élevage.

Il constituait, il constitue la seule richesse de l'Algérie. Le troupeau donne *sans frais* d'énormes bénéfices. Mais il est indigène. L'Européen engraisse le bétail jeune acheté à l'indigène. Le troupeau étant indigène n'a jamais « excité » la sollicitude des pouvoirs publics. On n'a pas compris que là, — puisque, je le répète, il n'y a pas de frais d'établissement, presque pas d'entretien — que là était la richesse à soigner, à développer. Qu'il y avait là beaucoup plus d'argent à gagner que dans la vigne, voire que dans les céréales sorties de leur zone favorable. On n'a pas compris cela parce que, le comprenant, on aurait dû rendre justice à l'indigène. Or la politique était « contre » l'indigène. Elle a frappé l'indigène. Mais elle a aussi frappé le troupeau, richesse vivante du pays.

Le troupeau algérien diminue.

Si l'homme peut lutter contre le refoulement, s'il

lui reste la ressource d'échapper aux conséquences du cantonnement progressif vers les froides régions en gagnant quelques sous dans le mouvement économique déterminé par la circulation des soldes officielles, le bétail, lui, n'a point cette ressource. Chassé du bon pâturage par le colon, le bétail, sur les pâturages maigres, froids, crève.

Ce n'est pas une théorie ; c'est un fait.

Il suffit d'étudier les statistiques pour s'en rendre compte. Avec la précaution de leur demander ce qu'elles disent réellement.

Ainsi dans son exposé de la situation générale M. Revoil désirait en 1903... pour le voyage présidentiel... nous montrer une Algérie prospère, une Algérie dont la prospérité prouverait bien la richesse naturelle, une richesse merveilleuse capable de gager encore bien des emprunts à destination de colonisation officielle. Et M. Revoil avait sans doute aussi le désir de bien établir cette idée que les développements de la richesse algérienne coïncident avec son administration devaient en être le résultat. Il nous dit que le troupeau algérien va bien. Preuve l'exportation du mouton. Et il donne ce tableau :

1870	242 : 096 moutons exportés.
1880	470 : 310 — —
1890	975 : 902 — —
1900	922 : 537 — —
1901	1.178 : 833 — —
1902	1 316 : 966 — —

Pour le lecteur qui ne sait pas, qui ne se méfie point, ce tableau suffit. L'idée de prospérité, de richesse naturelle y éclate, on l'accepte. La conviction est faite.

Et elle est fausse.

En effet, pour nous montrer l'augmentation de la

richesse agricole sur la mesure du troupeau, ce n'est pas les chiffres de l'exportation qu'il faut donner, mais ceux du nombre d'animaux du troupeau.

Je cherche ces chiffres dans les statistiques officielles, et je trouve que :

En 1888, il y avait 10.998.463 moutons ;

En 1900, il en reste 6.723.952.

Une diminution de plus de 4 millions d'animaux en douze ans. Ne dites pas que c'est parce qu'on les exporte, car la diminution annuelle du troupeau est beaucoup plus forte que l'exportation. Et lors même que cette exportation serait une des causes majeures de la diminution du troupeau, cela prouverait encore qu'il y a là un vice économique. Lorsqu'on vend ses bêtes en telle proportion qu'on détruit le capital qui est le troupeau, c'est qu'on ne peut plus les nourrir; et ce serait encore une des conséquences du refoulement.

C'est ce chiffre de 10 millions tombant à 6 millions qu'il fallait placer en regard du tableau des exportations pour être sincère. Et aussi convenait-il de dire également que, si l'Algérie exporte des moutons, du bétail, elle en reçoit par ailleurs. Trois cent mille moutons, quarante-deux mille têtes de gros bétail viennent du Maroc annuellement. Oran mange du bœuf grâce au Maroc.

Ce chiffre de 6.723.952 moutons pour 1900 ne laissa pas d'ennuyer l'administration. Elle l'avait imprimé à regret. Il fallait relever le troupeau pour 1901. Question de réclame... et aussi d'impôt. Des ordres sévères furent donnés pour qu'on n'oubliât rien. Vous n'imaginerez jamais ce que cela valut d'ennuis à l'administration active et à l'Arabe. Doubles pour celui-ci, car le fonctionnaire lui repassait les siens avec intérêts composés.

Les statistiques furent remontées.

On imprima pour 1901 : 8.053.758 têtes. Ainsi on assistait à ce phénomène que le troupeau de 6.723.952 moutons donnait une exportation de 922.537 têtes et s'augmentait à 8 millions.

Le rapporteur du service pastoral se crut obligé d'expliquer. Et son explication doit être retenue.

La voici :

« Les pertes éprouvées, depuis 1888, ne seraient plus que de 2 944.655 moutons. Mais l'augmentation constatée, entre 1900 et 1901, qui se chiffre par 1.329.806 unités, est plus apparente que réelle.

« La statistique n'a pas été établie, pour 1901, de la même façon que pour les années précédentes.

« La plus grande partie, sinon la totalité de l'augmentation constatée, est due à ce fait que le dernier recensement comprend tous les agneaux au-dessus d'un mois, tandis que les jeunes provenant du dernier agnelage ne figurent pas dans les relevés fournis pour les années précédentes.

« Si l'on compte seulement 2.500.000 brebis portères, on admettra facilement que cet agnelage représente le gain de 1.329.806 têtes constaté de 1900 à 1901. »

Et le rédacteur du rapport du service pastoral ajoute :

« Il est permis d'admettre que, s'il n'y a pas eu d'augmentation sérieuse, il n'y a pas eu, en tout cas, de diminution *nouvelle.* »

La diminution du troupeau est, ai-je dit, une conséquence de la politique contre l'indigène. Elle coïncide avec le refoulement de l'Arabe sur les plateaux froids et sans eau. Le document officiel est obligé de le constater :

« De sérieux efforts, destinés à améliorer la situation de notre élevage, s'imposent; il est surtout indispensable de rendre les parcours steppiens de plus longue durée en y créant des réserves d'eau potable. C'est là une nécessité qui s'impose

d'une façon d'autant plus inéluctable que, *la colonisation s'éten-
dant chaque jour davantage, les pâturages d'été des nomades se
trouvent de plus en plus réduits.* »

Sur ce propos de l'eau potable nécessaire, je me
rappelle avoir lu jadis (malheureusement je ne
retrouve pas où) qu'un homme ingénieux avait proposé d'attacher au cou de chaque mouton un barillet
plein d'eau, pour qu'un plus vaste parcours fût à la
disposition du troupeau sur les steppes sans sources.
Il y a une autre histoire de moutons fort joyeuse.

Aux temps des grandes luttes entre opportunistes
et radicaux, non contents de s'entre-déchirer sur des
propos politiques, les partis mirent le mouton dans
leur bataille. Un soutint que la race à petite queue
sauverait l'élevage algérien. L'autre prétendit que le
salut ne pouvait venir que de la race à grosse queue.
Et l'on se battit là-dessus. Un des partis fit même
venir un publiciste de Paris pour défendre la race au
pouvoir. Quand M. Hugues Le Roux fera du vaudeville, ses souvenirs lui donneront thèmes à succès.

Les statistiques de 1902, publiées en 1904, permettaient de croire que non seulement il n'y aurait pas
de diminution nouvelle, qu'il y aurait même augmentation.

Mais dans cette Algérie, où les statistiques officielles nous montrent de si belles moyennes de température, dans ce pays chaud les froids de l'hiver
1903-1904 ont tué plus de la moitié du troupeau
algérien. Les moutons qui résistaient à la gelée ne
résistaient pas à la faim sur le pâturage gelé. Sur
certains points, la perte fut de 80 0/0. En avril 1904,
les bouchers d'Alger augmentaient de 7 sous le prix
du kilogramme de viande de mouton.

En mai 1904, M. Jonnart disait en son discours au
Conseil supérieur :

« La campagne agricole de 190? s'annonce sous des auspices moins favorables, à raison des grandes perturbations climatériques de l'hiver dernier, dont le bétail indigène a principalement souffert. »

Si l'on veut conserver le troupeau algérien qui, par ses exportations, fait rentrer en Algérie une vingtaine de millions de francs, qui *était* une matière à revenus certains, il semblerait naturel de lui laisser son pâturage au lieu de remplacer ce pâturage, qui résistait aux gelées blanches de printemps et aux sirocos d'été, par des cultures qui, elles, n'y résistent point. Mais cette logique n'est pas officielle. On croit qu'en améliorant la race on la rendra capable de supporter les conditions nouvelles que lui impose le refoulement.

« Cette amélioration, nous dit le service pastoral, a été poursuivie tout à la fois par la sélection, par le croisement et par un ensemble de mesures destinées à faire comprendre aux *indigènes* la nécessité de castrer les mâles de bonne heure, de choisir les plus beaux sujets comme reproducteurs et *d'allaiter*, d'une façon plus régulière, *leurs agneaux.* »

Voilà, pour l'École des beaux-arts d'Alger, un idyllique sujet de concours : « Indigènes ayant compris M. Revoil et allaitant leurs agneaux. » Quand l'administration a, de la sorte, recommandé aux indigènes d'allaiter régulièrement leurs agneaux, elle croit que cela suffit pour que le mouton puisse digérer le sable ou la terre gelée.

CHAPITRE XVI

La colonisation agricole est ainsi jugée par les résultats.

Vous savez maintenant les résultats de la colonisation agricole de l'Algérie.

Cette colonisation est officielle ou libre. Ce qu'il y a de favorable dans les résultats provient de la colonisation libre. Mais, pour l'une et pour l'autre, le bilan accuse un déficit.

La situation de quelques propriétaires actuels peut être bonne. Celle de la propriété ne l'est point. Je m'enrichis en prenant la suite de prédécesseurs ruinés ; alors ma fortune ne suffit point pour qu'on dise que l'affaire, où je l'ai réalisée, soit bonne. Cette affaire ne sera bonne que lorsque ma fortune, gagnée dans cette affaire, dépassera les pertes occasionnées à d'autres par cette même affaire.

Nos économistes ne comprennent point cela.

Leur tempérament individualiste, leur mentalité sauvage, de gens apportant les pratiques de la guerre dans ce qu'ils ne craignent point de dire les *luttes pacifiques*, leur fait établir autrement le bilan d'une entreprise. Ils ne le font qu'en considérant la situation du propriétaire actuel, en le séparant de la collectivité nationale, humaine. Ils diront : il y a x propriétaires aujourd'hui en Algérie. Ces x propriétaires ont, au prix de y, un revenu de z. Et, dans ce prix de y, ils ne compteront que la dépense personnelle de ces x propriétaires. On doit, au contraire, y compter tout ce qui a été dépensé, et par le propriétaire actuel et par ses prédécesseurs.

Alors, on fera ressortir le bilan vrai. Mais comme la vérité alors apparaît lamentable, effrayante, terrible, condamnant les systèmes ; qu'elle entrerait dans les intelligences les plus fermées ; que la nation serait forcée de se révolter contre ses maîtres, on ne veut pas. Bien plus, des mauvais systèmes, des mauvaises conséquences des mauvais systèmes, des résultats qu'on pouvait éviter, on en vient à tirer des lois comme ceci :

« Il est incontestable que, dans une colonie, la terre doit changer plus souvent de mains que dans la métropole. »

Ne cherchez pas. C'est du Leroy-Beaulieu. Et c'est odieux. La terre doit changer souvent de mains. La loi coloniale... la loi de colonisation de l'économiste, du capital.

La terre est gratuite. On la donne. Un cadeau. Un pauvre diable s'y éreinte, s'y endette. Puis il passe la main. Un demi-pauvre diable la prend. Il s'y éreinte, il s'y ruine. Et la main repasse... jusqu'au pur capitaliste, lequel dit avec son pontife que tout ira pour le mieux « quand la crise que traverse l'agriculture sera atténuée et que celle de la propriété sera liquidée ». Changements de mains, liquidation...

Non, non. Il n'est pas bon que la terre change de mains. Il est abominable que la fatigue, la peine, la mort des premières mains profitent aux paresses de ceux à qui l'argent permet, pour avoir et exploiter, de louer des mains nouvelles qui ne gagneront rien.

Il y a de ce mauvais esprit d'exploitation capitaliste en la faveur qui s'attache à la colonisation officielle, quoique cette colonisation paraisse essentiellement une manifestation de socialisme d'Etat.

La colonisation agricole de l'Algérie, dans l'esprit de quelques braves gens, dans le dessein primitif de la masse des colons, ce fut une entreprise de culture, de création de richesse. En fait, c'est devenu plus une spéculation qu'une saine besogne.

Goûtez cet échange d'observations entre le directeur de l'agriculture et M. Vinci, aux Délégations financières de 1904 (2ᵉ vol., 2ᵉ partie, page 124) :

« *M. de Peyerimhoff*. Le but de l'administration est de couper court à ces tentatives de spéculation sur les concessions, qui se dessinent dans des proportions alarmantes, et qui sont nuisibles à la fois aux colons et à l'œuvre de la colonisation.

« *M. Vinci* ... Quand on vient nous dire que, si on n'oppose pas de nouvelles barrières à la spéculation, l'œuvre de la colonisation est perdue, c'est une erreur. »

En effet, l'Algérien veut que l'agriculture, mauvaise affaire en soi, devienne une œuvre de spéculation qui, de même que toutes les œuvres de spéculation, ayant une heure de succès, pourra entre des mains habiles constituer la bonne affaire... un instant.

La discussion d'un vœu demandant une loi « qui organiserait un privilège spécial sur la récolte de l'année, au profit du prêteur qui consentirait à faire au propriétaire l'avance de ses frais de culture », nous donne également une idée très nette du rôle de la spéculation dans l'agriculture. Et aussi des difficultés financières dans lesquelles se débat la colonisation agricole. Ça n'est que l'hypothèque, le prêt, l'usurier, le renouvellement, etc., etc.

J'ai parcouru la campagne algérienne. J'ai vu les villages de colonisation. Je les ai vus en fête pour les réjouissances commandées où les drapeaux, les lampions, les pétards et les libations donnent aux chefs, tel un président de république en tournée, l'illusion de la prospérité. Et je les ai vus dans l'existence ordinaire. Alors, ce n'est plus la même chose. Ce n'est même pas ce que l'animation de quelques ports aurait permis de supposer : l'exubérance de vie, la vie intense, la vie joyeuse, la vie. Une indicible mélancolie fait une atmosphère lourde. On sent que les gens ne sont pas chez eux. On voit qu'ils n'y sont pas riches, que peu sont heureux. Même nos plantes de France ont la tristesse de l'exil. Le peuplier s'y penche en saule pleureur. Dans les vergers les arbres sont grêles ; maigres les trèfles ; dédorés les mélilots, et pâles, blancs les coquelicòts...

Les banlieues d'Alger, d'Oran, leurs foules bruyantes, les campagnes de Sidi-bel-Abbès, de la Mitidja, de la Seybouse, leurs paysans affairés, les voituriers sur les routes... là... oui... de la vie... Mais, ailleurs ! au visage des êtres anémiés, misérables, dolents, on voit parfois des rougeurs plus vives qu'aux joues de l'homme vigoureux. Santé ? Non. Fièvre, en suite d'un remède violent. Dans un pays on jette des millions de soldes, des millions d'emprunts. C'est une fièvre économique, ce n'est pas la santé économique.

CHAPITRE XVII

L'industrie.

Dans un pays de grande production agricole, partant de nombreuse population, et qui est en même temps un pays à soldats, à fonctionnaires, il y a une clientèle locale pour une industrie locale.

Il semblerait donc qu'il dût y avoir une industrie algérienne très importante. Mais ce fait que l'Algérie n'a pas de charbon, cet autre fait que des exportations agricoles ont toujours en contre-partie une importation industrielle, a borné l'action locale d'une industrie locale. Le manque de charbon suffit à limiter celle de l'industrie d'exportation. Seul le pouvoir d'exportation de l'industrie minière apparaît illimité. Mais il y faut les mines. Et exploitables.

La statistique de 1902 nous expose, de manière assez complète et claire, la situation de l'industrie algérienne.

C'est en quinze groupes :

	Nombre d'établissements	Personnel européen	Personnel indigène
Alimentation	2.825	6.878	3.280
Arts et produits chimiques. .	138	953	481
Bâtiment.	1.034	5 150	1.312
Industrie du bois.	1.003	3 282	647
Carrosserie.	764	1.996	131
Céramique	259	1.223	550
Constructions navales. . . .	91	416	99
Cuirs et peaux	664	1.514	1.003
Imprimerie, papeterie. . . .	113	905	123
Industrie extractive	423	3.707	4.531
Industries textiles.	887	1.807	3.404
Instruments de précision. . .	60	82	9
Métallurgie, mécanique . . .	1 185	4.160	376
Vêtements et accessoires. . .	419	1.658	366
Industries diverses	377	6 212	4 232

60.487 personnes, plus les 10.242 patrons, vivent de l'industrie algérienne.

En étudiant le développement de ces groupes, nous voyons qu'il n'y a que 5 établissements de conserves de poisson, avec 174 ouvriers, et qu'une seule maison de conserves de viande, avec 17 ouvriers.

Pour un pays à troupeau, pour un pays dont les côtes sont poissonneuses, ce n'est pas assez.

D'autant plus que la conserve de viande était autrefois industrie indigène. L'Arabe faisait des confits de mouton analogues aux confits d'oie de nos paysans du Midi. C'était une industrie familiale à développer ; de nature à donner même une exportation. Nous l'avons tuée. Et celle des confitures de fruits. L'Arabe qui ne faisait pas de vin utilisait « le jus de raisin » pour y cuire des fruits et fabriquait ainsi une confiture délicieuse, qui serait d'une exportation assurée. Certes, le produit n'en eût pas comblé le déficit annuel des finances algériennes... et je ne voudrais pas que l'on m'accusât de condamner notre œuvre en gourmand de palais dépravé qui regrettĕrait les confits de selle d'agneau à la graisse forte, mêlée de beurre poivré, ou les confitures de figues de Barbarie farcies de miel et cuites à la feuille de menthe en jus de raisins frais.

Le chapitre de l'industrie extractive est intéressant.

Nous y trouvons seulement trois carrières de marbres avec 53 ouvriers. Ce n'est pas assez. Il y a beaucoup de marbres à exploiter. Il y a des onyx. D'Oran à la frontière du Maroc les gisements sont abondants. La montagne qui domine Port-Say est en onyx.

Nous voyons 8 mines de fer avec 2.100 ouvriers ; 3 mines de plomb avec 303 ouvriers ; 1 mine de mercure avec 79 ouvriers ; 14 mines de zinc avec 1.261 ouvriers ; 4 mines de phosphates avec 1.265 ouvriers ; 2 mines de guano avec 23 ouvriers ; 5 salines avec 679 ouvriers.

Aux industries diverses : 69 exploitations de liège avec 6.269 ouvriers ; 33 exploitations d'alfa avec 561 ouvriers.

Du point de vue purement économique, du point de vue « affaire », il est évident que le développement des industries ne faisant point concurrence à la métropole est souhaitable. Mais celui des autres, celui des industries dont la production entre en lutte avec les industries similaires de la métropole, que peut-on en dire ?

Dépenser de l'argent pour établir un concurrent dont la surproduction déprécie ce que l'on fait soi-même est folie. Pour un Etat comme pour un particulier.

Ainsi nous arriverons à cette conclusion paradoxale que la « mauvaise affaire » serait une « bonne affaire ». Malheureusement, en fin de compte, c'est toujours de la métropole qu'en sortent les frais...

CHAPITRE XVIII

Le commerce.

On publie généralement pour montrer la progression commerciale de l'Algérie des tableaux incomplets. On n'y met que l'importation et l'exportation. Pour que la progression soit plus caractéristique, il me semble qu'il faut ajouter un élément de comparaison, qui est celui des déficits du budget. Avec la balance du commerce, celle du budget. Les voici pour quelques années.

	BALANCE DU COMMERCE		
	Importations	Exportations	Excédent d'importation
1850. . .	72.692.782	10.262.383	62.430.399
1864. . .	136.458.793	108.067.354	28.391.439
1872. . .	197.044.977	164.603.634	32.441.343
1881. . .	342.252.660	143.584.603	198.668.057
1891. . .	292.700.000	235.700.000	57.000.000
1900. . .	323.818.325	242.317.000	81.501.325

	BALANCE DU BUDGET GÉNÉRAL		
	Dépenses	Recettes	Déficit
1850. . .	77.153.043	13.081 593	63 472.350
1864. . .	86.071.469	20.770.136	65.301.333
1872. . .	116.723.289	39.209.439	77.513.850
1881. . .	138.068.150	36.759.675	101.308.784
1891 . .	132.834.847	48.547.413	84.287.434
1900. . .	130.616.168	55.918.711	74.697.457

Lorsqu'on établit ainsi un tableau pour les 74 années depuis la conquête, on voit que le déficit annuel algérien, c'est-à-dire la somme annuellement versée par la France pour l'entretien de la colonie, représente sensiblement les mêmes sommes que la différence entre l'export et l'import algérien.

Le pays qui ne vend rien, qui n'achète rien est, suivant les théories, ou un pays très pauvre ou un pays très riche. Mais il vit. Il se suffit à lui-même. Il ne coûte rien à personne.

Le pays qui importe autant qu'il exporte est un pays qui, ayant besoin des produits des autres, les paie avec les siens, qui paie lui-même ce qu'il achète, ce qu'il consomme, un pays qui ne coûte rien à personne.

Le pays qui importe plus qu'il n'exporte est un pays qui, ayant besoin des produits des autres, ne peut les payer avec les siens, ne peut payer lui-même ce qu'il achète. S'il est indépendant, il fait des emprunts, et pour peu que dure l'infériorité d'export, c'est des faillites, c'est des liquidations. Le pays coûte aux autres. S'il est colonie, il ne fait point faillite, car c'est la métropole qui paye ses déficits. C'est le cas de l'Algérie.

Vous voyez donc qu'il est regrettable que l'import dépasse l'export.

M. Leroy-Beaulieu n'a pas vu cela. Ne dites point que je m'acharne. Je cite. En 1882 l'augure écrivait :

« Que les importations dépassent les exportations, ce n'est pas un fait extraordinaire ni regrettable.

« Il est des raisons spéciales pour que toutes les colonies dans la période de l'enfance et de l'adolescence reçoivent plus de l'étranger qu'elles ne lui rendent. Elles attirent les capitaux et c'est le plus souvent sous la forme de marchandises, d'approvisionnements, de machines, que les capitaux s'y introduisent. La métropole entretient en Algérie une armée considérable, c'est encore une source de dépenses qui permet, qui nécessite même un excédent d'importation. Il se passera vingt ou trente ans, peut-être davantage, avant que les exportations algériennes s'élèvent au chiffre des importations, mais on ne saurait ni s'en plaindre, ni même le regretter.

« Un propriétaire qui crée une ferme dans une contrée inculte y apporte pendant longtemps beaucoup plus d'argent qu'il n'en tire : ce n'est pas une cause d'appauvrissement si la ferme gagne en valeur, si elle donne des résultats croissants. Une nation qui colonise est comme ce propriétaire avec cette seule différence que ce qui dure pour l'un sept ou huit années se prolonge pour l'autre pendant un espace dix ou douze fois plus grand. L'Algérie démontre chaque année que les sacrifices qu'on fait pour elle ne sont pas perdus. Son commerce extérieur qui s'est élevé en 1880 à 472 millions dépassera probablement un milliard dans dix ans et atteindra peut-être deux milliards au commencement du vingtième siècle. »

Prédire l'avenir est dangereux... M. Leroy-Beaulieu voyait un milliard de commerce pour 1892. Il voyait double ! Deux milliards pour 1900. Il voyait quadruple ! Ses prévisions valent ses raisonnements. Parce que la plus grande partie des sommes que la colonie coûte annuellement à la métropole entre dans la colonie sous forme de marchandises, d'approvisionnements, etc., prétendre que c'est, en résumé, bonne affaire pour la métropole, véritablement, comme le dit avec une souveraine élégance le chasseur du café où je fréquente, il faut avoir pour cela une santé !

CHAPITRE XIX

Comment les Algériens démontrent que le commerce de la colonie avec la métropole compense tous les sacrifices de la France pour l'Algérie.

Cette erreur, on la retrouve presque partout.
M. Muller écrivait en 1897 :

« Si les recettes du Trésor en Algérie n'atteignent pas encore le montant des dépenses, il ne faut pas en conclure que la colonie coûte plus qu'elle ne rapporte.

« Les centaines de millions de marchandises qu'elle achète à la France, de fret qu'elle assure à la marine marchande, de recettes qu'elle procure aux chemins de fer métropolitains, de dividendes que les établissements de crédit et les entreprises industrielles (chemins de fer, compagnies de navigation, etc.) payent à leurs actionnaires de France, accroissent dans une très large mesure les recettes du Trésor ; car les marchandises, transports, dividendes, etc., sont frappés par le fisc sous mille formes (impôt foncier, patentes, licences, taxes sur les revenus, impôt sur la grande vitesse, droits de transmission, droits de douanes sur les matières premières importées de l'étranger, puis manufacturées en France et exportées en Algérie, etc...)

« M. Foncin, dans l'ouvrage de M. Rambaud sur la France coloniale, évalue approximativement à deux cents millions le revenu annuel que l'Algérie ajoute au revenu national. »

Vous pensez que l'Algérien saute sur cette documentation, sur ces chiffres. Même il augmente de suite les chiffres.

Le 27 décembre 1898, M. Pierrard dit aux Délégations financières :

« Il est absolument faux de dire que l'Algérie est une charge
pour la France ; il est même dangereux de le laisser croire. Car
si le budget métropolitain vient combler pendant plusieurs années encore le déficit apparent de quelques millions du budget
algérien, les statistiques les plus scrupuleusement établies ont
prouvé que l'Algérie, par le seul fait de sa possession par la
France, augmentait la fortune publique de la métropole de plus
de 300 millions par an. »

Aux Délégations financières de cette année on
n'a plus parlé de 300 millions. On s'est contenté
de 30.

Ce fut à l'occasion d'une discussion de la « théorie
dite du contingent » sur le propos de l'article 4 de la
loi de remise des chemins de fer. M. Doumer avait,
à la Chambre des députés, soutenu avec raison que,
le jour où l'Algérie aurait assez de recettes, la France
pourrait lui imposer les dépenses militaires. MM. de
Soliers, Vinci, Ch. Joly protestèrent joliment.

Entre autres choses, ils dirent ceci :

« Sans doute si en Algérie la métropole pouvait cumuler,
avec les revenus indirects déjà considérables qu'elle perçoit au
moyen des échanges d'appréciables contingents, tout irait pour
le mieux pour elle, mais il faut opter entre l'un ou l'autre, car
ils s'excluent. »

En français plus clair cela veut dire : Nous Algériens
nous n'acceptons l'union commerciale avec la métropole qu'aussi longtemps que la métropole paiera nos
dépenses militaires. Le jour où nous n'aurions plus
de subvention métropolitaine, où nous devrions payer
toutes nos dépenses avec nos recettes, nous n'admet-
trions pas le privilège des produits français sur nos
marchés, etc., etc. Relisez cette petite phrase de ces
trois Algériens. J'ai omis de la mettre à sa vraie
place en mon ouvrage. Elle devrait figurer en effet
au chapitre sur le séparatisme.

M. de Soliers, qui est le grand compteur algérien,

a chiffré les « revenus indirects déjà considérables que la France perçoit en Algérie au moyen des échanges » :

« Comme bonne cliente de la France placée au quatrième rang de ses comptes de fournitures, l'Algérie, en 1902, a reçu pour 269.200.000 francs de marchandises françaises ; sur ces 269.200.000 francs, le commerce et l'industrie ont réalisé le bénéfice d'usage qui est de 10 0/0, et c'est 27 millions que l'Algérie a payés de ce chef, dont la plus grande partie leur est définitivement restée et dont l'autre, par leur intermédiaire, a passé au Trésor sous forme d'impôts. Comme les impôts qui frappent le commerce et l'industrie en France sont évalués à 13 0/0, on peut supputer que sur ces 27 millions, le commerce et l'industrie ont pris 23.500.000 francs et que 3.500.000 francs, sont allés à l'Etat.

« Ce n'est pas tout, les marchandises transportées pour cette même année 1902, de France en Algérie et *vice versa*, représentent une quantité de 1.656.690 tonnes qui ont fourni un fret moyen de 10 francs, droit d'embarquement et de débarquement déduits (un peu plus élevé pour le fret d'aller portant sur des marchandises manufacturées, un peu plus réduit sur le fret de retour portant sur des matières premières ou des produits agricoles), soit 16.566.900 francs. En admettant, comme la chose a lieu pour les chemins de fer, que les recettes provenant des voyageurs soient la moitié de celles provenant des marchandises, les recettes maritimes totales se sont élevées à 24.850.350 francs. Là-dessus, les armateurs comme les autres commerçants industriels ont prélevé un bénéfice de 10 0/0, soit 2.485.035 francs sur lesquels l'Etat, à son tour, a prélevé 13 0/0. La part des armateurs est donc restée à 2.161.981 francs et celle de l'Etat à 323.054 francs.

« Si nous récapitulons, nous trouvons :

« 1º Contingent versé par l'Algérie aux commerçants et aux industriels métropolitains . . 23.500.000 fr.

« 2º Contingent versé aux armateurs. . . . 2.161.981

« 3º Versement à l'Etat par l'intermédiaire des commerçants et industriels 3.500.000

« 4º Versement à l'Etat par l'intermédiaire des armateurs. 323.054

26.485.035 fr.

« Près de 30 millions, c'est un joli chiffre; et l'on voit combien les revenus indirects que la métropole tire du monopole qu'elle s'est réservé des échanges et des transports avec la colonie sont considérables. »

Pour que vous goûtiez entière la saveur de cette observation algérienne je vous prie de la rapprocher des pages qui établissent ce que coûte la colonie à la métropole.

M. de Soliers est un séparatiste dangereux, mais il nous est précieux en ce qu'il nous montre bien le sentiment algérien. Joli chiffre ! Monopole qu'elle s'est réservé ! etc.

Vous voyez, grâce à cet homme, l'Algérie victime du monopole commercial de la France !

CHAPITRE XX

Le truquage des statistiques commerciales algériennes dénoncé par M. de Soliers.

Mais M. de Soliers nous est précieux à d'autres titres. Et voici. Je ne voudrais pas dire, moi, que l'Algérie truque ses statistiques ; je ne voudrais pas dire, moi, que pour diminuer l'écart entre l'import et l'export, cet écart symptomatique et que, malgré les théories de M. P. Leroy-Beaulieu, elle sait probant de sa mauvaise situation économique ; je ne voudrais pas dire, moi, que, pour diminuer cet écart, elle force la valeur de l'export : je préfère en emprunter la constatation à M. de Soliers.

Il a écrit dans son rapport sur le projet de budget pour l'exercice 1904 présenté aux Délégations financières de 1903 :

« Prenons par exemple l'année 1897 au cours de laquelle s'épanouissait dans sa fleur le système d'évaluations majorées,

D'après la statistique officielle les exportations s'élevaient à cette époque à 236.940.000 francs dépassant les importations de 21 millions, ces dernières étant estimées à 216.175.000 francs seulement. Il était ainsi avéré que nous avions vendu plus que nous n'avions acheté et qu'un gain de 21 millions était venu accroître d'autant la masse déjà existante de nos capitaux. Or la réalité ne correspondait nullement à cette conclusion optimiste. Si, en effet, on prend le bilan de la Banque de l'Algérie à cette époque, on voit que le compte du Trésor s'élevait en juillet par exemple à 42.181.000 francs. Or ce compte est alimenté par le produit des bons que l'Etat vend au commerce afin qu'il puisse ainsi solder en France l'excédent, resté sans couverture, de ses achats sur ses ventes. L'Algérie en 1897 ne pouvait donc être la créancière de la métropole ; elle était bien au contraire sa débitrice et la statistique commerciale dont nous avons donné les résultats était évidemment fausse.

« L'erreur qu'elle faisait circuler dans le public sous une estampille officielle était due à l'inexactitude des coefficients employés.

« En effet, pour arriver au chiffre de 236.940.000 francs représentant la valeur totale des exportations, l'administration des douanes comptait :

3.767.422 hectolitres de vin à 32 francs, ci.	134.900.000 fr.
8.206 chevaux à 1.000 francs par tête, ci.	8.206.000
3.289.440 kilos de tabac en feuilles à 1 fr. 50, ci.	5.033.000
106.126 kilos de tabac fabriqué à 12 fr. 26, ci.	1.318.000
Total. . . .	149.514.000 fr. (1)

alors qu'à l'époque le vin ne valait en moyenne pas plus de 20 francs l'hectolitre, chiffre fort, les chevaux 300 francs par tête, le tabac en feuilles 1 fr. 10 le kilo, le tabac fabriqué 6 francs.

« En opérant ces défalcations sur les divers coefficients, on ne trouvait donc plus que :

Pour le vin.	75.348.000 fr
Pour les chevaux	2.472.000
Pour le tabac en feuilles	3.618.000
Et pour le tabac fabriqué.	637.000
Total. . . .	82.650.000 fr. (2)

. (1 et 2) Nous ferons observer au lecteur que les erreurs de calcul et de chiffres qu'on peut relever ici sont imputables au rapporteur du budget des Délégations financières.

en diminution de 67.429.000 francs sur le chiffre de la statistique douanière.

« Le solde de nos échanges se déplaçait. Ce n'était plus un solde créditeur de 21 millions, mais un solde débiteur de 46 millions.

« Depuis, sur les réclamations réitérées que firent entendre le syndicat commercial et la chambre de commerce d'Alger, l'administration a regardé de plus près au choix des coefficients ; cependant même en 1901 ils étaient exagérés, puisque le vin en fûts était encore coté à. 20 francs l'hectolitre, les juments à 1.100 francs par tête, les cigares de 21 à 33 francs le 1.000 et le reste à l'avenant. »

Eh oui. Même quand le vin valait 12 francs, la statistique le cotait 33 francs.

C'est cela que M. Etienne oublie de dire en ses discours.

CHAPITRE XXI

Analyse du mouvement commercial.

Pour préciser le commerce de l'Algérie et compléter en même temps la notion que nous avons de ses productions, étudions le développement de ses exportations et de ses importations d'une année dans la plus récente statistique : celle de 1902.

C'est 325.686.000 francs d'importations, dont 271 393.000 de France et 54.293.000 de l'étranger.

299.172.000 francs d'exportations dont 250.883.000 en France et 48.289.000 à l'étranger.

Les Algériens qui se plaignent du monopole que la France se réserve de vendre ses produits en Algérie devraient donc en considérer la contre-partie. Sur 299 millions payés à l'Algérie 250 viennent en France. Pour les vins il y a même une explication amusante. Je disais l'an dernier à un personnage très considérable, des plus considérables de l'Algérie :

— Vos vins qui viennent en France concurrencer les nôtres, pourquoi ne faites-vous pas un effort pour leur ouvrir des marchés étrangers? Au Canada, par exemple, vous pourriez vendre vos vins et acheter des planches. Il y aurait fret d'aller, fret de retour...

— Oui, me fut-il répondu, mais il faut que nos vins passent d'abord dans les entrepôts français, la consommation étrangère ne les prend qu'après coupages.

Traduction : les vins algériens doivent être « terminés » en France.

Animaux vivants : Importation, 9.923.000 francs dont 5 millions de moutons, 2.700.000 francs bœufs et vaches. C'est presque tout de l'import marocain ; celui qui entrait librement ; celui sur lequel on percevra des droits pour payer l'intérêt de l'emprunt marocain, des droits qui, naturellement, en fin de compte retombent toujours sur le consommateur.

A l'exportation, 4.505.000 francs de bestiaux et 33.524.000 francs de moutons.

L'exportation des bœufs est de 27.341 animaux. A la statistique agricole on voit : propriété européenne, bœufs à l'engrais, 30.168 ; propriété indigène, bœufs à l'engrais, 104.344. Et l'on sait que l'Européen n'élève pas. Il achète le veau à l'indigène. On peut donc dire que l'exportation de bœufs on la doit à l'indigène.

L'exportation des moutons est de 1.349.069 animaux. Le troupeau des Européens, comprenant : béliers, moutons, brebis, agneaux de 1 mois à 1 an est de 447.710 ; les moutons entrent dans ce chiffre pour 200.376.

Le troupeau indigène est de 8.277.070; les moutons y comptent pour 1.976.681. L'exportation est évidemment indigène.

La production indigène fait rentrer en or, en Algérie, chaque année 30 millions. C'est une production naturelle grevée seulement de l'impôt local, qui alimente cette rentrée; une production dont l'instrument n'a immobilisé, annihilé, englouti aucun capital européen.

Au groupe produits et dépouilles d'animaux mêmes observations, pour l'export de 7.443.000 francs de peaux, de 3.405.000 francs de laine, dont la majeure partie est de production indigène.

A l'article poissons, je vois : poissons secs, salés ou fumés, importation, 1.149.000 francs, exportation, 1.590.000 francs; conservés ou marinés, importation 942.000 francs, exportation 165.000; frais, importation nulle, exportation, 725.000 francs. Soit 2.091.000 fr. d'importation et 2.480.000 d'exportation. Ce qui ne donne à l'industrie « poisson » en Algérie que 380.000 francs. Il y a là évidemment quelque chose de mieux à faire... Je sais bien que M. Cambon a essayé et n'a point réussi, qu'on fait maintenant des missions spéciales, etc... etc... Mais je crois que le problème est mal compris.

Au groupe matières dures à tailler, nous voyons sur l'os et la corne un bénéfice à l'exportation de 286 millions.

Le groupe *farineux alimentaires* est digne de la même attention et des mêmes observations que le groupe animaux.

	Importation	Exportation
Froment . .	93.000 fr.	20.851.000 fr.
Avoine . . .	8.000	13.807.000
Orge	60.000	22.059.000
Maïs	20.000	383.000

Comparons avec les statistiques de production ; *production européenne*, blé tendre et dur : 2.616.322 quintaux ; *production indigène*, blé tendre et dur : 6.608.796 quintaux.

Notez que les grands séquestres ont porté sur les bonnes terres de production de céréales et les ont fait passer dans la colonisation européenne, et que malgré cela la production indigène demeure assez forte.

Pour l'orge qui donne une exportation de 22 millions de francs, c'est incontestablement la production indigène qui l'assure ; elle est en effet de 9.056.363 quintaux, l'européenne de 1.375.218 quintaux.

L'importation farine est à peu près l'exportation, 2.176.000 francs pour 2.139.000 francs. Pour les gens qui aiment les simplifications dans le mécanisme économique, il y a là matière à réflexion.

La pomme de terre a bien pris en Algérie. La consommation locale exige toujours un import de 2.337.000 francs, mais c'est de marchandise qui se conserve, de réserve. La production locale exporte pour 3.071.000 francs en primeurs.

Un argument pour ceux qui affirment la francisation des naturalisés. L'Italien n'importe que pour 3.000 francs de maïs. La polenta qu'il mange est de production locale, donc française. Mangeant français, il digère français. En attendant qu'il pense français, c'est toujours autant de gagné pour l'extension de notre génie national.

Aux fruits et graines, il y a un export d'un million de raisins frais, pour France. Et une importation de 313.000 francs de raisins secs de l'étranger. Pourquoi l'Algérien ne sèche-t-il point pour sa consommation une partie de ceux qu'il nous envoie ?

L'Espagnol se franciserait-il moins vite que l'Italien? Voudrait-il essentiellement que son malaga ce fût vraiment de Malaga, tandis que l'Italien se contente d'une polenta locale ?

L'Algérien achète ses cacaouettes à l'étranger pour 400.000 francs. L'exportation de figues, produit indigène, est de 2.541.000 francs.

Aux *denrées coloniales de consommation*, c'est une importation de 4 millions de francs de sucre. Et malgré qu'il se crée une bourgeoisie musulmane capitaliste, ceci donne une idée de la pauvreté de la population indigène. Que son excédent de production passe à l'impôt.

4 millions de francs en sucre répartis entre 583.000 Européens, 57.000 juifs et 4 millions d'indigènes. Voyez.

Encore un sujet de méditation que je vous signale sans phrases. Calculez. Vous savez ce qu'un Européen consomme de sucre en moyenne. C'est pour le moins cent sous par an. Alors c'est 2.915.000 francs pour l'Européen. Reste 1.085.000 pour l'indigène et le juif, mettons un million pour l'indigène, moyenne : cinq sous de sucre par personne et par an. Je sais bien que les moyennes, en réalité, ça n'existe pas. Qu'il faudrait dire : x indigènes consomment tant, x tant, mais nous aurions alors 0 pour une masse. Et ce serait encore plus significatif que les cinq sous par personne et par an.

Le tabac donne un export de 5.621.000 francs avec un import de 2.828.000 francs.

L'huile d'olive, un export de 5.769.000 francs pour un import de 982.000 francs. On peut encore dire que c'est un revenu indigène ; les propriétaires européens font en effet 27.572 hectolitres d'huile et les propriétaires indigènes 223.181 hectolitres.

A l'article *boissons* nous voyons pour l'année 1902 que nous étudions actuellement un export de 81.641.000 francs de vins, de 9.157.000 francs de mistelles. Je ne parle pas des alcools dont l'import balance l'export, ni des eaux-de-vie et rhums dont l'import dépasse l'export de plus d'un million. Mais sur les valeurs de vins exportés je prie qu'on se souvienne des chapitres qui précèdent; je prie qu'on n'oublie pas non plus que la majeure partie du prix des vins reste hors de l'Algérie comme intérêt de la dette du vignoble, du capital englouti dans la terre du vignoble.

L'export des *phosphates* donne 7.115.000 francs. Notez que dans cette somme l'intérêt algérien ne figure que pour les salaires locaux de 903 employés et ouvriers, y compris les charretiers, et les dépenses de transports ferrés, avec les redevances de port. Le reste sort de l'Algérie, voire de France, et appauvrit d'autant « l'affaire totale » de la colonisation.

A l'article *métaux*, une différence de 2.387.000 fr. pour l'export de fer. Cela est de bon export. Si cela ne reste pas entier en Algérie, cela reste en France.

Pour le cuivre le bénéfice est à l'import, pour le plomb à l'export : quatre millions ; également pour le zinc : sept millions.

Pour la suite, pour la fabrication, ce n'est pour ainsi dire plus que de l'import.

CHAPITRE XXII

Réponse à la question qui fait l'objet de notre livre huitième.

Désormais est entendue la question « bonne affaire » économique.

Vous savez maintenant ce qu'il convient de penser quand on lit dans des ouvrages de vulgarisation comme celui de feu M. Cat, de son vivant professeur agrégé d'histoire à l'Ecole supérieure des lettres d'Alger :

« ... Aujourd'hui le budget de l'Algérie est en équilibre, c'est-à-dire que ses recettes sont égales aux dépenses; son commerce annuel à l'importation et l'exportation s'élève à plus de 500 millions, dont les trois quarts avec la France.

« Plus de 500 centres européens existent sur son étendue, et les indigènes eux-mêmes, malgré leur force d'inertie et de résistance, sont entraînés vers un changement économique qui classera l'Algérie parmi les grands pays de production vinicole et agricole, et d'élevage. Souhaitons seulement qu'un courant d'émigration française fort et continu vienne augmenter ici la main-d'œuvre intelligente et en même temps délivrer la mère-patrie d'une de ses souffrances sociales : le paupérisme et le manque de travail. Alors cette Algérie, qui est l'œuvre de notre vaillante armée et de nos laborieux colons, pourrait être cette autre France qu'un écrivain patriote, Prévost-Paradol, a entrevue dans un prochain avenir. »

Ou dans des articles de vulgarisation ce que M. Etienne disait aux lecteurs du *Figaro*, 10 septembre 1903 :

« Nous devons être fiers de l'empire colonial que la troisième République a donné à la France sans rien compromettre de ses intérêts européens. Et ce dernier tel qu'il est constitué peut largement se suffire à lui-même. »

Pas plus que l'Algérie romaine, l'Algérie française n'est une « bonne affaire ».

M. Wahl a écrit de l'Algérie romaine :

« Si l'on y regarde de plus près, on s'aperçoit que tout cet éclat de prospérité n'était qu'à la surface. Les citadins brillants, les riches propriétaires ne formaient dans la population qu'une faible minorité. Comme tout le reste du monde romain l'Afrique avait ses esclaves... une plèbe agricole... Les Mauritanies où la colonisation romaine ne dépassait pas beaucoup le littoral... ne subirent pas un aussi complet asservissement ; mais les tribus avaient des chefs, protégés et clients du gouvernement, exploiteurs sans pitié... L'opulence de l'Afrique était faite de ces misères. De quel œil la multitude des affamés et des ignorants devait-elle regarder les villes somptueuses, et les portiques, et les thermes, et toute cette vie élégante, raffinée ! De longues rancunes, d'inexpiables haines couvaient dans ces masses silencieuses et méprisées. »

Je ne vivais pas de ce temps, ou si j'y vivais je n'en ai point souvenir, mais je vis dans le temps présent. Et vivant, je vois. Ce tableau de l'Afrique romaine est celui de l'Afrique française.

Et je crois que quelque jeune homme de loisir devrait bien reprendre les discours de MM. Jaubert et Desjobert aux fins de réhabiliter en l'opinion ces deux députés de jadis qui prévoyaient, qui disaient juste, et dont on se moqua tant, et dont aujourd'hui les noms dans le monde colonial font sourire.

Galibert écrivait de ces deux hommes de raison :

« Pour eux, l'Algérie était un gouffre où toutes les ressources de la France se consommaient en pure perte ; ils comptaient avec affectation et souvent exagéraient le nombre des morts et des blessés ; ils supputaient aussi la balance du commerce, et comme elle était peu favorable à la France, ils ne cessaient de dire que l'Algérie ruinait la France. Étroite et absurde manière de calculer ! Comme si la civilisation n'a pas toujours imposé aux grandes nations des devoirs impérieux, stériles dans leurs résultats immédiats, féconds dans leurs conséquences éloignées... nous ne cesserons d'engager la France à persévérer dans la voie qu'elle s'est tracée ; car à toutes les époques ce sera pour elle une véritable gl....... que d'avoir entrepris le rétablissement de la civilisation et du christianisme en Afrique. »

MM. Jaubert et Desjobert avaient raison, voyaient juste. C'était bien le gouffre. Plus de vingt milliards d'argent français, de bon argent, pas de crédit fictif, d'argent annuellement dépensé, d'argent payé par le contribuable français, sont tombés dans ce gouffre. Nous avons fait les comptes, vous savez... mais l'économiste vous répond :

« La fondation d'une colonie est un placement à intérêt lointain et à compensations indirectes... » (P. L.-B.)

Cet intérêt lointain, jamais on ne l'atteindra puisque la liquidation est faite. Le placement est passé au compte profits et pertes depuis 1900. Quant aux compensations indirectes, vous les avez jaugées. Tous ces farceurs également... sinon ils ne parleraient pas tant de compensations morales. Du temps de Galibert c'était « la gloire du rétablissement de la civilisation et du christianisme », maintenant M. Leroy-Beaulieu ajoute « l'élargissement de l'horizon intellectuel ». (*Algérie*, p. 208.)

Outre ce que nous avons découvert au chapitre de la race nouvelle, de ses penseurs, etc., etc., etc., je sais bien que Mme Nini Buffet nous est arrivée de Saïda, Mlle Polaire de l'Arba, M. Etienne de Tlemcen et que le *Figaro* du 21 août 1904 nous faisait lire ceci :

« Il faut dire, à titre historique, que Paris a, pour la première fois hier, fait connaissance avec le « ban » arabe. C'est une série de cris extraordinaires, que voici décomposés : « Ana, ana, ana, Chouia, chouia, chouia, Barka, barka, barka », le tout terminé par cet extraordinaire roulement guttural que tous ceux qui ont voyagé en Algérie ont entendu sortir des bouches des femmes assemblées. Il est acquis à la chronique que Paris est désormais pourvu d'un nouveau mode d'allégresse. »

Et qu'il y a beaucoup d'anciens chass'd'Af', d'anciens zouaves, tous parfaits « chacals ». Et je sais aussi que lors du procès Bazaine :

« Le général Pourcet a fait ressortir que le maréchal a perdu

dans les pratiques de l'armée d'Afrique le sens moral nécessaire à la compréhension des deux mots dans lesquels se résume notre code de la guerre : honneur et devoir militaire. »

Et je sais aussi que, si jamais on faisait le procès
d'un parlementaire retour d'Algérie, bien pris la
main dans le sac, on pourrait faire ressortir que
cet X... aurait perdu dans les pratiques du fourbi
algérien le sens moral nécessaire à la compréhension des deux mots dans lesquels se résume notre
code de la politique : honneur et devoir civique.

Et je sais que les bénéfices moraux nous ont coûté
la Lorraine, l'Alsace, mon pays, mon beau pays,
que l'Algérie, certes, ne vaut pas, mon pays qui
donnait à la patrie d'honnêtes serviteurs, mon
pays... mon pays enfin...

Et je sais que ces mœurs algériennes, dans la
suite de Gambetta, ça nous a fait le Panama...

Alors, voyez-vous, je serais capable de prendre
colère si je m'arrêtais plus longtemps à cette plaisanterie de « l'élargissement de l'horizon intellectuel » de la France par la conquête de l'Algérie, à
cette galéjade de la gloire à rosser plus faible que
soi, à cette tarasconnade des bénéfices indirects et
de l'intérêt lointain.

Je préfère tout bonnement, en le résumant, vous
dire encore une fois simplement le compte...

Plus de 20 milliards à notre dette métropolitaine.

Si vous ne pouvez admettre mon compte, vous êtes
pour le moins forcé d'admettre celui du ministère
des finances, qui, en négligeant les intérêts chaque
année cependant *payés* pour les déficits antérieure-
ment réglés et inscrits à la dette, n'additionne que
les déficits annuels et arrive ainsi au total de 5
milliards.

Donc intérêts de 5 milliards + dépenses mili-

taires + garantie d'intérêts chemins de fer, ci :
240 millions par an de déficit pour l'affaire Algérie
considérée du point de vue affaire publique. Et c'est
en réalité beaucoup plus... puisque le déficit vrai
des 70 années, c'est 20 milliards au moins... 20 milliards qui ne seraient pas dans notre dette... donc
600 millions d'intérêts que nous n'aurions pas à
payer.

J'aime bien l'Algérie. Mais ça ne peut pas m'empêcher, par tous les marabouts de l'islam, de savoir
compter... et, quand je compte, de trouver que c'est
20 milliards et que nous en payons, nous contribuables, l'intérêt à 600 millions, tous les ans. Et,
vraiment, payer 600 millions par an les résultats que
mon livre a mis en lumière... c'est cher.

Ils diront... les autres... que mon compte est chi-
mérique... en effet quand je l'écris... quand j'y arrête
mon attention... de toutes les forces de mon imagination je vois le gouffre... et d'autant plus effroyable
que ce n'est pas seulement l'or que j'y vois tomber,
c'est toutes les misères, toutes les larmes et tout
le sang... d'hier et de demain... Jean n'a rien vu
d'aussi horrible dans les hallucinations de son jeûne
à Pathmos... Il a rêvé. Je ne rêve pas. Ils tombèrent,
les cadavres. Ils saignèrent. Et je vois le sang. Elles
furent semées, les haines. Elles ont germé. Et je les
vois. Ils payèrent, nos budgets. Et c'est la dette. Et
je la compte. Et je ne suis pas dans un cauchemar.
Ce n'est pas la chimère. C'est la réalité.

Et ça fait 600 millions par an.

600 millions de déficit annuel comme affaire publique. Payés par la France.

Comme affaire des particuliers c'est une importation supérieure à l'exportation de 40 à 30 millions.

C'est la production européenne grevée d'une

charge hypothécaire de 1.500 millions. Je ne parle pas du prix d'achat, des sommes de mise en valeur et d'entretien successivement englouties dans l'instrument foncier et ayant appartenu aux propriétaires. Je parle seulement de leur dette. Chaque année avant de manger, avant de consacrer un sou au travail, avant de faire n'importe quelle dépense d'entretien ou de production, la collectivité des propriétaires européens d'Algérie doit inscrire à son passif plus de quatre-vingt-dix millions.

Ainsi, maintenant pouvons-nous affirmer sans craindre la contradiction que, de tous les points de vue, « l'affaire Algérie » est mauvaise.

M. Ch. Gide a soutenu « que les conséquences heureuses ou funestes de notre expansion coloniale se feront sentir dans l'avenir le plus éloigné ».

La somme des conséquences funestes est telle aujourd'hui qu'il apparaît difficile que celle des conséquences heureuses puisse jamais l'égaler.

Dans un pays à natalité décroissante comme la France, la disparition en peu d'années des 300.000 mâles que nous coûte l'Algérie constitue une perte irréparable.

Dans un pays où l'industrie (étant donné l'éveil industriel mondial et la concurrence des outillages nouveaux) ne peut plus compter sur des profits illimités, l'inscription à la dette publique de milliards toujours productifs d'intérêts à payer, c'est un arriéré qu'on liquide peut-être, mais qu'on ne regagne point.

Quant au profit politique... nous avons vu que les Européens dont l'établissement dans cette colonie nous coûte si cher, et en sang et en or, nous paient ce sang et cet or par des menaces de sécession.

Dans un prochain ouvrage je montrerai comment

est vrai ce que je n'ai fait qu'indiquer en celui-ci :
qu'une nationalité musulmane existe, créée par nous,
grandit, prend force et nous est hostile.

. . . .

Non, non... ce n'est point la suprême espérance ;
non, non... ce n'est point la suprême consolation,
que nous vaut la conquête, l'occupation et la colonisation de l'Algérie.

C'est une suprême inquiétude.

. . . .

Je suis pessimiste...

Je vois sombre... noir... trouble... je ne vois
pas...

Relisez. Relisez. Contrôlez mes chiffres. Pesez mes
preuves...

*
* *

Et puis, croyez-vous que, malgré l'optimisme général, je sois le seul qui ait vu ce que j'ai vu, le seul qui
ait compté ce que j'ai compté, et si je suis le seul qui
dise, que je sois le seul qui sache ?

Lisez ceci :

« L'Algérie évolue... Il s'agit d'écrire une nouvelle page de
son histoire. Il s'agit d'asseoir solidement son jeune budget,
d'organiser ses moyens de transport, la sécurité de ses campagnes, de poursuivre l'œuvre de colonisation et de peuplement
qui assure la prépondérance de l'élément national et, après la
conquête du sol, l'œuvre de civilisation qui assure la conquête
des âmes. »

Qui veut ainsi politique nouvelle affirmant par cela
que la politique d'aujourd'hui est mauvaise ?

Qui reconnaît ainsi que le budget de l'Algérie ne
tient pas debout, puisqu'il faut l'asseoir solidement ?

Qui nous dit ainsi qu'il n'y a pas de moyens de transport organisés, puisqu'il faut les organiser?

Qu'il n'y a pas de sécurité dans les campagnes?

Que la prépondérance de l'élément national n'est point assurée, puisqu'il faut poursuivre l'œuvre qui l'assure? Que la conquête des âmes n'est point faite...

Quel est cet homme qui, dans le concert de l'universel optimisme chantant le succès, jette cette note discordante?

Pourra-t-on aussi l'accuser de « dénigrement systématique »?... Je ne le crois pas.

C'est, en effet, M. Jonnart.

Le programme d'avenir, de travail à accomplir que je viens de citer, ce programme qui en quelques phrases constitue la plus nette condamnation du passé et du présent de l'Algérie que je sache, est emprunté au discours que le gouverneur général a prononcé le 18 mai 1904 au Conseil supérieur de la colonie.

FIN

Dans un prochain volume, ai-je dit, j'exposerai la question indigène.

Ayant ainsi montré tout le mal algérien, dans un troisième volume j'en dirai les causes; puis dégageant de cette étude les principes, les lois de la vraie, de la bonne po'itique coloniale, j'expliquerai comment il serait possible, en les appliquant à l'Algérie, de transformer en succès... relatif... l'insuccès absolu que nous constatons.

TABLE DES MATIÈRES

LIVRE TROISIÈME

Cherchons ce qu'il y a de vrai dans cette opinion commune que l'Algérie est un pays fertile et naturellement très riche

LIVRE QUATRIÈME

Qu'y a-t-il de vrai dans cette opinion commune que les vicissitudes de la lutte entre les races avaient donné la possession de l'éden algérien à des barbares?

LIVRE CINQUIÈME

Cherchons ce qu'il y a de vrai dans la commune croyance que nous avons conquis l'Algérie aux fins des intérêts supérieurs de la civilisation

LIVRE SIXIÈME

Cherchons ce qu'il y a de vrai dans cette opinion commune que, par la colonisation de l'Algérie, nous avons fortement « implanté » notre race dans un « prolongement » de la mère-patrie.

LIVRE SEPTIÈME

LIVRE HUITIÈME

ÉMILE COLIN — IMPRIMERIE DE LAGNY

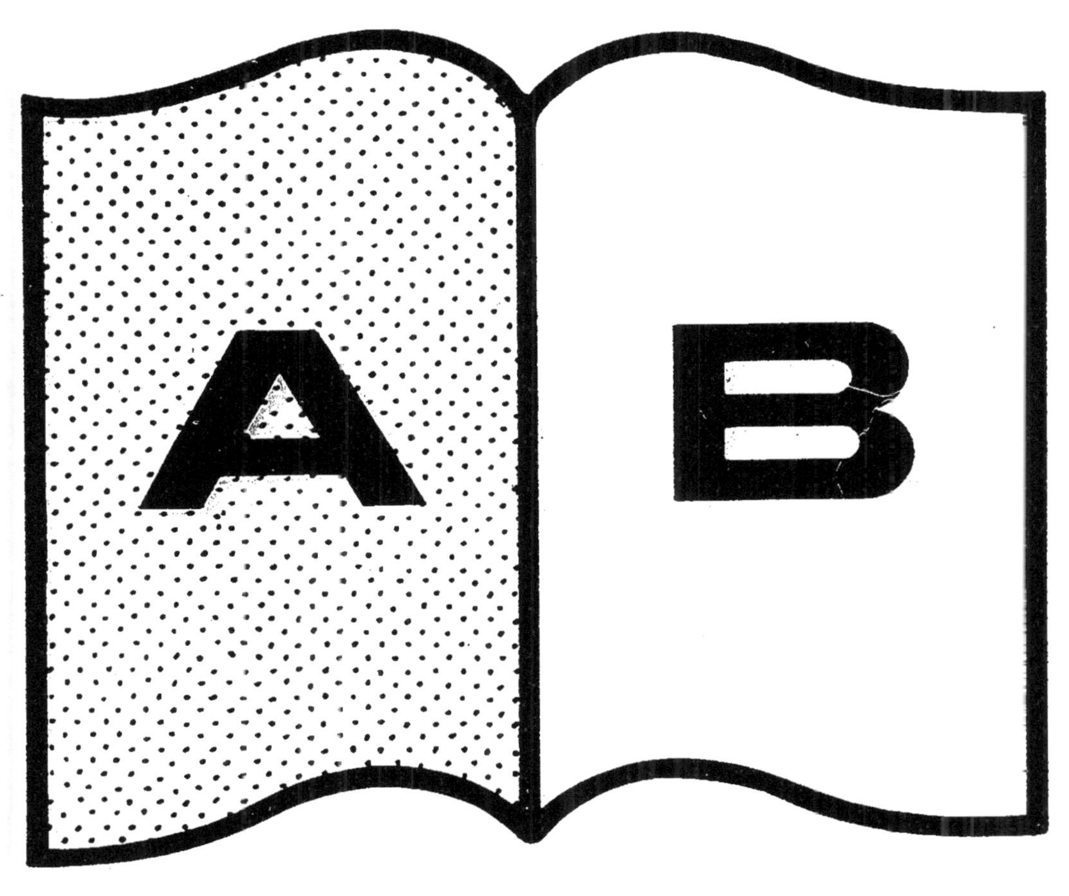

Contraste insuffisant

NF Z 43-120-14

9 782012 892651